中国大历史

卷五

隋 唐

任德山 毛双民 编著

WPC 世界图书出版公司
广州·上海·西安·北京

图书在版编目（CIP）数据

中国大历史. 卷五，隋唐 / 任德山，毛双民编著. --
广州：世界图书出版广东有限公司，2020.3（2022.5重印）
ISBN 978-7-5192-7353-8

Ⅰ．①中⋯ Ⅱ．①任⋯ ②毛⋯ Ⅲ．①中国历史－隋
唐时代－通俗读物 Ⅳ．①K209

中国版本图书馆CIP数据核字(2020)第036059号

书　　名	中国大历史	
	ZHONGGUO DA LISHI	
编 著 者	任德山　毛双民	
责任编辑	梁少玲　卢雁君	
装帧设计	李腾月	
出版发行	世界图书出版有限公司　世界图书出版广东有限公司	
地　　址	广州市海珠区新港西路大江冲25号	
邮　　编	510300	
电　　话	（020）84452179	
网　　址	http://www.gdst.com.cn/	
邮　　箱	wpc_gdst@163.com	
经　　销	新华书店	
印　　刷	鑫艺佳利（天津）印刷有限公司	
开　　本	710 mm×1 020 mm　1/16	
印　　张	171.75	
字　　数	2 748千字	
版　　次	2020年3月第1版　2022年5月第2次印刷	
国际书号	ISBN 978-7-5192-7353-8	
定　　价	398.00元（全八册）	

前　言

在人类古文明中，中华文明是唯一的从未中断过的文明。在悠久的岁月中，中华民族共同开发了祖国的河山，创造了波澜壮阔的历史和独具风采的文化。历史承载着文化，文化辉映着历史，这是我们必须极为珍惜的宝贵财富。

历史不仅记录了过去，更重要的是深刻影响着现在和未来。今天生活在祖国土地上的人们就是中华民族先民的后裔，是同一种文明按照自身的规律演进、发展、延绵、繁盛，以至于今。中华文明自始即具有本土性、多元性，展现出独特的风采。

中华民族具有巨大的凝聚力和包容性，其演变不是多元文明互相灭绝，而是互相整合。在长期的生息往来中，民族融合、文化交流，共同创造了灿烂的文明。中华文明还具有善于吸收域外异质文明的特点，对外来文化的消化和吸收，促进了中华文明的发展。

现在学习中国优秀传统文化蔚然成风，季羡林先生在生命的最后时光里为我们题写了"学习中国史，提倡大国学"这一寓意深刻的题词。国学是会通之学，根本之学，只有回到中华民族通史的丰厚土地上，我们才能真正理解和学好国学的万花万术。科学教育需要以通识为基础，方能有广阔的见识，有更大的发展。而通识总只在历史的坐标上才能对准真人真事，给我们以智慧的启迪。历史的辉煌鼓舞着我们要时刻焕发生机与自信，历史上的困难则提醒着我们永远要自强不息，安不忘危。

当人们溯历史的长河而上，通览各种知识和文化的产生、嬗变，体会文明的进程时，不仅会对创造了这些文明的先人们充满了温情与敬意，还会激发起自我创新文明的热情。

好的大历史要使人们对中华民族的历史有更为真实、全面的了解。中国史籍极为丰富，史学发达，近百年来更有长足进步。本部大历史运用了迄今为止中国史学公认成果，就是要保证历史的真实性。不仅所有的记录都出自正史，而且凡是可考的文物和历史人物都配有精美的图片以作诠释，细节的真实让读者读史时如亲临其境。

好的通史还要让人能一览上下五千年的全貌。本部大历史有民族的繁衍、文明的起源、帝国的更迭，历史事件与人物的成就；从政治、经济、文化到社会生活，做一全景式的展开，犹如一幅由远及近的画卷。中国文明曾经有光照世界的荣耀，也曾经历过苦难；有过科技创新和知识大量释出，走向"全球化"的开放，也曾闭关锁国、故步自封。这一切都给我们以警示。

本部大历史尽量做到叙事博洽和浅显，把中国历史的巨大图卷细心描绘，以使读者阅读时兴趣盎然。编著者像一个认真而充满爱心的讲解员，把读者带到历史大厦里边，深情地告诉大家："这就是我们不能忘记的过去，这里面有我们不可不知的遗产。"

任德山

普及中国历史，传承优秀文化

——学习季羡林先生为《中国大历史》题词感言

　　2009 年初，我受李克先生之托，到 301 医院请季羡林先生为即将出版的八卷本《中国大历史》题词，98 岁高龄的季老欣然命笔："普及中国史，提倡大国学。"这应该是季老百年生命历程中为出版物的最后题词，也是他始终关注历史文化知识普及、晚年再三强调的重要学术主张。季老认为，我们的"国学"应该是长期以来由多民族共同创造的涵盖广博、内容丰富的文化学术，而绝非乾嘉时期学者心目中以"汉学""宋学"为中心的"儒学"的代名词。也就是说，今天我们所要振兴的"国学"，绝非昔日"尊孔读经"的代名词或翻版，而是还中华民族历史的全貌，真正继承和发扬由生活在神州大地上的各民族共同创造的传统学术文化。因此，在八卷本《中国大历史》正式出版之后，我曾经写过一篇短文刊登在《光明日报》上，提出："季老再次重申应提倡'大国学'，值得引起出版、学术、教育界的关注。"

　　听八卷本《中国大历史》的策划者李克先生介绍，此书出版发行近三年来，多次重印，累计销售了 20 万册，受到了广大读者的欢迎。在书籍品种快速增长而总印数几乎停滞不前的情况下，这是十分可喜的。但是李克先生和他的团队并不满足于此，又邀请一些著名的历史学家对此书提出审改意见，认真地进行修订，使其精益求精，日臻完善，于是有了今天的《中国大历史》。

　　最近，《中共中央关于深化文化体制改革，推动社会主义文化大发展大繁荣若干重大问题的决定》强调要"建设优秀传统文化传承体系",指出:"优秀传统文化凝聚着中华民族自强不息的精神追求和历久弥新的精神财富,是发展社会主义先进文化的深厚基础,是建设中华民族共有精神家园的重要支撑。"中华大地是五十六个兄弟民族的共同家园,中国历史是各民族共生、共存、共发展的历史,中国传统文化是各民族共同创造的辉煌灿烂的多元一体文化,是共同拥有的精神财富——这就是"大国学"的基石。所以季老强调"'国学'就是中国的学问,传统文化就是国学","现在对传统文化的理解歧义很大。按我的观点,国学应该是'大国学'的范围,不是狭义的国学","国内各地域文化和五十六个民族的文化,就都包括在'国学'的范围之内"。今天,我们要建设优秀文化传承体系,就应该全面认识祖国传统文化,汲取历史的经验教训,跳出狭隘的"儒家""国学"的旧框架,以海涵神州的宽广胸怀,用放眼世界的远大眼光,努力探寻文化传承的规律。

要全面、正确地认识我们的传统文化,就必须普及准确的中国历史文化知识。而传播、普及文化知识的任务,主要靠学校、家庭和大众传媒来承担,其中历史文化精品读物担负重任,不可或缺。因此,注重史料的真实、严谨,注重新资料的开掘运用,注重立足现实、温故知新,注重文字通畅、图文并茂,达到学术性、可读性、现实性的统一,就成为这本《中国大历史》努力追求的目标。效果如何,有待广大读者来评判,而努力本身,则是值得我们肯定和鼓励的。

＊本文作者系中华书局编审,中国敦煌吐鲁番学会副会长兼秘书长,浙江大学、中国人民大学国学院兼职教授,敦煌研究院兼职研究员。

春风中国之

提倡 大同之

宁乡村
山下人

本书特点

- 以权威严谨的学术成果为基础，强调生动的历史细节，将历史娓娓道来。从中华民族源起直至清朝结束，将一部五千年历史化作现代、生动的表述，让尘封的历史重新焕发神采。鲜活的历史化作了真实的故事，潜伏其中的规律与真相昭然若揭。摆脱枯燥抽象的术语，赋予历史以激动人心的魅力。

- 立足现实重读历史，揭示民族兴衰荣辱中的智慧与经验。历史对于读者最大的功能在于鉴古知今。预知未来是最大的智慧，而这种大智慧就寓于历史之中。西方史学家说："历史是现在与过去之间永无止境的问答交流。"我们从来没有像今天这样感到世界在迅速缩小，未来充满挑战，要瞻望未来，历史的智慧就越来越重要。本书力求总结出具有时代性的历史观和历史智慧，"以供社会之需"。

- 这是一部百科全书式的中国大历史，完全不同于过去通史单一的朝代更迭的政经内容。本书全面系统地讲述了中华民族创造的政治文明、经济成就、礼乐文明、军事智慧，以及汉字、中医药、艺术、四大发明等科技文明。阅读本书，犹如参观最新展陈、最全内容和最详实讲解的中国历史博物馆。

- 这是一部具有审美情趣的《中国大历史》。大史学家夏曾佑先生说："历史必资图画。"本书独创的图史体系，搜集了超过五千幅古代珍品书画作品和文物照片，让丰富的人物图、文物图、军事图和图片说明组成了一部前所未有的图说中国史，使读者读起来赏心悦目，余味无穷。

目　　录

严格说来，要到秦汉才是中国历史上正式有统一政府。秦以前的中国，只可说是一种封建的统一。只有到秦汉，中央方面才有一个更像样的统一政府，而其所辖的各地方，也已经不是封建性的诸侯列国并存，而是紧密隶属于中央的郡县制度的行政区分了。因此讲中国传统政治，可以径从秦汉讲起，以前暂略不论。秦代只是汉代之开始，汉代大体是秦代之延续。

——钱穆

隋唐文明历程

隋 朝（581年—618年）
唐 朝（618年—907年）
五 代（907年—960年）

到了隋朝，中国又进入了一个空前强大的时代，三省六部制的建立，对西域的积极经营，对外贸易的发展，迎来了"开皇之治"时期。但由于隋炀帝的滥用民力，使得隋朝成为了一个短命的王朝，被唐朝取代。唐朝的建立，出现了强盛的大唐帝国，经济繁荣，政治廉明。唐太宗虚怀纳谏，出现了"贞观之治"。对外兼收并蓄，吸收各国文化，并形成了以唐诗为代表的中华文化，辉煌灿烂，光照四邻，影响深远。长安也成为了世界的中心。但繁荣的社会也积累了一系列的矛盾。再加上唐玄宗沉溺于享乐，好大喜功，军事将领权力过大，最终导致了安史之乱的爆发，唐朝也由盛转衰。这一时期，造纸术传播向了世界。而后唐朝于907年灭亡，中国历史进入了五代十国时期，混战不断。但由于南方相对稳定，社会生产力得到了一定的发展，北方开始落后于南方，中国历史的一个重大转折点出现了。

581年，杨坚代北周称帝，国号隋，是为隋文帝。

●隋文帝

585年，隋文帝在全国各地设置义仓，农民在收获季节为义仓交纳一定的粮食，发生灾荒时会开仓放粮。

618年，隋炀帝被杀。李渊称帝建唐。

626年，玄武门事变，李世民即位，是为唐太宗。

649年，唐太宗因病去逝。太子李治继位，是为唐高宗。

671年，义净搭波斯船从广州出发，赴印度钻研佛学。

648年，唐朝攻破龟兹，势力深入到西域的纵深地区，开辟了通往西域的南路交通要道。

690年，武则天自称圣神皇帝，改国号为周，成了中国历史上唯一的女皇帝。

●武则天

713年，唐玄宗册封大祚荣为渤海郡王。唐玄宗封南诏皮逻阁为台登郡王。

755年，安禄山、史思明发动安史之乱。

●望贤迎驾图。此图描绘了唐肃宗在陕西咸阳望贤驿接从四川避难归来的玄宗李隆基的情景。

756年，马嵬驿兵变，杨忠被杀。唐肃宗即位。

780年，杨炎推行两税法。

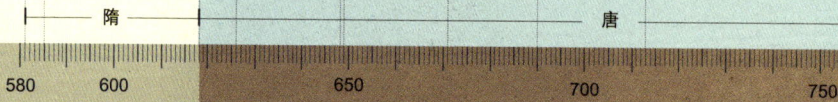

隋 ｜ **唐**

580　600　　　650　　　700　　　750

723年，唐玄宗接受了宰相张说的主张，对府兵制度进行改革。唐朝设立黑水府。

640年，唐朝设立安西、北庭都护府。

651年，大食遣使与唐朝通好。

616年，农民起义军已经占领了全国三分之二的郡县，声势大振。隋炀帝不顾大臣的劝阻，再次去江都（今江苏扬州）巡游。

645年，玄奘结束历时十九年、跋涉五万余里的求法取经行程，回到长安，引起巨大的轰动。唐军征战高句丽。

●玄奘

641年，文成公主入吐蕃，嫁于松赞干布。

745年，唐玄宗将杨玉环纳为妃子。

784年，唐德宗颁布《罪已诏》，默认藩镇割据的局面。

763年，安史之乱被平定。

588年—589年，杨广统军围困建康，陈后主躲入枯井之中，陈国灭亡。

●步辇图。此图描绘了唐太宗接见来迎娶文成公主的吐蕃使臣禄东赞的情景。

●杨贵妃上马图（局部）

● 捣练图。此图描绘了唐代城市妇女在捣练、络线、熨平、缝制劳动操作时的情景。唐代是中国封建社会的极盛期，经济繁荣，文化发达，对外交往频繁，世风开放，加之域外少数民族风气的影响，唐代妇女所受的束缚较少。画中的妇女大都具有曲眉丰颊，体态肥硕、服装头饰繁缛华丽的突出特点，反映出盛唐崇尚健康丰腴的审美情趣。

● 饮中八仙图。杜甫有《饮中八仙歌》，所咏贺知章、李适之、李白、崔宗之、苏晋、汝阳王李琎、张旭焦遂等八人，皆大唐时代最杰出的精英，可以说天下英才聚集于此，豪放飘逸之气冲天。该卷就是根据杜甫的诗意而作的。

808年，牛李党争开始。

815年，李师道派刺客在长安刺杀宰相武元衡，重伤裴度。

851年，张议潮派使者携带河西十州的地图和户籍到达长安。

874年，王仙芝起义爆发。

875年，黄巢起义爆发。

907年，唐哀帝被废，唐朝灭亡。朱温自立为帝，改国号为梁，建成都汴（今河南开封），史称后梁。

950年冬，郭威发兵南向，攻入开封，推翻后汉王朝。

960年，赵匡胤黄袍加身，建立宋朝。

923年，李存勖宣称他是唐王朝帝位的合法继承人，自称皇帝，建立后唐。

● 李存勖

● 赵匡胤

唐　　　　五代

| 800 | 850 | 900 | 950 | 1000 |

822年，吐蕃与唐朝"甥舅和盟"。

910年，钱镠征调数十万军民，筑起一道长达千里的捍海石塘。

951年，郭威即位建元，国号周，史称后周。

975年，北宋军攻破金陵城，南唐后主李煜出降。

938年，石敬瑭将幽云十六州割让给辽国。

947年，刘䶮建立后汉。

868年，雕版印刷《金刚经》。

835年，甘露之变发生。宦官势力不但没有清除，反而更加嚣张。

韩熙载才能是以成就一番大业，但他一直得不到南唐元宗李璟的重用。后主李煜欲立他为相，韩熙载深知李后主无能，南唐大势已去，便做"巴结之相"，如韩熙载预料，宋王朝逐渐统一了中国，重新形成了统一的政权。

● 韩熙载夜宴图

隋 朝

短命而亡 光辉灿烂 泽被后世

北周的辅政大臣杨坚于 581 年迫使年轻的北周静帝禅位，自立为帝，定国号为隋，年号开皇，建都长安，他就是隋朝的开国皇帝隋文帝。

隋朝建立之后，于 589 年灭陈，结束了中国将近四百年的分裂局面，中国又进入了一个空前强大的时代。隋文帝废除北周的六官制度，建立三省六部制。三省即尚书省（管理全国政务）、内史省（起草诏令）、门下省（审查政令及封驳），三省的长官都是宰相。在尚书省之下，分设六部尚书，分管全国各种政务。从此以后，历经唐、宋、元、明、清各朝，基本上沿袭了这种三省六部制。

在地方官制方面，最初沿用的是州郡县三级制，后来取消郡，实行州、县两级制。同时并省了不少州县，裁汰了一些冗官，从而节省了政府开支，提高了行政效率。隋文帝还下令，任何官员都要由吏部任命，改变了过去就地征辟的州郡长官多是本地豪强地主的弊病。隋朝还规定，县佐不准任用本乡人士。这些措施既改善了吏治，又加强了中央集权。

隋炀帝杨广于 605 年继位之后，大力加强与少数民族的联系。607 年，隋炀帝来到榆林，宴请突厥启民可汗及其部属。他带来了一支由三万多人组成的仪仗队伍，"辂辇车舆，皇后卤簿，百官仪服，务为华盛"，后面还有十多万甲胄鲜明的军队护驾。而来自中原的能工巧匠还仿照突厥可汗的牙帐形式，设立了一个能容纳数千人的大帐，以用来招待少数民族首领。

而早在这之前，启民可汗就征发突厥各部的劳力修建道路，恭迎杨广的驾临。杨广来了以后，启民可汗亲自用佩刀在隋炀帝的帐前除草。到场的少数民族首领也"争献牛羊驼马数千万头"，并共推杨广为"圣人可汗"。隋朝在北方少数民族中的声望达到了巅峰。

609 年，隋炀帝又开始西巡。他横穿祁连山后到达河西走廊的张掖郡。西域二十七国君主与使臣纷纷前来朝见，表示臣服。隋炀帝又令武威、张掖士女大众盛饰丽服观看，前来参加盛会的人群和乘骑绵延数十里。

隋炀帝好大喜功，大兴土木，几番下江都游玩，滥用民力，民众的怨气不断积累。而此时隋炀帝三次讨伐高句丽皆不胜，死亡近百万人。百姓苦于隋炀帝的暴政，农民起义的烽火烧遍了全国，曾经强大一时的隋朝不久便灰飞烟灭了。

隋朝的统治共三十八年，前后仅文帝、炀帝两代，是我国历史上存在时间较短的朝代之一，但对后世却产生了深远的影响。

有隋一朝，赵州桥得到修建，有关火药的记载也开始出现。修建贯通南北的大运河也是隋朝的一大功绩，长江、黄河、淮河、钱塘江、海河五大水系得以联结。大运河还对黄河起了分流作用，数百年间黄河都未发生大的洪涝灾害。

在政治制度方面，隋朝对后世影响最大的就是建立了科举制度。隋朝以前，政府选用官员采用的是"九品中正制"，在实际操作中，出现了"上品无寒门，下品无世族"的现象。隋朝则设立了进士科，用考试的方法以才取人，考取的就可以到中央或地方政府中做官。

隋朝的速亡为后面的朝代提供了教训，而隋朝的成就为后世的繁华提供了基础。一个更为强盛的唐朝随之出现在中国的大地上。

道家炼石图

隋文帝建隋：天下一统

展子虔游春图：灿烂文化

胡商遇盗：开辟商路

隋人出行：威武雄壮

隋朝世系：文帝杨坚 >> 炀帝杨广

隋朝大事索引

时　间	事　件
581年	杨坚代北周称帝，国号隋，是为隋文帝。 隋文帝立长子杨勇为太子，将杨广封为晋王。
583年	隋文帝以"律尚严密，故人多陷罪，每年断狱，犹至万数"，特敕命苏威、牛弘等人本着删繁就简的原则，修改《新律》，完成了历史上著名的《开皇律》。《开皇律》上承汉律的源流，下开唐律的先河，在中国法律史上占有重要的地位。
585年	隋文帝在全国各地设置义仓，农民在收获季节交纳一定数量的粮食，放在义仓，发生灾荒时便开仓放赈。
589年	杨广统领五十万大军南下灭陈，统一了全国。
590年	隋文帝下诏军人入户籍，属州县，府兵与均田制合一。
597年	隋文帝为了分化突厥，将安义公主嫁给小可汗之一的突利可汗，突利可汗遂倾向于隋文帝。
598年	隋文帝出动大军攻打高句丽。军中疾疫流行，士兵大多病死，无功而返。
600年	隋文帝下诏，废太子杨勇为庶人，改立杨广为太子。
601年	陆法言写成《切韵》五卷，统一了书面的声韵，为音韵学奠定了基础。
604年	杨广即位。 刘焯制定《皇极历》。 刘焯在世界上最早提出了"等间距二次内插法"的公式。 韦云起率军大败契丹军。
605年	隋炀帝命宇文恺营建东都洛阳，每月役使二百多万人。 隋炀帝征发河南、淮北一百余万民夫，开凿通济渠。
606年	启民可汗到长安求见杨广，解释自己的忠诚，希望消除误会。
607年	隋炀帝被推为"圣人可汗"，隋朝在北方少数民族中的声望达到了顶峰。 隋炀帝杨广令羽骑尉朱宽"入海求访异俗"，到达流求，也就是今天的台湾。
608年	刘焯推出岁差为七十六年差一度。 永济渠开凿。这条运河主要是利用自然河道，沟通沁水和淇水，然后北流从天津入海。其中一支向北伸展，然后合永定河，北达涿郡（今北京）。
609年	隋炀帝开始西巡。他成为第一位也是唯一一位亲巡西域的中原王朝帝王。 隋炀帝亲率大军击破吐谷浑部，吐谷浑"率男女十余万口来降"，东西四千里、南北两千里的广大土地尽为隋有。隋炀帝调罪人为戍卒，开屯田，并运粮供应，以保卫西域的安全。 隋炀帝来到位于河西走廊的张掖郡。西域二十七国君主与使臣纷纷前来朝见，表示臣服。
610年	隋朝派虎贲郎将陈棱等率军攻流求，隋朝的政治和军事力量随着陈棱等的军事活动达到了台湾。 隋炀帝着手进攻高句丽的准备工作，造车造船，调集军队，成百万的农民被征发用来从事运输和各种劳役。

时 间	事 件
611年	王薄率众在长白山（今山东济南东北）起事，自称"知世郎"，号召人们拒绝参加出征高句丽的战争，吸引了众多逃避征役的农民加入。 翟让在东郡（今河南滑县东）附近的瓦岗寨招集贫苦农民，组织了一支起义队伍，号称瓦岗军。
612年	隋炀帝集中了一百多万大军御驾亲征高句丽。 隋朝军猛烈攻击辽东（今辽宁辽阳），城墙塌陷，高句丽守军悬白旗乞降。但由于要等待隋炀帝的指示，遂丧失机会。 隋炀帝狼狈撤退，最后损失了三十万人。
613年	隋炀帝第二次御驾亲征高句丽。 杨玄感发动叛变，截断了隋炀帝的退路。隋炀帝放弃辽东，回军迎战杨玄感，第二次东征便这样草草收场。
614年	隋炀帝进行第三次东征。 高句丽王国无力抵抗隋军，就把杨玄感的同党、投奔到高句丽的斛斯政，送还给杨广，以表诚意。 高句丽国王高元拒绝入朝，隋炀帝下令准备第四次东征。
615年	隋炀帝从洛阳出发，到汾阳宫（今山西宁武）避暑。 突厥汗国的始毕可汗（启民可汗之子）亲统骑兵十余万，将隋炀帝围困。
616年	农民起义军已经占领了全国三分之二的郡县。 隋炀帝不顾大臣劝阻，再次去江都（今江苏扬州）巡游。
617年	瓦岗军攻占隋朝大粮仓兴洛仓，开仓分粮，声势大振。 李渊在太原起兵。
618年	隋炀帝被叛军所杀。 李渊在长安称帝，唐朝建立。

隋文帝励精图治

　　杨坚原本是北周的丞相，他乘北周皇帝贪图享乐之机，于581年夺取了北周的政权，建立了隋朝。他在位期间励精图治，最终统一了全国。

乾坤带

图为唐太宗在金殿授秦英帅印的场面。在隋朝以及唐初，权臣现象非常突出。杨坚、李渊都是原来的大贵族。就是到了唐朝，据说大臣秦琼的孙子秦英因小事打死了皇妃的父亲，也只是带军出征，将功折罪。

杨坚的称帝之路

显赫的出身

隋文帝杨坚的父亲杨忠是西魏和北周的军事贵族，北周武帝时官至柱国大将军，封为随国公，杨坚后来也承袭了父爵。

西魏王朝曾有八大柱国，分别是宇文泰（李渊妻外祖父）、元欣、李虎（李渊祖父）、李弼（李密曾祖父）、赵贵、于谨、独孤信（杨坚岳父，李渊外祖父）、侯莫陈崇。他们创造了西魏、北周、隋、唐四个朝代辉煌的历史。据《周书》记载："当时荣盛，莫与为比。今之称门阀者，咸推八柱国家。"

传说杨坚出生的时候，窗外笼罩在紫金暮霭之中，仿佛神迹，一家人都兴奋不已。杨坚在佛寺里度过燃灯诵佛的童年。因为父亲的荫庇，杨坚十三岁入学，十四岁便步入仕途，京师长安的地方长官京兆尹薛善任用他为功曹。十五岁时，杨坚又因父亲的功勋被授予散骑常侍、车骑大将军、仪同三司的官衔，封成纪县公，入宫为官。不久又升为大兴郡公。十六岁时，杨坚升为骠骑大将军、开府仪同三司。

据《隋书》记载，北周明帝见杨坚面相不凡，顿生猜疑，曾派享誉京城的相面先生赵昭审视杨坚，赵昭诡言回禀北周明帝："不过柱国耳。"之后赵昭就私下跑到杨坚官邸，对杨坚说："公当为天下君，必大诛杀而后定。善记鄙言！"

北周武帝登基后，杨坚升为左小官伯，不久后为随州（今湖北随州）刺史，进位大将军。相传他在随州做刺史期间，有一神秘僧人，法名僧空，前来探访，见到杨坚，惊道："公非人臣之相，异日必大贵，当执掌符命。"杨坚笑而不答。其实早在杨坚在京任仪同三司时，关中的地方官吏、豪绅就都以杨坚有私志，纷纷劝其伺机废北周。如果说此前杨坚只有废北周的意向而无实际行动，那么自他在随州为政期间，便开始暗中派人潜交豪友，招募人才，为废北周做准备了。当地新贵名流以杨坚"人心所向""众望所归"，竞相表示愿鼎力以事。杨坚任刺史还不满三个月，当地的士庶之心就尽为其所收买，足见其笼络人心的手法高超。这之后，杨坚被征还京师，适逢母亲罹病，杨坚昼夜服侍，不离左右。二十五岁那年，杨忠与独孤信亲自操办了子女们的婚姻，杨坚娶了十四岁的独孤伽罗为妻。

处心积虑的夺权

568 年，杨忠去世，杨坚袭爵，成为随国公。杨忠去世前，北周的大权实际上掌握在权臣宇文护的手中。宇文护是开国皇帝宇文泰的侄子，宇文泰去世时因为太子宇文觉年幼，遗命让宇文护辅佐少主，没想到宇文护却把少主害死，另立傀儡，自己独揽大权。北周武帝宇文邕虽然是宇文护扶植的，却不甘于做傀儡，于是暗中积蓄力量，积极准备夺回权力。

宇文护看中了杨坚的才能，要拉拢他。但杨坚抱定了"两姑之间难为妇"的观念，在皇帝与权臣之间严守中立。杨坚的严拒引起了宇文护的仇视，多次想暗杀杨坚，幸亏大将侯伏、侯万寿兄弟替他说情，才免于一死。

572 年，宇文邕发动宫廷政变，杀死了宇文护，并将其党羽一网打尽。宇文邕虽然夺回了政权，但由于本身的心腹并不多，不得不大力拉拢那些原来的中立派，这就给了杨坚很好的发展机会。适逢宇文邕为自己的太子选妃，杨坚便将自己的长女杨丽华送入宫中，成为了太子妃。如此一来，杨坚成了未来的国丈，地位大大提高。

杨坚虽然深得宇文邕的器重，但他根本瞧不起宇文邕，只是目前还羽翼未丰，不得不低头，暗中培植自己的势力。一些精明的大臣觉察出杨坚图谋不轨，齐王宇文宪奏告宇文邕说："杨坚的相貌非同寻常，臣每次见到他，总感到浑身不自在。此人恐不是久居人下者，请尽早把他除掉！"宇文邕不信。内史王轨也上奏说杨坚有歹相，宇文邕根本不信面相这一说，也不予理会。此时宇文邕的全部精力都用在攻伐北齐上，对杨坚的长相当然是无暇留心考察。

575 年，宇文邕下诏伐齐。北周出动了十八万大军，宇文邕亲率六万士

北周武帝像

宇文邕是中国历史上的著名皇帝。他决三教先后，以儒为先，道次之，佛教最后。次年禁佛、道二教，勒令沙门、道士还俗，使寺院原有的大量人口开始向国家纳税服役，为历史上三武灭佛之一。他灭掉北齐，完成了局部的统一。可惜的是，他三十六岁就病逝了，"平突厥，定江南"的计划最终没有实现。后来后周世宗柴荣也有类似经历，可谓"出师未捷身先死，长使英雄泪满襟"。

卒直趋河阴（今河南孟津东北），杨坚率领水军三万，顺黄河东下。起初进军较为顺利，攻取了一些州县。但在攻打中潬城（今河南孟州西南）时受阻，围攻了二十多天也没能攻克。宇文邕心急如焚，因而病倒了，大军不得不西撤。次年宇文邕再次御驾亲征，大获全胜，统一了北部中国。

杨坚在此次作战中功劳不小，进位柱国，出任定州总管，随即转为亳州总管。不久宇文邕驾崩，皇太子宇文赟即位，这就是北周宣帝，立了杨坚的女儿杨丽华为皇后。父以女贵，杨坚马上被拜为上柱国、大司马，第二年转为大后丞、右司武。遇到宇文赟外出的时候，便由杨坚处理日常政务。

年轻的宇文赟与他父亲不同，完全是个酒色之徒。做皇帝不过两年，就禅位于七岁的皇太子宇文阐，也就是北周静帝，自己称"天元皇帝"，做太上皇去了。不过宇文赟并没有停止吃喝玩乐，北周王朝在他的统治下迅速走向没落。

一直觊觎皇位的杨坚心中暗喜。他身为相国，大权在握，早就想把皇帝拉下龙椅了。看到宇文赟丑恶的嘴脸，便对心腹之人说："天元皇帝没什么德政，看相貌也不会长寿。法令繁多而严苛，整天沉湎于声色中，我看皇上的统治维持不了多久。宇文宗室诸王各就封国，既不能有效地控制地方，朝廷内也失去了亲信。像这种局面，一旦天下有事，局势将不可收拾。"

宇文赟虽然是个昏君，但对杨坚图谋不轨也略有觉察。他有四个宠妃，一并立为皇后。四个皇后争宠，互相诋毁。宇文赟对杨皇后最为不满，动辄骂道："朕要诛灭你家族！"然后宇文赟召杨坚进宫，吩咐身边的卫士："若他表

隋朝气象
1952 年修复隋朝时建的赵州桥时，在桥下淤泥中发现了此栏板。栏板上绘有一龙。

情有异，就立即把他杀掉！"杨坚入宫后神情自若，宇文赟于是怀疑起自己的判断力来了，是不是自己搞错了，杨坚果真有二心吗？因为拿不定主意，放过了杨坚。杨坚表面上不露声色，但心中对宇文赟的猜忌甚感不安，权衡再三，决定暂时离开朝廷，到地方上避避风头，让心腹郑译留下监视皇帝。

580 年，宇文赟突然心血来潮，要南征陈朝，郑译乘机推荐杨坚为扬州总管。宇文赟一直对郑译很信任，哪里知道他早就投靠了杨坚，于是便同意了。但是还没有等到出征，宇文赟就一病不起。在郑译的参与下，杨坚伪造了一份诏书，以宇文赟遗诏的名义宣布，杨坚总管朝政，辅佐周静帝宇文阐。

很快宇文赟就死了，杨坚等人并没有立即公布消息，而是趁机用假诏书夺取了军政大权，以及京城部队的指挥权。一切准备就绪后，这才发布了宇文赟去世的消息。杨坚做了辅政大臣，马上建立了新的领导班子，吸收了一批有才干的人，稳定了政局，然后又向威胁他地位的宗室各王展开了攻势。

宇文赟的弟弟宇文赞在朝廷中和杨坚的地位不相上下，杨坚于是派人对他说："你不必再这样劳累地参与政事，以后的皇帝位置肯定是你的，你只管回家等着就行了。"宇文赞年轻，也没什么谋略，就相信了此话，回家等着杨坚来迎接他登基。

宇文氏家族还有五位有势力的藩王，都在地方统兵，如果他们联合起兵，杨坚还是很难对付的。所以在他们得知宣帝病逝的消息之前，杨坚便用假诏书将他们召回长安，然后收缴了他们的兵权和印信。五位藩王见自己无法与杨坚抗衡，便秘密联系在外的另一个藩王起兵，但不久便被杨坚打败了。被剥夺了兵权的藩王们决定孤注一掷，设下了鸿门宴。

搜山图

该图展示了民间传说中二郎神搜山降魔的故事。据说二郎神是人们把为民除害的隋代嘉州太守赵昱加以神化的传奇人物，他具有"斩蛟""降妖"的本领。在历史上，赵昱原来在青城山学道，后来隋炀帝征他为太守。这说明当时科举制还没有完全取代以前任命官职的方式。

杨坚对于五王的警惕性不足，觉得已经收缴了他们的兵符，解除了他们的兵权，他们应该不会什么作为了。于是见赵僭王宇文招有请，遂带着杨弘、元胄等几个随员前往。到了王府，随从都被挡在门外，杨弘和元胄硬闯了进去。元胄进去一看就知道苗头不对，对杨坚道："相府有事，丞相不宜久留！"宇文招马上斥责元胄，喝令他退下。元胄两眼圆睁，不但不退，反而提刀上前来保护杨坚。宇文招不敢动弹，只得赐给元胄一杯酒说："我哪有什么恶意，你何必如此紧张？"说完装作呕吐，想要离开座位，却被元胄强行扶回座位上。宇文招几次想离开，都被元胄"劝"止。宇文招说口渴，元胄便让人送来水让他在座位上喝。宇文招被置于元胄的威胁下，他手下的人也不敢轻举妄动。这时滕闻王宇文逌来到，杨坚出门迎接，元胄赶忙在他耳边说："苗头不对，赶快离开这里！"杨坚估计风险不大，说："他没有兵马，能干什么呢？"元胄说："兵马本来就是他们的，只要他们先下手干掉丞相，一切都完了。"但杨坚还是没有走，依然镇静地回到席上坐下。此时元胄听到后堂有披挂盔甲的声音，急忙上前对杨坚说："相府的事那么多，丞相怎么这样，老坐着不走呢？"说完拉着杨坚就走。宇文招快步追出来，元胄堵在门口。等杨坚出了府邸大门，他才紧走几步赶上。

杨坚回到了相府后，马上就以谋反罪杀掉了这五个藩王。宇文氏皇室的势力被消除后，杨坚的称帝之路平坦了许多。

解除了中央的威胁后，杨坚开始对付地方武装。这时河南、四川、湖北等地的将领纷纷起兵。经过打与拉两手策略的较量，杨坚在半年之后，便平定了三地的军事力量，彻底控制了北周的政权，做皇帝仅仅是一个形式问题而已了。

581年，杨坚让人替静帝写好退位禅让诏书，然后送到他的王府。杨坚假意推辞，最后才接受了大家的意思，穿上皇帝的服装，登上了心仪已久的宝座。杨坚是继承父亲爵位的随国公，后来又进封为随王，因其忌讳"随"字的本意，而去掉了繁体"隨"字的"辶"而取"隋"字为其国号，建元开皇，是为隋文帝。一个强盛的王朝开始出现在中国历史上。

开皇之治

隋文帝取得政权后，一面躬行俭朴，一面采取了许多有利于巩固政权的措施。这些措施使人口迅速增加，府库日渐充实，社会呈现了一片繁荣景象。因为隋文帝的第一个年号是"开皇"，且用此年号长达二十年，另一个年号"仁寿"仅用了四年，所以历史上把隋文帝在位的时期称为"开皇之治"。

官制的改革

官制方面，隋文帝杨坚下令废除了北周的六官制度，建立三省六部制。三省即尚书省（管理全国政务）、内史省（起草诏令）、门下省（审查政令及封驳），三省的长官都是宰相。在尚书省之下，分设吏（掌人事）、礼（学校、科举、祭祀）、兵（国防）、都官（司法）、度支（财政）、工（掌营造屯田等）部，每部设尚书一人，侍郎二人。

两年之后，改都官为刑部，度支为民部，六部尚书分管全国各种政务。从此以后，历经唐、宋、元、明、清各朝，基本上沿袭了这种三省六部制。此外还有御史台（监察各级官员）、都水台（掌水利）及大理（全国最高审判机关）、太常（掌礼乐）、将作等十一寺卿，以及左右卫（掌禁卫）、十二府（管府兵）。

在地方官制方面，最初沿用的是州郡县三级制，后来取消郡，实行州、县两级制。同时并省了不少州县，裁汰了一些冗官，从而节省了政府开支，提高了行政效率。

隋文帝还下令，任何官员都要由吏部任命，改变了过去州郡长官就地征辟，多是本地豪强地主的弊病。隋朝规定，县佐不准任用本乡人士。这样一来，本地人就无法把持本地政务了。这些措施既改善了吏治，又加强了中央集权。

兵制的改变

隋朝建立前，西魏实行的是府兵制。当时权臣宇文泰为了巩固政权，利用鲜卑族的血缘关系维系复杂的部族力量，用恢复鲜卑姓氏和赐鲜卑姓氏的方式拉拢各族将士。具体办法是：凡是六柱国将军、十二大将军、二十四开府将军都要恢复鲜卑旧姓，汉人则赐以鲜卑姓。至于普通士兵，也跟随其主帅改为鲜卑姓氏。

隋文帝执掌朝政后，首先废弃了自己的鲜卑姓氏普六如氏。接着全国其他将领也跟着恢复自己原来的姓氏。这样做的好处，一方面是争取了广大汉族的同情和支持，同时又加强了中央政府对军队的控制，削弱了军队统领方面的分离倾向。

开皇十年（590 年），隋文帝颁布了关于军人编入户籍的诏令，这是府兵制度的重大改革。西魏、北周的府兵，一般是家属随营，列于兵户，不属州县。军队南征北战时，家属也跟军队一起行动。隋朝把兵户编入民籍，改属州县管辖，府兵可按均田令保有自己的土地或领受一份田地，增加了人们参军入伍的积极性。

新的律法

隋朝一开始使用的律法，是隋文帝命人修订的《开皇律》。后来隋炀帝又制定了《大业律》。

《开皇律》包括名例、卫禁、职制、户婚、厩库、擅兴、盗贼、斗讼、诈伪、杂、捕亡、断狱十二篇。刑罚分五种：一为死刑，有斩和绞；二为流刑，分为一千里、一千五百里、两千里共三等；三为徒刑，分一年、一年半、两年、两年半、三年共五等；四为杖刑，从六十到一百共五等；五为笞刑，从十到五十共五等。隋朝又把北齐的重罪十条改为"十恶"之条：一曰谋反，二曰谋大逆，三曰谋叛，四曰恶逆，五曰不道，六曰大不敬，七曰不孝，八曰不睦，九曰不义，十曰内乱。犯"十恶"之罪和故意杀人者，虽然遇大赦之机，仍要除名。隋律名目众多，但比较北魏律，刑罚多少有所减轻，取消了一些残酷的刑罚。

在诉讼程序方面，隋朝规定，如有人因冤枉上告，假若县官不理，允许越级向州官上诉，直到朝廷。全国各地的死罪犯人，不准在本地处决，必须送大理寺复审，然后再送尚书省奏请皇帝裁决。

齐州的小官王伽奉命押解七十余名犯人进京。犯人们披枷带锁，跋山涉水，千辛万苦才走到荥阳。看到犯人和负责押解的差役们都疲惫不堪，王伽心中不忍，命令解去犯人身上的枷锁，并对他们说："你们触犯了国法，皮肉受苦也算罪有应得。只是连累了押送你们的人，无辜陪着你们受苦，你们不觉得惭愧吗？现在你们不必再受枷锁之苦了，差役们也不必陪你们遭罪。你们自行赴京，但一定要在规定的日期到达京都。否则我只有替你们一死。"一席话说得人们无地自容。到了约定的日期，犯人们果然如期到达，没有一个人逃走。

隋文帝杨坚听说后，十分惊奇，召见王伽，赞扬了他的做法。不但如此，隋文帝还召见了犯人和他们的妻子儿女，赐宴款待并赦免了他们的罪行，然后晓谕天下道："官吏们要以王伽为榜样，用德行感化庶民。庶民应像李参那样，改恶从善。这样天下就会太平，不用刑律的日子很快就会到来。"

隋 青釉武士俑
该俑浓目大眼，头戴盔，颈结护带，身穿铠甲，甲外有护胸。就是有了这样的精锐士兵，隋文帝才能一统河山，平定西域。

科举制度的创立

在隋文帝变革的一系列措施中，对后世影响最大的就是建立科举制度了。隋朝以前，政府选用官员用的是九品中正制度，在一定程度上规定了门第出身，名门望族的子弟可以被选为上品做高官，庶族寒门出身的人只能被选为下品小官，以至出现了"上品无寒门，下品无世族"的现象。

隋文帝废除了九品中正制，命令京官五品以上，以及地方总管、刺史等官员，以志行修谨、清平干济两个条件举荐人才，也就是要德才兼备的人。他希望通过这一制度缓和江南汉人的不满情绪，给中下层读书人提供入仕之途。考生不分出身，地位一律平等。到了隋炀帝杨广即位后，又创置了进士科，国家用考试的方法以才取人，考取的就可以到中央或地方政府中做官。

经济的全面复苏

除了政治上的改革，隋文帝也非常重视农业发展，下令缩短农民服兵役和徭役的年龄，鼓励人们从事农业生产，并多次下令减税，组织农民大规模兴修水利设施。

束腰白瓷罐

隋朝以前，瓷窑主要都集中在长江以南和长江上游的四川地区。入隋以后，北方瓷业才开始了飞跃性的发展，窑场及其烧制的瓷器明显增多，各种花色、风格、样式的瓷器开始呈现，在原有的青瓷的基础之上，出现了白瓷。不过此时的白瓷还比较珍贵，此束腰白瓷罐就出土于曾担任隋朝东宫主管的姬威墓中。

隋朝经济的发展和均田制的有效推行有着密切的关系。当时的均田制度是：农民所受土地，分为露田和永业田两种，露田要归还，永业田不用还。丁男可受露田八十亩，妇女四十亩，奴婢成年后也可得到露田。如果家中有牛，一头牛受六十亩露田。每个男丁受永业田二十亩，用来种植桑麻。

农业发展的具体表现是粮食储备大增。开皇五年（585年），隋文帝又在全国各地设置义仓，作为救灾之用。农民在收获季节交纳一些粮食，放在义仓，由本地社司管理，发生灾荒时便开仓放赈。伴随着农业的发展，隋朝的人口也逐年增长，城市经济开始繁荣。隋文帝下令修建西京大兴城和东京洛阳城。还命宇文恺率众开漕渠，自大兴城西北引渭水向东，至潼关入黄河，这就是广通渠，此举极大地促进了全国各地物资的交流。

这一时期，隋文帝还统一了货币。早在南北朝时期，钱币轻重极端紊乱，种类也很繁杂。隋文帝废除了各种旧钱，新铸一种五铢钱，作为标准货币通行全国。继而统一度量衡，规定以古尺一尺二寸为一尺，以古斗三升为一升，以古秤三斤为一斤。隋朝对商业的管理非常严格，规定三千户以上的城市，都要设立市署，专门管理地方商业，控制商品的流通和市场价格。

晚年的失误

因猜疑而毁法制

随着国力日渐昌盛，隋文帝也进入了暮年，渐渐变得喜怒无常，猜疑心越来越重。

杨坚的猜疑有时显得很可笑，例如他为了禁止官员贪赃受贿，就派人去向官员行贿试探，如果有人敢收下，就立即处死。当时有个刑部侍郎想升官想得入了迷，听说穿红裤子对升官有好处，就在上朝时穿了件红裤子去。不想杨坚一看非常生气，认为大臣穿红裤子是想辟邪，而这个"邪"就是指他这个皇帝了，于是命令卫士将这个侍郎推出去斩首。大理寺的官员站出来阻止，说这种罪根据法律是够不上死罪的。杨坚却说："你可惜他，难道就不知道可惜你自己的命吗？"还有一次，一个武官的衣服和佩剑不太整齐，杨坚就说这是对皇帝不敬。可杨坚不治武官的罪，而是说御史没有尽到责任，因为御史是专门监督官员的。所以杨坚就处死了御史，谏议大夫站出来劝止杨坚，竟也搭上了性命。

早期立法有功劳，晚年坏法有过错，这就是杨坚的前后对照。那时行刑一般要在秋天进行，意为顺应天意，即秋天叶子要落，气氛肃杀。而春天万物复苏，要生长了，这时严禁猎杀动物，不许破坏幼小树木。总体来说，就是春夏赏赐，秋冬处罚。杨坚在晚年时却破坏了这种惯例，在夏天的时候就要杀人。有大臣反对，他便狡辩说："夏天时老天爷有雷电暴雨，这也是天意在发怒。"他还大量使用法外酷刑，即杖刑，在宫廷里就经常放着棒子。他曾下令凡偷盗一文钱以上的，都要在闹市中处以死刑。曾有三人偷了一个瓜，被抓后立即被处以死刑。如此严刑酷法，在隋朝全国上下形成了滥行摧打，以残暴为能干的风气。这样隋朝就出现了一大批酷吏。到了隋炀帝的时候，不仅是残忍，而且还有骄奢淫逸、大规模劳民扰民伤民，使得社会动荡不已。这也是隋朝那样短命的重要原因。

无过也要挨打

上梁不正下梁歪。有了这样的皇帝，大臣中也出现了一大批让人感到莫名其妙的酷吏。曾做过幽州总管的燕荣就是一例。

有一次外出，燕荣看见路边有一丛荆棘，觉得可以用作鞭打人的刑具，就专门拉来一个人作试验。那人苦苦哀求说自己没有过失不应该受到鞭打，燕荣却说："现在打了你，以后若有罪就免了。"结果把那人狠狠地鞭打了一通。过了不久，那个白白挨打的人偶然犯了一点小错，燕荣又要打他，那人说："大人，您以前说过有罪就不再打啊！"燕荣却另有一番道理："没有过失尚且要挨打，何况真的有了过失呢？"说完还是把那人狠狠打了一通。

后来朝廷准备将观州长史元弘嗣调任幽州长史。元弘嗣对燕荣很了解，他怕到任后受到燕荣的凌辱，坚决推辞。隋文帝知道元弘嗣的想法后，便特意下旨保护元弘嗣说："元弘嗣到幽州之后，若要受十下以上的杖刑，都必须上奏。"燕荣得到这道圣旨后十分忿恨地说："元弘嗣这个小子，竟敢要弄我！"于是燕荣就想方设法刁难元弘嗣，派他去监督收粮进仓的事。然后就

隋朝侍卫

该图选自山东嘉祥英山隋朝徐敏行夫妇合葬墓墓室西壁中部。画面上四名侍卫并肩而立，二人执灯，一人执伞，一人执扇。四人眼神和表情有相互照应之意，寥寥数笔就生动地描述了侍卫的情态，是隋朝绘画的典型代表之一。

命人严查入仓的粮食，只要有一点糠壳或不饱满的谷粒，便要杖打元弘嗣。而每次都是杖打不到十下，这样就没有必要上奏皇帝，但有时一天之内要打他好几次。这样过了整整一年，后来燕荣干脆把元弘嗣关在监狱中，并断绝了他的粮食。元弘嗣与燕荣结下了深深的怨仇。元弘嗣在狱中饥饿难耐，便抽出自己衣服上的丝絮，喝水咽下以充饥。元弘嗣的妻子被逼跑到京城，在皇宫门前鸣冤叫屈。隋文帝知道后派官员去幽州进行调查。官员查后上奏说燕荣确实残暴，且贪赃枉法，劣迹不少。隋文帝便把燕荣招到京师，把他问罪处死了。

疏远忠臣

在隋文帝杨坚宠信的大臣中，高颎称得上是第一位。高颎字昭玄，又名敏，是独孤信的家客，而独孤信的女儿就是杨坚的妻子。杨坚之所以看重高颎，不仅仅因为他与自己的私人关系密切，更重要的是看重了他的才华与胆识。高颎从小便聪明能干，能文能武，十七岁开始做官，参与了平定北齐的战争，立过战功。杨坚自从看重了他，就将自己想要夺取北周政权的心愿如实相告。高颎没有丝毫犹豫，欣然接受了杨坚的招纳。他对杨坚说："我愿意听从你的指使，即便你的事业不能成功，我高颎全家被杀，也没有半句怨言。"

杨坚登上皇位后，高颎当上了宰相，大小政事，隋文帝杨坚都要先同他商量。在统一全国的战斗中，高颎出谋划策，功勋卓著。

后来高颎的儿子娶了太子杨勇的女儿，而晚年的隋文帝和皇后独孤氏却越来越不喜欢太子，加上晋王杨广的挑拨离间，渐渐萌发了废太子的念头。

一次隋文帝试探高颎说："有神灵告诉晋王妃，说晋王一定会统有天下，你怎么看呢？"高颎跪倒在地，回答说："谁长谁幼，是有次序的，这怎么能够废呢？"皇后独孤氏一向是主张废太子的，听了高颎的话，就想暗地里找机会陷害他。

不久隋文帝要挑选几个东宫的卫士做自己的卫士，高颎认为不应这么做，说："若尽把强壮的卫士挑选走了，恐怕东宫的保卫力量太差。"隋文帝听了很不高兴，说："我时常东跑西跑的，才需要有较强的卫士。太子整日呆在东宫，身边何必要有那么多壮士。以后东宫的保卫由皇宫卫队兼管着就可以了！"

598年，隋文帝想出兵辽东，高颎坚决不同意，但隋文帝坚持要打，并派高颍为主帅。结果军中疾疫流行，兵士大多病死，无功而返。皇后又借机中伤高颍，说高颍是阳奉阴违，消极抗命。隋文帝自此对高颍更加愤恨，找了个借口将他免官，让他只带个齐公的虚衔回家闲居。

事情并没有就此了结，投井下石的事总是层出不穷的。高颍的属官司告密说："高颍的儿子对高颍说，司马懿假托有病不上朝，结果取得了天下。你现在得到这样遭遇，怎么知道不是一件好事呢？"隋文帝于是将高颍除名为民。

废嫡引祸端

隋文帝杨坚晚年猜忌大臣，蔑视法制，唯独认为他的家庭是异常安定的。杨坚的皇后独孤氏醋意很重，他们有五个儿子，都是皇后所生，因此杨坚曾骄傲地说："从前的帝王，姬妾太多，儿子们不同母亲，所以往往分党相争。不像我的五个儿子，一母同胞，亲如手足。"可是世界上有两种东西最能摧毁人性和人伦，那就是权力和金钱。

杨广，小名叫阿麽，是隋文帝的次子，从小就聪慧过人，深得父母欢心。581 年，隋文帝立长子杨勇为太子，将杨广封为晋王。杨广在南下灭陈和抵御北方突厥的战斗中立有大功，见父亲立了哥哥做继承人，开始对杨勇心怀妒恨，私下里与杨素勾结，阴谋夺取太子的地位。

杨勇是一个花花公子，为人疏阔豪爽，不拘小节。独孤皇后最讨厌男人三妻四妾，杨勇偏偏有许多姬妾；杨坚最讨厌大臣花天酒地，杨勇偏偏喜欢音乐歌舞，常常通宵饮宴。杨广就从这些细微之处下手，离间父母与杨勇的关系。杨广只有妻子萧妃一人，家里的乐器上都布满灰尘，有的连弦都断了。杨坚夫妇每次到儿子的府里去，杨勇总是礼数淡薄，而杨广夫妇一定是双双站到门口亲自迎接。杨广出镇江都（今江苏扬州），每次入朝辞行时，都痛哭流涕，依依不舍。杨坚夫妇见儿子如此孝心，也流下眼泪，不忍他远离膝下。再加上杨广有很好的文学素养，对任何人都很诚恳，谦虚有礼，因此朝中一片颂扬之声。

最终杨坚废掉了太子杨勇，改立杨广为太子。糊涂的隋文帝此举为隋朝的衰落和灭亡埋下了隐患。

隋炀帝的一生

　　隋炀帝杨广在位十三年，期间"统一江山""修通运河""西巡张掖""三游江都""三驾辽东"，既有盖世之功，也有亡国之举。

一统河山

战功卓著的皇子

晋王杨广在隋文帝的几个儿子中，算得上是比较出色的，而且战功卓著。588 年，年仅二十岁的杨广被拜为隋朝兵马都讨大元帅，统领五十一万大军南下，向陈朝发动进攻。隋军在杨广的指挥下，纪律严明，英勇善战，一举突破长江天堑。所到之处，无不披靡，对百姓"秋毫无犯"，对于陈朝库府资财"一无所取"，赢得了南朝的民心，最终完成了中国的统一大业。

陈朝的皇帝名叫陈叔宝，也就是后世所说的陈后主。他是个只知道喝酒享乐的人，最喜欢的便是喝酒、赋诗、唱曲子，即位之后就一直过着花天酒地、醉生梦死的日子。他生长于深宫之中，不知民间疾苦，不懂创业艰难。面对北方强大的隋朝，也没有任何进取的志向。他还下令建造大皇寺，在内部造七级浮屠，工程还没等到竣工，就被大火烧毁了。陈后主这样奢侈靡费，使得国库空虚，财政困难。可他还是大肆在民间搜刮，造成了赋税繁重、民不堪命的残酷局面。

陈叔宝极其喜爱诗文，在他周围聚集了一大批的文人骚客，朝廷命官往往不理政务，每天都和陈叔宝在一起饮酒作诗听曲。陈叔宝还特意筛选了十几个容貌美丽又通晓诗词歌赋的宫女，将她们封为"女学士"。如果是姿色不佳但有才华的就命为"女校书"。每次宴会的时候，妃嫔与这些女官、狎客都与陈后主欢饮达旦，附庸风雅，大多是靡靡之音的艳词。还要从这里选出一些写得特别艳丽的，谱上曲子，令宫女们演唱。其中就有《玉树后庭花》《临春乐》等。陈后主所作的《玉树后庭花》如下："丽宇芳林对高阁，新装艳质本倾城；映户凝娇乍不进，出帷含态笑相迎。妖姬脸似花含露，玉树流光照后庭；花开花落不长久，落红满地归寂中！"

而老百姓一年从头干到尾，辛辛苦苦得来的劳动果实，大多被官府掠夺去了，经常有人饿死、冻死在路上。有位官员对陈后主的所作所为实在看不过去，就劝谏道："陛下！老百姓穷得日子都过不下去了，已经到了怨声载道、天怒人怨的地步，请陛下整肃朝政，不然我们国家就很危险了。"而陈后主最恨有人说老百姓怎么穷、国家大事怎么重要这样的话，就勃然大怒道：

隋炀帝

在大多数后世的历史学家眼中，隋炀帝是以暴君的形象出现的。事实上他也做出了不少成绩，如连贯南北交通、平定西域等。但由于他好大喜功，奢侈无度，最后让曾经强大一时的隋朝在他的手里覆灭了。

亡国之音

陈后主曾经在宫中修建了临春、结绮、望仙三座高阁。门窗以及栏杆都是用沉香木、檀香木制成的，奢侈无比。他每天都和宠妃、宠臣在皇宫里举行酒宴，并制作俗艳的诗词，如《玉树后庭花》《临春乐》等。陈后主还专门挑选了一千多个宫女，专门演唱这些靡靡之音。该图就是描述他这一亡国行为。

"你这是在胡说八道，诽谤朝政！如果你愿意改正，我才能饶了你。"那位大臣回答道："我的话是从心里发出的。"陈后主就把那位大臣残忍地杀害了。从此以后再也没有人敢劝谏陈后主了。

而隋文帝随时都想着灭掉陈朝。当听到陈后主沉湎于酒色，感到时机已成熟，他向大将高颎询问攻取陈朝的方略。高颎建议："江北气候寒冷，收割季节比较晚；江南气候温暖，收割季节比较早。趁他们忙于收割时，我们稍稍调集人马，扬言要发动大举攻击。他们势必要全国动员，严加防守，这样一来就会耽误了农时。等他们人马集合起来了，我们就让军队解散，回家收割庄稼。反复几次后，他们就会习以为常。然后我们再真的聚集人马，他们就不会再当真了。这时我们突然发起进攻，出其不意地挥师渡江，胜利十拿九稳。"

隋文帝觉得很对，就按高颎的计策去做，果然蒙蔽住了陈后主。589 年，当隋朝的军队开始进攻时，陈后主收到警报后竟然丝毫不作防备和部署，照样喝酒玩乐，还说："建康自古是帝王之都，朕受天命当皇帝，怕什么呢？江南是块福地，多次化险为夷。过去北齐打过来三次，北周打过来两次，都没占到什么便宜。这次隋朝的兵马打来，也不过是虚张声势，有什么可怕的呢？"

589 年正月初一的清晨，大雾满天，江面上雾气茫茫，什么也看不见。陈朝君臣还在酣睡，两支隋军分别由大将贺若弼、韩擒虎率领，悄悄渡过了长江，突破长江天险，然后汇合在一起，包围了建康城。

隋军渡过长江后，陈后主这才慌了手脚。城内外虽然有十几万人马，但陈后主和他的宠臣江总、孔范等人都不会指挥打仗，急得抱头痛哭。当隋军攻打建康城时，陈朝军队乱成一团，兵找不到将，将找不到兵，有的被抓，有的投降。陈后主手足无措，就和张丽华、孔贵妃坐进一个大篮子里躲在华林园景阳楼畔的枯井中。隋军打进宫里，听说陈后主投了井，忙找来绳子铁钩放到井下去钩。没想到吊上来的除了他，还有他的两个宠妃。隋朝士兵看到这个情景，都气愤地说："像这样荒唐的君主，怎么能不亡国呢！"这口井本来叫景阳井，自此以后人们就管它叫胭脂井了，借此嘲笑陈后主的荒淫无道。陈朝的一些遗老认为这是陈朝的耻辱，又把这口井叫作"辱井"。一朝昏君成了俘虏，后来陈后主病死在洛阳。

隋军抓住了陈叔宝和他的宠妃张丽华之后，有人告诉大将高颎要把张丽华留下来。高颎不予理会，斩了张丽华，并且说："周武王灭殷，杀了妲己。现在平定陈国，不宜留张丽华。"但陈国之所以灭亡，根本还在于陈叔宝，而不在于张丽华。君主亡国大致有四类情形：第一类是荒淫无耻，不理政事，导致亡国；第二类是荒于畋猎，乐不思返，导致亡国；第三类是贪杯好饮，极尽享乐，导致亡国；第四类是大修殿宇，劳苦人民，导致亡国。而陈后主这四条都占全了，怎么能不亡于强大的隋朝之手呢？

开拓疆土

　　杨广于 604 年继位，次年，隋将韦云起率军大败契丹军，俘虏四万余人，杨广大喜过望，就采取了一系列开疆拓土的举措。

　　在这些举措中，最引人瞩目的是隋炀帝的巡行。这要先从突厥说起。隋朝时期，突厥完全统治了原来匈奴的故地，东方跟新崛起的契丹部落接壤，西方到葱岭、中亚。北齐、北周统治时期，他们都没有足够的力量跟突厥抗衡，只好竞相呈献珠宝财货。隋王朝统一中国后，仍不能马上摆脱它的威胁。不过突厥汗国内部并不太平，大小可汗时有内斗发生。隋文帝就对突厥采取和亲政策，但他的目的不是和解，而是分化。他把安义公主嫁给小可汗之一的突利可汗，突利可汗遂倾向于隋朝。599 年，当大可汗都蓝可汗准备攻击大同城（今内蒙古额济纳旗东南）时，突利可汗马上向隋朝报信告

破镜重圆

陈朝灭亡后，国破家亡的陈后主及其皇族都被送至长安。当时南朝后主陈叔宝的大妹妹乐昌公主在临行前，把一面铜镜弄成两半，一半留给丈夫徐德言，一半自己收在怀中，约定以后每年的正月十五，他在长安街市上沿街叫卖这半边铜镜，以此探听对方的消息。后来双方历经千辛万苦，终得重逢。后世遂称夫妻分离而复合为"破镜重圆"。

警。都蓝大可汗大为怒震，跟另一小可汗达头可汗，联合攻打突利可汗。突利可汗部众溃散，投奔中国。杨坚改突利可汗为启民可汗，那时安义公主已经去世，杨坚再把义成公主嫁给他。又在朔方地区（今河套地区）筑大利城（今内蒙古和林格尔），安置启民可汗陆续来归的部众，并派军队驻屯黄河北岸，防御都蓝大可汗和达头小可汗的进攻。

　　仁寿四年（604 年），汉王杨谅（隋炀帝杨广同母弟）因不满杨广夺嫡即位，起兵造反。杨谅造反的时候曾派人联络突厥启民可汗，企图借助突厥骑兵的力量争夺帝位。不过还没等启民可汗回话，杨谅的造反行动就失败了。此事情败露后，杨广怀疑启民可汗的忠心，就不允许突厥部落在长城以南休养生息了，命令他们全都回到塞外，而且不能在长城附近游牧。启民可汗不得不在 606 年初亲自跑来求见杨广，解释自己的忠诚，希望消除误解。

胡商遇盗

对于古代来往中国与中亚的商人来说，盗贼是他们的重大威胁。因此佛教故事才把胡商遇盗诵观音而获救当作一种佛教神迹。隋炀帝针对边疆的一系列措施，对于中西商业沟通是非常有利的。

  为了炫耀大隋的繁华，隋炀帝将大量北齐、北周、南齐、南梁、南陈等国的末代君主们留下的乐工、舞者和杂耍人员都重新召集起来。启民可汗一行人来到隋朝的朝堂后，隋炀帝先派人引导他们参观陈列的各种文物珍宝，这些让启民可汗惊讶不已，而艺人的表演更让启民可汗等人感觉到有如置身于天堂之中。启民可汗请求隋炀帝允许突厥民族穿汉服说汉语，归化为中原臣民。隋炀帝非常高兴，但是没有答应启民可汗部突厥人加入隋朝的请求。

  607年，隋炀帝来到榆林，宴请启民可汗及其部属，这是隋炀帝的第一次大规模远巡。他将盛大的排场看成是震慑突厥等北方少数民族的武器。隋炀帝带来了一支由三万六千人组成的仪仗队伍，"辂辇车舆，皇后卤簿，百官仪服，务为华盛"，后面还有十多万甲胄鲜明的军队护驾。他还让人造了一个带轱辘的、可拆卸的活动宫殿，起名叫观风行殿。据说可以同时容纳几百人，"推移倏忽，有若神功"。而在榆林郡城的草地上，宇文恺率领来自中原的能工巧匠，仿照突厥可汗的牙帐形式，设立了一个能容纳数千人的大帐，在这里招待少数民族首领。这些都让边境的少数民族震惊不已。

白虎关

隋唐两代，为了拱卫京师、发展商业，都把平定西域作为重要的目标。民间耳熟能详的薛仁贵、薛丁山都与征西有着密切的关系，并被演绎成各种故事，白虎关的故事即是其中之一。但由于隋炀帝不爱惜民力，故导致王朝灭亡。而唐朝则汲取隋炀帝的教训，故成盛唐雄风。

而早在这之前，启民可汗就征发突厥各部的劳力在西起榆林，东达于蓟（涿郡治地）的三千里道路上翻修了御道，宽达百步，恭迎杨广驾临。隋炀帝来了之后，启民可汗还亲自用佩刀在隋炀帝帐前除草。而依附突厥的奚、室韦等数十个部落的酋长也紧跟其后，除草整路。启民可汗和义成公主敬献马三千匹，隋炀帝赐帛一万三千段。史载"诸胡骇悦，争献牛羊驼马数千万头"。北方各少数民族共推隋炀帝为"圣人可汗"。这标志着隋朝在北方少数民族中的声望达到了巅峰。

609年，隋炀帝又开始西巡。他成为第一位也是唯一一位亲巡西域的中原王朝帝王。其目的有二：一是解除吐谷浑的威胁。吐谷浑活动范围在今青海北部及新疆东南一带，隋唐时期建有强大政权，并多次进攻张掖。而自南北朝至隋二百年间，吐谷浑实际上垄断着丝路贸易。隋炀帝想夺取丝绸之路贸易控制权，发展经济贸易。二是意在隋朝繁荣的国力下，采用威力震慑与军事征服相结合的手段，解除草原民族对抗中原王朝的军事联盟。

当时隋炀帝亲率十万大军前往甘肃陇西，西上青海，击破吐谷浑部，吐谷浑"率男女十余万口来降"。隋炀帝遂在西域设立了河源（今青海湖南岸）、西海（今青海湖西岸）、鄯善（今新疆若羌）、且末（今新疆且末）四郡，共辖八县，调罪人为成卒，开屯田，并运粮供应，以保卫西域的安全。使东西四千里、南北两千里的广大土地尽为隋有。

隋炀帝继续北上，横穿祁连山后到达河西走廊的张掖郡。西域二十七国君主与使臣纷纷前来朝见，表示臣服。隋炀帝又令武威、张掖士女大众盛饰丽服观看，前来参加盛会的人群和乘骑，绵延数十里，以此夸耀中原王朝的强盛。

当然隋炀帝也不全是一路风光。巡行队伍在途上遇到暴风雪，一行人顶着暴风雪艰苦跋涉。很多官兵被冻死，随行官员也大都失散，骡马损失殆尽。隋炀帝也是狼狈不堪，在路上吃尽了苦头。虽然此次出巡最为艰险，但收获却是最大的一次。隋朝的版图、隋朝的强盛此时到达了顶峰。除了向西北开拓疆土外，隋朝大军还向东南进行了一系列开疆拓土的战争。607年，隋炀帝令羽骑尉朱宽"入海求访异俗"，到达流求，也就是今天的台湾及周边岛屿。不久隋炀帝又派朱宽到流求去招降，流求不从。610年，隋朝派虎贲郎将陈棱等率军攻流求，隋朝的政治和军事力量随着陈棱等的军事活动到达了台湾。其实在此之前，大陆商人已常到流求贸易。从此以后，大陆人移居台湾岛的日益增多。

隋炀帝在完成这一系列的军事活动后，就开始通商西域。但隋炀帝主要是用金钱来引诱西域的商人来朝贸易，还命令西域商人所经过的地方郡县都要殷勤招待，在西域商人走的时候，还要给予很多的赏赐。这是借贸易之名炫耀自己的文治武功。本来应是双方互利的贸易，在隋炀帝手中，却变成了使国家耗费巨额钱财，百姓也因此而负担巨增。

而这一切在610年招待西域商人的活动中达到了顶点。从正月十五夜间开始，隋炀帝命令在洛阳端门外大街上设置盛大的百戏场，为西域各国使者和商人表演百戏。在几十里外，都能听到乐声，灯光通明如同白昼，直演奏到正月底结束。西域商人到洛阳东市做交易，隋炀帝命令本市商人盛饰市容，树木都缠上帛绢做装饰，连地摊上的卖菜人也得用龙须席铺地。西域人经过酒食店门前时，店主都得邀请他们入座吃饱喝足，不收分文。还说隋朝富饶，酒食不要花钱。不过胡商的反应却非常具有讽刺意味，他们说："你们这里也有穷人，连衣服都穿不起，还不如把这些裹在树上的丝绸拿去给他们做衣服呢！"

奢华误国

如果说开拓疆土曾是隋炀帝的雄心壮志，那么贪婪和奢侈也是他的本性。

为了取得皇位，他将这些欲望深深地埋藏在心底，显得异常朴素，没露一丝痕迹。做了皇帝以后，多年来隐藏在假面背后的贪婪和欲望，一下子就暴露了出来。

建东都

隋炀帝杨广即位后，不顾国力和民力的限制，同时开展营建东都洛阳和开通大运河两项重大的工程。东都洛阳的设计师，就是隋朝杰出建筑师之一的宇文恺。宇文恺规划设计的东都，分宫城、皇城和外廓城，气势宏伟，宫殿富丽堂皇，穷极壮丽，其规模之大和动员人力、物力、财力之巨，都是空前的。隋炀帝命人建造了方圆二百里的西苑，并且还在苑内修建了一个人工湖，周围十余里。在这个苑中还建造了传说中海上的三座仙山，即"方丈""蓬莱""瀛洲"。

为了洛阳城的早日落成，隋炀帝每月役使二百多万人参加营建工程。负责营建洛阳的宇文恺，为了迎合隋炀帝的欢心，使东都规模力求宏大。东都建成后，是城中套城，内有宫城、中有皇城、外有郭城，壮丽无比。为了赶时间修筑城墙、殿宇，工匠死伤了十分之四五。运送工匠们衣不遮体的尸体的车辆在道路上绵延不断。为了大殿中的一根巨木，隋炀帝下令征召了两千人把它从江西运到东都。在此服役的百姓，往往有人累得倒在地上，再也没有起来。

下江都

为了游玩和加强对全国的统治，杨广征调了一百多万民工，历时五年，修建了一条东北起自涿郡（今北京），东南到苏杭，全长两千多里的大运河。河的两旁开辟大道，道旁种上榆树和柳树，岸边每隔两个驿站设置一座供杨广休息的行宫，一共建了四十多座。隋炀帝巡游无度，他在位的十四年中，居住在两京长安和洛阳的时间加起来不过五年，他把绝大部分时间都用在了巡游上，曾经七次出巡，其中三次北巡，一次西巡，三次下江都（今江苏扬州）。下江都时隋炀帝除了自已乘坐的巨型龙舟外，随行的王公贵族、百官妃嫔、僧尼道士，分

剪彩为花

洛阳的宫殿非常奢华。秋冬时节，树叶枯黄落到地上，宫女们就剪下彩绸做成花叶挂在落了叶子的树枝上，在水池里也点缀着彩色绸子上做成的荷花、荷叶。绸子颜色变旧时再换上新的。

游幸江都

隋炀帝到江都巡游，龙船有四层那么高。在最上面有正殿、内殿、朝堂；中间的两层设有一百二十间房子，都是用金玉来装饰的；在下面的一层，居住的都是他的侍从。

狩猎人物图

此图以古代高句丽国王朱蒙之事为题材。传说河伯之女生卵得子，名朱蒙，猿臂善射，且百发百中。随王出猎，无不满载而归，终为王所嫉而欲杀之。朱蒙闻听，于是乘马遁去，水族托其马渡河，追兵不及，只好无功而返。

乘几千艘大小船只，与隋炀帝一同巡游。其中专门装载各种物品的船只，就有二百条之多。保驾的御林军也倾巢出动，分乘千余艘大船。偌大的龙舟不用桨篙，完全用纤夫拉，一次就要动用纤夫八万人。杨广出游一次，加上护卫的军队，大概有一万余艘船，首尾相衔可以绵延二百多里。骑兵还夹岸护卫，万马奔腾，旌旗遍野，场面甚是壮观。

为了解决数十万人的吃饭问题，船队所过州县方圆五百里地以内的百姓，都要献上最精美的食品。贡奉来的山珍海味堆积如山，妃嫔们吃不完，就在上路的时候全都扔掉。但与此同时，不知道有多少百姓家中断炊，腹中空空，活活地被饿死！

一征高句丽

民众的怨气在积累，此时的隋炀帝却穷兵黩武，一连三次发动了讨伐高句丽的战争。他调集大批军队远征高句丽，而战事却三战皆不胜，死亡近百万人。百姓苦于隋炀帝的暴政，农民起义的烽火燃遍了全国。

高句丽，也简称高丽，是西汉到隋唐时期东北地区出现的一个有重要影响的边疆民族。668年，高句丽被唐王朝联合朝鲜半岛东南部的新罗所灭，在历史上持续了七百年之久。它与918年在朝鲜半岛出现的另外一个名为"高丽"的政权没有继承关系。周秦时期，高句丽的先人一直生活在东北地区。前37年，夫余人朱蒙在玄菟郡高句丽县辖区内建立政权。高句丽鼎盛时期，其势力范围包括吉林东南部、辽河以东和朝鲜半岛北部。其趁北朝末年、隋朝初年，中原战乱不断，北方突厥频频入塞侵扰的形势，多次派兵侵入辽东地区，掠夺土地、人口。隋文帝就曾因此欲发兵讨伐，后高句丽上表谢罪，

文帝方才罢休。

自汉至唐，我国历代王朝，包括分裂时期的各王朝都认为高句丽是边疆民族政权。如唐太宗就视高句丽地区为中国的传统疆域，实现对高句丽的统一是完成"九瀛大定"的最后一项使命，这也是隋唐两朝不惜倾全国之力要统一高句丽的重要原因之一。

607年，隋炀帝北巡之时，在突厥启民可汗帐内发现高句丽秘密派遣的使节，"启民不敢隐，与之见帝"。黄门侍郎裴矩就此说："高丽本箕子所封之地，汉、晋皆为郡县。今乃不臣，别为异域。先帝欲征之久矣，但杨谅不肖，师出无功。当陛下之时，安可不取，使冠带之境，遂为蛮貊之乡乎！今其使者亲见启民举国从化，可因其恐惧，胁使入朝。"可是高句丽的国王高元一直没有来，杨广就准备讨伐高句丽。

610年，隋炀帝着手进攻高句丽的准备工作，造车造船，调集军队，征发物资，百万的农民被征发而来，从事运输和各种劳役。被征发的农民昼夜不停地劳作，死者不计其数。他征调大批工匠在山东东莱（今山东莱州）海口大规模造船为自己的出征做准备。工匠们被迫在水里长时间的工作，腰部以下都生了蛆，死亡人数占总人数的十分之三四。他还大量征发江淮以南劳力和船只运送粮食，据说船只前后相连，长度达到了一千多里。其中有几十万民工和兵士负责运送粮食，好多人因为过度的劳累而死在了路上。

恰巧这时黄河发大水，三十余郡成为水乡泽国。但征粮却毫不放松，交不上粮的农民纷纷逃亡，政府指称他们是"盗贼"，不但派兵征剿，还逮捕他们的家属处刑。于是官逼民反，灾民纷纷武装起来，杀死官员，抢夺富民的粮食，天下大乱。

隋炀帝一面派人镇压民众起义，一面毫不放松进攻高句丽。612年，隋炀帝集中了一百多万大军御驾亲征。辽东（今辽宁辽阳）是高句丽王国西境第一大城，在隋朝大军的猛烈攻击下，城墙塌陷，高句丽守军悬白旗乞降。

红拂图轴

隋朝在隋炀帝的挥霍下出现了统治危机，社会上的一些英雄豪杰就开始另做打算。相传红拂为隋唐时的女侠，是隋朝权相杨素的侍女。当时李靖投奔杨素，二人谈论之时，红拂就立在旁边。她见李靖气宇非常，就探知他的住处，然后自己深夜前往，向李靖表明心意。两人后来就共同闯荡天下，在唐代隋的时代变革中立下了一份功业。图中坐于凳上者为李靖，杨素坐在榻上，红拂立侍于左侧。

将领们既不敢接受，也不敢继续攻击，于是急忙停止攻打，向隋炀帝报告。等到指示回来，守军已把缺口填住，恢复了抵抗。一连三次，都被耽误，加之渡过鸭绿江深入高句丽国境的另一支军队失败，隋炀帝只好狼狈撤退，损失了三十万人。

祸起萧墙

613 年，隋炀帝第二次御驾亲征。此时杨素的儿子杨玄感正在黎阳（今河南浚县）督运军粮。他突然发动叛乱，截断了隋炀帝的退路。隋炀帝只得放弃辽东，回军迎战，第二次东征便这样草草地收场了。

杨玄感看到隋炀帝东征使隋朝局势混乱，就想利用这个时机来推翻隋朝。

杨玄感用督运粮草的名义，征发了年轻力壮的民夫、船工八千多人，要他们运粮到辽东前线。这些年轻人恨透了劳役，听说叫他们远离家乡去干苦差使，更加气愤。一天杨玄感把民夫集合在一起说："当今皇上不顾百姓的死活，让成千上万的父老弟兄死在辽东，这种情况再也不能忍受下去了。我也是被迫来干这件事的。现在我决心跟大伙一起，推翻暴君。你们看怎么样呢？"大伙儿一听有人带头反对朝廷，谁都愿意跟随他，顿时响起一片欢呼声。

杨玄感把这八千农民编成队伍，发给武器，准备进攻隋军。他发现身边缺少一个谋士，不禁想起了正在长安的好朋友李密。

李密的上代是北周贵族，少年时李密被派在隋炀帝的宫廷里当侍卫。他生性灵活，在值班的时候左顾右盼，被隋炀帝发现了，认为这孩子不大老实，就免了他的差使。李密并不懊丧，回家以后发奋读书。有一次李密骑着一头牛，出门看朋友。在路上他把《汉书》挂在牛角上，抓紧时间读书。正好宰相杨素坐着马车在后面赶上来，看到前面有个少年在牛背上读书，暗暗奇怪，便招呼他谈了一阵，觉得这个少年人很有抱负。回家以后，杨素跟他儿子杨玄感说："我看李密这孩子的学识、才能，比你们几个兄弟强得多。将来你们有什么紧要的事，可以找他商量。"杨玄感从此就跟李密交上了朋友。

　　杨玄感把李密接来，向他请教要如何推翻隋炀帝。李密说："要打败官军，有三种办法：第一，昏君正在辽东，我们带兵北上，截断他的退路。他前有高丽，后无退路，不出十天，军粮接济不上，我们不用打也能取胜，这是上策；第二是向西夺取长安，抄他的老巢。官军如果想退军，我们就拿关中地区做根据地，凭险坚守，这是中策；第三是就近攻东都洛阳，不过这可是一条下策。因为朝廷在东都还留着一部分守兵，不一定能很快攻得下来。"

　　杨玄感急于求成，听完这三条计策，觉得前两条都太费时间，说："我看你说的下策倒是个好计策。现在朝廷官员家属都在东都，我们攻下东都，把家属都俘虏起来。这样官兵军心动摇，我们就保证能取胜。"

　　因此杨玄感立刻出兵攻打东都洛阳，一路上有许多农民踊跃参加起义军，队伍扩大到十多万人，接连打了几个胜仗。隋炀帝连夜退兵，派大将宇文述等带领大军分头去攻打杨玄感。杨玄感抵挡不住，想往西退到长安去。宇文述带兵追击，最后把杨玄感的人马围住。杨玄感无路可走，终于被杀。

雁门破胆

　　614年，隋朝国内的起义已经演变成了燎原之势，但隋炀帝仍然打算第三次东征。高句丽王国一连三年受到攻击，无力抵抗，于是他们就把杨玄感的同党，于前一年投奔高句丽的斛斯政，送还给隋炀帝，以表诚意。隋炀帝觉得争到了一点面子，撤军来到洛阳，用酷刑把斛斯政处死后，再次征召高句丽婴阳王高元入朝。没想到高元仍然不来，隋炀帝火冒三丈，下令准备第四次东征。没想到突厥这时对隋朝发动了进攻。615年，隋炀帝从洛阳出发，到汾阳宫（今山西宁武）避暑。

　　突厥汗国的始毕可汗（启民可汗之子）得到消息，亲统骑兵十余万，向隋炀帝发动突袭。隋炀帝退到雁门郡（今山西代县），被突厥团团围住，流箭直射到隋炀帝面前，城内存粮又仅够二十余日。雁门守军仅一万七千人，形势十分危急。隋炀帝魂飞魄散，整天抱着幼子杨杲哭泣。大将樊子盖建议说："现在别无他法，只有一面征兵，一面请陛下宣布不再东征。并立下重赏，亲自鼓励将士奋死卫城，才有希望支持到救兵到达。"隋炀帝于是登城巡视，向守城将士说："各位努力杀贼，只要我能够脱险，凡随驾官兵，一律重赏。"并保证以后不再对高句丽用兵。隋军士气大增，奋勇抵抗，虽然死伤惨重，仍能力保城池不失。同时炀帝下诏征发各地隋军火速来援。

　　与此同时，大臣萧瑀建议说："以突厥的习惯，可汗如果出兵，皇后必定知道。请派密使去见义成公主求救，不失为一个好办法。"于是隋炀帝立即派人间道前往，义成公主因此向始毕可汗告警说："北方发生情况了！"始毕可汗这才解围而去。

有勇有谋的李世民

与隋炀帝的懦弱形成鲜明对比的是，李世民有勇有谋。据说雁门之变时，他才十六岁，在云定兴手下当兵，就提出建议："我们可以多张旌旗连绵数十里，突厥人必定以为救兵大至，就会望风而遁。"云定兴采纳了他的建议，收到了相当的效果。

突厥久攻不下，侦知东都和各郡的援军已经到达忻口（今山西忻州北），又得义成公主北边有急的谎报，乃于九月撤围北逃。隋军追至马邑，俘虏了突厥老弱两千人后撤回。

隋炀帝回到洛阳，心神稍定，发现又处于绝对安全之地时，深怕自己在雁门郡的懦夫表现被人耻笑，决定一手遮天下耳目。他拒绝封赏守雁门郡的兵将，樊子盖一再请求隋炀帝不可失信，隋炀帝大怒，樊子盖不敢再说话。隋炀帝又向群臣宣布萧瑀的罪状："一小撮突厥丑类，窜至雁门城下，萧瑀怕得不成样子，实在可耻。"把萧瑀贬出了洛阳。接着隋炀帝下令加强第四次东征的准备工作。国无信不立，隋炀帝屡屡食言，自然会众叛亲离。

起义中丧命

自从隋炀帝杨广即位以后，对老百姓的横征暴敛就一刻没有停止过。三次征讨高句丽的战争，又进行了全国规模的大征调，使永济渠沿岸的村落几乎找不到男丁。劳力缺乏，田园荒芜，再加上一场洪水，粮价飞涨。忍受不了兵役、徭役和饥饿的人们纷纷揭竿而起，最终推翻了隋朝，隋炀帝也死于非命。

瓦岗军

隋末首先起义的是山东邹平县人王薄，传说王薄是个铁匠，很会打造枪头。他在611年率众在长白山（今山东济南东北）起事，自称"知世郎"，表示自己是先知先觉者，号召人们拒绝参加出征高句丽的战争，反对官府，因而吸引了众多逃避征役的农民加入。

王薄的起事虽然不久就被官军镇压下去，但从此各地农民起义相继出现，星星之火，迅速形成了燎原之势。在隋末众多的起义军中，影响最大的要算瓦岗军。

瓦岗军首领翟让，本来是东郡的一个小吏，因为得罪了上司，被打进监牢，还被判了死罪。有个狱吏同情他，跟他说："我看你是条好汉，怎么能在牢里等死呢！"一天夜里，狱吏偷偷把翟让放了。翟让逃到东郡（今河南滑县东）附近的瓦岗寨，招集了一些贫苦农民，组织了一支起义队伍。

杨玄感兵败被杀后，李密也遭到逮捕，不过在送往京师的途中，他设法逃脱了。此时的李密想找个起义军的首领做靠山，但是有的起义军首领看他是个文弱书生，不大重视他。李密没办法，只好改姓换名，东躲西藏，几次差点儿被官府抓去。最后他听说东郡瓦岗寨有一支起义军，兵力很强。带头的叫翟让，为人厚道，又喜欢结交英雄，就决定上东郡去投奔瓦岗军。

李密投奔翟让以后，帮助翟让整顿人马。那时候附近各地还有一些小股的农民队伍，李密就到各处去联络，说服他们联合起来，听从翟让的指挥。翟让十分高兴，跟李密渐渐亲近了起来。翟让虽然有了很多人马，但他并没想到自己能推翻隋炀帝。李密对翟让说："从前刘邦、项羽，本来也是普通老百姓，后来终于推翻了秦朝。现在皇上昏庸暴虐，百姓怨声载道，官军大部分又远在辽东。您手下兵强马壮，要拿下东都和长安，打倒暴君，还不是轻而易举的事！"

翟让听了很高兴，两人商量了一番，决定先攻打荥阳。荥阳太守向隋炀帝告急，隋炀帝派大将张须陀带大军去镇压。李密请翟让摆开阵势，正面迎击敌人，他自己则带领了一千人马在荥阳大海寺北面的密林里设下埋伏。翟让假装不敌败退，张须陀紧紧追赶，中了李密布置的埋伏，最后全军覆没。

经过这一场战斗，李密在瓦岗军里提高了威信，不但号令严明，而且生活朴素，凡缴获来的钱财，全都分给起义将士。

617年春天，李密提议攻打东都附近的兴洛仓（今河南巩义东北）。兴洛仓也叫洛口仓，是隋王朝建造的最大的一个粮仓。翟让、李密两人带七千名精兵攻破了兴洛仓，立刻开仓分粮。接着瓦岗军又打败了东都派来的隋军救兵，声势大振。

程咬金像

瓦岗军旗下聚集了不少人才，其中就有程咬金。程咬金原为瓦岗军勇将，李密失败后，程咬金投奔了王世充。因为不满王的为人，与秦叔宝一同降唐，曾得到"疾风知劲草，板荡识忠臣"的评价。据说其善用板斧，"三板斧""半路杀出个程咬金"都是国人耳熟能详的典故。

众叛亲离

616年，农民起义军已经占领了全国三份之二的郡县。隋炀帝把农民军看成盗贼，因此不把农民军放在眼内，仍然要到江都（今江苏扬州）出游，一些大臣劝他要爱惜民力，他把这些大臣一律斩首。临出发前，还作了一首告别洛阳宫女的诗，其中有"我爱江都好，征辽亦偶然"句。到了江都后，各地官员来朝见，隋炀帝不问他们的政绩，只问他们奉献多少礼物钱粮，多的升官，少的贬黜，于是地方官员对老百姓更加暴虐。农民起义的烽火此刻越燃越烈，隋炀帝也预感到末日临头，一直胆战心惊，晚上也难以安睡，睡

梦中常惊呼有贼。一次他还对着镜子说道："如此好头，谁来取之？"因此他变本加厉地享乐。江都美女就有三万，天天摆宴，酒不离口，宾主全醉。618年，瓦岗军逼近江都，李渊也在太原起兵。他不敢回京城，而称为"骁果"的随从禁卫多是关中人，不愿意跟从隋炀帝久驻扬州，打算自行回本土。统领骁果的武贲郎将司马德戡等得知此状，便集兵数万人，推右屯卫将军宇文化及为首，于一日傍晚时分杀入宫中。

隋炀帝听到兵变的消息，仓皇改换服装，逃入西阁。叛兵搜至西阁，只见炀帝和萧皇后正坐在一起哭泣，隋炀帝还责问叛将道："我犯了什么罪，你们要如此对待我？"叛将们说："你穷兵黩武，游玩不息，穷奢极侈，使军士枉死战场，百姓失去生计，天下大乱，你还没有罪吗？"隋炀帝狡辩道："我确实对不起百姓，但你们也跟着我享尽了荣华富贵，今天的事是何人为首？"叛将们说："天下之人对你这个昏君都恨之入骨，岂止是一个人带的头？"这时有人喊道："对这种昏君用不着多废话，赶快结果了他。"萧皇后哀求说："皇上实在不贤，但看在以往对你们的恩情上，叫他退位，降为三公，留他一条命吧。"叛将们不允。隋炀帝叫喊道："你们别动手，让我喝毒酒自尽吧。"叛军声称毒酒不如刀锋省事。隋炀帝哭着说："不管怎么说，我也是一位天子，就让我留个全尸吧。"说完解下了自己的衣带，让这些哗变的禁军把自己勒死了，同时被处死的还有他的两个儿子和一个孙子。隋炀帝死后，萧皇后和宫人用床板做了口小棺材，将其装殓，草草埋葬了事。杨广死时五十岁，当了十五年皇帝，谥号炀帝。

李渊于同年称帝建立了唐朝，改年号为武德，定都长安，史称唐高祖。

陈后主陈叔宝死后，隋炀帝授其谥号曰炀。根据古人的说法，好内怠政、好内远礼、去礼远众、逆天虐民曰"炀"。谁料想十多年后，隋炀帝死后自己也被谥为"炀"，这真是中国历史上的一个戏剧性事件。为此后人有诗曰："地下若逢陈后主，岂宜重问后庭花。"

白瓷鸡首壶

此壶塑一侧一鸡首，一侧为直体曲颈伏首形龙柄，龙口衔接壶口沿，作饮水状，造型精美，是隋朝瓷器的经典之作。但这只是隋朝一贵族家庭九岁夭折的小女孩的随葬品。当时以隋炀帝为首的统治阶层穷奢极欲，而基层民众则在徭役、兵役的沉重负担下艰难生活，所以隋朝的农民起义范围广，影响大。

不容忽略的成就

　　隋朝虽然因为隋炀帝的好大喜功三十八年而亡，但因其消除了南北长期对立、攻战的局面，为南北方经济的发展和交流创造了有利条件，取得了辉煌的成就。除去建立三省六部制及确立科举制度以外，在文化、医术和科学领域仍然有很多成就对后世产生了深远的影响。

萧翼赚兰亭

《兰亭序》写成之后，王羲之决意将其传之子孙。其七世孙智永禅师临去世的时候，将《兰亭序》墨迹传给了弟子辩才。据说后来唐太宗派萧翼从辩才手中骗走了《兰亭序》。虽然这件事辩才要承担很大的责任，但与智永没有选好下一代保管人也有很大的关系。

文教艺术

书法

　　隋朝的书法取得了相当大的成就，涌现出了一大批杰出的书法家。智永禅师就是一例。他是王羲之的七世孙，在绍兴永欣寺出家，法号智永。当时向他求字题匾的人络绎不绝，日久天长，将寺院的门槛都踩坏了，最后只得用铁皮包起来，人称"铁门槛"。

　　有一天几位年轻书生慕名来求智永禅师的墨宝，并请教写字秘诀。智永笑答："赠字不难，但秘诀实无，不过老衲可奉送诸位四个字'勤学苦练'。如能持之以恒，保你一生受用不尽。"那些书生闻言，大失所望。智永禅师便耐心开导他们说："锲而不舍，金石可镂。老衲先祖羲之公七岁开始练习书法，以张芝'临池写书，池水尽黑'的事迹激励自己，经常坐在自家门前的高岗上临池学书，练完就到台下池中洗涮笔砚，天长日久，池水尽染。献之公学书曾用尽十八大缸清水，老衲学书也是靠勤学苦练，才有了今日的成就。"

　　这些书生还不相信，智永禅师便带领他们去寺中的塔林，停在一座高高的坟冢前。冢前立一石碑，上刻"退笔冢"三字，下有"僧智永立"几个小字。书生们大惑不解，智永禅师解释说："我练字磨秃的笔头尽在于此。"偌大一座坟冢，贮满秃笔头。书生们看罢，感叹不已。

隋展子虔游春图

此图以春游为主题，画幅虽小，场面却开阔。画中人物或乘骑于山径，或泛舟于湖上，姿态各异，生动有趣。远山浮翠，白云缭绕，树发新枝，嫩绿初露，桃花绽开，绿草如茵，人物、佛寺点缀其间，一派春和景明的景色。

绘画诗歌

在绘画方面，著名的画家有展子虔、董伯仁、郑法士、田僧亮、杨契丹、孙尚子、尉迟跋质那等人。当时绘画仍以道释人物故事为中心，但山水画已逐渐发展成了独立的画科。他们除画寺院壁画外，还画卷轴画，专长于人物、车马、楼阁及山水配景。现存展子虔的唯一作品《游春图》，乃是用勾勒刷法，着大青绿，注意远近关系和山树人物的比例，能够于咫尺之中，具备千里之趣，被认为是山水画的始祖。于阗（今新疆和田）画家尉迟跋质那，当时人称"大尉迟"，善画西域人物，画面上有阴影晕染，即所谓"凹凸法"，对后来的绘画影响很大。

在诗歌方面，隋朝也取得了相当成就。隋朝文学的作者基本上由两部分人组成：一是北齐、北周旧臣，如卢思道、杨素、薛道衡等。他们多写反映边塞军旅生活的作品，体现了北方诗人重气质的特长，历来为人称道。例如卢思道的《从军行》："朔方烽火照甘泉，长安飞将出祁连。犀渠玉剑良家子，白马金羁侠少年。平明偃月屯右地，薄暮鱼丽逐左贤。谷中石虎经衔箭，山上金人曾祭天。天涯一去无穷已，蓟门迢递三千里。朝见马岭黄沙合，夕望龙城阵云起。庭中奇树已堪攀，塞外征人殊未还。白雪初下天山外，浮云直

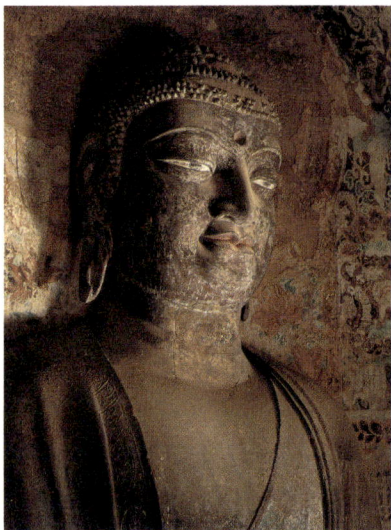

隋朝大佛

甘肃麦积山石窟位于少数民族地区，具有浓郁的少数民族艺术与汉族艺术相互融合的特点。该佛像泥塑彩妆，两眼炯炯有神，神情庄重，并具有豪迈的气势，是隋朝雕塑的优秀之作。

上五原间。关山万里不可越，谁能坐对芳菲月。流水本自断人肠，坚冰旧来伤马骨。边庭节物与华异，冬霞秋霜春不歇。长风萧萧渡水来，归雁连连映天没。从军行，军行万里出龙庭。单于渭桥今已拜，将军何处觅功名？"而杨素作为隋朝的开国重臣，亲历征战，对边塞风霜行役的军旅生活体验尤深，在诗中表现得更为真切。他的《出塞》其二在平实的叙说中流动着粗犷深沉的情思："汉虏未和亲，忧国不忧身。握手河梁上，穷涯北海滨。据鞍独怀古，慷慨感良臣。历览多旧迹，风日惨愁人。荒塞空千里，孤城绝四邻。树寒偏易古，草衰恒不春。交河明月夜，阴山苦雾辰。雁飞南入汉，水流西咽秦。风霜久行役，河朔备艰辛。薄暮边声起，空飞胡骑尘。"二是由梁、陈入隋的文人，如许善心、虞世基、王胄等。他们把南朝诗风带入隋朝。一些北方文人在学习南朝文学的表现手法后，诗风也不免陷于轻艳，如卢思道的《美女篇》《夜闻邻妓》等，着意描写女性的体态服饰和媚眼纤腰。

本来在隋文帝时代，北、南两种诗风是同时并存的，甚至在同一作家的创作中同时体现出来。但到了隋炀帝即位以后，附庸风雅，以天子之尊，却以文学领袖自居，沿袭梁、陈贵族文人以诗为娱的生活方式，隋代诗歌就明显地向重文采的南朝诗风方面发展了，雕琢堆砌之作颇多。相比之下，倒是隋炀帝本人《春江花月夜二首》其一比较清丽明快："暮江平不动，春花满正开。流波将月去，潮水带星来。"

但有意思的是隋炀帝也因此十分自负，他曾说："天下皆谓朕承袭绪余，以有四海。设令与士大夫高选，亦当为天子矣。"他自认为自己才华横溢，哪怕跟士大夫们一起考试，也会得第一。自负的人也多嫉妒，薛道衡死，他就说："能作'空梁落燕泥'否？"王胄死，他又发表了一番评论："'庭草无人随意绿'，复能作此语邪？"以至于很多人相信薛道衡就是因为诗歌写得比隋炀帝好才招致杀身之祸的。

对边疆地区民族的教化

隋朝一方面在开疆辟土，以通商业，另一方面也采取了不少措施，促进少数民族地区的教化。梁毗用自己的行为改变少数民族的陋习就是其中一例。

西宁州是少数民族聚居的地区，那里的土著人分成许多部落，过着游牧狩猎的生活。梁毗到西宁州上任后，土著人的部落酋长们接连不断地到州府来参见新上任的刺史，他们每人都给梁毗献上了一份黄金为礼物。梁毗找来手下孔目，打听土著呈献金子是何缘故。孔目告诉他，每个部落都有一顶神秘的金冠，部落里不管谁得到这顶金冠，就自然成为众人的首领。部落酋长之间，也以所戴金冠的重量来区别贵贱，金冠重的部落就可以驱使金冠轻的部落，因此各个部落常常为了争夺金冠而发生战争。听了孔目的话，梁毗不解地问道："既然黄金对于他们如此重要，为何又将它献给官府呢？"孔目回答说："土著人视金冠为权力的象征。自从归顺了朝廷，他们便把向朝廷的刺史呈献黄金，看作是接受统治的礼仪。所以每换一任刺史，酋长们照例要来献一次黄金。"梁毗又问道："过去献的黄金是不是都进了历任刺史的私囊？"孔目不好回答，只好支支吾吾地说："这也是土著人对大人的一点孝心。"

　　梁毗没有和孔目多费口舌，只吩咐赶紧把土著酋长们悉数召集到官府，然后失声痛哭，说道："这些金子饿了不能充饥，冷了不能御寒，你们为了它相互残杀，不知杀死了多少同胞兄弟。如今你们把它拿来送给我，难道想让我和那些不幸的人一样去死吗？"

　　一席话说得酋长们你看我，我看你，不知如何是好。梁毗也不多加责怪，只是叫他们各自收回所献的黄金。梁毗在西宁做了十一年刺史，由于他的提倡，土著人不再为了争夺黄金而进行战争。朝廷也对梁毗帮助边疆民族移风易俗之举大加赞赏。

科技成就

历法医学

　　在历法方面，计算方法更加精密。604年，刘焯在制定《皇极历》时，最早提出了"等间距二次内插法"的公式。四年之后，得出了岁差为七十六年差一度的结论，已接近准确值。丹元子还将周天各星的步位编成了一篇七言长歌，叫作《步天歌》，共七卷，文句浅显，便于传诵，在天文知识的宣传和普及方面起到了一定的作用。

　　医学方面，太医博士巢元方奉朝廷命令编撰《诸病源候论》一书，共五十卷，分别论述了内、外、妇、儿、五官等各科疾病的病因病理和症候。这是中国第一部详论疾病分类和病因、病理的著作。他提出白发的根源是身体虚弱，营养不良，故有"千过梳头，发不白"的设想，意即勤梳头可防止头发变白。隋炀帝也曾经下令编纂《四海类聚方》，专述治疗，与《诸病源候论》相辅相成，形成较为全面的医学配套著作。

巢元方著有《养生方导引法》，中间有大量的食疗方法。据说一名官员全身关节疼痛，经常头晕呕吐，诸医诊治无效。隋炀帝命令巢元方前往诊治。巢元方诊后认为是风入腠理，便将肥嫩的羊蒸熟，令其掺药食下。那位官员药未尽病就治愈了。巢元方又叮嘱他用杏酪五味并佐以羊肉，一天吃几枚，可使疾病不复发。

经学和音韵学此时也取得了较大的成就。颜之推、萧该、长孙纳言等八人和陆法言讨论音韵学，一致认为四方声调分歧很大，南北用韵不同，以前诸家韵书，定韵缺乏标准，都有错误。故商量古今的同异，南北的是非，多数由颜之推、萧该决定。陆法言记录了诸人议论的要旨，经过他本人多年的斟酌，于601年写成《切韵》五卷，统一了书面的声韵，为音韵学的发展奠定了基础。

火药的起步

火药的发明也是中国古代的四大发明之一，是中国历史文明的象征。早在前6世纪，中国人已经对硫磺、硝石有所了解，留下了"石流黄出汉中""消石出陇道"的记载。这里的"石流黄"就是指构成火药的主要成分之一"硫磺"，"消石"就是指构成火药的另一种主要成分"硝石"。

至于火药的发明，则与古代炼丹术有关。古人试图炼出吃后可以得道成仙的仙药，而出于对财富的追求，炼金术也发展起来。炼丹家制仙药、炼金银的目的都没有达到，不过由于敢于大胆地尝试，却在有意与无意之间发现和创造了不少新的东西，火药就是这样发明的。

硝石是一种重要的化学原料，能够和多种物质发生化学反应。硫磺也较为常见，因此成为古人经常接触的化学原料。但两者都比较容易燃烧，性质活泼，不容易控制。炼丹家们因此采用了名叫"伏火法"的办法，就是在其中加入别的物质，使其燃烧过程可以控制。在多年的摸索中，人们已经认识到点燃硝石、硫黄、木炭的混合物，会发生异常激烈的燃烧。《太平广记》中就记载了这样一则故事："隋朝时，有一位老人在一个僻静的地方制药，有个叫杜子春的人来找他。天色已晚，老人叫他在制药（炼丹）的地方休息，告诉他切勿乱动，然后自己就离开了。杜子春睡在药炉的旁边，半夜醒来，发现炉子里冒出了大火，火焰直蹿屋顶，把房子都烧了。"因硫磺和硝石在古代被认为是重要的药材，而木炭也与药物有关，"火药"也由此得名，其本义就是"能着火的药"。

人们认识到火药这种燃烧性能之后，逐渐将火药用于军事。在火药未发明之前，作战的时候，也常常使用"火攻"。但这些能着火的东西，绝然不是

历史细读

据说杨柳中的"杨"字与隋炀帝有关系。古人的笔记小说记载，在开凿通济渠时，有大臣建议在堤岸种柳，隋炀帝采纳了这个建议，下令在大运河两岸种柳，并赐柳树国姓"杨"，从此柳树便有"杨柳"之美称。

火药，而是草艾、油脂一类的东西。这些东西燃烧不快，燃烧力也不大，因此火药就取而代之。事实上火药刚开始用于军事，既不能炸死人，也不能推动子弹打人。其主要效力是燃烧。在攻城时，用来焚烧敌人的楼橹及其他防御物；在追踪敌人时，用来焚烧敌人的柴草积聚；在两军对峙时，用来恫吓敌人或扰乱敌人的队伍。到了后来，火药武器由开始利用火药的燃烧性能，逐步过渡到利用火药的爆炸性能。

大运河

中国内地的主要河流如长江、黄河、淮河、海河等，都是从西向东流。而在这几条大河之间，从南到北，有一条人工河纵贯其间，这就是世界最古最长的大运河。这条运河把长江、黄河、淮河、钱塘江、海河五大水系联系起来，形成遍及全国的水运网，人们称它为南北大运河。

从南北朝时期开始，江南经济有了显著的发展。但是隋朝的政治中心在北方，北方城市和边防军所需的粮食，很大部分要依靠江淮地区供应。依靠马车和人力车运输不仅运量小、速度慢，而且费用很大。加之江南不断有小的叛乱，因此隋文帝下诏没收天下兵器，严禁私造。同时更禁止江南人私造大船，凡是三丈以上的船只，一律由国家所有。隋炀帝即位之后，一方面为了加强对江南的统治，一方面也为了自己游玩享乐，下令开凿大运河。

605年（大业元年），隋炀帝征发河南、淮北一百余万民夫，开凿通济渠。这条运河是利用古代运河渠道加以拓宽的工程。两千多里的渠道，只用了一百余天就竣工了。通济渠的具体路线，是以东都的西苑为起点，引谷水、洛水入黄河。进入黄河以后，利用黄河的一段河道直达板渚（今河南荥阳西北），再引黄河水南流，进入汴水。

在淮河与长江之间，隋朝以前有邗沟相通。后来邗沟由于多次改道，河道狭窄，根本无法通行大船。隋炀帝于是组织十余万民夫，把旧有的邗沟拓

赵州桥

赵州桥是当今世界上现存最早、保存最完善的古代敞肩石拱桥。因赵州桥历史悠久、结构合理、造型优美，美国土木工程师学会在 1991 年将赵州桥选定为第十二个国际历史土木工程的里程碑。

宽取直，从山阳到达扬子（今江苏仪征），直通长江。

608 年（大业四年），永济渠开凿。这条运河主要是利用自然河道，沟通沁水和淇水，然后北流从天津入海。其中一支向北伸展，然后合永定河，北达涿郡（今北京）。610 年（大业六年），江南运河开凿，将江南的一些小运河拓宽，绕过太湖以达杭州。

这条贯通南北的大运河通航后，对南北经济的交流起了重大的作用，促进了运河两岸城市的发展，如扬州、楚州、魏州、润州、河阴等城市很快地繁荣和发展起来。大运河开通后，还对黄河起了分流的作用，减少了黄河本身的压力，数百年间黄河都未曾发生大的泛滥。

赵州桥

隋朝另一著名工程是赵州桥。赵州桥也叫安济桥，位于河北赵州（今河北赵县）城南五里的洨河之上，设计者是隋朝杰出的工匠李春。

赵州桥建于 595 年至 605 年，施工技术堪称巧妙绝伦。从整体来看，赵州桥是一座单拱桥，在当时算得上是世界上最长的石拱桥。它的桥洞不是普通的半圆形，而是像一张弓，桥面平坦宽阔，方便车马通行。

赵州桥最大的科学贡献，在于它的"敞肩拱"的创造。在大拱的两肩，砌有四个并列的小拱，既增大了水流的通道，节省石料，减轻桥身重量，又利于小拱对大拱的被动压力，增强了桥身的稳定性。使得赵州桥经受住了无

赵州桥石雕

赵州桥不但以工程学的奇迹闻名于世，而且造型极其美观，就连石栏板上面的浮雕都十分精美。这块栏板既表现了龙穿岩引水、变化莫测的神通，又弥补了栏板短小而无法表现龙之长躯的缺憾，轻灵巧妙，具有极高的艺术价值。

数次洪水冲击，八次大地震摇撼，以及车辆重压，千载如一日，至今仍巍然挺立在洨河之上。

赵州桥的另一特点是跨度特别大，桥上却采取了平拱形式，使跨度和高度之间的比例只有五比一左右。这是一个大胆的创造，也是一个惊人的成就。赵州桥的平拱形式不仅桥面坡度小，便于车马行人往来，而且还节约材料，并大大增加了桥梁的强度。

因赵州桥巧夺天工，此桥被说成是木匠祖师鲁班所建。据说昔日河流湍急，两岸百姓只得靠木船摆渡。鲁班在一日晚间，赶着白花花的羊群来到这里，瞬间羊群化作各种各样的石头坐落于河中。鲁班借势挥锤动工，至拂晓时分，一座奇特壮丽的石桥便身披晨曦，婷婷玉立于洨河之上。这事惊动了仙界。张果老十分惊讶，约了柴王爷一同来试桥，看它结不结实。张果老倒骑毛驴在前，驴背褡裢里装着日月；柴王爷推小车在后，运载着五岳名山。行于桥中心，将桥压得摇摇欲坠。鲁班见势不妙，纵身跳入水中，用手将桥托住，石桥安然无恙。桥身经过这样的重压，也就更加稳固了，但桥面上也留下了清晰的驴蹄印、车道沟，桥腹上则留下了鲁班的手掌印。

自然这些只是传说。据推测这些痕迹是行车标记和工程标记。三分之一的位置可能是出于石桥安全的考虑，载重的车辆应该从中间走，驴蹄印及车道沟大概是为驾车人提供参考。而桥腹上的手掌印可能是怕万一桥发生裂痕，可在手掌印处暂时支撑，以争取维修时间。

唐 朝

光耀千古　风流繁华　盛极而衰

　　隋炀帝的暴虐统治激起了人民的激烈反抗。在短短的数年间，到处都有人举旗起义，人称"十八路反王，六十四处烟尘，七十二家盗贼"，但最终一统天下的却是唐高祖李渊。

　　李渊本是隋朝的贵族，与隋炀帝是姨表兄弟。他经过充分的准备，设计杀死当地官员，并于617年五月在太原起兵反隋，很快占领了长安。待到隋炀帝身死，李渊便于618年称帝，建立了唐朝，年号为武德，定都长安，史称唐高祖。

　　唐朝建立时，全国还处在分裂之中，农民起义军和隋朝残余将领割据各地，李渊在长安起兵之后，便开始了长达数年的统一战争。以李世民为首的唐军将士努力奋战，先后消灭了王世充、窦建德等强大的割据势力，统一了全国。

　　626年，李世民发动了玄武门之变，迫使李渊将皇位让给了自己，是为唐太宗。由于唐太宗能任人唯贤，虚心纳谏，并采取了一系列以农为本、休养生息的政策，同时完善科举制度等政策，使得国力变得十分强盛，并取得一系列对外战争的胜利，史称"贞观之治"，这是唐朝的第一个盛世。与此同时，唐太宗"自古贵中华，贱夷狄，朕独爱之如一"，在少数民族中赢得了极高的声望，被尊称为"天可汗"。其中在他的主持下，文成公主入藏，这是中国民族关系史上的一件盛事。

唐太宗是一位具有雄才大略的皇帝，但是他的儿子高宗李治却优柔寡断，高宗的皇后武则天乘势而起。武则天从唐太宗的才人做起，逐渐掌握了唐朝的最高权力。在690年，武则天自称圣神皇帝，改国号为周，成了中国历史上唯一的女皇帝。在这个过程中，徐敬业、骆宾王等人起兵反抗，但都被镇压了下去。

后来，宰相张柬之等人乘武则天年老病弱，发动兵变，迫使武则天退位。之后唐朝宫廷又经过了几次内乱，政权几经更迭，最终武则天的孙子、唐睿宗李旦的儿子李隆基登上了皇位。他就是后来的唐玄宗，人们多称其为唐明皇。他继位之后，采取了一系列措施，使唐朝的政治、经济、文化都得到新的发展，开创了中国历史上强盛繁荣、流芳百世的开元盛世。

但盛世下面也潜伏着危机。755年，安禄山和史思明起兵反对唐王朝。前后达八年之久的"安史之乱"结束了唐朝的盛世。

安史之乱是唐朝由盛至衰的转折点。这场战争严重破坏了北方经济，致使物资匮乏，物价飞涨。安史之乱后，唐王朝出现了藩镇割据的局面，边防日益空虚，少数民族的一些政权趁机自立，纷纷侵占边疆地区。

面对唐王朝混乱的经济局面，唐朝进行了一系列的改革，刘晏对漕运进行了改革，杨炎推行了"两税法"。但藩镇割据局面一直没有得到根除。在中央朝廷，宦官乱政现象日益突出，朝廷中也出现了激烈的党争。在这一时期，基层民众的生活痛苦不堪。黄巢起义之后，唐王朝已名存实亡，后被朱温所灭。中国历史进入了五代十国时期。

五代十国是唐朝藩镇割据局面的继续和扩大。在这一时期，虽然文化方面颇有成就，但民众饱尝战乱之苦。直到960年，赵匡胤建立宋朝，才结束了中原的分裂局面，但少数民族政权的崛起已是不可阻挡之势。

虽然唐朝已经成为了历史，但他的繁荣仍是中国人心中的骄傲。唐朝之所以被称为盛世，是因为国家统一、经济繁盛、文化昌明、国威远播，更是因为其进取、开放、昂扬的民族精神。"仰天大笑出门去，我辈岂是蓬蒿人"，这是多么的豪迈自信！唐朝统治者吸取了隋朝灭亡的教训，爱惜民力，虚怀纳谏，出现了唐太宗、魏征这样的贤君名臣。以唐诗为代表的中华文化辉煌灿烂、光照四邻。对外交往也出现了前所未有的频繁局面。唐朝政治、经济、文化的发展，影响了东亚的许多国家，中华文化圈开始形成。"唐人"也成为中国人的代称。

唐夫人乳姑不怠

昭陵六骏：太宗征伐

万国入朝：世界中心

杨氏游春：安史之乱

李白夜宴：灿烂文学

唐朝世系：高祖李渊 >> 太宗李世民 >> 高宗李治 >> 中宗李显（又名李哲）>> 睿宗李旦 >> 武后武曌（称帝，改国号为周）>> 中宗李显（复唐国号）>> 睿宗李旦 >> 玄宗李隆基 >> 肃宗李亨 >> 代宗李豫 >> 德宗李适 >> 顺宗李诵 >> 宪宗李纯 >> 穆宗李恒 >> 敬宗李湛 >> 文宗李昂 >> 武宗李炎 >> 宣宗李忱 >> 懿宗李漼 >> 僖宗李儇 >> 昭宗李晔 >> 哀帝李柷

唐朝五代十国大事一览表

时 间	事 件
618年	李渊定都长安,建立唐朝,年号为武德,史称唐高祖。 李世民将薛仁杲彻底击溃,薛仁杲投降,陇西收归唐朝。
619年	刘武周占领并州,齐王李元吉无力抵抗,弃城而逃。李渊欲放弃并州,遭到李世民的反对。 王世充废杨侗而称帝,建立郑国,定都洛阳。
620年	唐军围困洛阳,王世充派人出城,向窦建德求救。 李世民在武牢关之战中,击败窦建德。 王世充向唐军投降。
626年	李建成和李元吉骑着马来上早朝,被李世民在玄武门设下的伏兵所杀。其中李建成为李世民亲自射杀。 李世民即位,史称唐太宗。
627年	玄奘西行求法。
630年	李靖击败突厥颉利可汗并将之擒获。
640年	设立安西、北庭都护府。
644年	唐朝派人出使天竺。
645年	玄奘结束历时十九年、跋涉五万余里的行程,回到长安,引起巨大轰动。 唐军征战高句丽。
648年	唐军攻破龟兹,势力深入到西域的纵深地区,开辟了通往西域的南路交通要道。
649年	李世民病逝。太子李治即位,是为唐高宗。
651年	大食遣使与唐朝通好。
654年	武则天被接回皇宫中,封为昭仪。 高宗下诏书废王皇后、萧淑妃为庶人,立武则天为皇后。
671年	义净搭波斯船从广州出发,赴印度研习佛学。
684年	徐敬业在扬州起兵,骆宾王还专门写了《讨武曌檄》。
690年	武则天自称圣神皇帝,改国号为周,成了中国历史上唯一的女皇帝。
713年	唐玄宗册封大祚荣为渤海郡王。 唐玄宗册封皮逻阁为台登郡王。
723年	唐玄宗接受了宰相张说的改革主张,建立雇佣兵。 唐朝设立黑水府。
735年	唐玄宗罢免张九龄的宰相职务,任命李林甫做宰相。
739年	皮逻阁建立南诏。
745年	唐玄宗将杨玉环纳为自己的妃子。

时　间	事　件
751年	高仙芝在怛罗斯与阿拉伯人展开会战，唐军两万人的精锐部队几乎全军覆没。鲜于仲通率兵往击南诏，大败而归。
752年	杨国忠当上宰相，身兼四十余职。
755年	安禄山、史思明以接到皇帝命其讨伐杨国忠密令为名，发动安史之乱。
756年	哥舒翰战败，安禄山叛军攻占潼关。在唐玄宗出逃途中，发生了马嵬驿兵变，杨国忠被杀。太子李亨在灵武即位，是为唐肃宗，并遥尊唐玄宗为太上皇。
757年	安庆绪杀其父安禄山，接掌大权。
763年	安史之乱被平定。
780年	杨炎推行两税法。
783年	泾原兵变，唐德宗逃出长安。
784年	唐德宗颁布《罪己诏》，默认藩镇割据的事实。
808年	牛李党争开始。
815年	李师道派刺客在长安刺杀武元衡，重伤裴度。
817年	李愬雪夜入蔡，平定吴元济叛乱。
822年	吐蕃与唐朝"甥舅和盟"。
835年	甘露之变，宦官势力不但没有清除，反而更加嚣张。
851年	张议潮派使者携带河西十州的地图和户籍到达长安。
875年	黄巢起义。
907年	唐哀帝被废，唐朝灭亡。朱温自立为帝，改国号为梁，建都汴（今河南开封），史称后梁。
910年	钱镠征调数十万军民，筑起一道长达千里的捍海石塘。
923年	李存勖宣称他是唐王朝帝位的合法继承人，自称皇帝，建立后唐。
938年	石敬瑭将幽云十六州割让给契丹。
960年	赵匡胤黄袍加身，建立宋朝。

唐朝的建立

　　在短短几年的时间里，隋朝就从一个强大繁荣的王朝走向了灭亡，北至山西、河北，东到山东、江浙，南抵岭南，西达河西走廊，到处都有人举旗反抗。隋失其鹿，天下共逐之，但最后得到这只"鹿"的却是李渊和李世民父子。

代隋而立

李渊本是隋朝的贵族，被封为唐国公，自称陇西成纪人（今甘肃省静宁县治平乡），鲜卑姓是大野，字叔德。李渊的父亲李昞，北周时历官御史大夫、安州总管、柱国大将军。母亲是隋文帝独孤皇后的姐姐。

李渊起兵

李渊之妻窦氏的父亲窦毅在北周是上柱国，母亲是北周武帝的姐姐襄阳长公主。窦氏从小就很聪明，在隋文帝杨坚取代北周时，窦氏曾恨恨地说："我恨自己不是男子，无法为舅舅家消除祸患。"吓得父亲赶紧捂住她的嘴说："你不要胡说，这是灭门之罪！"因为这件事，窦毅认为自己的女儿不是等闲之辈，在选婿时想了一个办法，让人在门屏上画了两只孔雀，凡是两箭各射中一只孔雀眼睛的，就招其为婿。前边有几十人都没有射中，只有李渊两箭都射中了。窦毅便让女儿嫁给了李渊，她也由此成为了李渊的贤内助。

据说有一次，隋炀帝看到李渊的脸上皱纹多，便戏称李渊是"阿婆面"。李渊回家后很不高兴，窦氏问清原因，马上贺喜道："这是吉兆啊，你继承的是唐国公，'唐'便是'堂'，'阿婆面'就是指'堂主'啊！"一席话说得李渊顿时高兴了起来。

李渊有不少骏马，窦氏就劝他把这些骏马献给爱马的隋炀帝："皇上喜欢鹰和马，您是知道的。现在应该把骏马献给皇上，不该自己留着，招人闲言诬陷。"李渊开始还舍不得他的骏马，后来真的被隋炀帝责问。窦氏不久后去世了，李渊这才细细琢磨亡妻的话，觉得很有道理，于是就经常给隋炀帝送骏马鹰犬。隋炀帝异常高兴，很快升李渊为将军。李渊流着眼泪对儿子们说："我如果早点听你们母亲的话，早就做上这种官了。"

在隋末民变初起时，李渊曾静观其变。但随着起义队伍越来越多，李渊感到形势对自己越来越有利，于是产生了代隋自立的想法。

李渊有四个嫡子，次子李世民时年十八岁，是个很有胆识的青年。晋阳（今山西太原）县令刘文静十分看重李世民，二人是知心朋友。刘文静跟李密有亲戚关系，李密参加起义军后，刘文静受到株连，被革了职，关在晋阳监牢里。

李世民赶到监牢里去探望，刘文静对他说："现在皇上

唐高祖李渊像
唐高祖李渊，618年—626年在位。他处在隋炀帝以及被后世史家视为政治完人的唐太宗中间，人们对他知之不多，但作为开国之君，必定有不少过人之处。

远在江都，李密逼近东都，到处都有人造反。这可是打天下的好时机啊！"

李世民回到家里，想想刘文静的话，越想越觉得有道理。正好这时太原北面的突厥可汗进攻马邑，李渊派兵抵抗，打了败仗。李渊怕隋炀帝追究他的责任，心里非常着急。李世民抓住这个机会，劝父亲起兵反隋。

李渊犹豫了一下，也觉得不起兵确实无路可走了，便把刘文静从监牢里放了出来。刘文静帮助李世民招兵买马，李渊又派人把正在河东打仗的另两个儿子李建成和李元吉召了回来。李渊听从了刘文静的计策，派人备了一份厚礼，到突厥可汗那里讲和，约他一起反隋。突厥可汗一口答应。李渊稳住了突厥，就开始策划反隋之事。

李渊派人到处散布谣言，诡称隋炀帝有诏，要再次攻打辽东，令发太原、西河、马邑、雁门一带的壮丁，凡年在二十岁以上五十岁以下的，以岁暮为期，集中涿郡待发。当时民众已苦于兵革，而且东征高句丽，已多次失败，因此人心益怨，动乱更急。李渊就设计杀死当地官员，于617年五月在太原起兵反隋。而原隋朝的官僚裴寂又送来上等米七万斛、布匹五万段、甲胄四十万领，李渊声势大振。

唐朝狩猎纹高足银杯

狩猎纹高足银杯是唐代窖藏出土的文物，底足刻有"马舍"二字。李渊的家族对武艺、军备极为重视，平时以狩猎来锻炼武艺。齐王李元吉更是痴迷狩猎："我宁三日不食，不可一日不猎。"这也是李渊能够平定天下的重要原因。

攻占长安

李渊太原起兵后，便接到了李密的信，商议结盟之事，实际上是想让李渊尊他为盟主。李渊非常高兴，他当时正需要有人为他阻挡中原还没有被消灭的隋朝军队，好让自己集中兵力拿下长安。于是李渊给李密回信，对李密极力吹捧。李密欢欢喜喜地上了钩，专心对付东面的隋军。

李渊在西进过程中碰到的第一个障碍就是西河郡（今山西汾阳），不想李建成和李世民兄弟仅用了九天便得胜而归，这使李渊喜出望外。然后李渊建立了基本的军事和政权机构：设置大将军府，自称大将军；长子李建成为陇西公、左领军大都督，统领左三军；李世民为敦煌公、右领军大都督，统领右三军；裴寂和刘文静为长史司马。

此后李渊听从了李世民直接入关中的建议，分兵攻打长安。在招降长安失败后，李渊下令攻城。长安内史卫文升本来是坚决不投降的，听说李渊打进来后，竟然被活活吓死了。李渊的军队占领长安后，马上下令禁止掳掠百姓，受到人们的夹道欢迎。待到隋炀帝身死，李渊便于618年称帝，建立唐朝，年号为武德，定都长安，史称唐高祖。

历史细读

李渊在太原起兵后不久，他的家人便遭到了隋政府的通缉。李渊的女儿平阳公主让丈夫柴绍去投奔李渊，自己则秘密变卖家产，招兵买马。平阳公主的兵力很快发展到六七万人，成为关中地区的一只劲旅，号称娘子军，与李渊互相策应。据说山西的娘子关就是因她曾经在那里驻军而得名的。

统一战争

唐朝建立之初，全国还处于分裂状态，农民起义军和隋朝残余将领割据各地。李渊在长安安定下来之后，便开始了长达十年的统一战争。

击破薛氏父子

薛举是隋朝金城郡（今甘肃兰州）的富豪，617 年称西秦霸王，后来称帝，占据了陇西全境，兵力有十三万人之多。

薛举见李渊称帝，便进击唐之泾州（今甘肃泾川县北泾河北岸），李世民率军予以抗击，两军相遇在高墌（今陕西长武县西北）。李世民认为薛举军粮少，决定守城不战，以使其师疲惫。但薛举则利用李世民部将刘文静、殷开山不听约束和轻敌的弱点，进行突然袭击，最后将唐军击败，并且俘获了唐大将慕容罗睺、李安远、刘弘基等。随即薛举命儿子薛仁杲进逼唐宁州（今甘肃宁县），想一举攻下长安。不料薛举却在这时病死。他的儿子薛仁杲继续威胁长安，李渊命李世民为元帅再次出征，将薛仁杲彻底击败。于是薛仁杲投降，陇西收归唐朝。

北定刘武周

北方的刘武周是唐朝的一个劲敌，他不但英勇善战，还是一个难得的将才。相传在和突厥的一次战斗中，刘武周被困于突厥腹地，欲退无路，欲进无粮，形势十分危急。突厥首领始毕可汗是个沙场老将，深知刘武周的厉害，不敢与他正面交锋，只是把军队驻扎在距刘武周营地二十里处，将刘武周的人马包围起来，企图把刘武周和他的兵马困死。

刘武周深知少数民族骑兵虽然勇敢快捷，但战术欠佳，只会白天作战，不善于夜间用兵，很快他便想出一条突围的计策来。第二天刘武周下令士兵昼夜夯筑土城，准备柴火。突厥军队的哨骑看到刘武周的兵营出现城堡，大惊失色，赶忙禀报始毕可汗。始毕可汗一听，傲气十足地笑道："刘武周是想筑城顽抗，我们就是只围不战，看他还能坚持到何时！"

可是始毕可汗万万没有料到，就在他认为刘武周将要不战自灭的当天晚上，刘武周令兵士将柴火点燃，悄悄地率军突围出来。此处是一个山沟口，沟底狭窄，两边陡峭，刘武周让一半兵士在沟中间垒石柱，让另一半兵士上到两边坡顶堆积石块。一天后十里长沟内垒起若干个石柱，纵看像条长龙。刘武周于是命令一部分兵士伏于两边坡顶，派一名副将守住沟南口，自己领兵在沟北口。

突厥军队后来发现土堡内已空空如也，只有一堆烧完的柴火，大呼上当，便马上出兵追击。突厥骑兵进入十里长沟后，因石柱挡道，无法快速行进，只好放慢马蹄，靠两边山脚走走。此时埋伏在两边坡顶的兵士居高临下，滚石下山，又用弓箭乱射。而长沟的两端又有刘武周的兵士把守，出不来也进不去。就这样进入沟内的突厥骑兵全部被歼。

刘武周起兵反隋后，和突厥人合作。由于开始时李渊采取了联络突厥的策略，所以刘武周也没有构成大的威胁。

629年，刘武周联合突厥南下占领了并州，唐朝的并州总管、齐王李元吉无力抵抗，弃城而逃。李渊先是派裴寂出击，结果大败而归。想到并州靠近北方边塞，李渊便起了放弃的念头，结果遭到李世民的坚决反对。最后李世民领兵出征，用坚壁清野消耗对方的战术，全面击溃了刘武周的军队。刘武周逃到突厥后被杀，唐朝恢复了原来在河东地区的领地。

秦叔宝

李渊父子之所以能够平定群雄，除去本身实力雄厚外，其善于收揽人心也是一个重要原因。猛将秦叔宝就是不满王世充的为人才转而投唐，历经二百多场战斗，为唐王朝的建立立下了汗马功劳。

中原鏖战

唐朝在中原的主要对手是王世充。王世充是西域人，姓支氏，年幼时母亲改嫁汉人王氏，因此随继父姓王。隋炀帝营建江都时，派了大臣张衡去监工。这个张衡是隋炀帝杨广篡位的功臣，在朝中权倾一时。可是杨广看到张衡每天在自己面前晃来晃去，居功自傲，心中暗生杀机。但是人人都知道张衡是隋炀帝心腹中的心腹，有谁敢冒险去说张衡的坏话？就这样杨广一直没能下手，只好经常把张衡远远地打发出去。但是杨广的心事让王世充看出来了，王世充就打了个小报告，说张衡监工不严，江都宫有的工程粗制滥造。

唐朝特勤骠

这是唐太宗昭陵六骏中的一匹。"特勤"是突厥的官号，据说这匹曾经伴随李世民平定天下的骏马就是来自突厥。可见一方面是突厥和中原地区贸易往来相当频繁，另一方面则是突厥和李渊家族的关系非同一般。当时中原大乱，突厥试图浑水摸鱼，与诸多势力都有着密切的关系。

杨广收到举报后大为欣赏，也不管是真是假，反正只是要个借口，于是立刻下令逮捕了张衡，贬为庶人永不录用。其他人看出张衡倒台了，于是都去检举张衡有谋反嫌疑，杨广趁势响应民意，下令杀了张衡。张衡临刑前大叫道："我为人做何等事，而望活命乎？"据说监斩官立即掩耳，不敢听他的临终遗言。就这样王世充取而代之成了隋炀帝的宠臣。

隋炀帝被杀后，王世充便拥立隋炀帝之孙元德太子杨昭的次子杨侗为帝，年号皇泰。接着又打败了瓦岗军，可谓兵强马壮、势力极大。619年，王世充一脚踢开了傀儡皇帝杨侗，改封他为潞国公，自己称帝，建立郑国，定都洛阳。不久即派人去毒杀杨侗，没有毒死，就缢杀了他。杨侗死时年仅十六岁，遗言说："愿下辈子不要再生在帝王尊贵之家。"谥号为恭皇帝。

李渊派李世民征伐王世充，因为李世民不但善于打仗，更善于用人。他从原瓦岗军和其他割据势力的降将中收留了一批人，像有名的秦叔宝、程咬金、尉迟敬德等。一次李世民亲自带了五百名骑兵在阵地上巡视，被王世充发现，发动一万多名步兵、骑兵围了上来。王世充的大将单雄信冲到李世民身边，用长矛直刺，本以为一枪就能结果了唐军主帅。不料李世民身后的尉迟敬德飞马赶上，大喝一声，把单雄信刺落马下。尉迟敬德保护着李世民突出包围，两个人又带着骑兵转过身来，在郑军阵地来回冲杀，吓得郑兵不敢阻挡。接着后面的唐军主力冲了上来，把郑军打得一败涂地。

这一次唐军将洛阳围得水泄不通，王世充被逼得走投无路，只好派人偷偷出城，赶到河北向窦建德求救。窦建德自从王世充称帝以后，也自称皇帝，

唐朝飒露紫及丘行恭像
621年，唐军和王世充军在洛阳决战。在邙山一战中，李世民骑着飒露紫，偕同数十骑亲自试探对方的虚实，被敌人团团包围。这时流矢射中了飒露紫前胸，危急关头，丘行恭赶来营救。他把自己的坐骑让给李世民，然后又执刀徒步冲杀，斩杀了数人，然后牵飒露紫而归。

国号夏，攻占了唐军许多土地。他接到王世充的求救信后，一面带领三十万人马，水陆并进，援救东都；一面派出使者给李世民送去一封信，要李世民退回关中。

李世民把李元吉留下，继续围攻王世充，自己则带领三千多名精兵北上，扼守武牢关（即虎牢关，在今河南荥阳汜水镇）。窦建德的大军到了武牢关，遭到唐军的阻击，久攻不下。李世民又派轻骑兵抄小路，把夏军的粮道切断了。

窦建德十分气恼，认为自己的兵力远胜过唐军，命令全军出动，摆开阵势准备决一死战。夏军从早上站到中午，可是唐军就是不出来交战，兵士们又疲劳，又饥饿，有的坐在地上，有的到河滩上舀水喝。李世民一见时机已到，就命令将士渡过汜水，直冲窦建德大营。李世民乘夏军不防备，自己带领一支队伍插到夏军阵后，举起了唐军的大旗。夏军将士回头一看，以为唐军已经占领了大营，没有心思再战，争先恐后地逃散了。窦建德在混战中受了伤，也被唐军俘虏。王世充眼看大势已去，也只好向唐军投降。

李世民的雄才大略

唐朝一统天下后，李渊做皇帝没多久，次子李世民就在626年发动了"玄武门之变"，杀死了自己的哥哥太子李建成和弟弟齐王李元吉，李渊被迫将皇位让给李世民，唐朝由此进入第一个兴盛时期"贞观之治"。

十八学士

李世民为秦王时，开文学馆，罗致四方文士，以房玄龄、杜如晦等十八人，分为三番，每日六人值宿，商定军机大事，号为十八学士。后世多以此为画题。在宋人的笔下，在繁华似锦的庭院中，文人雅士们秉烛夜饮，别有几分洒脱和飘逸。

玄武门之变

按照古代嫡长子继承皇位的制度来看，如果没有意外，李世民是没有办法坐上皇帝的宝座的，但他却让太子李建成感到如芒在背。为了巩固自己的地位，李建成与李元吉千方百计地要削弱李世民的势力。关键时刻，李世民先下手为强，发动了玄武门之变。

李世民的密谋

唐高祖李渊建立唐朝后，立其长子李建成为太子，封次子李世民为秦王，四子李元吉为齐王。三子李元霸早亡。三个儿子中，李世民战功最多，威信也最高。但因为李建成是长子，所以他能够取得太子地位。

李世民不但有勇有谋，而且手下还聚集了一批人才。文有房玄龄、杜如晦等，号称十八学士；武有尉迟敬德、秦叔宝、程咬金等勇将。太子李建成也立有军功，曾攻占长安，威慑群豪。他和弟弟李元吉联合，一起在李渊面前排挤李世民，双方矛盾逐渐激化。

此时李渊也对李世民颇有意见，他曾对宰相裴寂说："此儿典兵既久，在外专制，为读书汉所教，非复我昔日子也。"后来限制李世民的军政权力，将其兵权转归齐王李元吉，又罢免了他的都督山东河南河北诸军事的职务，由太子李建成取代。接着又驱逐了李世民的心腹房玄龄、杜如晦，以至于李世民召二人密谋发动政变的时候，他们都是身穿道服潜回的。

626年五月，突厥进犯中原，李建成乘机向高祖要求带兵去抵御，高祖

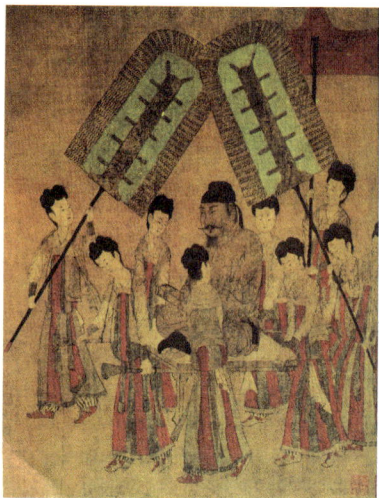

端肃平和的唐太宗
唐太宗李世民在战场上叱咤风云，为唐朝的建立立下了汗马功劳。但在政务活动中，则有端肃平和、蔼然可亲之态，颇具明君威仪。

答应了他的要求。李元吉提出要尉迟敬德、秦叔宝、程咬金三员猛将归他指挥，并调秦王府的精兵充实自己的部队。李世民感到自己已经受到皇帝怀疑，准备放手一搏。

626年六月初三的晚上，李世民收买了守卫玄武门的统军将领，带领长孙无忌、尉迟敬德、房玄龄、杜如晦、秦叔宝、程咬金、侯君集、段志玄、张士贵等人埋伏于玄武门。他准备在玄武门发动突然袭击，截杀明日上早朝的太子李建成和齐王李元吉。

而李建成虽然与李世民有矛盾，但他贵为太子，再加上生性仁厚，就没有采取行动。他的弟弟李元吉自告奋勇要除掉李世民，谋士魏徵也建议李建成早日下手，但李建成却无动于衷。甚至在玄武门之变的当天，他接到密报，说李世民可能要对自己动手，李元吉主张应该"勒宫府兵，托疾不朝，以观形势"，可是李建成还是觉得玄武门的守将常何是他的亲信，没有任何问题。事实上，常何早已被李世民收买。李建成最终被自己的亲兄弟射杀。

骨肉相残

中国古代用青龙、朱雀、白虎、玄武（龟蛇）来表示天空中东、南、西、北四大区景象（四象）。玄武即由北方七宿（斗宿、牛宿、女宿、虚宿、危宿、室宿、壁宿）组成龟蛇相缠之象，在神话中被称为北方之神，代表北方。唐朝皇宫城墙的北面正门便被命名为玄武门，因内廷处在皇宫北部，玄武门就举足轻重。唐代的宫廷卫军司令部就驻在玄武门，称为"北衙"，有着坚固的城防和强大的兵力。

从唐高祖开基到唐玄宗朝之前的九十多年中，共发生了四次宫廷政变，而这四次政变都牵涉到当时的皇宫城墙的北面正门玄武门。第一次就是李世民发动的玄武门之变；第二次政变发生在 705 年，忠于唐王室的将领大臣占领玄武门，把太子李显从东宫迎来，然后一同闯入皇宫，逼迫武则天退位，拥立太子李显重即帝位，复唐国号；第三次是 707 年太子李重俊的政变。太子李重俊因为不堪忍受皇后韦氏与武三思的欺凌，发动兵变。韦后挟持中宗登上玄武门门楼，调兵镇压。中宗对军士宣布李重俊谋反，于是军士倒戈，李重俊的党羽立时溃散，李重俊被杀；第四次则是 710 年李隆基发动的政变。他占领了玄武门，随之纵兵闯入皇宫，斩杀了韦后和安乐公主。纵观这四次政变，凡是占领了玄武门的政变都获得了成功，没有占领玄武门的均告失败。

玄武门之变发生前，玄武门的守将常何原来是太子李建成的部属，所以李建成才能在已获知李世民有不正常举动、形势一触即发的情况下，依然毫无防备地和李元吉经玄武门进宫参加早朝。

626 年六月初四清晨，李建成和李元吉骑着马进宫早朝，被李世民的伏兵所杀。其中李建成为李世民亲手射杀。东宫和齐王府的将士听到玄武门出了事，全部出动，猛攻玄武门。李世民指挥手下凭借着玄武门的坚固城防进行抵抗，直到尉迟敬德出示了李建成和李元吉的头颅后，东宫和齐王府的兵才散去。

与此同时，李世民派尉迟敬德全副武装进宫。这时候李渊正在划船，尉迟敬德手持兵器冲进宫来，说道："太子和齐王发动叛乱，秦王已经把他们杀了。秦王怕惊动陛下，特地派我来保驾。"

宰相萧瑀也趁机为李世民说话："太子和齐王没有什么功劳，但两人却一向妒忌秦王，施用奸计。现在秦王既然已经把他们消灭了，这是件好事。陛下不如把国事交给秦王。"

到了这种地步，李渊要反对也没用了，只好听萧瑀的话，宣布了李建成、李元吉的罪状，命令各府将士一律归秦王指挥。过了两个月，李渊即让位给秦王，自己做了太上皇。李世民正式继位，就是唐太宗。

虽然李世民开创了一个前所未有的盛世，但玄武门之变对唐代的宫廷政治产生了极为不良的影响，即皇位可以通过兵变取得。因此宫廷之内常为皇位的继承而明争暗斗，骨肉相残，受封为太子者未必能安稳地继承皇位。唐代太子地位的不稳定促成了对皇位继承权的激烈争夺，直接造成了唐朝政局的动荡，并导致朝臣的结党和宦官的分派。这是唐玄宗朝以后唐朝政局纷争不断、中央政府逐步走向衰弱的重要原因。

魏徵像

魏徵因其品德高尚，后人评价他"上不负时主，下不阿权贵，中不侈亲戚，外不为朋党。不以逢时改节，不以图位卖忠"。

网罗英才

在唐太宗李世民手下，聚集了一批有才学、有智谋且能征善战的人才，正是他们辅佐李世民统一了天下，进而取得皇位，开创了一个崭新的时代。

犯颜直谏的魏徵

魏徵从小父母双亡，家境贫寒，但喜爱读书，不理家业，曾出家当过道士。李密曾授他以瓦岗军元帅府文学参军之职，执掌文翰。魏徵对李密也寄予很大的希望，他曾向李密进十策，以期拓展宏图。可惜李密虽知这些建议很不寻常，却未能采纳实施。随着瓦岗军的连连胜利，一些被胜利冲昏头脑的将领决定与王世充的大军决一死战。魏徵看到自己的军队也在征战中伤亡惨重，预感到了危险，便去劝说李密不要急于迎敌。应以守为攻，不过十天半月，等到敌人粮尽，可不战自退，那时再出兵追击，定能取胜。这本来是个很好的决策，却被认为是书生意气，不予采纳。结果邙山之战，瓦岗军几乎全军覆没，李密仅带残兵万余人逃出。预感到败局已定，李密被迫归附了李渊。

后来魏徵便到李建成手下，李建成推荐魏徵为太子洗马。太子洗马是东宫的属官，一般负责掌管四库图籍、缮写刊辑等事务。而实际上，魏徵的工作远远超出了这个范畴，一直被太子视为谋臣。魏徵看到秦王李世民的勋业与日俱增，影响也越来越大，很为太子担心。此时恰逢窦建德的部将刘黑闼

镜子之于古人

对于古人来说，镜子是正衣冠的重要工具，而衣冠则是一个人的修养的重要表现。不过古代的镜子多用铜制，现在这种在玻璃上镀上水银而成的镜子则是近代欧洲发明的。

拥兵南下，魏徵感到太子建立功勋的机会到了，便对李建成说："秦王功高，朝廷内外都倾心于他。现刘黑闼残兵散众，此时去攻击他，势必有如摧枯拉朽之势。您亲率大军讨伐，获取功名，并以此结识山东豪杰，这才能稳居东宫之位。"李建成接受了魏徵的建议。

当时刘黑闼的士气很盛，如立即交战决难取胜。魏徵献策说："上次秦王击败刘黑闼，其被俘获的将领皆被处死，他们的妻子儿女也都成了阶下囚。后来虽有诏书赦免了其余党之罪，却无人再敢相信我们。现在释放全部被囚禁的俘虏，安抚宣赦后遣送回去，我们就可以坐视敌军之离散了。"李建成此时对魏徵可谓言听计从。果然不出魏徵所料，刘黑闼军粮草用尽，军心大乱，士卒有的逃亡，有的干脆捆绑了首领来投降唐军。刘黑闼见形势不妙，率军逃跑，齐王李元吉率军追击，大败刘黑闼。唐朝由此稳固了在山东、河北的统治。

李建成得胜回来后，与李世民的矛盾更趋激化，因此魏徵多次建议李建成除掉李世民。玄武门之变后，有人向唐太宗告发了魏徵。唐太宗立刻派人把魏徵找来，问他为什么从中挑拨离间，破坏他们兄弟的关系。魏徵理直气壮地说："可惜那时候太子没有听从我的话，要不然也不会发生这样的事了。"唐太宗问魏徵："历史上的君王，为什么有的人明智，有的人昏庸？"魏徵说："兼听则明，偏听则暗。治理天下的君王如果能够采纳下面的意见，那么下情就能上达，他的亲信要想蒙蔽也蒙蔽不了。"唐太宗连连点头称是，觉得魏徵说话直爽，很有胆识，便把魏徵提拔为谏议大夫。

其实李世民对魏徵的才干早有了解，通过这次面对面的交锋，决定对他委以重任。当时唐太宗虽已即位，李建成、李元吉在山东的影响还在，余党也多逃亡在那里。李世民遂任命魏徵为特使，专程前往山东，全权处理安抚事宜。魏徵途经磁州，遇到州县差官押送前太子的侍卫官李志安和齐王府的护军李思行进京。魏徵对他的副使说："我在受命出使之时，上面已有诏令，赦免东宫和齐王府的旧人，现在他们却反其道而行之，谁能不生疑心呢？我若视而不救，这次出使安抚就会徒劳，人们一定不会再相信我们了。"于是魏徵当即命令释放了李志安等二人，然后才写奏书递到朝廷。李世民看后非常高兴，由此愈发信任魏徵。

不久唐太宗看到他的统治巩固了下来，心里十分高兴。然而魏徵还时时进言说："陛下要居安思危啊！"后来魏徵提的意见越来越多，只要是看到唐太宗有不对的地方，他就当面力谏。有时候唐太宗听得不是滋味，沉下了脸，魏徵还是照样说下去，叫唐太宗很是难堪。

有一次魏徵在上朝的时候，跟唐太宗争得面红耳赤。唐太宗憋了一肚子气回到内宫，见了长孙皇后，气冲冲地说："总有一天，我要杀掉这个乡巴佬！"长孙皇后吓了一跳，问道："不知道陛下想杀哪一个？"唐太宗说："还不是那个魏徵！总是当着满朝文武的面侮辱我，叫我实在忍受不了！"长孙皇后听了，一声不吭，回到自己的内室，换了一套朝见的礼服，向太宗参拜。唐太宗惊奇地问："你这是什么意思？"长孙皇后说："我听说英明的天子才有正直的大臣，现在魏徵这样正直，正说明陛下的英明，我怎么能不向陛下祝贺呢！"这一番话像一盆清凉的水，顿时把唐太宗的满腔怒火都浇熄了。

643 年，直言敢谏的魏徵病死了。唐太宗非常难过，说："用铜制成的镜子，可以照见衣帽是否端正；用历史作镜子，可以照见政治的兴衰；用人作镜子，可以知道自己的政绩与过错。我经常保持着这三面镜子，现在魏徵去世了，我少了一面镜子。"

战功赫赫的徐世勣

徐世勣字懋功，因唐高祖李渊赐姓李，故名李世勣。后因避唐太宗李世民讳，遂改为单名勣。曹州离狐（今山东东明一带）人，后被封为英国公，是凌烟阁二十四功臣之一。历事唐高祖、唐太宗、唐高宗三朝，深得朝廷信任和重用，被朝廷倚之为长城。一次徐世勣病重，药方上讲治此病胡须灰可以做药引。李世民听说后，自剪胡须，为徐世勣和药。按照儒家礼仪，身体发肤受之父母，一般人都不会轻易损伤，何况贵为九五之尊的天子。李世民亲剪"龙须"为臣子做药引，被传为千古美谈。

自然徐世勣的功勋也是对得起这种优待的。首先当属他杰出的军事才能。徐世勣自十七岁参军，到七十六岁去世，在半个多世纪的戎马生涯中，经历大小战役无数，立下了赫赫战功。徐世勣镇守并州十六年，令行禁止，四夷宾服。唐太宗曾深有感触地说："隋炀帝劳百姓，筑长城以备突厥，卒无所益。朕唯置李世勣于晋阳而边尘不惊，其为长城，岂不壮哉！"

身经百战的徐世勣还是个感情细腻之人，他的姐姐身体不好，时常生病。一次姐姐生病的时候，徐世勣正好在家，虽然已是年迈的老人，且身为仆射，却亲自下厨给姐姐煮粥。恰好一阵强风吹来，火苗往回一燎，把徐世勣的白胡子烧掉了几根。姐姐看到后心疼的埋怨他说："家里这么多仆人、家妇，哪个不能熬粥，何苦自己受罪呢！"徐世勣说道："并不是没人使唤，只是想到姐姐老了，我也老了，想多给姐姐熬几次粥，也不知以后还能有多少时间。"

房谋杜断

房玄龄名乔，字玄龄，齐州临淄（今山东淄博东北）人。房玄龄的父亲房彦谦是一位名士，因公务繁忙很少回家，但偶尔回家，总要对子女们说些做人的道理。他的俸薪不多，又常常拿出去周恤亲友，没有给孩子们留下什么。一次他歉疚地对房玄龄说："别人都因享受朝廷俸禄而致富，惟独我是因做官而受穷。我能留给你的，就只有这一身清白了。"此时的房玄龄只有十岁，却回答道："不图父亲积下万贯家财，父亲的言传身教，足够儿子受用终身了。"

唐朝持盾武士俑
该武士披甲持盾，表情坚毅。正是有了这样勇猛的士兵，优秀的唐朝将领才有了用武之地。

三十八岁这年，房玄龄投到李世民的手下，从此开始了他不平凡的仕途。在与隋军作战之时，每逢打了胜仗，其他唐军将士都忙着打扫战场，有的争相搜罗金银财宝，有的抢夺年轻女子。而房玄龄却是到俘虏营里，将各级军官一一登记造册，挨个儿谈话。当唐军将俘虏押回京都时，他已对这些人的身世、才干了如指掌。李渊要下令杀这些人时，他就将挑选出来的名册交给李世民，让他收罗这些人才。久而久之，李世民便拥有了许多可用之才，势力越来越强。

大名鼎鼎的杜如晦当时一直在秦王府做兵曹参军，不被李世民重视，不久又要将他调至陕西去做地方官。房玄龄立即前去劝说李世民将他留下。李世民听从了这一建议，重用了杜如晦。在讨论大事的时候，房玄龄善于出计

面斥佞臣

有一天，唐太宗随口夸奖一棵大树。这时在一旁的宇文士及也搬出了一些华丽精美的语句大肆赞扬那棵树。太宗就严肃地对他说："以前魏徵经常劝谏我要尽量地离花言巧语、阿谀奉承的人远一些，看来你就是那种花言巧语的人了！"宇文士及听后急忙向皇帝叩头谢罪。

谋，杜如晦善于作决断，所以史称"房谋杜断"。

房玄龄极有雅量，即使反对过他的人，只要是人才，只要他们愿意，他就容纳下来并委以重任。李世民杀了兄弟成了太子后，将东宫的主要谋士魏徵关进了大牢。早在隋末群雄逐鹿之时，魏徵就表现出超人的才能。在李建成与李世民争夺皇位的斗争中，魏徵也曾经出过不少让李世民头疼的主意，李世民对他可谓恨之入骨。正是房玄龄的苦苦劝说，才让李世民改变了主意，任命魏徵为谏议大夫。在继位之初，唐太宗曾对朝中官员论功行赏，房玄龄、杜如晦排在前面，得到了重赏。封赏完了之后，唐太宗说："今天论功行赏，大家有什么意见尽管讲出来。"淮安王李神通说："臣带兵打仗，舍生忘死，而房玄龄、杜如晦等人只是端坐朝中，舞文弄墨而已，功劳却排在前面，臣心里不服。"唐太宗说："你们是有功劳，但房玄龄运筹帷幄，把握全局，你们只是具体执行而已，所以他功劳最大，当然应该排在第一。"淮安王李神通惭愧而退，其他大臣也无话可说。

贞观之治

由于唐太宗能任人唯贤，虚心纳谏，并采取了一系列以农为本、休养生息的政策，同时完善科举制度，使得国力变得十分强盛，并取得一系列对外战争的胜利，史称"贞观之治"，这是唐朝的第一个盛世。

大唐气象

唐朝之所以被人景仰，李世民之所以被称为明君，就是因为唐人开放的心态。即使以前的敌人也能加以重用。这个唐代的赤金龙姿态雍容、矫健，气势通达、威猛，正是唐人开放胸襟的体现。

纳谏与任贤

唐太宗的"贞观之治"，很大程度上得益于他肯于兼听纳谏。翻开唐史，可以看到很多犯颜直谏、面折廷诤的事迹。上自宰相御史，下至县令小吏，甚至宫廷侍女，都有人敢于上疏直谏。而只要是正确的，唐太宗都肯于接受。

一次唐太宗派使臣征兵，封德彝建议说："中男虽未满十八岁，但身强力壮的也可以当兵。"唐太宗批准了他的建议，诏令也写好了。但是魏徵坚持认为不能这样做，因此唐太宗很是生气。魏徵说："竭泽而渔，暂时虽然有鱼吃，但是一次把大小鱼都捞尽了，以后就无鱼可捕了。同样道理，假若毁林打猎，虽然暂时可得到不少野兽，但是将来就永远打不到野兽了。如果叫全国的中男都去当兵，那么租调徭役由什么人负担呢？况且兵不在多，全在统帅得当，何必拿幼小的人凑数呢？"唐太宗一想，觉得魏徵说得很有道理，便接受了他的意见。

除了兼听、纳谏，唐太宗还注意任用贤才，很注意根据官员的实际表现考察发掘人才。一次要任命刑部侍郎，宰相推荐了几个人，但唐太宗审查后都不满意。后来唐太宗想到李道裕，认为这个人不但有见识，更能坚持原则，敢于对错误的人和事进行抗争。过去处分罪臣张亮时，只有李道裕坚决反对朝廷的判决，认为"张亮反形未具，罪不当死"。唐太宗因此提拔李道裕为刑部侍郎。

唐太宗用人的另一个特点是"内举不避亲，外举不避仇"。在隋末征战时，唐太宗就注意搜罗原李密、王世充、窦建德集团的人才，吸收了瓦岗军的秦叔宝、程咬金等；在打败刘武周时吸收了尉迟敬德；在攻破窦建德集团时，吸收了张玄素；在消灭李建成时，吸收了魏徵。长孙无忌是唐太宗的妻

唐朝仪卫

图中六人均顶盔带甲，蹬长筒尖头靴。
前面一人为领队，左手按剑。后随五人，
参差排列，身佩长剑、弓箭，手执红色
五旒旗。仪态威武，气宇轩昂。

子长孙皇后的哥哥，在玄武门事变中立下了大功。因为历来外戚掌权会被众人攻击，因此长孙皇后和长孙无忌本人为了避嫌，再三请求只当一个虚职，不要实权。但长孙无忌确实具有宰相之才，因此唐太宗用人不避亲，任命他为宰相。

在这样的用人政策下，唐太宗统治期间，出现了不少尽职尽责的大臣。隋炀帝好大喜功，裴矩就尽量迎合他。正是他劝告隋炀帝在洛阳征调四方的奇技、杂戏，向少数民族和外国使节夸耀强盛。炀帝称赞裴矩很忠诚，说："裴矩很懂得我的心思，大凡所上奏的，都是我想好的但没有说出来的。若不是一心一意为了国家，又么怎能如此呢？"唐太宗刚即位的时候，准备大力惩治奸邪官吏，就派人用财物去试探他们。有个官员接受了馈赠的一匹丝绢，太宗是很生气，要杀了他。裴矩就进谏说："这个人接受贿赂，确实应该严惩。但陛下用财物试探他们，接着施以极刑，这是没有道理的。"太宗采纳了他的意见，就此召集官员，当众赞扬他说："裴矩竟然能够当廷辩驳，不肯当面顺从。如果每件事都能像这样，又何愁天下不能治理好呢！"

纵囚归狱

唐太宗认为，赏罚是国家大事，必须严肃对待。为了明确赏罚的标准，唐太宗任命长孙无忌和房玄龄修改《武德律》，制定了《贞观律》。相比《隋律》，《贞观律》减轻了一些刑罚。后来长孙无忌又组织人为《唐律》作注，即后来的《唐律疏议》。这是一部完备的法典，五代以后各朝法律大都以此为范本增改而成。

除了"律"，唐初还制定了"令"与"格"。"令"就是国家的制度和政令，"格"则是文武百官的职责范围，作为考核官员的依据。最后还定出尚书各部和诸寺、监、十六卫的工作章程，称为"式"。律、令、格、式的内容包罗万象，从国家政治制度到社会经济生活，以及民间的婚丧嫁娶等方面，都有详细的规范。

为了使国家的律、令、格、式能够有效地贯彻执行，唐朝还设有御史台，掌管纠察弹劾事宜。唐太宗主张严惩贪污分子，凡是主管官员利用职务之便进行贪污的，只要贪了一尺布帛，就要被杖百下，如果贪污的财物达到十五匹，则会被处以绞刑。

在对官员严厉的同时，李世民对一般犯罪的民众则颇有仁慈之心。632年，李世民亲自审理囚犯，他看到那些被判死刑的囚犯，生命即将结束，心中对他们产生了很强烈的怜悯之情，不忍心杀掉他们，就先把他们放回家，看望家中的父老，限定在第二年的秋天准时回来服刑。还命令当时掌管司法刑狱的所有官署，将天下现押的判处死刑的囚犯，都暂时放回家去，告诉他们要按期回到京城。时间就这样过去了，到第二年的秋间九月，去年所放的三百九十名死囚都按时回来了。在没有人催督的情况下，个个都按期到达京师朝堂，听候处决，竟没有一个逃亡隐匿的。李世民最后都赦免了他们。

唐初法治的另外一个特点，就是重证据、重事实，反对刑审逼供，并明确规定，法官审理案件时，必须根据具体情节审察罪状，反复查证。如果证据不足，还需要拷问被告时，不许单人进行，必须和所属长官一同立案审判拷讯。凡违犯上述规定者，要打六十大板。另一方面，假若被告人的犯罪事实确凿，具有可靠的人证物证，即使被告人自己拒不认罪，也可以根据罪证来判决。不仅如此，《唐律》还规定，除了解犯罪者的行为和后果以外，还要了解犯罪的动机是否是出于有意识，把犯罪的情况做出全面分析以后，再量刑定罪。

为了减少错案、冤案，李世民还允许被告人为自己的行为进行辩护。审案的官员如果故意加以阻挠，就被视为犯罪行为，要受到五十或一百大板的处罚。这个规定实施以后，贞观时期被判处死刑的案犯很少，据史书记载，有一年全国只处死了二十九个人。这也从侧面反映出当时社会秩序井然，人民生活安定的情景。贞观一朝不愧为我国古代政治最为清明的时期。

均田制与府兵制

在唐太宗李世民即位之初，隋朝末年长期战乱带来的恶果还没完全消除，国家农田荒芜，民不聊生。唐太宗沿用了父亲李渊创立的政策，并逐步加以完善，在短短数年之间，就使流散的人口回到故里耕作，粮价稳定，社会经济迅速得到恢复和发展。

在农业方面，唐朝实行"均田制"，严格规定了占田的额度：丁男、中男受田百亩；老男、笃疾、废疾者四十亩；寡妻、妾三十亩；道士、和尚三十亩；尼姑二十亩；官户受田等于良丁之半，工商业者和官户相同。

这种均田制度取消了奴婢的受田，地主官僚们因此有可能减少奴婢的数量，从而扩大了国家的编户，有效地限制了地方割据势力的发展，并且放宽了土地买卖的限制。

分配土地和户籍制度具有密切关系。唐政府规定，每年一造计账，三年一造户籍。在编制计账以前，先由户主自己写一个报告书，这个报告书叫作"手

百马图局部
唐朝极其重视养马事业。该图就描述了管理马匹的官员在一条河中及岸边洗马、戏马、驯马、饲马的场景。

实"。"手实"上要写出全家人的姓名、年龄、性别、健康状况、土地数量、土地坐落等。所谓计账，就是在"手实"上记入来年的课役，然后再根据"手实"和计账，三年造一次户籍，作为实施均田制度和征收租庸调的根据。

均田制度的实施，使不少荒地得到了开垦，从而扩大了耕地面积，有利于农业生产的恢复和发展。

唐朝的府兵制是从西魏北周以来逐步形成的，统领全国府兵的机构是十二卫和太子卫率，卫下设折冲府。所谓十二卫：一是左右卫，领武安、武成等各五十余府；二是左、右武卫（或鹰扬卫），领风亭等各四十九府；三是左、右侯卫（金吾卫），领同轨、宝图各五十余府；四是左、右领军卫（戎卫），领万年、万敌等各六十余府；五是左、右屯卫（或威卫），领宜阳等各五十府；六是左、右骁卫（或武威卫），领永固等各四十九府。

太子左右卫率领广济等各五府，太子左右司御率领郊城等各五府，太子左右清道率领绛邑等各三府。合十二卫和太子卫率所领折冲府的总数，共六百五十七府。折冲府是府兵的基层组织，专管有关府兵的具体事务。折冲府分布的范围非常广泛，但在全国各道的有多有少，很不平衡。由于折冲府分布在全国各地，地方长官对折冲府也担负相当的职责。主要是根据兵部卫大将军传达的敕书和兵符，会同地方长官按规定发兵。其次是练兵，查阅军备和点兵。

府兵的训练分为两种形式，平时分散练兵，冬季集中，地方刺史有检查督促之权。府兵所用马匹的补充或淘汰由刺史和折冲部尉共同处理。而府兵的检点是根据籍账上报的丁口，由县令直接负责的。全国府兵在皇帝的总领之下，统领于诸卫。府兵的调发属于尚书省兵部，军权是高度集中的。

在唐朝要成为府兵是很不容易的，因为府兵要自备粮食、弓箭、衣服等装备。因此原则上是拣点六品以下官员子弟和地主及富裕农民。但是由于战争频繁和府兵的超期服役，愿意当兵的人非常少，贫民也被迫点兵，因此逃役现象十分严重。到了武周时期，府兵制度便逐渐遭到了破坏。到了唐玄宗的天宝年间，府兵制则被彻底破坏。

科举制度

唐太宗时期，科举制得到了进一步的完善，成为选拔官吏的极为重要的手段。

每年冬季，各官办学校负责把毕业的学生贡给尚书省，参加科举考试。在私学毕业的学生也可以由州县保荐参加考试。应试的方法主要有帖经、墨义、口试、策问、诗赋五种。

"帖经"就是将书本上的某行贴上几个字，要求应试者将贴住的字填写出来，类似现在的填空题。"墨义"是一种简单的对经义的回答。因为"帖经""墨义"简便易行，一般在应试时常常要问三五十条，更有甚者要问至一百条之多方可通过。

"策问"是主考官设题指事，由考生做文章，题目的范围一般有人事政治，称为方略策和时务策等。"诗赋"是为了克服考生存在的多背诵经义和旧策，而缺乏真学实才的现象，在后来加试的一种方法，在一定程度上还推动了唐代诗赋的兴盛。

考试的时间是每年二月，地点在首都长安，有时在洛阳。因此边远州县的应试者，必须在考试前一年秋季从住地出发。只有这样，才能保证二月以前到达考场。唐朝科举一共有十二科，但其中主要的是进士科和明经科。特别是进士科最受重视，因为进士及第后，"大者登台阁，小者任郡县。资身奉家，各得其足"。因此当时有人称进士为"白衣公卿"或"一品白衫"。

"进士及第"就是考试及格，第一、二、三名专称为"状元""榜眼""探花"，属光荣中的光荣。每当唐太宗看到进士们鱼贯而入的肃穆行列时，总忍不住兴奋地说："天下英雄都被我装到口袋里了。"

在此之前，当官只限于贵族和门第世家。正因为科举制度的实施，才使政权的大门向民间开放，让没有门第作后盾的英才们，得以施展自己的政治抱负。

反击突厥

在唐太宗即位初期，中原的战事虽然已经结束，但西部边境上还很不安

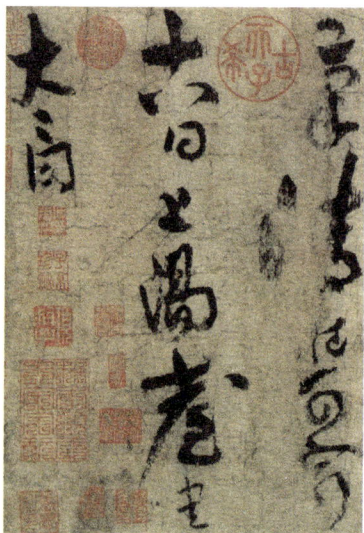

李白书法

书法被列为唐朝科举考试录取人才的重要一科，"楷法遒美"为科举选士的标准之一。因此唐朝的文人大多都写得一手好字。就是以狂放著称的大诗人李白的书法也有可圈可点之处。

定。特别是东突厥，当时还很强大，成为唐朝的主要威胁。东突厥贵族不断侵扰唐朝边界，闹得地方不得安宁。

唐太宗即位不满二十天，东突厥的颉利可汗就率领十多人马万，一直打到离长安只有四十里的渭水边。颉利可汗以为唐太宗刚刚即位，未必有能力抵抗。于是便派出使者来到长安城，扬言突厥有一百万兵马，马上就开到。

唐太宗可不是等闲之辈，他不理会颉利可汗的威胁，把使者扣押了起来，亲自带了房玄龄等六个人，骑马到渭水边的便桥，指名要颉利可汗出来，隔河对话。

颉利可汗听说使者被扣，已经有点吃惊了，又看到唐太宗亲自上阵，后面唐军旌旗招展，军容整齐，不禁害怕起来。于是带着将领在渭水对岸，下马拜见唐太宗。

唐太宗隔着渭水对颉利可汗说："我们两家早已订立了盟约，几年来也没有少给你们金帛，你为什么还要背信弃义，带兵进犯呢？"颉利可汗被责备得无话可说，表示愿意讲和。双方在便桥上订立了盟约，颉利可汗退兵，唐太宗则开始加紧训练将士。

第二年北方下了一场大雪，东突厥的牲畜死了不少，发生了饥荒。颉利可汗对其他部族索要贡品，引起了其他部族的反抗。于是颉利可汗派他的堂兄弟突利去镇压，反而被打得大败。突利逃回来后，被颉利可汗责打了一通，两人因此失和，突利投降了唐朝。唐太宗因此决定抓住这个时机，派出李靖、徐世勣等四名大将，率领十多万大军，分路出击东突厥。

630年，李靖亲自率领三千名精锐骑兵，从马邑出发，趁颉利可汗不防备，连夜进军，逼近突厥营地。颉利可汗毫无防备，发现唐军突然出现，大惊失色。李靖又派间谍混进东突厥内部，说服了颉利可汗的一个心腹将领投降。颉利可汗一看形势不妙，偷偷逃跑了。

李靖攻下定襄，得胜回朝，李世民十分高兴，说："从前汉朝李陵带兵五千，结果不幸被匈奴俘虏。现在你以三千轻骑深入敌人后方，克复定襄，威震北方，这是自古以来少有的盛事啊！"

颉利可汗逃到阴山以北，怕唐军继续追赶，便派使者到长安求和，还说要亲自朝见唐朝皇帝。唐太宗一面派唐俭去安抚，一面又命令李靖带兵前去察看颉利可汗的动静。李靖领兵到白道（今内蒙古呼和浩特西北）和徐世勣

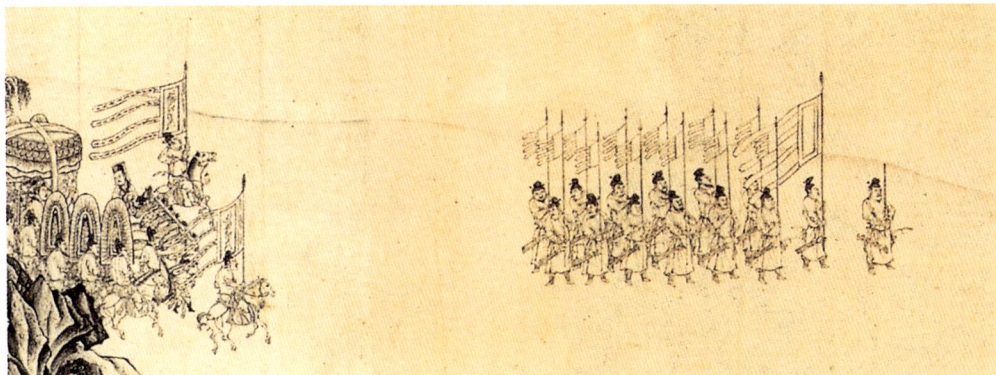

便桥会盟局部
左边是突厥奔放的骑兵，右边则是唐军威严的仪仗。

会师，两支军队一起向阴山进发。

颉利可汗求和实际上只是缓兵之计，想等草青马肥的季节来到，再逃到漠北。他看到唐俭来到，以为唐太宗中了他的计，暗自高兴，防备也松懈了下来。没想到李靖和徐世勣率领唐军很快到了阴山，命令部将苏定方率领两百名轻骑，冒着夜雾进军。等到东突厥的前哨发现唐军的时候，唐军离颉利可汗的营帐只有七里地了。颉利可汗慌忙骑上他的千里马逃跑，李靖指挥唐军追杀，东突厥兵找不到主帅，乱成一团。唐军歼灭东突厥兵一万多，还俘获了大批俘虏和牲畜。颉利可汗也没跑掉，最后被他的部下抓住交给了唐军，押送到了长安。

自隋朝以来，突厥始终是西北的强国。李靖灭了东突厥，不仅解除了唐朝西北边境的祸患，也洗刷了唐高祖与太宗向突厥屈尊的耻辱。太上皇李渊也欣喜万分，他把太宗、贵臣十几人，还有诸王、嫔妃、公主等召至凌烟阁，设宴庆祝。一时兴起，唐高祖李渊还亲自弹起了琵琶，唐太宗李世民跳舞，大臣们也接连起身举杯祝贺，一直延续到深夜。

东突厥灭亡了，唐太宗不久后在东突厥原地设立了都督府，让东突厥贵族担任都督，由他们管理东突厥各部。在灭掉东突厥后，唐太宗又开始向西突厥进攻。640年，唐军在侯君集等的率领下攻取高昌，以其地为西州，又置安西都护府于交河城（今新疆吐鲁番亚尔乡西）。642年至648年，唐军在接连打败西突厥后，又攻取焉耆、龟兹等地。天山南路各国纷纷摆脱西突厥的控制，归附唐朝。唐迁安西都护府于龟兹，统领龟兹、焉耆、于阗、疏勒四镇，称为"安西四镇"。

统一西域

龟兹国王与大臣像
图中第一位是龟兹国王，国王身后两位是大臣。

统一大漠南北后，唐太宗的下一个目标就是扫除"丝绸之路"的障碍，完成统一西域的大业。唐朝的西域，主要指巴尔喀什湖以南、以东的新疆、青海的广大区域。隋朝时期，西域和内地经济文化的交流十分频繁。隋末农民起义后，中原连年内战，西突厥乘机占领西域，汉族麹氏建立的高昌政权也割据一方，破坏了"丝绸之路"的交通。高昌（今新疆吐鲁番一带）地处西域和中原之间，是中西交通的枢纽。唐太宗一度希望高昌国能够归顺唐王朝，不想高昌的国王麹文泰非常傲慢，说道："鹰飞天上，雉伏蒿中，猫游堂奥，鼠伏穴间。彼尚且各自得所，我为一国主，难道还不如鸟兽吗？"这话让唐太宗大怒，于是在639年命令交河行军大总管、吏部尚书侯君集，副总管左屯卫大将军薛万钧，率兵讨伐麹文泰。麹文泰虽然大话说得十分响亮，可一听说唐军有十几万人马，顿时吓得束手无策。没过几天竟然得病死了，将王位传给了儿子麹智盛。唐朝大军抵达后，等到新上任的高昌国王办完了丧事，便把高昌城团团围住。这时的高昌王麹智盛仗着与西突厥订有盟约，还幻想西突厥能来救援。但是西突厥在途中听说唐军已达高昌，中途便折回了。侯君集用高达十余丈的巢车攻打高昌，站在车上可以俯瞰城内。高昌王无计可施，开城投降。

平定高昌后，唐政府在高昌故地设立西、庭二州。640年，在西域建立了安西、北庭都护府，治所暂设交河城。

为了彻底完成统一西域的大业，唐太宗派阿史那社尔出击西突厥。阿史那社尔是突厥人，十一岁时便以智勇闻名于本部。归顺唐朝后，被授左骑卫大将军，其部落被安置于灵州之北。在征讨高昌国时，阿史那社尔也参加了。战后侯君集私自取走了许多珍宝，唐军随即上行下效，唯有阿史那社尔以未奉诏为由，秋毫不取。回京后唐太宗盛赞其廉慎，赐予高昌宝刀及杂彩千段，封为毕国公。

647年，唐太宗发兵攻打龟兹（今新疆库车）。次年阿史那社尔率军首先击败西突厥的处月、处密二部，消除了进军龟兹的侧后威胁。然后阿史那社尔自焉者以西，分兵五道，出其不意地向龟兹北境进兵，杀了焉者国王。龟兹大为震动，守将大多弃城逃走。

很快阿史那社尔的大军进逼龟兹都城，用了四十天，先后攻破龟兹大城五座，小城七百余个，西域大为震动，西突厥、于阗、安国等争相送驼马和军粮。至此唐朝势力深入到西域的纵深地区，控制了西达葱岭（今帕米尔高原）的广大地区，开辟了通往西域的南路交通要道。

自此唐太宗在西北各族中的威信大大提高，回纥等各族首领一起来到长安朝见，拥护唐太宗为他们的共同首领，尊称他是"天可汗"。在中国的历代皇帝中，唐太宗是唯一一个被沙漠绿洲之国尊称为"天可汗"的人。在今天甘肃敦煌的莫高窟中，就有一尊画像被认为是唐太宗像，画上除了唐太宗，还有唐朝的官员和西域各国国王的身影。

联姻吐蕃

在与东突厥战斗的时候，唐朝的南方还出现了一个新的国家吐蕃王国。

吐蕃兴起于青藏高原，建立吐蕃王朝的是活动在雅隆河谷的牦牛部，统一牦牛部各部落的叫弃聂弃赞普。"赞普"是雄强丈夫的意思，以后成了吐蕃君长的尊称。从弃聂弃开始，吐蕃确立了酋长世袭制度，第八世赞普布袋巩甲以后，吐蕃社会获得了较快的发展，逐渐由原始社会过渡到奴隶社会。

629 年，年仅十三岁的松赞干布继位。松赞干布的父亲囊日论赞，是一位很有作为的赞普。受父亲的影响，少年时代的松赞干布就已经显现出非凡的才能。父亲被仇人毒害而死后，松赞干布一面缉查凶手，一面训练军队，很快平息了各地的叛乱，统一各部，定都逻些（今西藏拉萨），建立了吐蕃奴隶制政权。之后又先后降服周围的苏毗、多弥、白兰、党项、羊同等部，势力日益强盛。

完成统一后，松赞干布开始致力于政权建设，建立了完备的、以赞普为中心的、高度集权的政治和军事机构。同时他还制定法律、税制，任用贤明的大臣，采取许多措施鼓励百姓学习和运用先进生产技术，发展农牧业生产，使吐蕃的社会经济和人民生活迅速呈现中兴之势。为了改变吐蕃人没有自己的文字、靠刻木结绳记事的落后面貌，松赞干布派人到印度求学，终于创制出本民族的文字藏文。

看到唐朝的富庶与繁荣，年轻的松赞干布非常羡慕和向往。他在与南部的泥婆罗（今尼泊尔）通好的同时，遣使与唐王朝沟通关系，并派宰相禄东赞在 640 年赴唐求婚。

树下美人图

有唐一代，中原的文化对西北地区产生了很大的影响。此图为新疆阿斯塔那古墓出土的纸本屏风画之一。画面上一女子右手执胸前披帛，左手轻挽帛端，神态自然娴静。人物的发式装束都颇具典型的唐代特征，其雍容高贵的形象更是唐代仕女人物画审美特征的体现。

布达拉宫落成图
松赞干布迎娶强大唐朝的宗室女文成公主为妻，为夸耀后世，在拉萨建九层楼宫殿一千间以居公主，取名布达拉宫。该壁画就描绘了布达拉宫落成时的盛况。

据说各国来大唐求亲的使者很多。因此唐太宗下了一道命令，要前来求亲的使者先解答五个难题。哪一国使者能够解答，就跟那国和亲。第一道题目是要求把一根很细的丝线，穿过一颗有九曲孔道的明珠。禄东赞把丝线系在一只蚂蚁的腰部，于是蚂蚁带着丝线，爬过明珠的九曲孔道，丝线也就带过来了。第二道题目是把一百匹母马和一百匹小马驹儿放在一起，要求辨认出哪匹马驹儿是哪匹母马生的。禄东赞把母马和马驹儿分开关了一天，断绝了马驹儿的饲料和水。第二天再把它们放在一起。饿慌了的马驹儿分别奔到自己的母亲那里去吃奶，它们的母子关系也就认出来了。剩下的三道难题，禄东赞也很顺利地解决了，唐太宗非常高兴。

禄东赞入唐，是为了和唐朝建立联姻关系。唐太宗答应了他。史书中记录了当时唐太宗的话，他说："蛮族都重视妻子的力量，等她生了孩子，就是我的外孙，这样吐蕃就不会向唐发起进攻了。为此我怎么能舍不得自己的一个女儿呢？"

唐太宗确有先见之明，唐朝和吐蕃联姻之后，在 647 年，唐王朝命王玄策为正使，与副使蒋师仁出使中天竺。但此时中天竺发生了政变，篡位的新王阿罗顺那派兵伏击唐使。王玄策寻机逃脱，来到了泥婆罗国（今尼泊尔），檄召临近唐朝各部军府节度使及近处各大唐藩属国，以吐蕃王中之王的名义，向泥婆罗借得七千骑兵。松赞干布闻悉后，也发兵一千二百人帮助王玄策。648 年，王玄策带领这些借来的军队，一仗击溃了天竺数万大军。阿罗顺那

唐朝步辇图

此图为唐代画家阎立本所绘。李世民端坐于步辇上，神情威严而平和，旁边宫女或抬步辇，或张伞，或持扇，左侧分别为禄东赞和朝臣内侍恭立一旁。

弃国投奔东天竺，求助东天竺王尸鸠摩派援兵准备反攻唐军。王玄策设计全歼阿罗顺那残部，活捉了阿罗顺那。中天竺灭亡。这是中印历史上第一次战争，不过王玄策率领的不是唐朝的兵马，而是尼泊尔和吐蕃的部队。王玄策能借到这支彪悍的兵马绝对和吐蕃是有关系的。这里也能看出文成公主入藏的意义。

文成公主是在 641 年入嫁吐蕃的，松赞干布前往位于黄河源头的美丽湖泊柏海（今青海鄂陵湖或札陵湖）边上迎接远道而来的公主。文成公主带去了大量物品，有锦帛珠宝、生活用品、医疗器械、生产工具、蔬菜种子，还有经史、诗文、工艺、医药、历法等书籍，促进了吐蕃文化及工艺技术的发展和繁荣。

七十年后，唐朝的又一位公主金城公主，携带着锦缯数万匹、多种工匠以及一个龟兹乐队进入吐蕃，嫁给了弃隶缩赞赞普。吐蕃通过互市，向唐朝购买茶叶、丝绸等物品。一些吐蕃贵族子弟也相继进入长安学习汉族文化，双方派遣的使臣不绝于途。汉文化的输入对吐蕃社会起到了巨大的促进作用，吐蕃的马和形制优美奇异的金银器等物品不断地传到内地，吐蕃的赭面风俗也被汉族妇女所模仿。

唐朝和吐蕃还分别在长安和逻些建碑，刻盟文及与盟人名于其上以纪其事。双方在盟文中重申"和同为一家"的舅甥亲谊，今后决心"和叶社稷如一统""各守本境，互不侵扰""烟尘不扬""乡土俱安"。还规定了唐蕃双方人员往来路线和供应办法等具体事项。在现存唐蕃会盟碑的背面，还记述了唐蕃和盟关系的始末，对唐朝文成、金城公主先后嫁到吐蕃，唐蕃间长期和战不定的形势作了回顾，对极力主张与唐和盟的赤祖德赞作了充分的肯定。此次会盟在客观上使吐蕃社会得到了暂时的安定，吐蕃的经济、文化又有了一定的发展。自706年至822年的一百多年间，吐蕃与唐朝共会盟八次，最后一次会盟被称作"甥舅和盟"。

玄奘西行

在唐太宗统治时期，还有一位非常伟大的佛学家和翻译家不得不提，他就是在627年从长安启程，踏上艰辛的求佛之旅的僧人玄奘。

玄奘是长安大慈恩寺的和尚，原名陈祎，洛州缑氏（今河南偃师缑氏镇）人，十三岁那年出家，精通佛教经典。他发现以前翻译过来的佛经错误很多，又听说天竺地区有很多的佛经，就决定到天竺去学习。

玄奘从长安出发后到了凉州（今甘肃武威），当时朝廷禁止唐人出境，玄奘在凉州被边境士兵发现，他逃过边防关卡，向西来到玉门关附近的瓜州（今甘肃瓜州）。在瓜州玄奘打听到玉门关外有五座堡垒，每座堡垒之间相隔一百里，中间没有水草，只有堡垒旁有水源，并且由士兵把守。这时候凉州的官员已经发现他偷越边防，发出公文通缉他。

玄奘单人匹马在关外的沙漠地带摸索前进，到了第一个堡垒边，因为怕被守军发现，白天就躲在沙沟里，天黑了才走近堡垒前的水源，可还是被守军发现了。幸运的是，守堡的校尉王祥也是信仰佛教的，问清玄奘的来历后，不但不为难他，还帮他准备了装备，亲自把他送出十几里，指引他走上一条通向第四堡的小道。

第四堡的校尉是王祥的同族兄弟，他很热情地接待了玄奘，并且告诉他，第五堡的守军十分凶暴，叫他绕过第五堡，到野马泉去取水。再往西走，就是一片长达八百里的大沙漠了。

玄奘离开第四堡后迷了路，没有找到野马泉，随身带的水袋也喝光了，大沙漠里一片茫茫，上不见飞鸟。接连走了四夜五天，没有一点水喝，玄奘终于支撑不住，昏倒在了沙漠上。到了第五天半夜，天边起了凉风，把玄奘吹得清醒过来。他站起来，牵着马又走了十几里，终于发现了一片草地和一个池塘。有了水草，人和马才得以摆脱绝境，终于走出大沙漠，经过伊吾（今新疆伊吾），到了高昌（今新疆吐鲁番一带）。

高昌王麹文泰也信仰佛教，听说玄奘是大唐来的高僧，十分敬重他，并请他讲经，还恳切地请他在高昌。玄奘坚持要到天竺去，麹文泰没法挽留，

玄奘取经

玄奘的传奇经历引起了后代的极大兴趣，在民间流传了许多关于唐僧取经的神话。这幅版画就描述他在途中遇到妖怪的情景。明朝的吴承恩参照这些民间传说，写成了优秀的长篇神话小说《西游记》。

就给玄奘准备好行装，派了二十五个人，随带三十匹马护送。还写信给沿路二十四国的国王，请他们保护玄奘过境。

玄奘带领人马，越过雪山冰河，冲过暴风雪崩，经历了千辛万苦，到达碎叶城（今吉尔吉斯斯坦托克马克附近），受到西突厥可汗的接待。打那以后，玄奘一路顺利，经过西域各国终于到达了天竺。

天竺是佛教的发源地，有很多佛教古迹。玄奘在天竺游历各地，朝拜圣迹，向高僧学经。统一北印度的戒日王是个笃信佛教的国王，听到玄奘的名声，在他的国都曲女城（今印度北方邦卡瑙季）为玄奘开了一个隆重的讲学大会，邀请天竺十八个国的国王和三千多位高僧到会，听玄奘讲学。

645 年，玄奘结束了历时十九年、跋涉五万余里的伟大行程，回到长安，带回了梵文佛经六百五十七部，引起了巨大轰动。正在洛阳的唐太宗听说后，对玄奘的壮举十分敬佩，不但没追究他偷渡的罪名，还在洛阳行宫接见了他。玄奘也把他游历西域的经历向太宗作了详细的汇报。

此后玄奘在长安的慈恩寺专心译经，二十年间译出佛经七十五部，一千三百三十五卷。这些佛经后来在印度大部分失传，中文译本就成了研究古代印度文学、科学的重要文献。此外玄奘还将这次所经历的各地区的风土、人情、物产、信仰和历史传说等，撰写成《大唐西域记》十二卷，流传于后世。玄奘还有一个贡献，就是把老子的《道德经》译成了梵文，介绍给印度。《秦王破阵乐》也是玄奘介绍给印度的，当戒日王了解到《秦王破阵乐》的来历后，决定派使臣到长安，和唐朝建立了正式的外交关系。

晚年的迷茫

贞观后期，唐太宗开始有了一些变化，从以前的"虚心纳谏"变成了"渐恶直言""一意孤行"，从而导致了一些纷乱。

征战高句丽

高句丽虽然一直向唐朝纳贡，但实际上却对唐朝持敌视态度。唐太宗为了援助处于高句丽和百济围困中的新罗，决定东征高句丽。

645年，唐军向辽东进军。唐太宗在路上对手下人说："四方已经基本安定，就剩下这一块地方了，趁着我还没有死，良将们还有精力，一定要解决掉。"很快唐军攻破了高句丽的盖牟城，俘虏两万多人，缴获粮食十多万石。

大将徐世勣和李道宗进逼辽东城下，这时高句丽军数万前来救援。有人建议说："高句丽军众多，唐军人少，我们应该坚守。"两位主帅则认为应该灭掉敌人的锐气，于是唐军在处于劣势我们却猛烈出击。高句丽兵始料不及，被冲乱阵形后大败而归。唐太宗率大队人马随后赶来，把辽东城围了个水泄不通，日夜攻打。乘着刮南风的机会，唐太宗指挥士兵点燃城池西南楼，顺风放火。高句丽军大败。

攻克辽东后，唐军继续向白岩城进发，白岩城不战而降。唐军继续向安市进发，安市城虽小，却十分坚固。有的将领建议绕城而过，攻击其首都。但唐太宗却不愿行诡兵。唐军围攻了数月不克。在长孙无忌的建议下，唐太宗只得撤军。这次征伐高句丽，攻克玄菟、横山、盖牟、磨米、辽东、白岩、卑沙、麦谷、银山、后黄十城，迁徙辽、盖、岩三州户口入中国七万余人。新城、建安、驻跸三大战，斩首四万余人。当然唐军阵亡约两千人，而损失最大的是战马，伤亡了七八成。

此战虽重创了高句丽，但战事旷日持久，耗费巨大，最终也未能灭亡高句丽。因此唐太宗认为自己还是战败了，痛心地说："如果魏徵还活着，肯定不会让我进行这次远征的。"

奢侈的加剧

贞观后期，随着整个形势的好转，李世民在一片颂扬之声中也渐生骄奢之心。有一年有人上书说天下太平，皇帝应该往泰山封禅。房玄龄接到了这份奏章之后，先替太宗拟好持否定态度的诏书，再将奏章与诏书一并交上。太宗看了很不高兴，但也只得表示同意。他又打算修建洛阳宫，作为礼物送给女儿高阳公主。高阳公主此时已是房家的儿媳妇，房玄龄当然不愿意让这

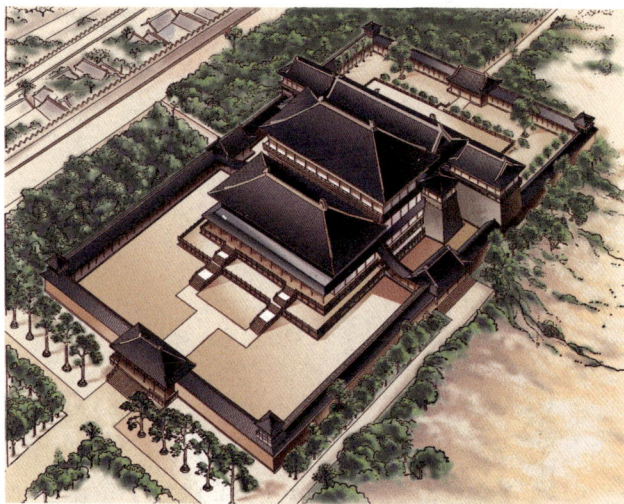

麟德殿复原图

麟德殿在太液池西侧高地上，是唐帝宴会、非正式接见臣下和娱乐的场所。史载在麟德殿大宴时，殿前和廊下可坐三千余人，并进行表演百戏，还可以在殿前击马球。

种奢侈之事发生在自家身上。于是房玄龄又去进谏，结果惹怒了李世民，被投入监狱。最后在众多大臣以及皇后的劝说下，李世民才将房玄龄放了出来，并暂缓了修洛阳宫的计划。

李世民下诏说，太子所用之物，任何人都不得限制，结果造成太子生活严重的奢华浪费现象。他自己也开始修造宫殿，东都洛阳的飞山宫、翠微宫都修建得十分壮观华丽。不过唐太宗毕竟还是一个自律性很强的人，在晚年也反省自己过度奢侈靡费的错误。他对太子李治教诲时反省了自己的一生，说道："你应该从历史中寻找古代的贤明帝王作为学习的典范，像我这样的人不足以效法。我做了许多错事，比如锦绣珠玉不绝于前，宫室台榭常有兴造，犬马鹰隼没有不去的地方，巡游四方又劳民伤财。这都是大错，你不要以为这些都是好事，总想学着去做。"

储位的遗祸

晚年的唐太宗最烦心的就是太子问题。李承乾是唐太宗与长孙皇后的长子，聪明机灵，八岁时就被立为了太子，可惜的是右腿有残疾。因此看着弟弟李泰一天天讨得父亲的喜爱，李承乾心里很是害怕，担心自己的储君之位不保。

于是李承乾派人伪称是李泰府中的官属，向唐太宗呈递"亲启密奏"，指控李泰的种种罪恶。不料太宗发现其中有诈，下令捉拿告密之人，要求将事情追查到底。告密计划落空以后，李承乾又派亲信纥干承基等人暗杀李泰，

执扇宫女图
此壁画出自唐朝因议论奸臣当道而被武则天处死的懿德太子李重润的墓室。唐代注重厚葬，贵族希望死后在阴间仍能过着生前的豪华生活。但对于像李重润这些冤死的皇子来说，这些已没有任何意义。

结果又没有得手。于是李承乾暗中联络政治上失意的叔父李元昌和大臣侯君集等人，歃血盟誓，阴谋发动政变，迫使太宗退位。

643年，唐太宗的第五子齐王李祐反于齐州（今山东济南）。叛乱被平定后，在审问谋逆案件时，牵连到李承乾的亲信纥干承基。因此纥干承基供出了李承乾密谋发动政变的方案。唐太宗听后大为震骇，没想到自己的兄弟、儿子、功臣、女婿全部牵涉进去，气得要拔刀自杀，幸亏被褚遂良等几个大臣拉住。于是李承乾被废为庶人，流放黔州，不久后便死了。

太子李承乾因谋反被废，最有资格被立为太子的，是长孙皇后的另外两个儿子魏王李泰和晋王李治。这两人相比，李泰的条件更为优越。他是长孙皇后的次子，比李治年长九岁，也是唐太宗比较满意的一个儿子。李治是长孙皇后的三子，唐太宗的九子，不论是从年龄还是父子感情上看，均处于劣势。可是作为舅父的重臣长孙无忌却大力支持李治。

长孙无忌先世乃鲜卑族拓跋氏，北魏皇族支系，后改为长孙氏。长孙无忌的妹妹就是李世民的皇后。从李渊父子晋阳起兵反隋开始，到建立唐朝，再到统一天下，长孙无忌一直追随李世民东征西讨。在李世民夺取皇位继承权的玄武门之变中，长孙无忌称得上是首功之人。唐太宗几次要任命长孙无忌为宰相，但长孙皇后一再推辞，她提醒太宗要吸取汉朝吕氏、霍氏等专权的教训，长孙无忌自己也要求逊职。但鉴于他的才干，太宗仍然拜长孙无忌为宰相，任命他为尚书右仆射。

长孙无忌希望未来的皇帝应该由一个仁孝听话的外甥充当，这样自己就会得到尊重，权势也会得到保持。魏王李泰聪明绝伦，善作诗文，喜好经籍、舆地之学，文武官员多投其门下，已然形成了一股政治势力。李泰恃才傲物，不把上品官员放在眼里不说，关键是不去争取舅父长孙无忌对自己的支持。长孙无忌知道，如果李泰做了皇帝，依靠重用的必定是他自己的党羽，绝不是他这个舅父。

一边是才华出众的李泰，一边是年少懦弱的李治，可唐太宗还是犯难了。李治的支持者则是以长孙无忌为首的元老重臣。唐太宗希望自己死后，贞观年间所实行的政策依然能够保持下去，那么就只能靠长孙无忌等元老重臣的辅佐。为此他不得不舍弃李泰而册立李治为太子。

由于李治性格仁弱，唐太宗即便在立了李治之后，思想仍在动摇反复，一度又向长孙无忌提出想改立三子吴王李恪为太子。李恪的母亲杨妃是隋炀帝杨广的女儿，史载李恪是个性情中人，且具有天然帝王的资质，深得唐太宗的喜爱和器重，因为太宗认为这个儿子和自己很相像。不过李恪是个聪明人，他知道自己身上不仅流淌着李唐王室的血液，也存在着前朝的皇家血统，势必会与皇帝的宝座失之交臂。李恪对这一点看得很深也很透彻，所以当机立断，决意清心寡欲，远离长安这个权力的中心，在偏远的江南做他天高皇帝远的吴王。

唐太宗很希望册立一个自己喜欢的儿子为太子，因此对长孙无忌说："你是不是不把李恪当作外甥呢？其实李恪英武果敢，很像我啊！将来说不定也能像对待亲舅舅一样对待你，保护你的。"但这番话并没有打动长孙无忌，反而被长孙无忌一句冷冰冰的话挡了回去："晋王仁厚，将来定是能够守住基业的好皇帝。即使做一件小事，举棋不定也会遭到失败，更何况是册立储君呢？"唐太宗听到这话，只好作罢。

649 年，时年五十三岁的唐太宗李世民病逝于翠微宫含风殿，将李治托孤于长孙无忌和褚遂良。太子李治即位为帝，是为唐高宗，加授长孙无忌为太尉，检校中书令，知尚书、门下二省事，以徐世勣为尚书左仆射、开府仪同三司。第二年改年号为永徽。

武则天女主天下

唐太宗是一位具有雄才大略的皇帝，但是他的儿子高宗李治却是个庸碌无能的人。649年，唐太宗病亡，作为太子，二十二岁的李治即皇帝位。李治的性格优柔寡断，朝廷大事都靠他的舅父、宰相长孙无忌主持决断。这些老臣倒也没让他失望，他们遵守贞观遗规，推行均田制，留意垦殖荒田，继续发展科举制度，百姓生活安定，人口迅速增长。然而这种良好的君臣关系并没有持续多久，就被一个女人的强势介入打乱了。这个女人，就是大名鼎鼎的女皇武则天。

苦闷的宫女

在中国古代，任何一朝皇帝都是宫女众多。绝大多数宫女都是在深庭大院内虚度青春。武则天能够从中脱颖而出，自有其过人之处。

漫漫皇后路

武则天以"才人"身份入宫，先是侍奉唐太宗，后来又侍奉唐高宗，最后通过权谋获取了皇后之位。在这期间，她展现出了过人的才干和胆略。

从才人做起

武则天名（624年—705年），本名珝，后改名曌，并州文水（今山西文水县东）人。为唐朝开国功臣武士彟次女，武士彟从事木材买卖，家境殷实，隋末李渊在太原起兵反隋以后，武家曾资助过钱粮衣物。唐朝建立后，武士彟以"元从功臣"身份官至工部尚书、荆州都督，封应国公。武则天十四岁时，唐太宗听说她仪容举止美，召她入宫，封为五品才人，赐号"武媚"。在唐朝的后宫中，妃嫔有十九级，皇后以下有"惠妃""淑妃""德妃""贤妃""昭仪""昭容""昭媛""修仪""修容""修媛""充仪""充容""充媛""婕妤""美人""才人""宝林""御女""采女"。在一次驯马中，武则天受到了唐太宗的注意。有一次唐太宗带着妃嫔们去看一匹叫"狮子骢"的烈马，这匹烈马长得十分肥壮，但是性格暴躁，不好驾驭。唐太宗问众多妃嫔，谁有办法驯服烈马。妃嫔们都不敢接话，只有十四岁的武则天站了出来说："陛下，我能！"唐太宗非常吃惊，问她有什么办法。武则天说："只要给我三件东西，第一件是铁鞭，第二件是铁锤，第三件是匕首。它不听话就用鞭子抽它；还不服，就用铁锤敲它的头；如果再不服管教，这样的马也没有用

宫乐图

十名宫中妃嫔们围着长案而坐，或玩笛，或弄瑟，或吹箫，或啜饮，旁有侍女在奏乐。这些妃嫔们虽然过着优裕的生活，但为了权力，其内部斗争却异常惨烈，有时甚至会使自己付出生命的代价。

处，就用匕首割断它的脖子。"唐太宗听了哈哈大笑，很赞赏她的泼辣性格。不过可能也是因为这种性格，武则天并不十分得宠。她在宫中十二年，没有为太宗生育一男半女，才人的称号也没有改变和提升。

但是武则天的才华并没有被唐太宗所忽视，时常让她在自己的书房伺候笔墨。在皇帝的书房里，君臣之间经常私下接触，讨论国家大事。她的工作是整理皇帝特意挑选出来的往来案牍，侍候笔墨、绢砚、茶饮、休息等，耳朵里听到的不再是后宫的窃窃私语，蜚短流长，而是君臣之间对国家大事的决策。武则天因此也跟随唐太宗学到了许多处理政事的能力，增加了丰富的政治阅历。

李治被立为太子后，唐太宗为了锻炼他的执政能力，让他经常陪侍在自己身边，学习治国理政的能力。因此李治跟唐太宗身边的妃嫔有了较多的接触。由于李治生性比较柔弱，因而性格刚烈的武则天吸引了他的注意。武则天知道自己在唐太宗身边是不会再有出头之日了，因此对李治也就格外留心。

649年，唐太宗病亡后，依照皇家的规定，已故皇帝没有子女的妃嫔，都要出家为尼。因此唐太宗的这些妃嫔都被送到长安感业寺，武则天也在其中。

反客为主

650年，唐高宗与妻子王皇后到感业寺进香，又看见了武则天，二人相对垂泪。这一切被王皇后看在了眼中。那时王皇后正跟李治的另一位妃嫔萧淑妃争宠，于是就把武则天接回宫中，封为昭仪，想用她来帮助自己打击萧淑妃。

武则天回宫后，立即得到了唐高宗的宠爱，乃至高宗不仅疏远了萧淑妃，还想废了王皇后，立武则天做皇后。这件事遭到很多老臣的反对，特别是长孙无忌，说什么也不同意。褚遂良甚至磕头磕得流血，一气之下提出辞官回家。武则天怒火顿生，大声喊道："怎么不把这种臣僚乱棍打死！"其他人见状，赶忙替褚遂良求情。褚遂良的性命虽然保住了，但却被贬任潭州（今湖南长沙）都督。唐高宗明白，废立皇后一事能否得到朝臣们的赞许，关键在于打通长孙无忌这一关节，于是他与武则天带着重礼亲自到长孙无忌家里去拜访，不但封长孙无忌宠姬所生的三子为五品朝散大夫，还赠送了十车金银珠宝与缯帛之物。长孙

唐朝的儿童
图中双童身着彩条背带长裤，足穿红鞋。左边童子右手做放飞状，左手抱一黑白相间的卷毛小狗；右边童子则凝神注目，似有发现并召唤同伴注意，神情急切不安。而对于唐代的皇后而言，如果自己没有生男孩而其他的嫔妃生了男孩，那么她的位置就岌岌可危了，王皇后就是典型一例。

无忌接受了这些厚礼与封赏，但却顾左右而言他，对于废后之事则绝口不提。唐高宗与武则天无计可施，只得怏怏而归。此后武则天还让生母杨氏出面，带着重礼，到长孙无忌府上去说情，均遭到了拒绝。礼部尚书许敬宗也多次相劝，也遭到长孙无忌的严厉斥责。

后来还是开国的功臣徐世勣给唐高宗出了个主意，说皇后的废立是皇上的家务事，没有必要和大臣们商量。同时武则天私下拉拢了李义府和许敬宗等人，也在朝廷大臣们中间大造舆论，支持武则天。许敬宗甚至在朝堂上说："田舍翁多收了十斛麦子，还想换个老婆，何况是天子呢！"终于在654年，高宗正式下诏书废王皇后、萧淑妃为庶人，册立武则天为皇后。

称帝之路

做了皇后的武则天并不满足于此，她对权力有着极度的渴望，随着自己的政治才干越来越成熟，武则天为称帝展开了一系列行动。

铲除异己

武则天成为皇后以后，唐高宗李治把原来宫人刘氏所生的皇太子李忠贬为梁王，立了武则天的长子代王李弘为皇太子，封次子李贤为潞王。以于志宁兼任太子太师，中书令崔敦礼为太子少师，许敬宗、韩瑗、来济等同为太子宾客（东宫高级属官），李义府兼太子左庶子，同时大赦天下。原太子李忠与母亲刘氏黯然离开东宫回归王府，当时原太子属官都害怕得罪高宗和武后，不敢相送，唯有昔日太子右庶子李安仁与李忠泣别。武则天得知此事后，对李安仁的忠义之举大加赞赏，请唐高宗提升其官职。这套政治权术让高宗和大臣们感动不已。至此武则天的皇后地位终于稳固了下来。

不久武则天又生了第三位皇子，取名为显。为示庆贺，各京官和朝集使都加了勋级。李显也很快被封为周王。武则天在后宫总算是事事遂意，踌躇满志。因此她开始把目光瞄准了朝中的元老们。

这些元老重臣，虽然在废立皇后和改立太子等一系列斗争中受到了打击，但是他们的首要人物长孙无忌等人，依然在朝中占据着重要位置。除了褚遂良被贬为潭州都督外，其他人的职位均没有变动。武则天的亲信许敬宗、李义府等人，虽然在废后一事上贡献不小，却还没有得到他们所期冀的政治权力和经济利益。

656年，韩瑗上疏唐高宗，替褚遂良喊冤。但是此时的高宗已不是那个刚即位时惟贞观老臣之命是从的小皇帝了，无论从维护武则天的地位还是从维护他本人的尊严方面考虑，他都不会答应韩瑗的请求。韩瑗见高宗拒不采纳自己的意见，便以辞职相要挟。高宗看出他的用意，不许他辞职。韩瑗等人于是利用手中的职权，改调褚遂良为桂州（治所在今广西桂林）都督。

与此同时，许敬宗等人也在积极活动。就在褚遂良当上桂州都督后不久，许敬宗等人诬告韩瑗、来济、褚遂良等人结为朋党，图谋不轨。根据是桂州是用武之地，褚遂良为桂州刺史，其实是以为他作外援伺机谋反。于是高宗毫不迟疑地贬韩瑗为振州（治所在今海南三亚西北）刺史，贬来济为台州（治所在今浙江临海）刺史，再贬褚遂良为爱州（治所在今越南清化西北）刺史。褚遂良至爱州后，上表自陈，罗列了自己的功绩，还有自己受诏辅政的功劳。字里行间充满了哀求，但高宗不为所动。不久褚遂良郁郁而终。

韩瑗等人被贬，朝中的元老级人物只剩长孙无忌了。自从武则天当上皇后以后，长孙无忌很少抛头露面，主要承担领导编纂书籍的职责。当韩瑗、来济等被贬逐，褚遂良病死爱州之后，他就成为武则天等人的直接对手。武则天和许敬宗等人都明白，只要长孙无忌还在朝中，韩瑗等人随时都有可能卷土重来。

659年，洛阳人李奉节等告太子洗马韦季方和监察御使李巢互为朋党，

状元及第

虽然旧贵族影响仍在，但新的势力已经出现。在唐朝时期，学子们一旦考中进士，可谓光宗耀祖，万人瞩目。中状元后骑马游街，"春风得意马蹄疾，一日看尽长安花"。

唐高宗诏令许敬宗审理。许敬宗审讯急迫，韦季方自杀未遂，许敬宗则乘机诬奏韦季方与长孙无忌构陷忠臣近戚，伺机谋反。由于在废立皇后问题上高宗和长孙无忌之间曾有过冲突，长孙无忌已失去了高宗往日的尊宠。但高宗对许敬宗耸人听闻的诬奏还是感到惊讶和疑惑的，不相信长孙无忌会谋反，命许敬宗再加审查。第二天许敬宗上奏，诡称昨晚韦季方已承认与长孙无忌共同谋反，还编造了谋反的口实，极力敦促高宗以法收捕。许敬宗见高宗怕留下杀舅父的恶名，迟迟下不了决心，又列举了汉文帝杀其舅父薄昭，至今天下仍称其为"明主"一事，以消除其疑虑。还进一步说："古人有言：'当断不断，反受其乱。'安危之机，间不容发。无忌今人之奸雄，王莽、司马懿之流也。陛下少更迁，臣恐变生肘腋，悔无及矣！"在他的一再鼓动下，高宗没有召见长孙无忌，即下诏剥夺他的官爵、封邑，流放于黔州（治所在今重庆彭水），并派兵立即遣送出京。不过高宗仍念舅甥之情，念他有拥戴之功，特准许按一品标准供给饮食。长孙无忌的家族也受到株连，从弟渝州刺史长孙智仁、族弟长孙恩、儿子驸马都尉长孙冲，族子驸马都尉长孙铨、长孙祥等也都陆续被或诛或贬，无一幸免。

不久之后，唐高宗又命司空徐世勣、中书令许敬宗等五名宰相再次审理长孙无忌一案。许敬宗命大理正袁公瑜前往黔州，逼迫长孙无忌自杀，并籍没其家。然后上疏高宗，说长孙无忌罪状属实。于是高宗又下诏赐死韩瑗、柳奭等人。至此贞观年间的元老重臣死亡殆尽。

修改《姓氏录》

当初长孙无忌曾以武则天出身贫寒，反对高宗把她立为皇后。武则天对此耿耿于怀，为了提高威望，她主持将《姓氏录》进行了修改，借此来提高自己武姓的地位。

在唐太宗时期，曾经修订过《氏族志》，这是高士廉根据唐太宗的命令按照官位高低来制订的，算得上是一部国家法定的贵族族谱。原来早在魏文帝的时候，就确立了"九品中正制"的选官制度。当时用人的方法，首先是推选各郡有"声望"的人出任"中正"，由他们推荐把各地的士人按"才能"分别评为九等，朝廷按监控照等级加以选用。这本是一种选官制度，但后来各州担任"中正"的人，都出自豪门世族之家，他们选人也都以门第高下为标准，并不是真正看中才能，从而逐渐造成了"上品无寒门，下品无势族"的局面。不过高士廉等人受门阀制度影响很深，他收集全国各个势族的家谱，依据史书，辨别真假，考证世系，推进忠贤，贬退奸佞，分清高下，定出上下共九等，不仅没有对门阀制度加以抑制，反而连唐太宗的设想也没有达到。他因沿袭魏晋南北朝旧例，以山东崔姓为第一，皇族李姓为第二，唐太宗大怒，亲自出面干涉，将崔姓降为第三。

659年，许敬宗等人在武则天的授意下，以《氏族志》不叙武氏家族为名，请求进行修改。高宗于是下诏，命礼部郎中孔志约等人进行修订，而不再任命士族出身的人插手，并命令改《氏族志》为《姓氏录》，把它作为门第高下的意义淡化了。该书以皇后族武氏为第一等，其余的望族都以在唐朝担任官品之高下为标准，分成九等。凡五品以上的官员，不管其出身是士族或是庶族，都写了进去，贯彻了"各以品位为等第"的原则。通过《姓氏录》，高宗朝比较彻底地否定了旧的门第观念，笼络了许多庶族出身的新贵族，受到了大多数出身低微的人士的拥护。

二圣临朝

没过多久，唐高宗生了一场大病，成天头昏眼花，有时候连眼睛都睁不开。本就不喜欢处理朝政的高宗，见武则天能干，就索性把朝政大事全交给她管了。

武则天执掌了朝政后，渐渐不把唐高宗放在眼里。高宗想要干什么，如果没有经过武则天同意，就干不了。唐高宗心里气恼，有一次他跟宰相上官仪商量，打算废了武则天。上官仪下去起草废黜皇后的诏书，而此时早就有宦官把这件事报告了武则天。

等上官仪拿着起草好的诏书来见唐高宗时，武则天也已到了。她厉声责问高宗："这是怎么回事？"唐高宗见了武则天，吓得好像矮了半截，把上官仪起草的诏书藏在袖子里，结结巴巴地说："我本来没有这个意思，都是上官仪教我干的。"武则天立刻下命令把上官仪杀了。从此以后，唐高宗上朝，武则天也坐在旁边，大小政事都得由皇后点了头才算数，朝中称之为"二圣"。

唐朝马球图
李贤的遭遇得到广泛同情。他后来被追谥为"章怀太子"，出言有文曰"章"，表示李贤生前文采出众；慈仁短折曰"怀"，表示其命运悲惨。他被以很高的规格重新安葬。该马球图就是其墓室众多精美壁画中的一幅。

不过武则天虽然心狠手辣，但她也是很有才干的。她曾经上意见书十二条，也就是历史上的"建言十二事"，这里面包括了发展农业、减轻赋税、广开言路等，基本上是一套较为完整的治国方略，被高宗颁布诏书加以推行。

在唐高宗之后，武则天之所以能在朝廷中施展才干，这和她对于庶族出身的官员的重用有很大的关系。科举制度在隋炀帝时期创立，就是为了打破魏晋时期以来做官都讲出身的惯例，消除由此引出的很多弊端。到了武则天时期，科举制度基本定型，新的官员很多都是出身于微寒之家，他们需要最高层重用他们，而武则天就成了他们的总代言人。一大批文人学士成为了武则天的积极支持者，武则天则利用他们来打击旧贵族反对势力，借以巩固自己的权势与地位。

废子夺权

武则天一共有四个儿子，分别是长子李弘、次子李贤、三子李显、四子李旦。李弘为人忠厚，而且知道谦虚忍让，唐高宗和众大臣对他都很满意。高宗因为身体状况日渐不佳，便想把皇位传给太子李弘。但武则天却不愿意让儿子来侵夺自己的权力，675年，武则天用毒药将年仅二十四岁的儿子李弘毒死。

李弘死后，高宗的精神受到了强烈的刺激，加上原来的头疼病，觉得身体状况不允许他再操劳国家大事了，就想把皇位让给武则天。但是由于大臣们的极力反对，武则天没能如愿。于是次子李贤被立为太子。李贤和哥哥李弘一样，生性聪明，在高宗让他处理政务过程中也显示出过人的能力，加上宰相们的辅佐，武则天又感到了权力将要离她而去。所以武则天指使人诬告太子贪恋女色，想早日夺取皇位。680年，李贤被废掉太子身份，贬为庶人。

唐朝 洛阳龙门石窟 卢舍那大佛
相传龙门石窟卢舍那大佛就是武则天的模拟像。因为"卢舍那"是光明普照的报身如来佛，而武则天取名为"曌"，也是光辉满天的意思。但不管实情如何，那带着永恒微笑的卢舍那大佛与盛唐气象是分不开的。

后来又被迁往巴州，最终被迫自杀。

683 年，唐高宗去世。武则天先后把两个儿子立为皇帝，即中宗李显和睿宗李旦，但都不中她的意。李旦性情淡薄，而李显则没有智谋。一次李显让三品以上的官员们在朝堂上拔河，哪一方赢了，政令就由哪一方决定。结果有几位年纪稍大者摔在地上动弹不得，李显却哈哈大笑。还有一次，李显和皇后韦氏在元宵节出去散心，想起祖父两次放宫女出宫和释放死囚回家省亲的事情来，也发起慈悲，让数千宫女出宫游玩，最后很多人没有回来。见儿子没有太宗那样的号召力，闹出笑话也不知道反省，武则天很是生气。

没过多久，武则天把中宗废了，并把睿宗软禁起来，自己以太后的名义临朝执政。这样一来，又遭到一些大臣和宗室的反对，并有人起兵，发动叛乱。

684 年，被武则天贬出京城的唐朝勋臣徐世勣之孙徐敬业在扬州起兵反抗，仅十多天便召集了十余万兵马。著名诗人，初唐四杰之一的骆宾王专门写了《讨武曌檄》，其中有言："伪临朝武氏者，性非和顺，地实寒微……敬业皇唐旧臣，公侯冢子。奉先帝之成业，荷本朝之厚恩。宋微子之兴悲，良有以也；袁君山之流涕，岂徒然哉！……一抔之土未干，六尺之孤何托？"据说武则天看了之后，不但没有生气，而是在读到"一抔之土未干，六尺之孤何托"时发出感叹道："宰相安得失此人？"武则天调动了三十多万兵马迎战，让李孝逸领兵平叛。徐敬业不久便连遭失败，不到五十天的时间，徐敬业的叛乱便被平定了，武则天终于度过了这次大的政治危机。

全国恢复了安宁，没有人再敢反对武则天。一名叫傅游艺的官员，联络了关中地区九百多人联名上书，请求太后即位称帝。武则天一面推辞，一面提拔了傅游艺的官职。如此一来，劝她做皇帝的人越来越多。一些僧人还伪造了《大云经》，说武则天是弥勒佛转世，应该代唐执政，成为新天子，在佛教理论方面提供了依据。接着武则天亲自导演了一场大戏，以唐睿宗为首的六万多臣民上表劝进，请改国号。至此水到渠成，武则天在"上尊天示""顺从众议"的"万岁"声中，登临大宝，实现了她梦寐以求的凤愿。这年她已是六十七岁的高龄。

690 年，武则天自称圣神皇帝，改国号为周，年号为天授，定都洛阳，并号其为"神都"。史称"武周"。武则天因此成为了中国历史上唯一的女皇帝。

武则天的统治

武则天做了皇帝之后，在政治、经济、军事等各个方面采取了一系列措施，巩固了自己的统治。唐朝的国力也得到了进一步的增强，唐王朝处于继续繁荣的上升阶段。

一代名相狄仁杰

武则天做了皇帝之后，非常重视农业生产。在她统治时期，唐朝的农业得到了很好的发展，粮食储备相当丰富，同时修建了许多水利设施。

武则天还继续发展科举制度，广泛罗致人才。改革了科举中试卷的管理办法，采用糊名制度，使评卷人不能了解答卷者的姓名，有利于人才的公平选拔，并首开殿试先河。为了广揽人才，武则天还创立了"自荐"和"试官"制度，在各阶层中广泛罗致人才，发现、提拔了一批庶族的贤能俊杰之士。

在武则天任用的大臣中，最著名的就是宰相狄仁杰。他就是先通过应试明经科，从而步入仕途。狄仁杰，字怀英，唐代并州太原（今山西太原）人。唐高宗仪凤年（676年—679年）间，狄仁杰出任大理丞，一上任就发现有两万多件积案等待处理。他用了一年时间一一进行了审理，竟没有一桩案件上诉。狄仁杰推理精湛，判案手法多样，体察民情，以民为重，后来遂演绎成"神探狄仁杰"的故事。

当时武卫大将军权善才不慎砍了昭陵（唐太宗陵墓）陵园中的柏树，狄仁杰判处免职之罪，唐高宗要他改判为死刑，狄仁杰不肯。唐高宗气得脸色都变了，大叫道："权善才砍了昭陵上的柏树，不处其死罪，就是朕对先帝的不孝！"众臣一看龙颜大怒，都纷纷给狄仁杰使眼色。狄仁杰却坚持说："臣历览古史，深知忤逆皇上是没有好下场的。但也不尽然，如果是夏桀王、商纣王时代，确实没有好下场；如果逢尧、舜之君，就不会这样。今恰值尧、舜（指高宗）在位，所以臣才不怕纣王杀忠臣比干的事情发生。如果皇上不接纳臣下的意见，百年之后，有何面目到九泉之下去见古代那些直言进谏的忠臣呢？国家大法公布于天下，何种罪行判何种罪，是分得清清楚楚的。怎么能把不够死刑的罪判成死罪呢？法律如果随意更改，天下百姓便不知什么叫犯法，什么叫合法了。因为不慎砍了昭陵上的一棵树就要杀一个将军，那百姓们会怎样评价皇上呢？"这一番慷慨陈词使唐高宗无话可说，权善才终于免处死罪。

后来狄仁杰到豫州任刺史，正赶上唐朝宗亲越王李贞起兵反对武则天，武则天派大将张光辅去平定叛乱。张光辅生性残暴，加上奉旨平叛，非常嚣

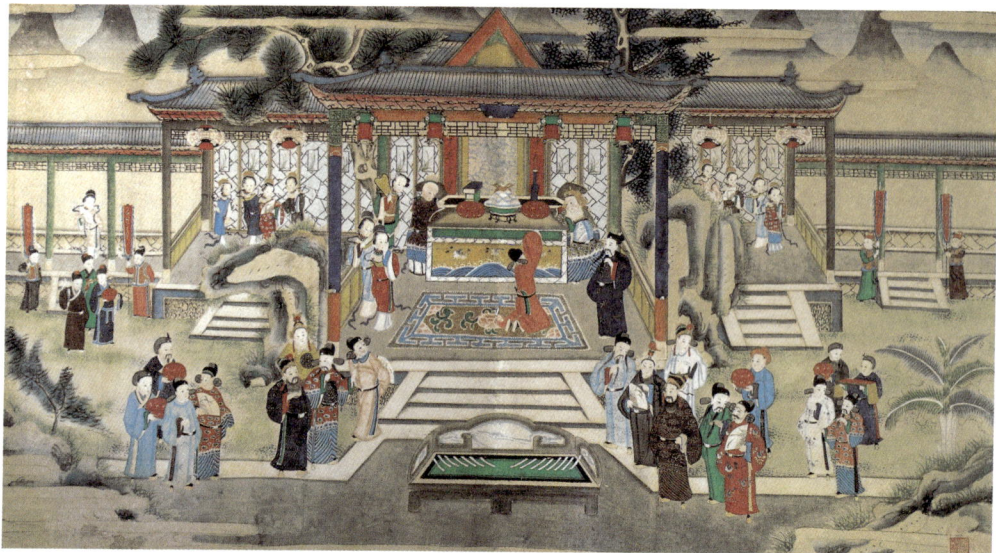

满床笏

郭子仪在过八十寿辰时，七子八婿皆来祝寿。两厢有身穿朝服的七人是郭子仪的七个儿子，阶下又有来郭府祝寿的八个女婿。由于他们都是朝中大官，手中皆有笏板，拜寿时把笏板放满床头，故此图题作"满床笏"。但如果不是武则天创立武举科，那么郭子仪就可能默默无闻于世了。

张虔勖，任意向地方勒索钱财。地方官员不敢违抗，惟独狄仁杰对他不加理会。张光辅大怒，当面责骂狄仁杰轻视自己。狄仁杰说："你统帅三十万大军，要杀的只是越王李贞一个。可是现在您却放纵军队疯狂抢掠，杀死了无数百姓，这与作乱又有什么区别呢？我恨不得把你亲手杀了。"张光辅无法反驳。

武则天感到狄仁杰能根据事件本身进行判断，而不是根据上司的意思办事，是一个难得的人才，就把他调到京城担任宰相。不久后武则天想造一尊大佛像，估计要花费数百万两银子，国库无钱开销，武则天便下了一道诏书，让僧侣们每人每天节约一文钱资助此事。狄仁杰当着武则天的面，提出了反对意见，他说："工程是由人干的，不能靠鬼神。物产不是上天送来的，而是土地生产的。虽说是僧侣资助，那也必然会转嫁到百姓身上。如今边境太平，国家应少向百姓摊派，宽省民力。即使是国家出钱雇工，那么雇工一来，也必然会影响农业生产。这种事情既费官钱又耗民力，一旦边境有警，可就没钱支持边防了。"武则天觉得有理，接受了狄仁杰的谏议。

不过狄仁杰的宰相做得并不顺利，不久便被陷害，又贬到地方去了。在做魏州刺史时，正赶上契丹贵族攻陷冀州，河北震动。狄仁杰到任后，把征调来的四乡百姓都解散回家种田。契丹看到狄仁杰不劳苦百姓，又没有信心打垮他们，便不敢再来侵扰，从冀州撤退了。老百姓更加敬爱狄仁杰，修了一座寺庙，向狄仁杰的塑像烧香膜拜。武则天非常高兴，亲自在狄仁杰的战袍上绣了"敷政术，守清勤。升显位，励相臣"十二个金字，以示表彰，再次将狄仁杰召回来，复任宰相。

700 年，狄仁杰因病去世，武则天望着站满官员的朝堂，流着眼泪说："朝堂上空了！"以后朝廷每有大事，大臣们无法判决时，武则天都会叹息道："老天为什么那么早夺去我的国老啊！"

到了 702 年，唐朝又创立了武举科，专门选拔军事人才，由兵部主持。考试科目有三：一是用一石弓和六钱重的镞射箭；二是用八斤重的长矛刺击；三是举重。合乎标准者及第，任命为武官。唐朝著名的大将郭子仪就是武举出身。据说郭子仪身材魁梧，体魄健壮，相貌秀杰。年少时在河东（今山西西南部）服役，因犯军纪要被处斩。在押赴刑场的途中，被当时著名诗人李白发现。李白见他相貌非凡，凛然不惧的样子，甚感可惜，认定此人将来一定会大有造化，成为国家的栋梁之才，于是便以自己的官职担保，将郭子仪救下。郭子仪后来果然不负所望，通过武举成名，并且立下赫赫战功，一度挽救了衰败的唐王朝。

控制西域

对于西域的安全问题，武则天是相当重视的。从 7 世纪开始，吐蕃强大了起来。670 年，薛仁贵的军队在大非川全军覆没，西域四镇被吐蕃占领。692 年，王孝杰率兵大败吐蕃军队，夺回了四镇，然后迁安西都护府于龟兹，屯兵镇守。

当时唐朝廷对保卫西域四镇问题有两种意见。狄仁杰认为西域地处边塞，得到这块盐碱地不能用来耕织，其人口也不向中央纳税，而国家还要连年出师保护，得不偿失。右史崔融主张维护西域，他说："高宗时主管官员玩忽职守，因而未能坚守四镇，放纵了吐蕃的强大，这才造成了国家的损失。现在王孝杰一战收复四镇，怎能弃而不要？如果四镇失守，吐蕃的势力就会占领西域，住在西域南部的群羌势必投降吐蕃。这样如果吐蕃控制了沙漠地区，将是西部边陲的重大威胁。"武则天接受了崔融的意见，决定保卫西域，以促进中外贸易。

696 年，吐蕃乘着武则天反击契丹的时机，以和亲为名，企图诱使武则天放弃安西四镇，并要求分给突厥十姓的土地。于是武则天派颇有远见的郭元振出使吐蕃，一探究竟。

郭元振回来后上疏道："利益能够催生祸害，祸害也能够产生利益。国

捣衣图

唐诗里有许多关于"捣衣"的美好诗句，常常牵连着游子或者征夫的情感。比较出名的是李白的《子夜吴歌》里"长安一片月，万户捣衣声"，张若虚的《春江花月夜》中"玉户帘中卷不去，捣衣砧上拂还来"。

家大患，唯有吐蕃与突厥。如今两者都已经归附，对中原来说非常有利。但如果处理不好，也会引发祸患。现在倘若我们直接拒绝吐蕃，恐怕边患会比以前更加严重。所以要制定出好的对策，使他们知道讲和有希望，作乱作恶则无借口。在边疆地区，国家忧虑的是十姓、四镇两地；而在境内，则担心的是甘、凉、瓜、肃等州。国家在关陇地区屯兵戍卫，已经有三十年了。现在的能力和作用已经枯竭，一旦甘、凉等地发生变故，难道还有余力去支援吗？善于治国的人，必定先安内而后攘外，不贪外以害内。这样大局就有了保障。吐蕃人认为四镇靠近他们，担心我们以此为跳板进攻他们，因此四镇就是吐蕃的软肋。而吐蕃的青海等地则容易成为我们的边患。现在可以这样回复吐蕃人：'大唐用四镇扼守西域诸蕃的交通要冲，分化诸蕃的力量，使得他们不能够联合东侵大唐。如果我们撤军，诸蕃的力量必会大大增强，对大唐构成威胁。为了杜绝后患，当将吐浑诸部、青海故地划给我们，那么俟斤部落可以归还给吐蕃。'"朝廷听从了郭元振的建议，化解了这场外交危机。

郭元振又对武则天说："长期以来的徭役让吐蕃百姓困苦不堪，因此他们都希望大唐和吐蕃之间能够实现和平。吐蕃的首领钦陵打算分裂四镇归为己有，因此才没有归顺的念头。假如陛下每年都向吐蕃派去和亲使团，钦陵一定会屡屡拒绝。这样他的部下自然无不怨恨，君臣之间就会产生矛盾，吐蕃内部就会发生变故。"武则天同意了郭元振的方法。几年之后，吐蕃君臣果然相互猜忌，部属因此诛杀了首领钦陵。

过了一段时间，突厥、吐蕃联兵进犯凉州，武则天马上任命郭元振为凉州都督前去救援。起初凉州境内纵深仅四百余里，吐蕃、突厥每次侵扰都逼近城下。为巩固凉州防务，郭元振在南硖口设置和戎城，在北硙口设置白亭军，控制交通要道，一举拓境一千五百里。从此以后，唐军凭险据守，敌军不敢再来进犯。郭元振又遣甘州刺史李汉通开辟田地，种植水稻，兴修水利，改进耕作技术。以往凉州的谷物每斛值数千钱，至这一年粮食丰收之后，一匹细绢可换数十斛谷物，积存的军粮可供数十年之用。凉州地区牛羊遍野，郭元振治理五年，恩威并用，百姓安居乐业，外敌心生畏惧。

酷吏和酷刑

武则天选官的范围广大，任命的尺度宽松，别人推荐和自荐她都能够接受。但只要发现不称职的，就立即废黜或诛杀，并且过分相信酷吏，使得在她统治的这一时期，酷吏的酷刑代替了律法和诉讼。

周兴是有名的酷吏，除了武则天自己和武姓亲属外，所有的官员和牵连所及的民众，都在他的酷刑下发抖。只要是周兴逮捕审讯的人，很少有能活着走出狱门的。

可是有一天，同样的命运也降临到了他的头上。武则天接到告密信，说周兴跟已经处死的叛党是同谋，武则天是宁可错杀一千，也不放过一个的。立刻下密旨给另一个酷吏来俊臣，叫他负责审理这起案件。

说来也巧，当太监把密旨送到来俊臣家时，来俊臣正和周兴在一起喝酒。来俊臣看完武则天的密旨，不动声色，把密旨往袖子里一放，仍旧回过头来跟周兴谈话。来俊臣说："最近抓了一批犯人，大多不肯老实招供，您看该怎么办为好？"周兴捻着胡须，微微笑着说："这还不容易！我最近就想出一个新办法，拿一个大瓮放在炭火上。谁不肯招认，就把他放在大瓮里慢慢烤。还怕他不招？"

来俊臣听了连连称赞："好办法，好办法！"一面说，一面就叫公差去搬来一只大瓮和一盆炭火到大厅里。然后把瓮放在火盆上，盆里炭火熊熊，烤得整个厅堂的人都禁不住流汗。

周兴正在奇怪，来俊臣站起来，拉长了脸说："接圣上密旨，有人告发周兄谋反。你如果不老实招供，就只好请你进这个瓮了。"

这就是著名的成语"请君入瓮"的由来。周兴死后，来俊臣当上了酷吏的首领。他所用的酷刑，只"枷"一项，就有十种使人心悸的名号，即"定百脉""喘不得""突地吼""着即承""失魄胆""实同反""反是实""死猪愁""求即死""求破家"等。其他酷刑，如"凤凰展翅"，名称虽美，却是把人手足绑上短木，像扭绞绳索一样地扭绞双臂。"玉女登梯"，是教犯人爬上高梯，用绳子拴着脖子，向背后牵引，或窒息而死，或跌下摔死。来俊臣

还写有《罗织经》一书，把他逼供的种种招数都记述在内。

不久来俊臣的胃口越来越大，想独掌朝廷大权，他见武则天的侄子武三思和女儿太平公主势力很大，索性告到他们身上去了。这些人当然也不是好惹的，他们先发制人，把来俊臣平时诬陷好人、滥施刑罚的老底全都揭了出来，并且把来俊臣抓了起来，要判他死罪。武则天一看朝中反对来俊臣的人众多，只好把他处死。

来俊臣被处死刑那天，人人称快。大家互相祝贺说："从现在起，夜里可以安心睡觉了。"

礼与法的争议

武则天治下发生了一桩轰动一时的谋杀案。被杀者是御史大夫赵师韫，他在公事出差途中被人杀死于一处驿站（驿站在古代都属于官府，往来官员多住于此）。凶手徐元庆很快投案自首。他是该驿站里的一名服务人员，同州下邦（今陕西渭南）人。赵师韫在任负责治安工作的下邦县尉时，处死了徐元庆的父亲。不久赵师韫升任京官。徐元庆为报杀父之仇，隐姓埋名，到一处驿站做起了服务员。因为他心里清楚，这是他可以接近赵师韫的唯一方法。终于有一天，徐元庆有了机会，报了杀父之仇。

但就是这么一个案子，却难倒了包括女皇武则天在内的朝廷上下。徐元庆到底是孝子还是凶犯，该杀还是该予以表彰，这在当时引发了激烈的争论。因为唐律的基础是礼，礼的核心是孝义。徐元庆手刃父仇，然后束身归罪，体现了孝道。然而法律又明文规定"戕奉法之吏，杀无赦"。如果惩处徐元庆，就是违背了礼制，破坏了法的基础；如果判他无罪，让其逍遥法外，又会直接损害国家法律的权威性。经过广泛的讨论之后，朝廷准备赦免徐元庆。

就在此事即将以这样的结果落下帷幕之时，陈子昂力排众议，写下了一篇《复仇议》。他认为，徐元庆谋杀之罪案情清楚，按照唐律当然毫无争议地应该

国色天香

武则天当政之后，独断专行。相传武则天想游览上苑，便宣诏上苑："明朝游上苑，火急报春知。花须连夜发，莫待晓风吹。"几天之后，百花盛开，唯独牡丹违命。武则天一怒之下便将牡丹从长安贬到洛阳。

判处死刑，只有判处死刑才能体现法律的严肃性。但从另外一个角度上看，徐元庆这样做却是为父亲报仇，是对父亲的一片孝心才让他走上了犯罪的道路。因此陈子昂建议，因为"礼"与"法"的冲突，应该在处死徐元庆的同时并加以旌扬。最后徐元庆案也就按照陈子昂的建议给了结了，《复仇议》还被"编之于令，永为国典"。

然而这件事情并没有就此终结，很多年以后，大文学家柳宗元还专门为此写了一篇《驳〈复仇议〉》的文章。在柳宗元看来，如果徐元庆的父亲有罪，那么被县尉处死就是罪有应得，父亲有罪被诛而徐元庆却为此谋杀朝廷命官就是死罪。如果赵师韫草菅人命，而徐元庆无处申冤，那么执政的官员向徐元庆道歉还来不及，又怎么能去处死他呢？由于柳宗元的分析鞭辟入里，遂作为定论收录在唐朝的法律文献之中。

再造唐室的狄仁杰

狄仁杰一方面劝武则天迎回李显，另一方面亲手提拔了后来拥戴唐中宗复位的张柬之，因此被历代政治家、史学家称为有再造唐室之功的忠臣义士。

立储让位

通过酷吏政治，武则天巩固了自己的权势和皇位。但在皇位继承人的问题上，她又左右为难了。武周一朝，武则天的侄子们都做了宰相和将军，掌握了朝政大权。大臣们有了功劳也赐以武姓，而不是李姓。她还免掉了武姓的田赋，把自己的故乡文水县改为武兴县，这一系列的举动促使他的侄子武承嗣等人公开地对李旦的皇储地位提出了挑战。

693年，武则天在万象神宫里举行了祭典大礼，让侄子武承嗣为亚献，武三思为终献，而正式的皇储李旦却被冷落到一边，非常尴尬。武则天的行动无疑是对侄子们的公开鼓励。

但是武则天的意愿遭到了宰相狄仁杰等人的强烈反对。一天已经七十四岁的武则天对狄仁杰说："朕昨天晚上做了一个奇怪的梦，梦见一只大鹦鹉的两个翅膀折断了。爱卿看是什么征兆啊？"狄仁杰抓住这个绝佳的时机说："陛下姓武，那鹦鹉便是陛下了，两个翅膀就是陛下的两个儿子。如果陛下再次起用两位爱子，两个翅膀就会重新好起来的。"

同时宰相吉顼也在努力。他对武则天当时的男宠张易之和张昌宗兄弟俩说："你们俩因为受皇上的宠爱，蔑视群臣，被众大臣嫉恨。如果想要保住性命，现在只有为立储君出力，日后还能够将功赎罪。你们要利用自己的有利条件，劝说她立庐陵王李显为太子。"张氏兄弟听了吉顼的话，对武则天立李显为太子起了关键作用。

698 年，武则天将李显秘密接回洛阳，当时的太子李旦聪明地请求退出，让母亲立哥哥为太子。这让武承嗣极为气恼，不久便郁闷而死。

705 年，武则天病卧在床，几个月也不召见宰相，只有张氏兄弟俩侍奉在身旁，左右朝政大事，这使大臣们六神无主。宰相张柬之经过周密部署，发动兵变，把张氏兄弟杀死，迫使病中的武则天退位，由其儿子唐中宗李显复位，重建唐朝。

几个月后，八十二岁的武则天死于上阳宫的仙居殿。临终时她异常清醒，立下了遗嘱，包括去掉帝号，称则天大圣皇后，葬在乾陵，和高宗合葬。只许为她立碑，不许立传，这就是武则天无字碑的来历。还有赦免王皇后、萧淑妃以及褚遂良等人的家属。武则天死后，她的谥号变过几次，但儿孙们的尊敬态度始终没有改变。唐玄宗即位后，改为"则天皇后"，到了 749 年，最后把武则天的谥号定为"则天顺圣皇后"。

唐玄宗的开元盛世

　　唐玄宗李隆基采取了一系列有效的措施，使唐朝的政治、经济、文化都得到了新的发展，超过了他的先祖唐太宗，开创了中国历史上强盛繁荣、流芳百世的"开元盛世"。

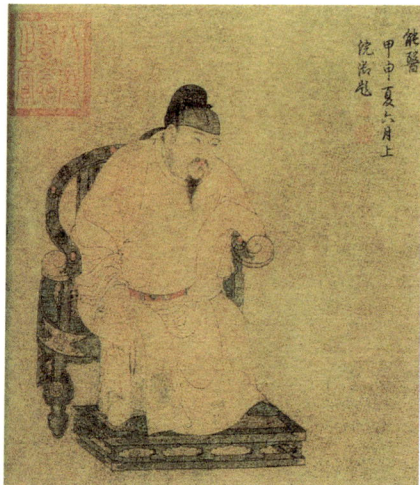

唐玄宗像

唐玄宗李隆基（685年—762年）是唐太宗李世民的曾孙，唐高宗李治和武则天的嫡孙，唐睿宗李旦的三儿子。其死后被谥为"至道大圣大明孝皇帝"，因此自唐朝后期起人多称其为"孝明皇帝""明皇""唐明皇"等。

唐朝复国

武则天去世之后，中宗李显复位，国号也由"周"变回了"唐"。但是朝中并不安定，一股暗流始终在涌动，直到唐玄宗即位之后，唐朝才真正走向了安定、繁荣的局面。

韦氏之乱

唐中宗李显复位后不久，他的妻子韦皇后就效法当年的武则天，跟李显同时出现在金銮殿上听政。因为唐中宗昏庸懦弱，大权不久就落入了韦皇后手中。韦皇后与李显最宠爱的小女儿安乐公主一起，公开招权纳贿，把国家官爵分别标定价格，公开兜售。

人们期待的唐朝中兴局面没有出现，相反朝政却是日益腐败起来。随着权力欲望的不断膨胀，韦皇后希望丈夫早日死掉，以便自己能够像武则天一样女主天下。安乐公主也要求父亲立她为皇太女，希望登上权力的最高峰。李显知道大臣们不会接受这个决定，不肯答应。于是母女二人合谋，在710年毒死了唐中宗。然后立唐中宗的第四子年仅十六岁的李重茂为皇帝，由韦皇后临朝称制。

这时武则天的第四子李旦和女儿太平公主还有相当大的势力，是韦后登基的障碍。就在韦氏母女打算除掉李旦和太平公主的时候，李旦的第三子李隆基率领羽林军抢先一步攻进皇宫，杀了韦后和安乐公主，并将韦氏党羽一并铲除。

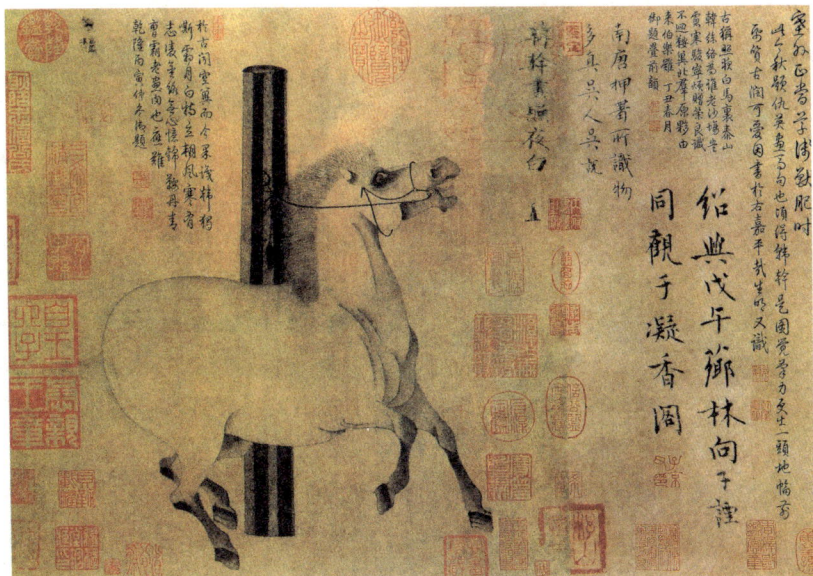

照夜白

早年的唐玄宗也是善于骑射，照夜白就是他最钟爱的一匹宝马。画中的马首高高昂起，鬃毛飞扬，双耳直立，两目圆瞪，四只马蹄腾跃踢踏。其体态肥硕，矫健有力，充分展示了大唐艺术的韵味。

李隆基发动政变时，李旦并不知道。等到知道时，政变已经成功。这时太平公主出面，让李重茂下诏将皇位让给了他的叔叔李旦，因此李旦继承皇位，是为唐睿宗，李隆基被立为太子。

太平公主的野心

太平公主是唐高宗李治与武则天的小女儿，极受父母兄长尤其是武则天的宠爱，权倾一时。太平公主八岁时，以替已经去世的外祖母荣国夫人杨氏祈福为名，出家为女道士，太平一名，乃是她的道号。虽然号称出家，她却一直住在宫中。一直到吐蕃派使者前来求婚，点名要娶走太平公主。李治和武则天不想让爱女嫁到远方去，又不好直接拒绝吐蕃，便修建了太平观让她入住，正式出家，借口公主已经出家来避免和亲。

十六岁时，太平公主与薛绍成婚。婚礼场面非常豪华，照明的火把甚至烤焦了沿途的树木，为了让宽大的婚车通过，不得不拆除了县馆的围墙。后来薛绍受长兄薛𫖮谋反的牵连，武则天下令薛绍杖责一百，结果饿死狱中。当时太平公主正怀着她和薛绍的第四个孩子。武则天为了安慰女儿，打破唐公主封邑不过三百五十户的惯例，将她的封户破例加到一千二百户。

武则天认为小女儿的长相、性格都像自己，常与之商议政事，但从不让太平公主将她参与政事的事情外泄。太平公主畏惧母亲，行事也比较收敛。唐中宗复位后，太平公主逐渐走到幕前，积极参与政治，很受中宗的尊重。可惜唐中宗不久便被韦后与安乐公主毒死。上官婉儿与太平公主一起草拟遗诏，立李重茂为皇太子，皇后知政事，相王李旦参谋政事，试图在韦后与皇族之间谋取平衡。但韦后党羽改李旦为太子太师，架空了李旦，打破了这一平衡。太平公主遂派其子薛崇简与刘幽求一起参与了李隆基等诛杀韦后的行动，清除了韦氏党羽，并亲手将李重茂拉下皇位，拥立唐睿宗李旦复位。太平公主因此番功劳而晋封万户，三子封王，为唐朝公主权势之顶峰。

在协助李隆基政变除掉韦后以后，太平公主与李隆基发生了权力之争。她要求哥哥唐睿宗李旦废掉太子李隆基，并积极培植自己的党羽。此时朝中七位宰相其中五位都是太平公主的亲信，文武百官除了姚崇、宋璟等寥寥数人外，大多数都依附于太平公主。唐睿宗则试图在李隆基和太平公主之间寻求政治平衡，以避免伤害到任何一人。

712年，唐睿宗李旦禅位于太子李隆基，唐玄宗李隆基即位。次年太平公主准备起兵夺权。不料李隆基早有防备，先发制人，诱杀了左、右羽林将军和宰相。太平公主见党羽被诛杀殆尽，不得已逃入了南山佛寺，三日后返回。太上皇李旦出面请李隆基恕其死罪，被李隆基拒绝，太平公主最终被赐死于家中。至此经过一连串的宫廷政变，唐朝内部动荡的政治局面才得以稳定下来。

开元盛世

李隆基即位之后，改年号为"开元"，是为唐玄宗。他励精图治，重用贤臣、改革吏治、轻徭薄赋，使唐朝进入了盛世时期，后人称为"开元盛世"。

改革吏治

唐玄宗李隆基即帝位后，裁减了韦氏母女出卖的冗官，精简了庞大的官僚机构。并先后任命干练正直的官员如姚崇、宋璟、张嘉贞、张九龄、韩休等人为宰相，针对当时的弊政进行了一系列的改革。

唐玄宗还重新将谏官和史官参加宰相会议的制度予以恢复。这本是唐太宗时期的一种制度，到了武则天主政后，提拔了许敬宗和李义府等人做宰相，有的事不敢再公开，因此将这种制度也就废除了。

经过认真选择、仔细考虑，唐玄宗首先起用了姚崇为相。因为一次唐玄

牧马图

唐朝的畜牧业也非常发达。图中绘有黑白二马，一人骑于黑马之上，虬髯络腮，头戴巾，正执辔缓行。二马体态肥硕，气势不凡，可见当时畜牧业之发达。

宗召姚崇骑马打猎，然后讨论政治。曾问姚崇是否愿意出任宰相，姚崇回答说，除非唐玄宗接受十条改革纲领，即著名的"十事要说"，否则就难以从命。其主要内容是：皇帝应以仁爱治天下，而不是靠严刑峻法的威慑力量；不进行军事冒险；施行法律应不论亲疏，同样严厉；禁止宦官参政；禁止征收苛捐杂税来取宠于皇帝；禁止任命皇亲国戚在朝中任职；树立皇帝以前因与大臣们关系过分亲密而受损的个人权威；容许大臣们直谏而不用担心专横的惩处；停止建造佛寺道观；清除外戚过分的政治权力。唐玄宗表示同意，姚崇于是接受任命。姚崇著名的"十事要说"，几乎囊括了武则天末年以来的所有弊政，总结了历史上盛衰治乱的经验及教训，为开元施政的基本方针奠定了基础，时人称他为"救时之相"。

唐玄宗十分信任姚崇，除军国大事须与自己共同商定外，其他一般庶务都放手让姚崇去做。有一次姚崇曾向玄宗奏请按次序升转郎官的事情，当时玄宗只是仰面看着殿堂，姚崇连续奏请了好几次，玄宗还是不动，没有任何的表示，始终没有做出回答。姚崇心中十分害怕，以为是自己说的不对，引起了皇帝的不高兴，于是就不敢再行奏请，小步快走了出去。散朝后内侍高力士向玄宗进谏说："陛下最近日理万机，宰相奏请事情，应该当面表示是否可行，为什么一点都不申说考察呢？"玄宗说："朕对他万分的信任，连国家大事都交给了他，并且让他处在重要的官职。只有大事再奏与朕，朕与他商量。刚才他向朕汇报郎官升迁之类的事情，这样的琐细小事，他自己就可以做主了，为什么还要再向朕奏请，来烦劳朕呢！"正好高力士有事到中书省

唐军仪仗

此图出自章怀太子墓室壁画。侍卫们腰配刀剑，威风凛凛。

宣旨，就把玄宗的话顺便告诉了姚崇。姚崇这才不再忧虑而高兴了起来。

姚崇还受到玄宗的特别礼遇，每在便殿相见，玄宗必起立相迎。事毕退朝，则临轩相送。这是其他宰相所未曾受到的宠遇。因此他辅佐玄宗竭智尽力，任相时间虽然不长，却颇有成就。也正是在这一时期，确定了在唐玄宗在位期间所实行的一种新的施政形式，即只任用为数甚少的宰相，通常只有两三个人。继姚崇之后，唐玄宗又先后任命了张说、李元纮、韩休、张九龄等人为相，国力日盛。唐玄宗还非常重视县令的选拔和作用，他说："郡县者，国之本；牧宰者，政之先。"因此在县令上任以前，唐玄宗都要亲自召见，进行比较严格的考核。为此唐玄宗专门颁布了《整饬吏治诏》，规定每年十月进行考核，优胜劣汰。这一政策的实施，对改善地方吏治起了一定作用。

正是因为唐玄宗十分重视对官吏能力和德行的考核，所以在唐玄宗的开元、天宝年间才出现了一大批历史上有名的贤臣，其中姚崇、宋璟、张九龄都是德才兼备的贤相。姚崇为人刚直果决，向唐玄宗提出的"十事要说"是治理国家非常有效的策略。宋璟十分重视对人才的选拔和任用，为人刚强正直，不徇私情。张九龄更是任人唯贤，帮助唐玄宗选拔了一批有用之才，他还常常直言进谏唐玄宗，对他的过错从不隐瞒。

姚崇治蝗

唐玄宗即位后，马上下令减免赋税，促使农民努力从事生产。同时从豪强大族手中没收非法土地，以维护遭到破坏的均田制度。唐玄宗在全国范围内开展了一个检田括户的运动，设了十道劝农使，分头到各地检查未曾登记的土地和豪族、官僚等荫庇的劳动力，将检括的土地没收，分给无地之人。对于"账外"人口则重新登记，就地入籍。这次运动使唐朝政府增加户口八十余万。

通过这些有效的措施，唐玄宗使唐朝的经济又步入正轨，减轻了农民的负担，同时也增加了国家的财政收入，促进了国家经济的繁荣。据说当时各州县的仓库里都堆满了粮食布帛，长安和洛阳的米和帛都跌了价。

不仅如此，唐代的生产工具也得到了改进，发明了曲辕犁和用水力转动的筒车。曲辕犁，也称东江犁。这种犁的优点是，操作时犁身可以摆动，富有机动性，便于深耕，且轻巧柔便，利于回旋。

捉蝗农夫

古代中国自然灾害时有发生，蝗灾则是其中危害较大的一种。历朝历代一旦遭遇蝗灾，从朝廷到普通百姓，都非常重视，全力以赴力图扑灭蝗灾。这幅壁画中一农夫手执一巨型绿色蝗虫，表现了古代人民对彻底消灭蝗灾的良好愿望。

但那时候自然灾害也很频繁，中原一带就发生了特大蝗灾。蝗群飞过的时候，黑压压的一大片，连太阳都被遮蔽了，庄稼更是颗粒无收。当时人们认为蝗灾是上天降给人们的灾难，非常恐慌。各地为了消灾祈福，都烧香求神，可蝗灾还是在不断恶化。

宰相姚崇这时向玄宗上了一道奏章，认为蝗虫不过是一种害虫，没有不能治的。只要各地官民齐心协力驱蝗，蝗灾是可以扑灭的。唐玄宗立刻批准了姚崇的奏章，下令百姓一到夜里就在田头点起火堆，等飞蝗看到火光飞了下来，就集中扑杀。这个命令一下去，汴州（今河南开封）刺史倪若水拒不执行。他还写了一道奏章，说蝗虫是天灾，人力是没法抗拒的，要消除蝗灾，只有积德修行。这时长安朝廷里的一些官员也站出来反对，认为姚崇灭蝗的办法，过去从来也没人做过，现在这样冒冒失失推行，只怕闯出什么乱子来。

唐玄宗听到反对的人多，也动摇起来，又找姚崇来问。姚崇从容不迫地回答说，"做事几要合了道理，就不能讲老规矩。再说历史上大蝗灾的年头，都是因为没有积极地扑杀，所以才造成了严重灾荒。现在河南河北，积存的粮食已经不多了，如果今年因为蝗灾而歉收，将来百姓无粮可吃，流离失所，那样国家就危险了。"有人认为天灾非人力所能制服，姚崇大声驳斥道："扑杀蝗虫解救百姓是善举，如果上天降灾祸，全由我姚崇一人承担，决不推诿给别人。"唐玄宗听姚崇说得有道理，就亲自到了灾区视察，看见漫天的蝗虫肆虐，而百姓却因为害怕遭天遣而不敢捕杀。唐玄宗于是叫人捉来几只蝗虫，用火烤熟了，当着众人的面吃了下去，表示自己坚决治虫的决心。人们看见皇帝吃了蝗虫，马上放了心，开始用姚崇的办法灭蝗，果然有效，光汴州一个地方就扑杀了蝗虫十四万担，灾情马上缓和了下来。

兵制改革

由于均田制一度遭到破坏，农民逃亡，原来的府兵制也受到了很大的冲击，军队的兵源越来越少。唐玄宗做了皇帝时，士兵逃跑现象已经极为严重，军队战斗力也很低下，无法和强悍的突厥军队抗衡。

723年，唐玄宗接受了宰相张说的改革主张，建立雇佣兵。从关内招募了军士十二万人，充当卫士，这就是"长从宿卫"，也叫作"长征健儿"。此后经过十多年的努力，唐玄宗将这种制度推广到了全国。这种制度使原来的府兵轮番到边境守卫的做法被替代了，解除了各地百姓到边境地区的守卫之苦。同时这种雇佣兵还为集中训练、提高战斗力提供了保证。

除了对兵制进行改革之外，唐玄宗还采取了其他很多的整军措施，如颁布了《练兵诏》，命令西北的军镇扩充军队，加强训练。同时任命太仆卿王毛仲为内外闲厩使，全力负责军用马匹的供应，这使短缺的马匹及时得到了补充，提高了战斗力。另外为彻底解决军粮问题，玄宗又命令扩充屯田范围，在西北和黄河以北地区大力发展屯田，增加粮食产量。

见朝唐政府厉兵秣马，长城以北的回纥等族自动取消了独立割据的称号，重新归附唐朝。安北都护府也恢复了，唐朝重新开始行使对长城以北土地的管辖权。

此时活动于幽州东北部的契丹势力强大，尤其是契丹牙官可突干有勇有谋，经常侵扰唐朝边境。唐政府派大将张守珪驻守幽州。以前幽州长史赵含章、薛

文殊菩萨
唐代建造了很多佛像，此为龙门石窟奉先寺卢舍那大佛的左胁侍。神态庄严，高 13.3 米，衣纹、缨络安排妥帖，为盛唐之珍品。

簪花仕女图局部

随着对外交流的日益增多，外部的众多物产被引入中原。周昉的《簪花仕女图》中就出现了哈巴狗的形象。一位贵妇正捉住花树上的蝴蝶，由于听见了奔跑而来的哈巴狗的狂吠而微微侧身低头。当初哈巴狗于唐初从西域传入中国，后来逐渐由贡品变成了民间宠物。

楚玉等人，对于可突干的进攻都无能为力。张守珪到任后，整顿军政，激励将士，伺机主动出击契丹，频频取得胜利。契丹首领屈利与可突干对张守珪都非常害怕，感到在战场上取胜无望，于是改变策略遣使诈降。但他们的计谋被张守珪识破，张守珪将计就计，派部将王悔去屈利营帐商量受降事宜。本来屈利并无降意，当王悔到其营帐后，就想杀死王悔。王悔早有警惕，时值契丹另一首领李过折与可突干争权，王悔利用他们的矛盾，劝诱李过折斩杀了屈利和可突干。之后王悔带领李过折及契丹余部来归降唐朝。

唐玄宗非常高兴，下诏在幽州立碑纪念，记录下了张守珪的战功及朝廷的封赏。张守珪继续镇守幽州，从此以后，唐与契丹的斗争由守势变为攻势。

抑制佛教

在武则天统治时期，修建了很多佛寺，许多人出家为僧。唐中宗、睿宗也信仰佛教，佛教势力迅猛发展，全国的僧尼人数膨胀到数十万人。僧尼不服役，不纳税，建寺造像又耗资无数。唐玄宗接受姚崇的建议，下令淘汰天下僧尼，强令还俗的有一万余人。并下令各地不得兴建佛寺，禁止民间铸佛像和抄写佛经，抑制了佛教的发展。

在唐朝初年，寺院的僧侣们在"禅林"中生产，主要项目不过是种植稻、菜、茶等，产品只供自己维持生活，没有手工业生产，与市场联系较少，对

舞乐图

此图出土于新疆吐鲁番阿斯塔那张礼臣墓，是一幅屏风画。画中女性头挽高髻，额描花钿，身曳长裙，左手拈着披帛，右手已破损。人物形象清腴，体态修长，色彩鲜艳。同时也表明，半臂装在唐代非常盛行，且影响到周边少数民族地区。

社会依赖性不大。只有少数必需品，如镰刀、瓷器、食盐等要从市场购买。因此寺院的所谓禅林经济是封闭的，整体财力较弱。

但是随着田庄产业和租佃经营的发展，禅林庄园开始出现，并迅速扩张。据日僧圆仁在《入唐求法巡礼行记》中记载，山东赤山院每至收蔓菁萝卜时，寺中上座等职事人员尽出拣叶；如库头无柴时，院内僧侣尽出担柴；余如耕作采茶等劳动均不分贵贱，集体作务。但至唐末，农禅结合的优良传统逐渐被冷落下去。一部分僧人不再劳动，成为禅林中的上层和尚。大量佃农和雇农开始为寺院工作，国家的劳动力和赋税收入都受到了很大的影响，因此抑制佛教是必然的。

掌控靺鞨族

渤海（粟末部）与黑水部，是唐王朝东北部靺鞨族中最强大的两部。靺鞨人的祖先，在商周时被称为肃慎、息慎，两汉至东晋时称挹娄，南北朝时称勿吉。勿吉分为七部，即粟末、黑水、安居骨、拂涅、号室、伯咄、白山。到隋唐时称靺鞨，而七部的名称不变，控制着今东北地区。

营州都督府是唐朝统治东北的政治中心，696 年，营州都督赵文翙残酷地压迫契丹人，激起了契丹人的不满。松漠都督李尽忠及其内兄孙万荣联合契丹人，杀了赵文翙，占据了营州。武则天派二十万大军前去镇压，契丹大将李楷固、骆务正投降。当时居住在营州一带的靺鞨人、高句丽人曾参加李尽忠的反唐队伍，武则天为了分化他们，封白山靺鞨酋长乞四比羽为许国公，封粟末靺鞨的乞乞仲象为震国公。乞四比羽拒绝封爵，和乞乞仲象率领靺鞨人与高句丽人，乘唐政府内部混乱之机，离开了营州一带，东渡辽水（即辽河）。武则天令李楷固率兵追击，杀了乞四比羽。不久后乞乞仲象去世，其子大祚荣为人骁勇，善于用兵，团结了靺鞨人和高句丽人，和李楷固大战于天门岭，唐军大败。698 年（圣历元年），大祚荣乘突厥侵扰定州、赵州之机，率领靺鞨人和高句丽人向东进军，回到大白山（今长白山）一带，建筑了敖东城（今吉林敦化），自立为王。该国西接契丹，东涉日本海，南与新罗为邻。

唐王朝见状，重新调整政策，招抚靺鞨族。713 年（开元元年），唐玄宗李隆基册封大祚荣为渤海郡王，在其统治区设立忽汗州。从此以后，这里的靺鞨专称渤海，其统治者接受了唐王朝的封号，成为忽汗州都督。

据《渤海国志长编》记载，当时渤海的物产有稻、麦、粟、豆、棉花、豉、皮革、玛瑙杯，牧业养马、牛、羊等，药品有牛黄、麝香、人参等，其中部分产品输入中原。唐政府在青州设有渤海馆，专门管理渤海地区的贸易。渤海的靺鞨人还多次"遣诸生到京师太学"，有些学生还参加了长安的科举考试，如乌照度、高元固、乌光赞等，都在长安中了进士。

黑水靺鞨是靺鞨族的一个分支，位于黑龙江下游，其风俗好编发，缀野猪牙，以雉尾为冠饰，居住半地穴式的房屋。唐政府在723年（开元十一年）设立了黑水府，任命黑水部的首领倪属利稽为刺史，管理地方政务。不久后改为黑水都督府，直属幽州都督府，中央政府另派长史于黑水府"监之"。

黑水都督府的设置在历史上起了重要的作用。首先是加强了中原和东北边疆的联系，开发了东北边区。从松花江到黑龙江流域各地，直到库页岛，都建立起了民族地方行政机构，使东北边疆地区进一步得到巩固；其次黑水都督府建立后，促进了东北地区与中原地区经济文化的交流。

手工业的发展

唐朝的手工业，无论是技术水平，产品种类或是生产规模，都超过了前代。在唐代，扬州商业的繁荣，在全国范围内居第一位，与四川成都有"扬一益二"之说，有"雄富冠天下"之誉。这时的扬州还是国际贸易港口，东南亚及西亚诸国的商船都到扬州进行贸易。据《新唐书》记载，天宝十年（751年），有一场大风，一次就吹翻了广陵湾几千艘商船，可见当时扬州港口贸易的繁盛。天宝六年（747年），扬州人口已达47万之多，仅阿拉伯商人就有5000多人。来这里取经和学习汉文化的日本遣唐僧人和留学生络绎不绝。天宝十二年（753年），大明寺高僧鉴真大师，由扬州出发东渡日本。

扬州铜镜生产始于隋代，且铸镜工艺已达到了很高的水平，颇受当时朝廷的喜爱。《洛河记》中载："隋炀帝喜奢侈，幸江都，王世充献铜屏，帝甚喜，擢江都通守。"

进入盛唐时期，由于扬州城池扩大，人口增多，运河便利，南北经济、文化交流频繁，促进了扬州商业、手工业的发展。此时扬州生产的铜镜量大质高，纹饰摆脱了前期铜镜纹饰的拘束和严谨，出现了自由豪放和新颖的风格，纹饰的布局生动自然，镜子的式样也较丰富，除圆形、方

三彩骆驼载舞俑

该俑出土于唐右领军卫大将军鲜于庭海墓。一匹白骆驼昂首立于长方形平面板座上，背上垫一菁格纹圆毯，上以木架制作成平台，中央立有男性胡俑，左右两侧各坐两个乐俑。骆驼型体高大，人物表情生动，代表了盛唐时期的社会风俗及高超的艺术成就。

宣徽酒坊银酒具
宣徽院乃唐代皇宫内府所设机构，负责酒宴、祭祀等事。酒具纯银打造，尽显奢华。

形外，大量出现了方亚形、葵花形、菱花形，具有很高的艺术性。其纹饰、图案为研究古代纹样、神话故事、诗歌发展提供了宝贵的资料。

当时的纺织业分工非常细，主要有绢、绫、锦、绝、罗、布、纱、绮、褐等。每种纺织品按质量好坏又划分出很多等级，其中仅绢就分八等之多，而常用的布则分了九等。因为纺织技术的高超，丝织品的品种花色更多，可谓争奇斗艳，琳琅满目。

陶瓷业也发展到新的阶段，除了青瓷以外，又发明了白瓷和三彩陶器。白瓷的发明是隋唐陶瓷工业的最新成就，唐代盛行一种说法，叫南青北白，南方以越窑为代表的青瓷"类玉类冰"，北方著名的邢窑白瓷则"类银类雪"。

而唐朝后期发明的三彩陶器，是在陶胎上先涂上一层有彩色的釉，然后画上黄、绿、青色花纹，经过烧制而成的鲜丽陶器，非常精美。唐三彩种类很多，有人物、动物、碗盘、水器、酒器、文具、家具、房屋，甚至装骨灰的壶坛等等。大致上较为人喜爱的是马俑，有的扬足飞奔，有的徘徊伫立，有的引颈长嘶，均表现出栩栩如生的各种姿态。至于人物造型，有妇女、文官、武将、胡俑、天王，根据人物的社会地位和等级，刻画出不同的性格和特征。贵妇面部丰圆，梳成各式发髻，穿着色彩鲜艳的服装，文官彬彬有礼，武士刚烈勇猛，胡俑高鼻深目，天王怒目威武，足为我国古代雕塑的典范精品。

另一种手工业是焙制茶叶。南北朝时期饮茶之风主要在长江以南。到了唐朝，由于南北经济的交流，饮茶之俗风靡全国。茶叶不仅是国内各地最畅销的商品，而且还有一部分远销新罗和日本。隐居在苕溪（今浙江湖州）的陆羽，完成了茶文化的创始之作《茶经》。这本著作详细讲述了茶的起源、形状、功用、名称、品质；谈了采茶制茶的用具，如采茶篮、蒸茶灶、焙茶棚等；论述了茶的种类和采制方法；叙述了煮茶、饮茶的器皿；讲解了烹茶的方法和各地水质的品第；谈论了饮茶的风俗；叙述了有关茶的故事、产地和药效等。还将唐代全国茶区的分布归纳为山南（荆州之南）、浙南、浙西、剑南、浙东、黔中、江西、岭南等八个区域，并谈了各地所产茶叶的优劣。这部《茶经》系统地总结了当时的茶叶采制和饮用经验，全面论述了有关茶叶起源、生产、饮用等各方面的问题，传播了茶叶的知识，促进了茶叶生产的发展，开中国茶道的先河，是中国古代最完备的茶书。

在金银细工的制作方面，唐朝也非常发达。金银平脱器是唐朝金银器行业中的新产品，其制作方法是把金银叶片刻成花草或禽兽图案，用胶粘在器物上，然后涂满漆，再慢慢磨光，露出金或银的图案花纹来。这种工艺品，漆黑、金黄、银白各种颜色互相辉映，光耀夺目。

唐朝的造船业也相当发达，造船中心主要分布在江都（今江苏扬州市）、洪州（今江西南昌市）、嘉兴（今浙江嘉兴）、金陵（今江苏丹徒）、江陵（今湖北荆州）等地。当时所造之船的种类很多，最特别的当属李皋发明的车船。船身前后设车轮以代替桡桨，用脚踏轮，就能使船进退。船上建有两重或三重楼，另在楼头设拍竿，作为打击敌船的武器。

至于海船，则更加壮观。当时从印度洋到红海，都有唐朝的船只航行。因为唐朝的造船技术领先世界，采用了水密舱结构，增强抗风浪击打的安全性。天宝年间泉州所造安海船，有十五个底舱，可载货物数万石。因此在远洋航行中，过口税比其他国船舶多上数倍，足见中国船载货之多，船体之大，也博得了"海上霸王"的称号。

国际大都市的兴起

随着国力的增强，唐朝的首都城长安也迅速发展起来，成为了当时世界上首屈一指的国际大都市。

长安是当时唐朝最大的城市，长方形的城市分为宫城、皇城和外郭城三个部分。宫城是宫殿区，皇城是中央官署所在地。外郭城占地广阔，被划分为108个坊，遍布寺院、府第和民宅。此外长安还有两个市，即东市和西市，市内有两条南北和东西大街，宽度都在十五米左右，相交成"井"字形，是商业街。两市的店铺鳞次栉比，"四方珍奇，皆所积集"。长安城内的街道，呈东西和南北方向排列，相互垂直，很像一块棋盘。全城的街道两旁都有水沟，并种植槐树、榆树，市容十分壮观。

长安是西京，唐朝还有一个都城东京洛阳，是仅次于长安的第二大城市，城内设有南市、北市和西市，市内是绢行、衣行、肉行、药行、铁行、秤行、

玉川煮茶图

此图取与韩愈同时代的卢仝的《走笔谢孟谏议寄新茶》诗意。图中卢仝坐蕉林修竹之下，手执团扇，目视茶炉。右下角一长须仆拎壶而行，似是汲泉水而去。

宾客图

这是章怀太子李贤墓道东壁的一幅壁画。画中以唐朝官员为前导，正引导三位外族宾客。画中礼宾官与使节主次分明，安排得当，根据特征随类赋衫，将唐朝负责外交官员的优雅从容和外国来使的谨慎与忐忑对比得淋漓尽致。这幅壁画表现了各国、各族之间人员的友好往来，具有重大的历史意义与艺术价值。

鞭辔行等各类行业的店肆。

西京长安不仅集中了全国各地的精英人物，还吸引了世界各国的侨民来此居住。包括黑人，当时称作昆仑奴。他们很多在长安永久居留，开设商店酒家，用胡人女子作招待，被称为胡姬，与中国的男性酒保竞争。许多在长安居住的外国人与唐人通婚，连姓氏也都汉化。有些人还参加科举考试，成为唐朝官员。如进士及第的李彦升，就是阿拉伯人。

唐朝被当时各国崇拜的程度，远超过其他两大超级强国东罗马帝国和阿拉伯帝国。这两个国家对宗教有排斥性，但唐朝对各种宗教兼容并包。当时唐朝高度发展的文化，使来到长安的各国人们，都十分崇拜，千方百计地要留下来。

不同国家的人来到长安，也带来了他们各自的文化。唐朝容纳百川的胸怀和气度，欢迎多种多样的文化，唐朝人更是对新鲜事物、奇装异服趋之若鹜。

拿音乐来说，唐朝不仅融合了国内各民族的乐舞，还吸收外来乐舞，创

贴花壶

唐朝已开始大量出口瓷器。该贴花壶就出自唐瓷的重要出口基地长沙窑，故纹饰呈西亚风格。其工艺是在成型的素釉壶体表面，将绘印好的彩色图案牢固地粘在壶体，以起到一种点缀装饰的效果。

造了风格多样、优美和谐的唐舞。唐玄宗本人就是一个音乐家，喜欢音乐和击鼓，他曾选坐部伎三百人和宫女数百人，在梨园教以音声，称为"皇帝梨园弟子"，专门研习各国舞蹈。

商业和交通

　　城市的发达，带动了唐朝商业的繁荣和交通的发展。当时以长安为中心设置驿路，贯通于全国各地。驿站附近有私人经营的旅店，供经商之人以及一般行人使用。

　　陆路方面，共有九条干线。第一条从长安经兰州、甘州（今甘肃张掖）到沙州（今甘肃敦煌），转入西域。或从兰州经鄯州（今青海海东）到吐蕃。第二条，从长安经兴元（今陕西汉中）到成都，由成都可达南诏。第三条，从长安经东都、汴州（今河南开封），东北达登州（今山东蓬莱）。或从东都到幽州（今北京）。第四条，从长安经夏州（今陕西靖边北）到中受降城（今内蒙古包头附近）。第五条，从长安经河中府（今山西永济）到太原，经幽州、营州（今辽宁朝阳）入安东道。途中从太原、云州（今山西大同）可入回鹘道。第六条，从长安经襄州（今湖北襄阳）、江陵、潭州（今湖南长沙）、衡州（今湖南衡阳）到广州。第七条，从长安经东都、汴州到扬州（今江苏扬州）。由扬州渡江，经润州（今江苏镇江）、常州（今江苏常州）到苏州（今江苏苏州）。第八条，从长安到襄州、随州（今湖北随县）、安州（今湖北安陆）、鄂州（今湖北武汉）、黄州（今湖北黄冈）、江州（今江西九江），最后到达洪州（今江西南昌）。第九条，从长安过襄州到荆州（今湖北荆州）、峡州（今湖北宜昌）、归州（今湖北秭归）、夔州（今重庆奉节）、万州（今重庆万州区）、忠州（今重庆忠县）、涪州（今重庆涪陵区），最后到达黔州（今重庆彭水）。

水路方面，当时各主要河流都可以通航。从长安经渭河入黄河到东都，经永济渠北达幽州。洛阳东南由通济渠可达扬州及东南各州。

除了首都长安，东都洛阳也很繁盛。洛阳位于长安到幽州、登州、扬州的驿路汇合点上，又是南北运河的中心，因此江淮的粮食和布帛，大部分囤积在洛阳附近，然后再转运于长安等地。

扬州则是东南地区的最大都会，它既是南北交通的枢纽，又是出海的港口，经常住有波斯、大食、新罗等国的商人。成都是西南地区最大的都市，盛产锦缎、纸张、茶叶，印刷业也很发达，同时又是通往南诏的要道。南诏和西南各族的贵族子弟，很多人都在这里学习。

中外经济文化的交流

在唐玄宗李隆基的开元盛世时期，不光是唐王朝各地的经济联系加强了，对外贸易也非常发达，唐朝与很多国家和地区都有商业往来，因此促进了唐朝与这些国家和地区的经济、文化交流。

印度

今天的印度、巴基斯坦和孟加拉，在唐朝时被统称为天竺。从唐朝初年开始，两国的贸易就往来频繁。孟加拉、印度半岛东西两岸，经常有中国商船泊港，印度的商船也经常到广州、泉州来贸易。唐朝输往印度的商品有麝香、丝织品、瓷器及铜钱等，从印度输入的物品有宝石、珍珠、棉布、胡椒等。

由于佛教经典的翻译，唐朝与天竺的密切联系更多表现在佛教上。敦煌、云冈、麦积山以及洛阳龙门开凿的石窟，里面的佛教壁画和雕塑大多保留了印度北部犍陀罗艺术风格的影响。此外中国的纸传到了印度，以后又传去了造纸术，使印度结束了用贝叶写字的时代。

天竺也是世界文明古国之一，他们的先进文化同样也传入了中国。唐太宗时期，曾派人向天竺学习用甘蔗熬糖的方法，从此中国学会了制造砂糖，后来又学会了制造冰糖。另一方面，天竺的数学、天文学也传到唐朝，为《大衍历》提供了推算日食的计算方法。在医学方面，天竺的外科手术、骨科以及眼科，都对唐朝产生了一定的影响。

大昭寺图

大昭寺始建于7世纪吐蕃王朝的鼎盛时期，融合了中原、西藏、尼泊尔、印度的建筑风格，成为藏式宗教建筑的典范。

唐阎立本职贡图局部

唐朝的中国是当时世界上最为强盛的国家。该图所绘的便是唐太宗时南洋的婆利、罗刹以及林邑等国前来中国朝贡及进奉各式珍奇物品的场景。

在中国和天竺的交往上，唐代的高僧起了桥梁的作用。除了玄奘，当属另一位佛教大师义净贡献最大。义净于 671 年搭波斯船从广州出发，赴印度研习佛学十年，先后周游三十余国，历时二十五年，带回经书四百部。归国后在洛阳翻译佛经十二年，译出佛经 230 卷，撰写了《南海寄归内法传》和《大唐西域求法高僧传》二书。在《南海寄归内法传》中，义净介绍了天竺的医学知识，提到患者常用少食的方法来治疗，这和现代的医疗原理是符合的。同时义净在书中还提到了天竺僧人的卫生习惯，如散步、淋浴、刷牙、活舌、饭前洗手等，这些习惯至今依然被印度僧侣所保持。

尼泊尔

西南亚的另一个国家尼泊尔，早在 5 世纪时，就曾有东晋高僧法显去过，他是外国人中访问尼泊尔又留下历史资料记录的第一人。到了唐朝，双方关系更加密切，玄奘曾到过现在尼泊尔的白塔瓦尔附近，参拜了释迦牟尼父母的宫殿遗址，以及佛的诞生地，参观了佛在太子时与人角力的地方，瞻仰了佛剃发为僧和传道的遗址。最后玄奘还朝拜了释迦牟尼在婆罗树下灭度（逝世）的圣地。

644 年，卫尉丞李义表奉命出使印度，道经加德满都谷地，受到了国王那陵提婆的热烈欢迎和殷勤款待。三年后，那陵提婆遣使到达长安，带来许多蔬菜作为礼物，其中就有我们今天常吃的菠菜。到了唐高宗时期，那陵提婆的儿子尼利那连陀罗继位，又遣使入唐，赠送了土特产。

越南和柬埔寨

唐朝时期，在今越南中部立国的是林邑。623 年和 625 年，林邑王范梵志两次遣使，来唐朝通好，唐高祖都举行了盛宴欢迎林邑使者，并赠送大量锦、彩等丝织品。贞观年间（627 年—649 年），林邑一再派使者送来驯象、五色带、朝霞布及火珠等物。生于越南地区的汉人姜公辅曾在唐朝考中进士，并在长安担任高官显职。唐代的典章制度也在此时传播到越南，产生了巨大的影响。

唐代的扶南被真腊统一，也就是今天的柬埔寨。632 年，真腊第一次派使者来到唐朝，唐太宗非常高兴，回赐了大量礼品。唐中宗以后，真腊划分成南北两部，北部称陆真腊，也叫文单。开元（713 年—741 年）时期，文单的王子带领使团来到长安，唐玄宗封他为果毅都尉。自此以后，文单经常来唐朝朝贺，赠送驯象、犀牛等物，唐朝则以锦绢回赠。

朝鲜

新罗统一朝鲜半岛以后，新罗商人来唐朝贸易的很多，北起登州、莱州（今山东莱州），南到楚州、扬州，都有他们的足迹。新罗商人给唐朝带来了各种土特产，有牛、马、苎麻、布匹、折扇等，也从唐朝贩回丝绸、瓷器、茶叶、书籍。由于贸易的频繁，唐政府在长安设立新罗馆，专门接待新罗商人。

不久新罗派来大批留学生到长安学习，这些留学生不少人参加了唐朝的进士科举考试，有人进士及第后，还留在唐朝做官。回国的新罗留学生，将他们在唐朝学到的先进知识带回。675 年，新罗开始采用唐朝的历法。639 年至 749 年，新罗相继设立了医学、天文和漏刻博士，研究唐朝的医学、天文和历法。788 年，新罗也采用科举制来选拔官吏。

当然唐朝人也从彼此的交往中获得了好处。新罗音乐受到唐人的热烈欢迎，新罗的土特产也丰富了唐人的生活。

阿拉伯

唐朝称阿拉伯为大食，在伊斯兰教创始人穆罕默德统一阿拉伯半岛后，东灭波斯，西陷开罗，建立了势力达到中亚、南亚和北非的阿拉伯帝国。651年，大食遣使与唐朝通好，阿拉伯商人开始到唐朝来经商，不少人都在唐朝定居落户。在众多来唐朝的阿拉伯人中，一位作家在他所著的《中国印度闻见录》中记载了他的所见所闻：一天一个外商去拜见驻守广州的中国官吏。会见时外商总盯着官吏的胸部，官吏很奇怪，便问："你好像总是盯着我的胸，这是怎么回事？"那位外商回答说："透过你穿的丝绸衣服，我隐约看到

唐人丝绸服装
图中的贵族妇女身着丝绸，透薄轻柔，可见文中阿拉伯作家的叙述并没有夸大其事。

你胸口上长着一个黑痣，这是什么丝绸，我感到十分惊奇。"官吏听后，失声大笑，伸出胳膊说："请你数数吧，看我穿了几件衣服？"那商人数过，竟然穿了五件之多，黑痣正是透过这五层丝绸衣服显现出来的。外商惊得目瞪口呆，官吏说："我穿的丝绸还不算是最好的，我的上级穿的要更精美。"

这本书中还有关于茶叶的记载，可见阿拉伯国家当时还没有喝茶的习惯。书中记述："中国国王本人的收入主要靠盐税和泡开水喝的一种干草税。在各个城市里，这种干草叶售价都很高，中国人称这种草叶叫'茶'。这种干草叶比苜蓿的叶子还多，也略比它香，稍有苦味，用开水冲喝，可以治百病。"

关于当时中国的京城，书中作了生动的描述：中国的京城很大，人口众多，一条宽阔的长街把全城分为两半。大街右边的东区，住着皇帝、宰相、禁军及皇家的总管、奴婢。在这个区域，沿街开凿了小河，流水潺潺。路旁葱茏的树木整然有序，一幢幢宅邸鳞次栉比。大街左边的西区，住着庶民和商人。这里有货栈和商店，每当清晨，人们可以看到，皇室的总管、宫廷的仆役，或骑马或步行，到这里来采购物品。

伊朗

伊朗在唐朝被称作波斯。唐高宗在位时，大食进攻波斯，唐政府曾发兵声援，波斯暂时失败，其王子俾路斯投奔唐朝，唐政府留他住在长安，并授以官爵。

当时两国的贸易关系很密切，波斯港口经常有唐朝的商船停泊，同时波

舞伎八棱金杯

该杯具有明显的波斯萨珊王朝金银器风格，每一面上都有一位胡人舞伎形象。而以浮雕处理画面，也体现了希腊古瓶的独特装饰手法。杯子不大，却生动地记录了大唐时期中外文化交往的史实。

斯商船也常到广州。当时唐朝用丝织品、纸、大黄、黄连等换取波斯的宝石、珊瑚、香料、药品等。长安、扬州、广州、楚州、交州和泉州等地都有波斯人居住，他们开设"波斯店"，经营各种波斯的特有商品。

另一方面，波斯是丝绸之路的必经之地，而且南北两路在此会合。现在伊朗的伊斯法罕，就是唐朝丝绸路上一个重要转运站。中国的丝绸、工艺品、土特产等输入波斯以后，再向西方转运。

东罗马

643 年，东罗马遣使来到唐朝，献上赤玻璃、石绿、金精等物。唐太宗回书答礼，并回赠绫、绮等丝织品。因为东罗马的皇帝、贵族、妇女都喜爱中国的丝织品，所以当地成为唐朝丝织物的重要转输地。东罗马的医术和吞刀吐火等杂技也随之传到了唐朝，人们争相观看。唐玄宗时，东罗马帝国多次派使者来到长安，赠送狮子和羚羊。

此外，外国的医药学此时也传入国内，对我国医药学的发展起了一定的作用。外国的医生也可以在唐王朝行医。唐高宗时，太医秦鸣鹤就来自东罗马。那时唐高宗得了眩晕病，头晕目眩，不欲睁眼，秦鸣鹤诊后说："风热之毒上攻头目，若用针点刺头部出血即能痊愈。"皇后武则天在帘内怒气冲冲地说："你这个医生该杀头！皇帝的头能放血吗？"秦鸣鹤惊慌地磕头请求饶命。高宗于是说："医生议论治病，按道理不应该有罪。况且我头脑胀，几乎不能忍受，针刺头上出血未必不好。我决意让你扎针。"秦鸣鹤立即针刺"百会"和"脑户"二穴出血。高宗说："我感觉眼睛亮多了，"话还没说完，皇后在帘内表示感谢说："这是老天爷的恩赐呀！"说罢亲自捧着精致的丝织品和珠宝赠送给秦鸣鹤。

日 本

唐帝国经济文化的空前繁荣和发达，也吸引了近邻日本。隋朝时期，日本就曾先后四次向隋朝派来遣隋使。日本朝野上下对中国文化十分仰慕和向往，因此出现了学习和模仿中国文化的热潮。

630年，舒明天皇派出了第一批遣唐使，来学习唐朝文化。从630年到895年的二百多年间，奈良时代和平安时代的日本朝廷一共派遣了十六批遣唐使。这些日本遣唐使团在唐朝都受到了盛情的接待，被分配到长安国子监学习各种专门知识。如阿倍仲麻吕，汉名晁衡，长期留居在唐朝，写得一手好诗文，并历任光禄大夫、秘书监等职。他与著名诗人李白、王维等人有着深厚的友情，常常作诗相互酬赠。

遣唐使学成回国后，引进唐朝典章律令，推动了日本社会制度的革新。他们在长安如饥似渴地考查学习，博览群书，回国后参与枢要。此外还仿效唐朝的教育制度，开设各类学校教授汉学，培养人才。

留学生吉备真备和学问僧空海在日本人利用中国汉字的标音记意的基础上，创造了日文假名字母，吉备真备用汉字楷体偏旁创制了"片假名"，空海采用汉字草体创制了"平假名"。

在生活习惯方面，唐人的打马球、角抵、围棋等活动先后传入日本。茶叶于奈良时期传入日本，到平安时期已兴起喝茶之风。唐服传入日本，亦为日本人所喜爱。

在节令方面，端午节饮菖蒲酒，七月十五盂兰盆会，九月初九重阳节，都由唐朝传入日本。而唐朝丰富多彩的文学，更为日本人所欣赏。唐朝著名作家的诗文集相继传入日本，其中白居易形象鲜明、语言通俗的诗句，尤其受到喜爱。

在艺术方面，唐朝的音乐、绘画、雕塑、书法、工艺美术等也纷纷传入日本。日本宫廷还请唐乐师教授音乐。

在科学技术方面，唐朝先进的生产技术、天文历法、医学、数学、建筑、雕版印刷等陆续传入日本。中国式的犁和大型锄传入日本并开始普遍使用。日本仿照唐的水车，制造了手推、牛拉、脚踏等不同类型的水车。694年，日本兴建了第一个都城藤原京。710年，修建了平城京，794年又修建了平安京。这些城市的设计、布局都模仿了唐朝的长安城，连建筑所用砖瓦的纹饰也完全相同。

在日本到唐朝学习的学问僧中，最著名的是空海。他于804年来到长安青龙寺，向惠果学习密宗，回国时带回了一百八十多部佛经，在日本建立了密宗。

同时中国僧人也不断东渡日本，其中贡献最大的是鉴真和尚。鉴真，俗姓淳于，扬州人，对律宗有着精深的研究。应日本圣武天皇的邀请，鉴真东渡日本，经过六次努力，历尽艰险，双目失明，终于在754年携弟子到达日本。鉴真不仅把律宗传到了日本，还把佛寺建筑、雕塑、绘画等艺术传到了日本。日本现存的唐招提寺，就是鉴真及其弟子所建。鉴真精通医学，对本草尤为精通。虽然双目失明，但鉴真能以鼻嗅分辨各种药物，他还给日本皇太后治愈了疑难病症。在日本曾有《鉴真上人秘方》一书问世，据说这就是鉴真的处方记录。当时日本药学初兴，药物真伪混杂，日本天皇下令"辨证"，鉴真鉴定药物的性能，为日本古代药物学奠定了基础。据说现在日本东大寺传的"奇效丸"，就是鉴真传到日本去的。正因为这样，所以直到江户时代（1603年—1867年），日本的药袋上仍然画着鉴真的图像。应该说鉴真对日本医药学的发展，做出了不可磨灭的贡献。

安史之乱

　　自唐玄宗天宝十四年（755年）至唐代宗宝应二年（763年）结束的安史之乱是唐朝由盛而衰的转折点。"安"指安禄山，"史"指史思明。安史之乱系指他们起兵反叛唐王朝的一次祸乱。前后达八年之久的安史之乱结束了唐朝的盛世，对唐朝后期乃至以后的宋朝产生了深远的影响。而安史之乱的爆发也有其深刻的历史原因。

饮中八仙图局部

杜甫有《饮中八仙歌》，所咏者皆为当时豪饮名流，即贺知章、李适之、李白、崔宗之、苏晋、汝阳王李琎、张旭、焦遂等八人。该图就是根据杜甫的诗意而作的。李适之爱好与文人宴饮。他夜晚饮酒，白天处理政事，一点也没有耽误工作。但正是因为他没有挖空心思讨好皇帝，所以才被李林甫排挤。

盛世下的危机

唐玄宗执政后期，由于国家处于一片繁荣昌盛的局面之下，逐渐变得骄奢淫逸。此时的唐玄宗不再想着如何治理好国家，而是一门心思地吃喝玩乐。他重用小人，宠爱杨贵妃，使朝政日趋腐败，开元盛世那光鲜的背后隐藏着巨大的危机。

远贤臣，亲小人

唐玄宗在执政之初，曾经励精图治，任用了姚崇、宋璟等一大批优秀的人才为相，遂有了开元盛世的局面。但后来唐玄宗以为大功已成，逐渐丧失了进取心，骄傲怠惰，沉溺于享乐之中。当时的宰相张九龄是一位富有卓识远见的政治家，他见玄宗凭借着国富民强、兵甲强盛的条件，开始有了贪求边功、穷兵黩武的思想苗头，就经常向玄宗进谏告诫。735 年，范阳节度使张守珪斩契丹叛臣有功，玄宗欲提拔他做宰相，张九龄苦苦相劝，认为不能用宰相职务奖赏功臣，玄宗总算勉强接受了。不过玄宗对张九龄的一再规谏很不耐烦，就在这一年，他罢免了张九龄的宰相职务，任命李林甫为宰相。

唐巾舞壁画

"骊宫高处入青云，仙乐风飘处处闻。缓歌曼舞凝丝竹，尽日君王看不足。渔阳鼙鼓动地来，惊破霓裳羽衣曲。九重城阙烟尘生，千乘万骑西南行。"歌舞虽好，但唐玄宗沉醉其中，不理朝政，最终酿成了安史之乱，唐朝由盛至衰。

李林甫虽然不学无术，读文章都会念错字，但能登上宰相的高位，并且担任宰相长达十九年之久，固然是靠了他的政治手腕，也是因为他善于阿谀奉承，能够非常符合晚年唐玄宗的心思。李林甫将宦官、宫女都加以收买，每有奏请之事，这些人都会向他透露皇上的态度，皇上的一举一动尽在其掌握之中。

因此在唐玄宗的眼中，李林甫善解人意，从不跟他唱反调，用起来顺手。好比 736 年（开元二十四年），唐玄宗在东都洛阳住久了，想回长安。宰相裴耀卿进言说："现在农民收割还没有完毕，等到冬天农闲时节方可返回为好。"大臣们离开玄宗时，李林甫故意瘸着走路，落在了后面。玄宗问他哪里不舒服，他回答说："我不是有病，是有事要上奏皇上。洛阳、长安本来就是皇上的东宫、西宫，皇上要到哪里去，何必要等待时机呢！如果说妨害农事，只要免除所经地区的租赋就行了。"玄宗大悦，立即下令车驾回长安。

李林甫每次上奏事情，唐玄宗都非常满意。这是因为李林甫通过宦官和妃嫔，把玄宗的心理活动摸得一清二楚。执掌朝政后，他首先要做的，就是将谏官们的嘴巴封住。李林甫对谏官们说："你们不要多言多语。你们不是见到了过仪仗队里的马匹吗？它们吃的饲料相当于三品官的待遇，但只要一叫唤，就立刻会淘汰掉，再想不叫唤也没有机会了！"唐玄宗果然听不到有人说李林甫的坏话，自然更加信任他了。

李林甫自从担任了宰相之后，对才能、声望在自己之上并受唐玄宗器重、有可能对自己构成威胁的人，就千方百计地加以排斥。李林甫的府上有一个月堂，每当要排挤某个大臣的时候，李林甫就住进去闭门不出，构思计策。等到他出来之后，就有大臣要倒霉了。张九龄、李适之等正直之士，就是被他这样排挤出相位的。

天宝（742 年—756 年）初年，李适之担任左相，而李林甫担任右相。李适之为人心胸宽阔，坦率正直。一次李林甫故意告诉李适之说："华山发现有金矿，如果开采，可以使国家富裕，圣上尚不知此事。"等到李适之将此事告诉了唐玄宗，李林甫又对玄宗说："我早就知道华山蕴藏着金矿，但华山是陛下王气所在，不宜开采，所以未曾提出此事。"唐玄宗于是认为李林甫能够处处替自己着想，而对李适之则逐渐冷淡了，并对李适之说："以后报告事情，最好先跟李林甫商议一下，不要轻易发言。"李适之无言以对，对心怀回测的李林甫产生了畏惧之心，遂提出辞去相位。

李适之罢相后，陈希烈担任左相。陈希烈性情柔顺，只知道事事顺从，容易控制，因此李林甫才推荐了他。陈希烈担任宰相后，所有事务均由李林甫一个人决定，他唯一做的事就是点头说"是"。

一次官员严挺之被李林甫排挤在外地任刺史。后来唐玄宗想起了他，对李林甫说："严挺之还在吗？这个人很有才能，还可以用呢。"李林甫说："陛下既然想念他，我去打听一下吧。"退朝之后，李林甫连忙把严挺之的弟弟找来，对他说："你哥哥不是很想回京城见皇上吗？我倒有一个办法。"严挺之的弟弟还以为李林甫关心哥哥，十分感激，连忙请教。李林甫说："只要叫你哥哥上一道奏章，就说他得了病，请求回京城来看病就可以了。"严挺之接到他弟弟的信，真的上了一道奏章，请求回京城看病。李林甫就拿着奏章去见唐玄宗说："真是太可惜了，严挺之现在得了重病，不能干大事了。"唐玄宗惋惜地叹了口气，也就不再提起此事了。

玄宗避暑宫
亭台楼阁背山面水，富丽堂皇。这不由让人想起了秦朝的阿房宫。

这样的事李林甫着实做了不少，因此当时的人们就说，李林甫这个人是"嘴上像蜜甜，肚里藏着剑"。成语"口蜜腹剑"就是这样来的。由于李林甫杀人多，结仇也多，坏事做绝，因此他每天都是提心吊胆，唯恐刺客暗算他。每次出入，骑从甚多，戒备森严，在距他一百多步远的地方就设立警卫。在家里也是重墙复壁，墙四壁要用厚木板或石头包上一层，唯恐刺客穿墙而入。晚上睡觉也睡不安稳，为了防备刺客，一夜之间要换好几个地方，即使是自己的家里人也不知道他究竟睡在什么地方。玄宗就是这样受他的蒙蔽，以为国家强盛繁荣，因此逐渐倦怠了政事。

奢华无度

唐玄宗登基之初，当时社会崇尚奢侈华靡的风气，于是就颁布诏令："皇帝乘坐的车马、穿的衣服、系的腰带以及摆设器皿，如果是有金银装饰的就要交给相关的政府部门进行销毁或者改造，用来充实国库；那些带有珠玉、锦绣的装饰品或者是丝织品都要在殿前用火焚烧掉；宫内皇后、嫔妃以下所有人，都不可以用珠玉、锦绣来装饰服装；从此以后，天下的人们不许再采贡珠玉，不可以再织锦刺绣。"除此之外，皇帝还撤销了长安和洛阳两地的织锦坊。

但唐玄宗在位时间长了，享乐的倾向越来越明显，朝廷日常的耗费一天比

唐朝 舞马衔杯纹银壶
该银壶的造型仿照我国北方游牧民族皮囊
和马镫的形状，壶口偏在一侧，壶身两面
模压凸出一匹翘首鼓尾、衔杯伏拜的骏马
图案。壶盖以及壶身所饰的骏马，均鎏有
黄金，尽显富丽奢华。

一天多。唐玄宗不仅拥有众多的嫔妃宫女，据说当时的六宫粉黛就多达四万名，而且连宦官的数量都大幅增加。史称"宦官黄衣以上三千员，衣朱紫千余人"。而按照唐朝的相关规定，官衔六品的穿黄衣，官衔在三至五品的穿朱紫，玄宗时期仅仅六品以上的的宦官就已经达到了四千多人，那么普通宦官就更多了。唐玄宗对宦官又十分宠信，所以这也为唐朝中后期发生严重的宦官专权埋下了祸根。

唐玄宗的奢侈还在其他的方面得到了体现。李隆基酷爱温泉，所以就专门建造了用于洗浴温泉的房屋，其豪华程度远非我们现代人所能够想象的。唐朝的郑处诲所撰《明皇杂录》记载，李隆基在长安大内就下令修建了终年可以供其享受温泉浴的房屋数十间，房屋与水池四壁装饰得异常华美，材料精选的都是花纹大理石，池中放置了用金玉点缀的银镂漆船和白香木小船，还用珠宝和名贵香料堆叠成瀛洲仙岛的样子。李隆基曾经对华清池进行扩建，据说"制作宏丽"。华清池扩建修好之后，安禄山为了孝敬唐玄宗，以博取他的欢心，在范阳让工匠专门用汉白玉雕刻了栩栩如生的鱼龙凫雁，还配有石梁和石莲花。李隆基就赶快下令将其放在温泉池中，将石梁架在池上，仿佛石莲花刚刚冒出水面的样子。

如此巨大的耗费，按照以往传下来的征用赋税标准已经无法满足这些需要。一些官员为了讨好唐玄宗，就想方设法搜括百姓。按照唐律，戍边的战士可以免征六年的租庸，但当时的边防将领为了夸大战功，掩饰败迹，冒领军需，往往不上报战士的死亡情况。因此很多阵亡战士在家乡的户籍上并没有除名。户口色役使王鉷得知这种情况，就根据户籍认为这些人在逃避课役，开始向阵亡战士的家属征收他们的租庸，有的累计征收多达三十年。

而王铼从搜刮来的这些钱财中每年拿出几百万贮在内库，供唐玄宗挥霍，并说："此是常年额外物，非征税物。"自然王铼也私吞了不少，连他家中的井栏都用珠宝装饰，又在自家的花园里引水为喷泉，号为"自雨亭"。在他因卷入谋反案件被赐死以后，官府没收了他的家产，几天时间都没能点清。但当时唐玄宗竟然对王铼非常赏识，认为他有"富国之术"，能使皇帝有钱花，又不浪费国库之财。因此对他不断委以重任，以至王铼身兼二十余职。可叹的是，唐玄宗就此认为国家财力丰富，用度丰裕，所以更加挥霍无度，没有约束，视金银如粪土，赏赐更加没有限度。

上梁不正下梁歪。唐玄宗好大喜功，底下官员就挖空心思投其所好。官员韦坚为了取悦唐玄宗，在装满了各地珍宝财物的转运船只会集长安时，请唐玄宗前来观看。韦坚一声令下，擅长音律的崔成甫在打头的船上高歌："得宝弘农野，弘农得宝耶！潭里船车闹，扬州铜器多。三郎当殿坐，看唱《得宝歌》。"早已经准备好的一百多名美女也开始翩翩起舞，与之唱和。唐玄宗看了非常高兴，认为韦坚是治国能臣。

舞马斗鸡

唐玄宗认为天下太平，政事有李林甫处理，国家财政又相当充实，于是纵情享乐。其中舞马和斗鸡是比较有特色的两项娱乐活动。

舞马的记载最早见于三国的曹魏，唐代最为兴盛。唐玄宗命人物色了许多骏马，教它们跳舞。若塞外有善于马术的人来到长安，他都会让他们拿出看家本领，教马跳舞，不曲尽其妙决不罢休。相传唐玄宗共驯养了四百多匹舞马，每匹都取了某家宠、某家驹的名字，并分为若干部。

在每年八月十五千秋节（即唐玄宗的生日）举行的盛大庆典中，舞马表演必不可少。表演时舞马全都"衣以文绣，络以金银，饰以鬃鬣，间杂珠玉"，在乐曲中跃然起舞。唐玄宗还让人用木板搭建了三层的舞台，演员骑马上去，旋转如飞，表演各种惊险奇妙的舞姿。当曲终时，舞马口衔酒杯，跪拜在地，向皇帝祝寿。初唐人万万没有想到，曾为创建大唐帝国而征战四方的坐骑，至玄宗时已成为了宫廷的玩物。

安史之乱爆发后，叛军攻占长安，安禄山的得力爪牙田承嗣得到几匹舞马，以充军马。一次军队举行宴会，正在奏乐之际，这些马跳起舞来。养马人不知道这些马的来历，都以为马在闹鬼，拿着笤帚殴打它们。这些舞马以为是自己跳得没有合上音乐节拍，就像从前给唐玄宗表演时那样跳个不停。马夫就把马匹闹鬼的事报告田成嗣，田成嗣下令用鞭子抽这些舞马。当时也有人知道它们是舞马，但因为田成嗣暴虐，最终也没人敢说。马跳得越是合乎节奏，鞭打得就越厉害，直到被打死为止。

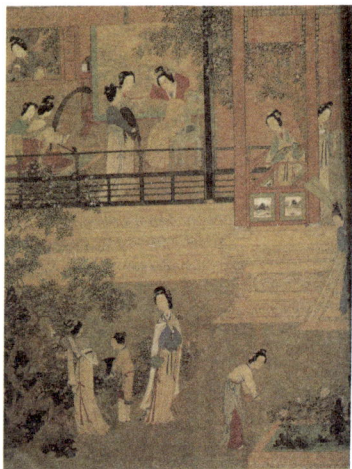

贵妃晓妆

以晨起听乐、梳妆、采摘鲜花、簪头等情景，集中再现了杨贵妃等后宫嫔妃奢华的宫中生活。

斗鸡这一习俗也是早已有之，但唐玄宗将之发展到了登峰造极的地步。一次唐玄宗出去游逛，看见七岁的贾昌在云龙门外道边上玩木鸡，于是把他召入皇宫，充当鸡场的驯鸡少年。当时贾昌年纪虽小，但进入鸡群中，就像指挥一群小孩子一样，对于不管是健壮的鸡还是瘦弱的鸡，不管是勇敢的鸡还是怯懦的鸡，对它们喂水喂食的时间，疾病的迹象，他都了如指掌。随便逮出两只鸡，贾昌都可以像指挥人那样指挥它们。监护鸡场的宦官把这一情况向玄宗作了汇报。玄宗把贾昌召来在院中进行检验之后，当天就任命他担任五百驯鸡少年的首领。每当节日，贾昌都要穿上朝服，指挥斗鸡。

唐玄宗对贾昌极为优待。贾昌的父亲过世时，官府备办了殡葬用品和丧车，由贾昌将遗体护送回家。时人称贾昌为"神鸡童"，还为他编出了这样的话："生儿不用识文字，斗鸡走马胜读书。贾家小儿年十三，富贵荣华代不如。能令金钜期胜负，白罗绣衫随软舆。父死长安千里外，差夫持道挽丧车。"后来玄宗还亲自做媒，为贾昌娶了妻子，新郎新娘的服装首饰都由朝廷提供。

杨贵妃的专宠

如果说痴迷于舞马斗鸡还只是败坏社会风气、耗费国家钱财的话，那么唐玄宗宠爱杨贵妃就真正标志着一系列唐朝致命错误的开始。

杨玉环是蒲州永乐人（今山西永济），出身于官宦世家。曾祖父杨汪是隋朝的上柱国，唐初被李世民所杀。父亲杨玄琰是蜀州司户。父亲去世后，杨玉环就被寄养在洛阳的三叔杨玄珪家里。

杨玉环天生丽质，加上优越的教育环境，使她具备了一定的文化修养，性格婉顺，精通音律，擅长歌舞，还善弹琵琶。唐玄宗的女儿咸宜公主在洛阳举行婚礼时，杨玉环也应邀参加。咸宜公主的胞弟寿王李瑁对杨玉环一见钟情，遂册立她为寿王妃。婚后两人生活甜美异常。

不料唐玄宗对这个儿媳妇同样也是一见钟情。为了得到杨玉环，唐玄宗先是打着孝顺的旗号，下诏令她出家做女道士，说是要为自己的母亲荐福，并赐道号"太真"，不久后便正式将其纳为自己的妃子。那年玄宗六十一岁，杨玉环二十七岁。唐玄宗为了女色，甚至不惜从自己的儿子手中强夺，这已是国家败亡之兆。皇帝奢侈加上纵欲，这说明安史之乱的爆发并非偶然。

唐玄宗对杨玉环的宠爱无与伦比，贵妃每次乘马，都有大宦官高力士亲自执鞭；专为贵妃制作衣服的织绣工就有七百人；为了让心爱的人尝到她喜欢的新鲜荔枝，玄宗不惜动用八百里加急来递送。据说在当时的宫中专门为贵妃院织锦刺绣的工匠就达到七百人之多，仅仅杨贵妃的姐妹三人每年的脂粉钱就达上百万。唐玄宗为了讨得杨贵妃的欢心，不仅给予杨氏兄弟姐妹贵重的赏赐，还封官晋爵。史籍记载当时的杨家"甲第洞开，僭拟官掖。车马仆御，照耀京邑，递相夸尚。每构一堂，费千万计"。据说杨家姐妹出入乘坐的车子，即使是牛车，也会用金玉翡翠来装饰得耀眼瑰丽。因此人们羡慕感叹"姊妹弟兄皆列土，可怜光彩生门户。遂令天下父母心，不重生男重生女"。

杨氏乱政

杨国忠本名钊，是武则天男宠张易之的外甥，据说是杨贵妃同曾祖兄。就是这样的人，却因为杨贵妃的专宠而当上宰相权倾一时，也是唐玄宗时期朝政腐败的重要表现。杨国忠从小放荡不羁，喜欢喝酒赌博，因此穷困潦倒，经常向别人借钱，人们都瞧不起他。但四川富豪鲜于仲通在经济上经常资助他，并把他推荐给了剑南节度使章仇兼琼。章仇兼琼一见杨钊身材魁梧，仪表堂堂，又伶牙俐齿，非常满意，就任用了他。因为章仇兼琼当时正担心李林甫专权，禄位难保，所以就想使杨国忠利用杨玉环的裙带关系进入朝廷，作一内援。在杨国忠到京城向朝廷贡奉蜀锦时，章仇兼琼让他带上价值万贯的名贵土特产。到了长安后，杨国忠就用这些土特产贿赂杨氏诸姐妹。于是杨氏姐妹就经常在玄宗面前替杨国忠和章仇兼琼美言。不久章仇兼琼被任命为户部尚书兼御史大夫，杨国忠被任命为金吾兵曹参军。

杨国忠在长安站稳脚之后，便凭借着杨贵妃和杨氏诸姐妹得宠的条件，巧为钻营。在首都长安，杨国忠的势力也在迅速扩大。杨国忠是杨贵妃的族兄，唐玄宗和杨贵妃姐妹经常在一起赌博取乐，杨国忠便在旁算赌账，又快又准，使得玄宗大为赏识，称赞他是一个好度支郎。君无戏言，杨国忠就这样真的担任了管理财政的度支郎，宦途从此开始。到了 748 年的时候，杨国忠一人就已经身兼十五职。再过了四年，到了 752 年，杨国忠当上宰相之后，达到了权力的顶峰。这时杨国忠兼职也达到巅峰，达到四十余职，当时朝中几乎所有重要职位包括御史大夫、判度支使、铸币使、吏部尚书等职位都由杨国忠一人兼任。

杨国忠同李林甫一样，非常善于揣摩唐玄宗的心意，对玄宗喜欢什么和

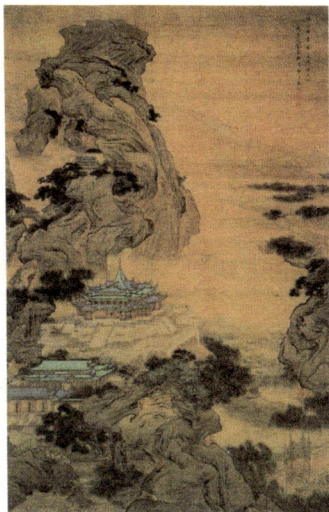

骊山避暑图

唐朝在骊山建有温泉宫，唐玄宗同杨贵妃常到此避暑游乐。此幅作品即以此入画，楼台殿阁精致华美，但正是因为唐玄宗一心享乐，才导致了安史之乱的爆发，唐王朝从此由盛转衰。

虢国夫人游春图

此图描绘的是天宝十一年（751年）唐玄宗的宠妃杨玉环的三姊虢国夫人及其眷从盛装出游的情景。杨氏姐妹一度权势熏天，弄得朝政混乱不堪。虽然后来她们不是被唐军诛杀，就是被安禄山叛军所杀，但唐朝政权已大伤元气。

厌恶什么，都能了如指掌，且百般迎合。玄宗对这位善解人意的姻亲大为欣赏，而杨国忠则使用种种手段巧取豪夺，聚敛财物供唐玄宗挥霍。

杨国忠势力的迅速发展，对李林甫构成了极大的威胁，权力的天平开始向杨国忠这一边倾斜。750年，御史大夫宋浑贪赃一亿钱，案情败露，被判流刑。宋浑是李林甫的亲信。这时原本效忠于李林甫的酷吏吉温见杨国忠受到皇帝的宠爱日深，遂背弃李林甫而转向了杨国忠。李林甫看在眼里，竟然无法营救宋浑。

752年，发生了邢绰事件，杨国忠借此狠狠地打击了李林甫的势力。当时的御史中丞有两位，一个是杨国忠，一个是王鉷，而王鉷是李林甫的亲信。王鉷的兄弟王銲有一个亲信邢绰，阴谋发动政变。不料事情泄露，邢绰被杀。杨国忠将案情报告给了唐玄宗，说王鉷一定参与了这次阴谋。李林甫因王鉷是自己的亲信，极力为其辩护。玄宗遂准备赦免王鉷兄弟。这时左相陈希烈突然杀出，一口咬定王鉷参与了叛乱。陈希烈本是李林甫推荐为相的，凡事唯李林甫马首是瞻，但此时却突然倒戈，投靠了杨国忠。就这样杨国忠、陈希烈等人联手诛杀了王鉷兄弟。经过此事，唐玄宗开始疏远李林甫，而杨国忠再次得到了升迁。

同一年南诏不断攻击南方边境，剑南节度使奏请让杨国忠亲临前线督战。李林甫为了达到离间唐玄宗与杨国忠的关系，也极力怂恿。杨国忠动身前，向玄宗辞别，流着泪说自己将会被李林甫害死，恳求不要让他蜀地。玄宗安慰他说："你暂时去蜀郡逗留一段时间，我数着手指头等着你回来，回来之后就任用你为宰相。"

此时李林甫已身患重病，巫师说只要真命天子看他一眼，病即可痊愈。唐玄宗原本打算亲去李宅探望，但左右侍从坚决反对。最后唐玄宗只得命李

贵妃上马图

此图描绘了唐玄宗与杨贵妃上马的情形。玄宗骑照夜白，侧面望着贵妃，贵妃身旁有两名侍女协助。虽然唐玄宗与杨贵妃之间是否存在着真正的爱情已不可考，但唐玄宗对杨贵妃的宠幸与唐朝的中道而衰有着直接的关系。

林甫的家人把他抬到庭院，玄宗登上降圣阁遥遥相望，举起红手帕向他招手致意。李林甫已不能起身，命他的家人遥遥叩头致谢。杨国忠刚到蜀郡，玄宗就派宦官把他召了回来。杨国忠到达昭应（今陕西临潼），去拜见李林甫，在病床旁跪下。李林甫泪流满面，对杨国忠说："我已不久于人世，你一定会出任宰相，朝廷的事，就全拜托你了。"杨国忠连连说不敢担此大任，说此话时紧张得满头大汗，唯恐李林甫病愈后要加害于他。但李林甫不久就死去了，杨国忠悬着的心终于放了下来。

杨国忠终于当上了宰相，他口才流利，擅长强词夺理，为人轻狂浮躁，裁决机要大事独断专行。杨国忠继李林甫之后专擅朝政，妒贤嫉能，用人唯亲，营私舞弊。唐朝的统治危机进一步加深。

边疆败绩

冰冻三尺，非一日之寒。唐朝的大乱之势不仅体现在朝政混乱上，边疆的屡屡败绩也是其中的重要表现。当时唐玄宗好大喜功，边将就投其所好，屡屡挑起战争。开元（713 年—741 年）初年，每年边疆军费约为二百万贯，开元末年增加到一千万贯，到天宝（742 年—756 年）末年就变成一千五百万贯了。

唐骑兵仪仗

这是敦煌壁画的《张议潮统军出行图》部分。骑兵甲械齐整，旌旗鲜明，从中可见唐军的风采。但因皇帝好大喜功，再加上将领狂妄无能，使唐军在多次对外作战中均遭到失败，且损失惨重。

　　一方面是军费激增，另一方面是唐军将领由于节节胜利而滋生了狂妄自大的情绪，最终导致怛罗斯（今哈萨克斯坦塔拉兹附近）之败与南诏的反叛。怛罗斯之败使唐朝失去了对中亚的控制权，而南诏的反叛不但消耗了唐朝的国力，还使边疆民众生灵涂炭。对于此种情形，杜甫在《兵车行》中有着生动的描述："车辚辚，马萧萧，行人弓箭各在腰。爷娘妻子走相送，尘埃不见咸阳桥。牵衣顿足拦道哭，哭声直上干云霄。道旁过者问行人，行人但云点行频。或从十五北防河，便至四十西营田。去时里正与裹头，归来头白还戍边。边亭流血成海水，武皇开边意未已。君不闻汉家山东二百州，千村万落生荆杞。纵有健妇把锄犁，禾生陇亩无东西。况复秦兵耐苦战，被驱不异犬与鸡。长者虽有问，役夫敢申恨？且如今年冬，未休关西卒。县官急索租，租税从何出。信知生男恶，反是生女好。生女犹得嫁比邻，生男埋没随百草。君不见，青海头，古来白骨无人收。新鬼烦冤旧鬼哭，天阴雨湿声啾啾。"

　　怛罗斯之败要从小勃律的反叛说起。715年，吐蕃以武力迫使小勃律（今克什米尔的吉尔吉特）与之联姻。于是西北二十余国皆臣服于吐蕃，中断了对唐朝的纳贡，四镇节度使田仁琬曾三次讨伐，但均未成功。

　　747年，唐玄宗任命大将高仙芝为行营节度使，率步骑一万人进行长途远征。高仙芝从安西出发，仅用百余日便到达连云堡（位于小勃律西北部，即今阿富汗东北的萨尔哈德）。连云堡地势险要，有万名吐蕃兵防守，但高仙芝指挥的唐军作战神勇，半天时间便攻占了该城。此后高仙芝率兵继续深入，平定了小勃律国，活捉小勃律国王及吐蕃公主。

在胜利之后，高仙芝变得狂妄起来。西域藩国石国"无番臣礼"，高仙芝领兵征讨，石国请求投降，高仙芝允诺和好。但是不久高仙芝即违背承诺，攻占了石国城池，俘虏了石国国王并献于阙下斩首，掳走男丁，掠取财物。

几乎在同一时间，阿拉伯国内发生政权变动，阿拔斯王朝（中国史称黑衣大食）取代了倭马亚王朝（中国史称白衣大食）。阿拔斯王朝收到侥幸逃脱的石国王子的求救信后，联合阿姆河、锡尔河流域的所有属国，准备派大军进攻安西四镇。高仙芝得到情报后，在未掌握大食军队人员装备虚实的情况下，就采取先发制人之策，深入七百余里长途奔袭，主动进攻大食。鉴于当时唐帝国在西域的影响，有许多葛逻禄及拔汗那国的军卒参加了大唐军队。组成的大唐联军有三万多人，其中唐兵占三分之二。751年，高仙芝率军到达了阿拉伯人控制下的怛罗斯，双方在怛罗斯河两岸展开了决战。

由于唐军将士极其英勇善战，加上强弓硬弩的技术优势，高仙芝曾经占取了上风，阿拉伯联军先后七次进攻均被唐军压制。但因为阿拉伯联军兵力太多，大约在十万以上，高仙芝也无法取得胜利。战斗持续了五天，就在两军相持不下的时候，葛逻禄部雇佣兵突然叛变，成为战役的转折点。叛军从背后包围了唐军的步兵，断绝了他们与骑兵的联系。唐军突然失去了弓弩手的支援，阵脚顿时大乱。阿拉伯联军趁机出动重骑兵主力对唐朝步兵猛攻。连日征战的唐军在内外夹击之下再也支撑不住，终于溃败，高仙芝在夜色掩护下逃往安西。副将李嗣业和别将段秀实收拢散兵游勇向安西撤退，途中恰逢大唐联军中的拔汗那兵也溃逃至此，结果兵马车辆拥挤堵塞道路。李嗣业惟恐大食追兵赶到，于是挥舞大棒毙杀了百余名同属大唐联军的拔汗那军士，才得以率先通过。高仙芝发誓要

弄莺图

此图写古诗"打起黄莺儿，莫教枝上啼。啼时惊妾梦，不得到辽西"之意境。春天柳树新绿，黄莺啼鸣，一位正愁思远方丈夫的闺中少妇，因恐莺啼扰乱她与丈夫梦中的相会，拿着枝条去驱赶黄莺。由于唐朝与居于辽西的契丹部落战争不断，到辽西一带戍守的士卒往往长期不得还家，甚至埋骨边陲。

正史史料

近得卿表，知蒙归义等效命出力，自讨西蛮。彼持两端，宜其残破，苟非生事，定是输忠，亦卿等指麾，更张远略。诸部所请朝贡，及蒙归义等立功，并委卿料。

——唐玄宗《又敕王昱书》

和阿拉伯联军再决雌雄，因此积蓄力量，积极进行战争准备。但由于唐朝国内"安史之乱"的爆发，他被征调回中原抵御叛军。之后因为唐朝长期处于战乱，就再也无暇也无力顾及西域地区了。

此役唐军损失惨重，两万人的精锐部队几乎全军覆没。慑于唐军所表现出的惊人战斗力，阿拉伯人也没有乘胜追击，只是巩固了他们在中亚的霸权。几年后唐朝爆发了安史之乱，国力大损，也只能放弃与阿拉伯人争夺中亚的统治权，原本臣服于唐朝的中亚诸国转而臣服于阿拔斯王朝和吐蕃王朝，对伊斯兰教在中亚的传播起到了重要的作用。也正是在这时候，阿拉伯人俘获了一些会造纸术的中国士兵，中国四大发明之一的造纸术由此传入阿拉伯，并进一步传入了欧洲。

如果怛罗斯之战还只是发生在遥远的西域，那么南诏的叛变则直接影响到四川等地的稳定，而延续的时间要更为长久。南诏是中国唐朝时期西南地区的边疆政权，其统治区域包括今日云南全境及贵州、四川、西藏、越南、缅甸的部分地区，由蒙舍诏首领皮逻阁在 738 年建立，937 年被段思平所灭，改名大理。

诏的意义，或说诏即王。而根据唐人的记载，"先时南蛮六部不相臣服，天子每有恩赏，各颁一诏，呼六诏"。因皮逻阁所在的蒙舍诏在六诏中位于南方，故称南诏。

本来六诏势力大致相等，其中蒙嶲、越析二诏地域最大，兵力最强，蒙舍诏比上述二诏较弱。但由于其他五诏受吐蕃威胁，常弃唐归附吐蕃，而南诏始终附唐，因而得到唐朝的大力支持，南诏的实力得到很大的发展。713年，唐玄宗封南诏皮逻阁为台登郡王。714 年，皮逻阁遣谋臣张建成入朝。738 年，皮逻阁准备兼并五诏，就告知剑南节度使王昱，请求合六诏为一。当时唐朝正在与吐蕃争夺安戎城，战事激烈，皮逻阁攻打其它五诏，可以牵制吐蕃。王昱就向朝廷报告，得到了唐玄宗的允许，并派出御史严正诲等人参与军事，很快统一了六诏，成立以西洱河地区为中心的南诏国。该年唐玄宗赐皮逻阁名为蒙归义，封其为云南王、越国公、开府仪同三司。"南诏"之名由一诏而成为洱海地区之统称，继而成为统治整个云南及其周边广大区域的西南地方政权。

皮逻阁在唐朝的支持下军事征服五诏、统一洱海地区的过程被描绘成"火烧松明楼"的故事。据说蒙舍诏势力强大以后，皮逻阁用松枝盖了一座大楼，称松明楼。然后强令五诏首领前来松明楼祭祖。除越析诏首领以路远不曾赴会外，其余四诏首领都如期前往。祭典之后，皮逻阁便邀众人登楼入宴。宴会间皮逻阁装醉离席，下楼后就命人将门锁上，点燃了松明楼。四诏首领均被烧死，其部落被迫降服，而越析诏也只好表示臣服。据说如今云南的火把节就与这次事件有关。

但唐朝与南诏的友好关系并没有持续太长时间。748年，皮逻阁谢世，其子阁罗凤继位。而此时的南诏，已不是蒙舍川的那个小部落，已经成为了雄踞西南的强大地方政权。而这时唐朝朝政已相当混乱，走杨国忠门路而当上剑南节度使的鲜于仲通不知方略。750年，他的属官姚州太守张虔陀甚至侮辱与阁罗凤同来的妇女，还勒索贿赂。阁罗凤不应，张虔陀就派人去辱骂，并向朝廷告发他图谋扩张领地。阁罗凤感慨道"九重天子难承咫尺之颜，万里忠臣岂受奸邪之害"，于是派人远赴长安向唐玄宗控诉张虔陀的罪行。唐玄宗听信了杨国忠的谗言，对此事不予理会。

阁罗凤就起兵攻破云南，杀了张虔陀，因而唐廷震动。751年，鲜于仲通率兵八万往击南诏，阁罗凤请和，说现在吐蕃大兵压境，如不许和，我将会归附吐蕃，云南就不是唐所有了。鲜于仲通自恃兵力强大，进军至西洱河，被南诏击败，唐兵死亡六万余人。白居易曾这样写道："鲜于仲通六万卒，征蛮一战全军没。至今西洱河岸边，箭孔刀痕满枯骨。"鲜于仲通只身逃到京城，杨国忠一伙权臣为其掩盖罪行。唐玄宗一方面为鲜于仲通设宴庆功，擢升他为都城长安的最高长官"京兆尹"。另一方面积极备战，征集士卒，调集军队，准备再征云南。这真是"西洱全军败没时，捷音犹自报京师。归来设宴甘泉殿，高适分明为赋诗"。

在唐朝的压力下，阁罗凤归附了吐蕃，在752年被册封为"赞普钟南国大诏"（赞普钟为小赞普），"赐为兄弟之国"。阁罗凤自立国号为大蒙。当时杨国忠当政，不知大乱就在眼前，还继续出兵攻打南诏，唐兵前后死亡了约二十万人。更为严重的是，杨国忠不是就近从四川地区征调士兵，而是从陕西、河南、河北等地征集。北方人风闻云南为蛮荒之地，瘴气袭人，历来去者无还，因此纷纷逃避兵役。杨国忠强制征兵，不从者强行捆绑送往征兵所。很多人为了逃避兵役，甚至自残。唐人就有诗云："天宝宰相杨国忠，欲求恩

历史细读

　　唐朝的地区设置总管，后来改为都督，总揽数州的军事。唐睿宗时始有节度使称号，因为授职时朝廷赐给双旌双节，故有此称。其时在边境每以数州或十余州为一镇，以节度使管辖这些州，掌管该镇的军、民、财政和监察大权。

幸立边功。边功未立人生怨，请问新丰折臂翁。"

　　因此广大民众对杨国忠怨恨至极，这也是安禄山日后反叛时以讨伐杨国忠为名的重要原因。

安禄山的得势

　　唐玄宗统治的后期，由于唐朝均田制和府兵制的破坏，不得不以募兵制代替府兵制。而这些召募来的职业军人极易受地方军阀的收买笼络，和将领形成一种特殊的盘根错节、牢不可破的关系。

　　本来唐王朝自建立以来，这些边防军将领都用忠厚而有名望的重要高官，任期短暂，从不由中央大员遥领，也从不兼任其他地区，功勋特别高的，往往调到中央担任宰相。随着唐朝的国力日益强盛，有了征服四海的雄心壮志，边防军将领十余年都不调换，任期长久，宰相则开始遥兼边防军统帅，唐朝的权力开始集中。而为了加强边境的防御，唐玄宗在重要的边境地区设立了多个藩镇，长官叫节度使，不仅带领军队，还兼管行政、财政和监察，权力很大，"既有其土地，又有其人民，又有其兵甲，又有其财赋"，以至于形成尾大不掉的局面。随着玄宗的不断开边，到了 742 年，边防军达到了四十九万人，占全国总兵力的百分之八十以上，其中又主要集中在东北和西北边境，仅安禄山所掌控的范阳等三镇即达十五万人。而中央军则不仅数量不足，而且质量太差，平时毫无作战准备，打起仗来，不堪一击。

　　而在这其中，李林甫等人也起到了推波助澜的作用。李林甫执掌朝政后，不但排挤朝廷的文官，还猜忌边境的节度使。担任朔方等四镇节度使的王忠嗣，立了很多战功。他手下的将领哥舒翰、李光弼等，都是骁勇善战的名将。李林甫看到王忠嗣的功劳大，威望高，怕他被唐玄宗调回京城当宰相，于是派人向唐玄宗诬告说王忠嗣想拥戴太子谋反，害得王忠嗣险些丢了性命。王忠嗣受不了这个冤枉，一气之下就病死了。

李林甫为了切断边防军将领调到朝廷当宰相的渠道，就提议任用少数民族将领为边防军的统帅。因为少数民族的将领都不通文墨，甚至不识字，不可能入朝为相。他奏报唐玄宗说："文官出任统帅，面对乱箭飞石，都害怕得不得了。不如专用贫寒出身的少数族人，他们勇敢果决，习惯于战场上冲杀。又出身贫寒，势力孤单，没有党派。陛下只要诚心诚意，对他们以恩德相待，他们就会效忠。"玄宗欣赏这种见解，开始重用少数民族将领。于是边防重镇的各节度使开始由少数民族将领担任，如安禄山、哥舒翰、高仙芝等。

安禄山是营州人，原名扎荦山。其父可能是来自西域的胡人，其母阿史德氏是个突厥巫婆。其父早死，他从小随母在突厥部族生活。后其母改嫁于突厥将军安波注之兄安延偃。后来其族破落离散，他与安波注之子安思顺等人一起逃离突厥，并约为兄弟，从此即冒姓安氏，名禄山。史称他懂得九种民族语言，又熟悉当地地形，故得到唐廷重用。

安禄山年轻时在平卢军里当过军官，因为不遵守军令，打了败仗，边境守将把他解送到长安，请朝廷处分。当时的宰相张九龄为了严肃军纪，把安禄山判了死刑。唐玄宗听说安禄山很能干，就下令把他释放了。

张九龄对唐玄宗说："安禄山违反军令，损兵折将，按军法不能不杀。而且据我观察，安禄山不是个善良的人，不杀恐怕后患无穷。"但唐玄宗不听张九龄的劝谏，还是赦免了安禄山。后来张九龄被撤了职。安禄山却依靠他奉承拍马的手段，一步一步地晋升，当上了平卢节度使。不出三年，又兼任范阳（今北京）节度使。

安禄山当了节度使以后，就尽量搜罗奇禽异兽，珍珠宝贝，经常送到宫廷来讨好唐玄宗。他知道唐玄宗喜欢边境将领报告战功，就采取阴谋手段，诱骗平卢附近的少数民族首领和将士参加宴会，在酒席上用药酒灌醉他们，然后把士兵们杀了，又把他们首领的头割下来，献给朝廷报功。然而就是这种败坏唐朝声誉的行为，却让唐玄宗非常高兴，还召安禄山到长安朝见。在745年，安禄山欲以边功邀宠，屡次侵犯北方的奚与契丹。本来唐还把公主嫁给奚与契丹，双方关系友好和睦，最后却导致奚与契丹各杀公主叛唐。

安禄山长得特别肥胖，凸肚子，矮个子，装出一副傻乎乎的样子。唐玄宗一见到他就指着他的肚子开玩笑说："你这么大的肚子，里面装的是什么东西呢？"安禄山不假思索地回答说："没有别的，有的只是对陛下您的赤胆忠心啊！"

唐玄宗更高兴了，就封安禄山为郡王，还替他在长安造了一座华丽的府第，让杨贵妃把安禄山收作干儿了，亲热得像一家人一样。安禄山每次进宫，都先拜贵妃，玄宗问是何故，安禄山回答说："胡人先拜母亲，后拜父亲。"玄宗听了很高兴。

胡人舞蹈

五人均深目高鼻，身穿窄袖长衫，属于典型的西域胡人的形象。中央一人翩翩起舞，其余四人各持乐器作伴奏状。有唐一朝，胡人的舞蹈特别盛行。安禄山虽然体重有三百余斤，但为了讨好唐玄宗，苦练胡旋舞五年，达到了"疾如风焉"的程度。

安禄山取得了唐玄宗和李林甫的信任，除了范阳（今北京）、平卢（今辽宁朝阳）两镇外，又兼任了河东（今山西太原西南）节度使，控制了北方边境的大部分地区。

因战乱结束的盛世

安史之乱是唐朝历史上最重要的事件，因为它是唐朝由盛而衰的转折点。安史之乱前后长达八年之久，对唐朝后期的影响尤其巨大。

渔阳起兵

唐朝这时看似强大繁华，实则虚弱不堪。安禄山早就有了谋反之心。唐玄宗宠幸杨贵妃，荒于政事，朝纲大乱。安禄山"计天下可取，逆谋日炽"。与杨国忠矛盾的激化则是他起兵的导火索。

安禄山很瞧不起杨国忠。一次杨国忠向安禄山索取巨贿，被他一口拒绝，而且对待杨国忠也没有应有的礼貌。杨国忠不能忍受这种轻蔑，决心打击他。唐朝的名将哥舒翰与安禄山有隙，杨国忠便与之结成联盟，共同排斥安禄山。因哥舒翰与安禄山不和，玄宗经常劝他们和解，让他们结拜为兄弟。一次俩人一同入朝，玄宗皇帝命宦官高力士宴请他们。安禄山对哥舒翰说："我的父亲是胡人，母亲是突厥；你的父亲是突厥人，母亲是胡人。我们族类相同，我们为什么不能相互亲近呢？"安禄山意在拉拢哥舒翰，但哥舒翰根本不吃这一套，说："狐狸向着自己的洞穴叫，被认为是不祥之兆，因为它忘本了。兄既然亲近我，我为什么不诚心对你呢？"安禄山认为他在讥讽自己是胡人，顿时大怒，骂哥舒翰说："你这个突厥人怎敢这样放肆！"哥舒翰正想反唇相讥，高力士急忙用眼睛向哥舒翰示意，哥舒翰才作罢，佯装喝醉，不欢而散。

杨国忠见状，开始不断地进行煽动，对唐玄宗说安禄山会谋反，可玄宗根本不相信。于是杨国忠采取了"逼他反"的手段，派遣军队包围了安禄山在长安的住宅，逮捕了他的宾客，全部处死，希望以此来激怒安禄山。安禄山果然恐惧、愤怒，于是决定发动叛乱。唐王朝由盛转衰的转折点，马上就要来到了。

755年，安禄山经过一番周密准备，决定以"清君侧"讨伐杨国忠为名起兵叛乱。这时正好有个官员从长安到范阳来，安禄山假造了一份唐玄宗从长安发来的诏书，召集将士宣布说："接到皇上密令，要我立即带兵进京讨伐杨国忠。"

"渔阳鼙鼓动地来，惊破霓裳羽衣曲"安禄山的十五万步兵、骑兵浩浩荡荡向南进发，一路上烟尘滚滚，鼓声震地。中原一带已经有一百年左右没有发生过战争了，老百姓好几代人没有看到过打仗了，沿路的官员也都是跑的跑，降的降。安禄山的叛军一直向南进攻，几乎没有遇到什么有效的抵抗。

金盆捞月

相传杨贵妃因为忌妒一度被逐出宫中，她遂叫宫女在盛满水的金盆里"水中捞月"。虽然唐玄宗随即与之和好，还与之海盟山誓永为夫妻，但安禄山乘"唐王昏庸声色恋，贪官污吏满长安。朝政荒疏兵将懒，藩镇草肥胡马喧"之机起兵，大唐的繁荣也如同这水中月一样转瞬即逝。

安禄山叛乱的消息传到长安，唐玄宗认为是有人造谣，根本不相信。直到后来警报一个接一个地传来，他才慌了起来，立刻召集大臣们商议。杨国忠得意洋洋地说："我早说安禄山要反叛，还不是被我说准了吗！不过陛下尽管放心，他的将士不会跟他一起叛乱。不出十天，一定有人会把安禄山的人头送来。"唐玄宗听了这番话后，稍微安心了。但事情远没有他想得那么简单。

马嵬驿之变

安禄山的头并没有被人送到长安，叛军却长驱直入，渡过了黄河。唐玄宗派遣大将封常清到洛阳招募兵马六万人进行抵御。但队伍未经训练，而叛军都是训练有素的军队，很快被叛军击败，洛阳失陷。于是封常清与驻屯陕州的大将高仙芝一起退守潼关。唐玄宗这个时候又听信宦官的谗言，杀死了高、封两人，起用告病还乡的小将哥舒翰统兵赴潼关。占领洛阳之后，安禄山自称大燕皇帝，年号圣武。756年，安禄山向西进击，直逼潼关。

潼关是京城长安的门户，形势险要，道路狭窄。唐玄宗派大将哥舒翰带领重兵把守。叛将崔乾祐在潼关外屯兵半年，没能打进去。潼关的守军每天晚上在烽火台上烧起一把火，作为平安的信号。关里的烽火台接到信号后，也一座接一座地放"平安火"，一直传到长安。

叛军攻不进潼关，但是关里的唐王朝内部却闹起矛盾来。哥舒翰主张坚守潼关，以疲惫叛乱，等待时机。郭子仪、李光弼也从河北前线给唐玄宗上奏章，请求引兵北上，攻打安禄山的老巢范阳。但是宰相杨国忠却反对这样做。想到重兵都掌握在哥舒翰手里，如果哥舒翰打胜了，回到长安，自己的宰相位子肯定就保不住了。于是杨国忠天天在唐玄宗面前说潼关外的叛军已经不堪一击，哥舒翰守在潼关按兵不动，会丧失歼灭叛军的时机。唐玄宗听信了杨国忠的话，接二连三地派使者到潼关，催逼哥舒翰带兵出潼关杀敌。

哥舒翰明知出关没有好处，但是没法违抗皇帝的圣旨，痛哭一场，只好带兵出关。关外的叛将崔乾祐早已养精蓄锐，只等唐军出来。他派精兵埋伏在灵宝（今河南灵宝）西面的山谷里。哥舒翰的二十万大军一出关，就中了埋伏，几乎被叛军打得全军覆没，阵亡十几万人。叛军第二天乘胜打进潼关，哥舒翰也被俘虏了。

潼关一失守，关内就无险可守了。从潼关到长安之间的一些地方官员和守军，都纷纷弃城逃走。烽火台上的"平安火"见不到了，唐玄宗这才感到形势危急，着急起来，要杨国忠想办法。杨国忠哪里想得出办法，只有劝玄宗逃住蜀地。

于是唐玄宗、杨国忠带着杨贵妃和一批皇子皇孙，在将军陈玄礼和禁卫军的护送下，在潼关失陷后的第四天，放弃了长安，逃往四川。第二天就发生了历史上著名的马嵬驿兵变。

当唐玄宗一行走到马嵬驿（今陕西兴平市西）时，随行的将士又饿又累，想到这一切都是受了奸相杨国忠的牵累，不肯再走，发生了哗变。这个时候，有二十几个吐蕃使者拦住杨国忠的马，向杨国忠要粮。杨国忠还没来得及答话，周围的兵士已经嚷起来："杨国忠要造反了！"一面嚷，一面射起箭来。杨国忠慌里慌张地想要逃走，几个士兵赶上去，把他的头砍了下来。

士兵们杀了杨国忠，情绪激昂，把唐玄宗住的驿馆包围了起来。唐玄宗听到外面闹哄哄的，问是怎么回事，左右宦官告诉他，兵士们已把杨国忠杀了。唐玄宗大吃一惊，不得不扶着拐杖，走出驿门，慰劳兵士，要将士们回营休息。士兵们不理唐玄宗的话，照样吵吵嚷嚷，要求将杨贵妃处死。

唐玄宗对于兵变大为愤怒，他低着头站了半晌，才说："贵妃住在内宫，怎么知道杨国忠谋反呢？"高力士知道不杀杨贵妃，就不能平息士兵的气愤，于是说："贵妃是没有罪，但是将士们杀了杨国忠，如果留着贵妃，将士们怎么会心安呢？希望陛下慎重考虑，只有将士们心安了，陛下也才会安全。"

明皇幸蜀图
图中描绘的是唐玄宗为了躲避安史之乱，行于蜀中的情景。玄宗在长安纵情享乐的时候，恐怕没有想到自己日后会在这崇山峻岭中狼狈逃命。

唐玄宗为了保自己的性命，只好狠了狠心，叫高力士把杨贵妃带到别的地方，用带子勒死了她。真是"花钿委地无人收，翠翘金雀玉搔头。君王掩面求不得，回看血泪相和流。"将士们听到杨贵妃已经被处死，总算消了气，撤围回营。这就是著名的"马嵬驿之变"。

经过这场兵变，唐玄宗像惊弓之鸟一样，急急忙忙逃到成都去了。太子李亨留下来主持朝政。李亨从马嵬驿一路收拾残余的队伍北上，在灵武（今宁夏灵武西南）即位，改年号为至德。这就是唐肃宗，遥尊唐玄宗为太上皇。

颜真卿的抵抗

安史之乱爆发后，唐朝各地军民纷纷抵抗。平原太守颜真卿就是其中一位。在中国历史上，颜真卿以书法著称于世，但他的高尚气节同样辉映千古。

颜真卿少有才名，很早就考中进士，进入朝廷。不过他的仕途却坎坷不平。玄宗对自己开创的"开元盛世"颇为洋洋自得，沉湎于酒色之中，"春宵苦短日高起，从此君王不早朝"。朝堂上，李林甫、杨国忠正在上演一场勾心斗角的权力争夺战。一个是"口蜜腹剑"，一个是依靠裙带关系起家，都在排

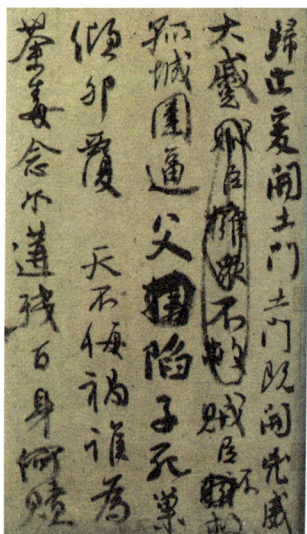

祭侄文稿局部

《祭侄文稿》也称《祭侄文帖》，是颜真卿于758年为悼念被安禄山叛军杀害的侄儿颜季明而写的祭文草稿。他在写这篇祭文时，尽管因情绪激动涂改颇多，但却拥有像大海一样的气势，因此被人誉为"天下第二行书"。该图主要文字有："土门既开，凶威大戚。贼臣不救，孤城围逼。父陷子死，巢倾卵覆。天不悔祸，谁为荼毒？念尔遘残，百身何赎？"

除异己，极力拉拢大臣，壮大自己的队伍。颜真卿曾任监察御史，却没有向任何一方屈服，而是直言进谏。他很快便被逐出了朝廷，到千里之外的平原郡（今山东德州）去任太守。

平原郡属河北道，是安禄山管辖的地区。这时安禄山对新上任的太守并不太信任，于是便派亲信到平原郡前去查看。颜太守盛情款待了这批客人，并陪同他们游览了当地名胜东方朔祠。游览之后，颜真卿还书写了他的一幅传世名作《东方先生画赞》。

然而就是这样一个儒雅的书生早已感觉安禄山蓄谋造反之志，既然那么多人说安禄山要造反，唐玄宗都听不进去，颜真卿只好尽自己的努力。他表面上照常吟诗题字，泛舟游玩，暗中却积极进行抵抗准备。叛乱开始后，叛军长驱直入，河北各郡县官吏都惊惶失措，有的弃城而逃，有的俯首称臣，只有颜真卿为太守的平原郡（今山东德州）和其族兄颜杲卿为太守的常山郡（今河北正定）得以固守，没有落到叛军手里。颜真卿还派人向朝廷报告，玄宗得知情况后非常高兴地对其左右说："我不知道颜真卿是一个什么样的人，竟有如此作为。"756年，颜真卿高举义旗，联络堂兄颜杲卿起兵抵抗，附近十七郡纷纷响应，被推为盟主，合兵二十万，使安禄山不敢急攻潼关。

颜杲卿曾一度取得了重大的胜利，便派长子颜泉明赴长安献李钦凑首级和何千年、高邈等叛将，同时请求救兵。不料行至太原，太原尹王承业却把颜泉明等人留在太原，又把颜杲卿的奏表换掉，重新写了一道表，把击败叛军的功劳大多揽在自己身上，另派人送到朝廷。玄宗非常高兴，就封王承业

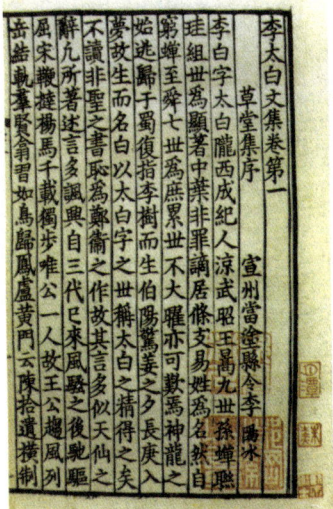

《李太白文集》书影
李白虽然因其豪放正直的性格仕途不顺，但是却丝毫没有影响到他在诗歌方面的创作成就，有许多著名作品流传于后世。

为羽林大将军，手下封官拜爵者上百人。

对于颜杲卿的求援，王承业置之不理，企图借叛军之手杀掉颜杲卿一家，以便掩盖自己的阴谋。而这时颜杲卿起兵才八天，各种防守的准备都没有做好，叛军已经开始反击。当时叛军抓到颜杲卿的小儿子颜季明，借此逼迫颜杲卿投降，但颜杲卿不肯屈服，还大骂安禄山，因此颜季明被杀。常山郡也因粮尽矢绝，被叛军攻陷。当时颜杲卿被押至洛阳，面对安禄山的威逼利诱，他不为所动，还痛骂安禄山。安禄山大怒，下令把颜杲卿等人捆在柱子上，一刀一刀地给剐了，其景象惨不忍睹。颜氏一门壮烈殉国者三十余人。直到颜真卿回朝向肃宗哭诉事情原委，颜杲卿父子才得到表彰。"安史之乱"平定后，颜真卿又派侄子颜泉明去河北寻访颜杲卿父子的遗骨及流散家人，仅寻得颜季明头骨带回。

永王东巡与李白

就在叛军不断攻城略地的时候，唐王朝内部又陷入了内讧。唐肃宗与其异母北、玄宗第十六子永王李璘又发生了冲突，而大诗人李白也卷入其中。

756年，因安史之乱逃离长安的太子李亨于灵武城南楼即帝位，是为唐肃宗，尊称唐玄宗为太上皇。肃宗即位没有得到玄宗的允许，玄宗的尴尬自不必说。永王李璘也颇为不服。

而在玄宗逃亡的过程中，任命李亨为天下兵马大元帅，任命永王李璘宜充山南东路及黔中、江南西路等节度支度采访都大使兼江陵大都督如故。事实上，

藏云图局部

李白在隐居时，曾用瓶子贮存山中的浓云带回自己的居所，将其撒入卧室里。图中诗人李白盘腿端坐于四轮盘车上，仰首凝视头顶之云气。李白有济世救民之心，但一直没有机会。后来永王李璘将其招入帐下，李白却因其兵败获罪，直到大赦天下才得以放还。

三天前李亨已经擅自即位称帝。

唐肃宗对永王李璘并不放心，就命他入蜀觐见玄宗。如果永王李璘奉命入蜀，则自解兵权；如果永王李璘抗命不从，则相当于谋反。永王拒不受命，肃宗遂派人讨伐。756年十二月二十五日，永王李璘以平乱为号召，在江陵（今湖北荆州）起兵，引军东下，直指广陵（今江苏扬州）。这便是所谓的"永王东巡"。

而原来的江陵长史高适觉得永王李璘有对抗唐肃宗之意，便借口有病，偷偷离开江陵，投奔了肃宗，详细介绍了江东的形势。肃宗就设置淮南节度使，领广陵等十二郡，任命高适为节度使。又置淮南西道节度使，领汝南等五郡，以来瑱为节度使，与江东节度使韦陟共同对付永王。

永王在东下路上与沿途官员发生了冲突。吴郡太守李希言派人质问永王李璘擅自引兵东下是何用意。永王大怒，派兵攻打李希言。李希言大败。他又派大将攻打广陵，江淮为之震动。但由于唐肃宗早有准备，再加上永王对军事并不谙熟，不过几个月的时间便大败。他逃到岭南一带，被肃宗部将所杀。

永王李璘得知李白正在庐山隐居后，立即想将这位誉满天下的诗人罗致旗下，以壮声威。于是派亲信三次上山，以平定安史之乱、复兴大业的名义，聘请李白参加他的幕府。李白认为他将从江淮一带北上抗敌，就下庐山入永王军幕府为其僚属。永王兵败之后，李白也因此获罪下狱，长流夜郎，后遇大赦被放还。

张巡守睢阳

在唐王朝风雨飘摇之时，一大批节义之士脱颖而出，抗击住叛军的疯狂进攻，为唐王朝的反击赢得了时间，从而使唐王朝转危为安。死守睢阳的张巡和许远就是其中的典型代表。

756年一月，叛军攻陷了宋（今河南商丘）等州。谯郡（今安徽亳州）太守杨万石慑于叛军威势欲举郡迎降，逼迫张巡为其长史（副职），并以此身份迎接叛军。张巡坚决不从，率部属哭祭皇帝祖祠，誓师讨伐叛军。他与起兵拒叛的另外一名官员贾贲会合，进兵至雍丘（今河南杞县）一带，时有兵力两千人。

这时雍丘县令令狐潮投降了叛军，率军击败北上抗击叛军的襄邑（今河南淮阳）军队，并将所俘将士捆于庭院，准备日后杀死。后来令狐潮因故出城，被捆士兵乘机解开绳索，杀死看守，召贾贲、张巡入城，抵抗叛军。

令狐潮纠集大军进攻。当时张巡固守孤城，又无朝廷消息，有部将六人劝张巡出降，说："现在双方力量相差太大，再说皇上生死不明，不如投降吧。"张巡表面许诺，却在次日府衙设皇帝画像，率全军将士朝拜，然后将劝降的六人斩首。

雍丘被围日久，城中粮食日渐缺乏。恰好有数百艘为叛军提供补给的运粮船，刚停靠在河边，仍未卸粮。张巡从城上发现这个情况，便在夜间把军队集中到城的南面，装出好像要出战的样子。令狐潮见势也把军队调到城南。张巡乘机派敢死队袭击运粮船队，在夺走大量粮食之后，一把火将剩下的粮食通通烧了个精光。

粮食的问题得到了缓解，但箭矢也快消耗光了。张巡就命令士兵在晚上把事先准备好的稻草人穿上黑衣，用绳子绑好，从城上慢慢放下。叛军隐隐约约看见有成百上千个身穿黑衣的士兵，沿着绳索爬下墙来，报知令狐潮。令狐潮中计，以为是张巡派兵来偷袭，于是命令向城头放箭，射杀唐军。待到天色大亮之后，叛军这才发现城墙上所挂的全是稻草人。这次张巡共得箭数十万支，解决了军中缺箭的问题。

事情还没有结束。之后一连几天晚上，城墙上都出现了稻草人。令狐潮的士兵见状，又好气，又好笑，都觉得张巡贪得无厌，又来骗他们的箭了，于是一箭不发。等到围城的叛军不再防备时，张巡挑选了五百勇士，并在夜里把他们放下城去，趁敌不备，杀向令狐潮的大营。叛军顿时大乱，不辨敌我，自相冲撞践踏。令狐潮仓皇之中来不及组织抵抗，纵马一直逃到十几里之外。

等到后来，雍丘城中木头用尽，没法修建守城器械。于是张巡装出弃城的样子，对令狐潮说："我想率军弃城撤退，请你的军队向后退出六十里，以便我逃逸。"令狐潮久攻不下，也就答应了。令狐潮军一退，张巡就率军把城外三十里内的叛军营房拆掉，将木材运回城中。

不久张巡又向令狐潮传话："如果你非要得到这座城池，可以送马三十匹。我得到马之后，就会逃走，到时你就可以不费吹灰之力而得到雍丘。"令狐潮取城心切，就送了三十匹马给张巡。张巡得到马之后，挑选出三十位精锐士兵，将马分给他们，相约道："叛军若来，每人斩一敌将。"第二天令狐潮来到城下，责备张巡失约。张巡答道："我想逃，但将士抗命，那有什么办法呢？"令狐潮知道又上当了，非常恼怒，就准备攻城。还未等军阵排好，城内三十名精锐骑兵率军从城内杀出。叛军因为军阵未成，一时大乱，三十铁骑率兵左挑右杀，擒获十四名叛将，斩百余首级，还缴获不少兵械牛马。令狐潮退到陈留（今河南开封），一时不敢再攻雍丘。

正史史料

接战春来苦，孤城日渐危。合围侔月晕，分守若鱼丽。裹疮犹出阵，饮血更登陴。忠信应难敌，坚贞谅不移。无人报天子，心计欲何施！

——张巡《守睢阳诗》

张巡不但智谋超群，军纪也极其严明。一日张巡让郎将雷万春在城头上与令狐潮对话，叛军乘机用强弓射雷万春，雷万春脸上被射中了六处，仍旧巍然挺立不动。叛军将士认为张巡诡计多端，这一次一定又放了个什么木头人来骗他们。令狐潮就派兵去侦察，得知确实是雷万春，十分惊异，远远地对张巡说："刚才看见雷将军，才知道您的军令是多么严明了然而这对于唐朝必亡的天道又能怎样呢？"张巡回答说："你人伦都不知，还有什么资格来谈论天道？"

757年一月，安禄山之子安庆绪杀其父安禄山，接掌了大权，命令其大将尹子奇为汴州刺史、河南节度使，率十三万大军向睢阳（今河南商丘南）城扑来，企图夺取江淮富庶之地。睢阳太守许远探知，忙向张巡告急。当时张巡率领三千士兵火速前往睢阳。两部合兵一处，总共也不过七千多人，与叛军相比，大大处于劣势。因张巡战功卓著，比其官高的许远主动让出战场指挥权，专心经营粮草等后勤保障。张巡出任主帅后，首先清除了内部的叛将，然后率军出城主动袭击叛军，缴获了大批车马牛羊。张巡把这些战利品都分给了将士，自己分毫不取。

张巡见对方人多势众，便采取了疲敌之计。他经常半夜在城中鸣鼓，城外叛军认为城内唐军要整队出击，大为紧张，严加戒备。结果等到天亮，也没有看到城中唐军杀出，这时他们已经疲惫之极，就解甲休息。张巡立即乘机与勇将南霁云、雷万春等将领，各率数十名骑兵，从城中杀出，直冲敌营，叛军顿时大乱。如在雍丘防守时那样，张巡采取虚虚实实的办法，神出鬼没，叛军经常一夕数惊，惶惶不安，不得休息。

还有一次，一名叛军将领率领千余名骑兵到城下招降。他们恃其兵多，未加防备。张巡提前用绳吊下几十名持大刀强弩的勇士潜在护城壕中，并和他们约好："听到鼓声就起来杀敌。"当他们接近护城壕时，城上鼓声突然响起，伏兵突然杀出，重创叛军。那名将领来不及抵抗，便被擒获。后面的叛军还不知道前面的胡人酋长怎么莫名其妙地就出事了，还赶来想要救人，但被城墙上的强弩射退。过了一阵，那些勇士又拉着绳索攀回城内。叛军这才知道发生什么事，从此不敢轻易靠近城墙。

叛军强攻无效，就劝张巡投降，张巡毫不理会，且反过头来劝说叛军中的将士投诚。当时叛将李怀忠在城下巡逻，张巡在城上问他："你参加安禄山的部队多长时间了？"李怀忠答："两年。"张巡又问："你祖父和父亲都是官员吧？"李怀忠答："是的。"张巡就质问他："你们家世代做官，吃着天子的俸禄，为什么要加入叛军呢？"李怀忠答道："不是这样的，我曾经殊死征战，却被他们击败，这是天命。"张巡又问："自古以来，反叛都没有什么好下场。如果等到反叛被平定，你的家族就会被诛杀，你忍心这样做吗？"李怀忠掩面流泪而去，随即带领数十人投降了张巡。

张巡取得了辉煌的战绩，但他知道这样被围下去也不是办法。于是张巡就想擒敌先擒王，射杀叛军主将尹子奇。但问题是唐军方面都不认识尹子奇。张巡就想出了一条计策，他命人用蒿草削作箭矢，射向叛军。被射中的叛军士兵，十分高兴，以为张巡他们的箭支已经用完，就去报告尹子奇。张巡因此认出了尹子奇，即命手下大将南霁云拉弓射击尹子奇。南霁云是名神箭手，一箭正中尹子奇左眼。主将突然重伤，叛军大乱。张巡率军趁势杀出城外，大败敌军，差点生擒尹子奇。

但睢阳之围仍未解除。当时黄河南北都变成了战场，朝廷的主要经济来源都依靠江淮以南供应，睢阳是江淮与关中重要的交通枢纽。可救兵隔岸观火，始终不来增援。城内粮食断绝，士兵只能捕捉鼠雀充饥。没过多久，连老鼠和鸟雀都没有了。

南霁云曾经突破重围，向掌有重兵的临淮节度使贺兰进明求救。贺兰进明因为妒忌张巡、许远的威望和功劳超过自己，不肯派兵相救。但看中了南霁云，极力挽留他，还准备了酒食和乐队，宴请南霁云。南霁云慷慨陈词道："我来的时候，睢阳城中的将士已经一个多月没有粮食吃了！我即使想一个人享受吃下这些美食，道义不能允许，我也难以下咽！"说完拔出自己的佩刀，斩断了一根手指，鲜血淋漓，拿给贺兰进明看。在座的人都大吃一惊，极为感动，为南霁云流下了眼泪。南霁云知道贺兰进明终究没有为自己出兵的意思，就骑马离去。将要出城时，他箭射城中的佛塔，直入砖面半箭之深，发誓道："我回去打败叛军后，一定要杀掉贺兰进明。此箭可以为证！"

叛军知道城内没有外援后，围攻更加紧急。大家商量着撤退，但是张巡、许远认为睢阳是江淮的保障，如果放弃了睢阳，叛军就会乘胜击鼓向江南进攻，江淮一带一定会失守，因此决心坚守到底。最后城内守军只剩四百余人，又多有创伤，睢阳终于陷落，张巡和许远被俘，敌将尹子奇劝张巡投降，张巡顺目怒骂。尹子奇大怒，敲落了张巡牙齿，张巡仍然大骂不止，最后被杀。

张巡在内无粮草、外无援兵的情况下，临敌应变，屡挫强敌。从 757 年一月开始，到 757 年十月睢阳陷落，张巡用不足万人的守军，在睢阳苦守了十个月，有力地牵制了十几万人的叛军。由于张巡的坚守，阻挡了叛军的南下，使得富庶的江淮地区得以保全。并且由于牵制了大量叛军的有生力量，又为唐军组织战略反攻赢得了宝贵的时间。

在睢阳城破前，唐肃宗已下诏命中书侍郎张镐替代贺兰进明为河南节度使。张镐率兵日夜兼程，赶往睢阳救援，并发文书给周围的将领，要求共同发兵救援睢阳。谯郡太守闾丘晓距离最近，竟然不从军令，没有出兵。等张镐赶到时，睢阳城已被攻陷三天了。张镐一怒之下，召来闾丘晓，将其杖击至死。但这些已无济于事。韩愈曾经尖锐地指出："守一城，捍天下，以千百就尽之卒，战百万日滋之师，蔽遮江淮，沮遏其势。天下之不亡，其谁之功也！当是时，弃城而图存者，不可一二数；擅强兵坐而观者，相环也。"

叛乱平息

不过幸运的是，叛军内部也出现了内讧。安禄山没想到唐玄宗会如此之快地逃离长安，因此当他长驱直入进入长安后，以为大功告成，不想西出追击，唐玄宗这才得以安全到达四川，太子李亨也较为顺利地到达灵武。安禄山开始"日夜纵酒，专以声色宝贿为事"，他下令搜求玄宗的乐工、舞马，以兵仗护送到洛阳，并搜得梨园弟子数百人，在东都禁苑凝碧宫奏乐，在宴会上助兴。但这样的好日子并没有持续多长时间。

安禄山原来就患有眼疾，自起兵以来，视力渐渐减退，至此时已是双目失明，性情变得格外暴躁。对左右侍从稍不如意，非打即骂，稍有过失，便行杀戮。他自从称帝后，诸将就很少能面见他议事，都是通过严庄转达。严庄虽然是安禄山的亲信，但也时常被安禄山鞭挞。宦官李猪儿常为安禄山穿衣解带，服侍左右，可是挨打最多，怨气也最大。安禄山宠幸的段氏，生下一子名叫安庆恩，安禄山常想以安庆恩取代长子安庆绪。安庆绪时常担心被废，严庄也恐怕宫中事变于己不利。于是严庄与安庆绪、李猪儿串通一气，准备谋害安禄山。

757 年一月的一个夜晚，三人悄悄地进入安禄山的住所。侍卫见是严庄和安庆绪，就没有人在意。于是严庄、安庆绪持刀站立在帐外，不许外人进入。李猪儿手持大刀直入帐内，对准躺在床上的安禄山腹部猛砍一刀。安禄山平时总把佩刀放在床头防身，事前已被李猪儿偷偷拿走。这时他挨了一刀，知道大事不好，急忙去摸刀，哪里还摸得着？他气急败坏地大声呼叫，可根本没人能来相救。很快安禄山就咽气了，死时五十五岁。安庆绪当即在其床下挖了一个深坑，用毡子裹着安禄山的尸体，连夜埋在坑中，诫令宫中严加保密。第二天早晨，严庄对部下宣告说："安禄山病危，诏立安庆绪为太子，军国大事皆由太子处分"。安庆绪随后即伪燕帝位，尊安禄山为太上皇，然后发丧。

安庆绪即帝位后，大将史思明屯兵驻守在范阳，宣布不再听从安氏的调遣。史思明是宁夷州突厥族人，原名窣干，是安禄山的同乡和好友，通晓多种少数民族的语言。到长安奏事时，唐玄宗很赏识他，赐名叫思明。

安禄山在洛阳称帝后，令史思明经略河北，封他为范阳节度使，占有十三郡，拥有八万余部队。安庆绪杀安禄山称帝后，对史思明收拢其溃散的残部不满。当时唐朝对叛军剿抚并用，史思明便投降了唐朝。朝廷封他为归义王，任范阳长史、河北节度使。

在史思明投降之后，唐朝趁机从陇右、河西、安西、西域等地陆续调集了十多万军队，又从回鹘借兵四千人，唐肃宗以其子李豫为天下兵马元帅，以郭子仪为副元帅，率军一举收复了长安。很快郭子仪打出潼关，攻下了华阴（今陕西华阴）、弘农（今河南灵宝），安庆绪被迫逃到邺城（今河南安阳）。

史思明深知安庆绪的成败对他有极大的影响。正好唐朝廷害怕史思明再度叛乱，处处防备，总想除掉他。史思明见状，再次起兵叛乱，派兵援助安庆绪。此时唐军的兵力已经占有了优势，并且有郭子仪以及李光弼等名将坐阵，却因为唐肃宗派出的监军宦官鱼朝恩独断专行，不听从将领们的合理建议，唐军损失惨重，被迫撤军。

同年史思明杀了安庆绪，自己回到范阳后自称大燕皇帝，年号顺天，并把儿子史朝义封为怀王，再次出兵攻打洛阳城。李光弼受命守卫洛阳，可洛阳的官员听到史思明的兵势强大，都很害怕，主张退到潼关去。李光弼说："现在双方势均力敌，我们如果退了，敌人就会更加猖獗。不如把我军转移到河阳，进可以攻，退可以守。"于是李光弼下令把官员和老百姓全部撤出洛阳，带兵到了河阳（今河南孟州）。等史思明进洛阳的时候，洛阳已成了一座空城。史思明要人没人，要粮没粮，又怕李光弼偷袭，只好带兵出城，在河阳南面筑好阵地，和

民众逃亡

安史之乱中，由于唐玄宗主动让出长安以及宦官乱政，叛乱久久不能平定。民众颠沛流离，受尽了苦难。这副图就以杜甫带着全家老小逃命的艰难情景入画。官宦人家尚且如此，普通百姓的苦难就可想而知了。

李光弼的唐军对峙。

李光弼是个久经沙场的老将，知道眼前的兵力不如叛军，只能智取。李光弼听说史思明从河北带来了一千多匹战马，每天放在河边沙洲吃草，就命令部下把母马集中起来，然后把小马拴在马厩里，等叛军的战马一到沙洲，就把母马放出来，和敌人的战马混在一起。过了一阵，母马想起小马，嘶叫着奔了回来，敌人的战马也跟着到了唐军的阵地。

在接下来的几次交锋中，史思明都没能取胜。最后史思明集中了所有的兵力，派叛将周挚进攻河阳的北城，自己领了一支精兵攻打南城。李光弼也把将士集中起来，严肃地宣布军令说："大家看我的旗帜行动，我如果缓慢地挥旗，你们可以各自行动。如果急速挥旗着地，就是总攻的信号。若看到这个信号，必须奋勇向前，不准临阵退却。"说到这里，他拿了一把短刀插在靴子里说："我是国家的大臣，决不死在敌人手里。你们如果战死在前线，我就在这里自杀。"

将士们听了李光弼一番激励的话，都勇气百倍地杀上阵去。这一场战斗持续了一整天，叛军受到猛烈地攻击，纷纷溃退，被唐军杀死、俘虏了一千多人，还有一千多名士兵被挤到水里淹死了，攻北城的叛将周挚也逃走了。史思明知道周挚败退，不敢再战，逃回了洛阳。

李光弼连续打退史思明的进攻，双方相持了将近两年。这时唐肃宗听信宦官鱼朝恩的话，命令李光弼攻打洛阳。李光弼认为敌人兵力还很强大，不该轻易攻城。可是唐肃宗接二连三派了宦官逼他进攻，李光弼冒险进攻，果然打了个败仗，李光弼也被撤了主帅的职。史思明少了一个强大的对手，乘胜进攻长安，可是在途中被其子史朝义杀死。史朝义在洛阳称帝后，叛军内部更加分裂，从此没有力量再向唐朝发动进攻。

762年，唐肃宗病死。太子李豫即位，改元宝应，是为代宗。唐代宗继续平叛，调集各路兵马，又从回鹘借到一部分军队，以其子李适为天下兵马元帅，仆固怀恩为副元帅，率军收复了洛阳、河阳、郑州、汴州等失地。史朝义逃往河北，河北叛将见他大势已去，纷纷向唐朝投降。763年，史朝义在唐军打击下，被迫自杀，历时七年多的安史之乱至此结束，可唐朝的繁盛也一去不复返了。

动荡的王朝

　　安史之乱是唐朝由盛至衰的转折点。这场战争严重破坏了北方经济，致使物资匮乏，物价飞涨。更重要的是，安史之乱后，唐王朝出现了藩镇割据的局面，边防日益空虚，中央政府统治的区域迅速缩小，边疆的一些少数民族趁机建立政权，纷纷侵占边区。唐王朝也并未吸取教训，朝政日渐腐败。

莲塘纳凉图

杜甫年少时也曾过了一段风流倜傥的生活。此画就取其诗"竹深留客处，荷净纳凉时。公子调冰水，佳人雪藕丝。片云头上黑，应是雨催诗"之意。但面对动荡的局面以及"朱门酒肉臭，路有冻死骨"的惨痛现实，让他不得不忧国忧民，遂成"诗圣"。

藩镇割据

安史之乱虽然被平定了，但安史余部还保持着相当大的势力。唐代宗为了求得平安，将河北一地分成若干地区，赏赐给安史余部，以示安抚。而在平叛的过程中，唐朝对掌兵的将领也多加节度使的称号。因此经过安史之乱以后，形成了藩镇长期割据的局面。

割据始成

安史之乱后，唐王朝藩镇割据的主要情况是这样的：

魏博镇：从田承嗣开始，占有魏、博（今山东聊城）、贝（今河北清河）、相、卫（今河南卫辉）、磁（今河北磁县）、澶州（今河南濮阳西）等州，镇治在魏州。

昭义镇：从薛嵩开始，传至其弟薛崿时，被田承嗣吞并。

成德镇：从李宝臣开始，割据恒（今河北正定）、定（今河北定州）、易（今河北易县）、深（今河北深州）、冀（今河北衡水西南）、赵（今河北赵县）等州，镇治在恒州。

卢龙镇：从李怀仙开始，割据幽、涿（今河北涿州）、莫（今河北任丘西北）、瀛（今河北河间）、平（今河北卢龙）、蓟（今天津蓟州区）等州，镇治在幽州。

淄青镇：从侯希逸开始，割据淄（今山东淄博）、青（今山东青州）等十五州，包括今山东全境。传至李师道时，被朝廷所灭，分为三镇。

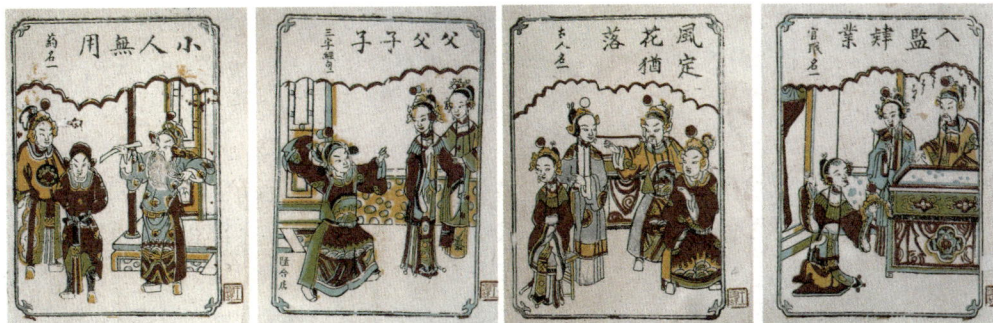

打金枝

相传汾阳王郭子仪过八十大寿，其子郭暧所娶的升平公主，恃贵不往，郭暧怒而殴之。还说："你仗着你爹是皇帝，就耀武扬威吗？我告诉你，我爹是不想干皇帝这个差事，要不还轮得到你家？"最后皇帝不但没有怪罪郭暧，还加封了他。这从侧面说明，在安史之乱之后，由于军事上的无能，唐朝皇帝的威望已经开始降低，这也是藩镇之所以跋扈的重要前提。

宣武镇：从李灵曜开始，割据地时有变动，大体在汴（今河南开封）、宋（今河南商丘）、亳（今安徽亳州）等州。唐宪宗时，其内部兵乱，朝廷另派节度使，直接掌握。

淮西镇：从李希烈开始，割据申（今河南信阳）、光（今河南潢川）、蔡（今河南汝南）等州。后来到吴元济时，被朝廷平定。

在唐朝后期的藩镇割据中，势力最大、为患最烈的是成德、魏博和卢龙三镇，时称"河朔三镇"。此三镇的节度使各自拥兵自重，表面上尊奉朝廷，但法令、官爵都自搞一套，赋税不入中央，甚至职位也往往父死子继，或由部下拥立。唐中央只能加以承认，不能更改。

泾原之变

780 年，唐代宗李豫病死，太子李适继位，次年改年号为建中，是为唐德宗。德宗李适继位后，决心重振中央的权威。781 年，恰巧成德节度使李宝臣与平卢节度使李正己死亡，德宗拒绝任命他们的儿子继任节度使。于是三镇联合魏博、淄青等节度使一起行动，宣告脱离中央，各自称王，淮西节度使李希烈也乘机独立。德宗动员全国兵力，先行攻击李希烈。

783 年十月，当泾原镇的出征部队经过长安时，恰逢天降大雨，泾原士兵全身湿透，狼狈不堪。而唐朝廷派出的官员带给军队的尽是粗米咸菜。泾原士兵大怒，产生了哗变。唐德宗这才下令赶运二十车金钱财宝，可是恩典来的太迟，叛军挟持姚令言，已攻入长安，德宗仓皇逃往奉天（今陕西乾县）。

唐德宗出走后，叛军打进宫城，进了含元殿，大掠府库。同时长安的居民也乘势进宫，抢夺国库及皇室财物。叛军头子姚令言感到自己威信不高，便把被软禁在京城的原卢龙节度使朱泚弄出来当招牌，说要协助他夺取天下。这样一来，朱泚便当上了叛军的首领。

唐德宗离开首都两天以后，文武百官才知道皇帝已经出走，于是也陆续跟着来到了奉天。金吾大将军浑瑊拜见皇帝，反映京城情况，德宗立即任命浑瑊讨伐逆贼。宰相卢杞很不满意浑瑊的报告，说："朱泚忠贞不贰，群臣莫及，为什么说他作乱呢？臣愿以百口之家，保他不会谋反。"唐德宗也犹豫起来，让浑瑊不要发兵，等待朱泚迎自己回宫。

不料朱泚此时已经阴谋篡位了，召集留在长安的官员姚令言、源休、段秀实等商讨登基问题。源休手执笏板来见朱泚，俨然大臣朝见天子的模样。段秀实看了特别生气，跳起来骂朱泚道："你这个狂贼，我恨不能把你碎尸万段，岂能和你一同谋反！"说罢夺过源休的笏板，把朱泚的前额打得鲜血直流，可段秀实也被马上赶来的卫士乱刀砍死了。

不久朱泚自称大秦皇帝，改年号"应天"，杀了唐宗室许多人。各地的割据藩镇见状，更加猖狂起来。唐德宗本想逃往凤翔的，因为奉天和长安离得太近，总感觉到不安全。然而凤翔的守军也投靠了朱泚，德宗惶恐万分。当然也有些节度使支持德宗讨伐叛军。龙武将军李观率卫兵千余人奔奉天勤王，稳定了奉天的局势。为了增强奉天的防卫力量，德宗派了不少使者带着敕旨到各地去，令各地节度使火速派兵护驾。

此时朱泚已到达奉天城下，猛攻奉天。他特制了一架云梯，高广数丈，上能容五百人。云梯下架着巨轮，前来攻城。浑瑊急令士兵暗凿地道，通出城外，储薪蓄火，然后组织敢死队，准备和朱泚决一死战。凑巧叛军的云梯辗着地道，轮子陷在了地里。地道里很快放出火来，一声巨响，只见浓烟冲天，云梯化成了灰烬。唐德宗大喜，忙派太子李诵督战，分兵从三个门出发攻击叛军，叛军大败。这时候神策军大将李晟等人率军来援。朱泚见势不妙，赶快退回了长安。

朱泚回到长安后并不认输，开始策反奉天的守军将领。唐德宗令戴休颜等人守卫奉天，自己带领朝臣逃往梁州（今陕西汉中）。奉天在浑瑊的指挥下，一步步展开了反攻，首先攻克了咸阳。朱泚知道长安孤城难守，只得败走泾州（今甘肃泾川），沿途部众尽散，只剩下骑兵数百人。当他走到彭原（今甘肃庆阳）时，被部下刺死。

这时唐王朝的半壁河山都已靡烂，幸而还有一些忠于中央政府的军队收复了长安，造反的元凶李希烈也被他的部下所杀，德宗又回到了长安。不久之后，反叛各镇在获得中央政府准许世袭的保证下，取消了王号。藩镇势力不但没有削弱，反而有所加强。

赤松德赞像

赤松德赞是我国少数民族藏族的杰出首领之一，在其统治下，西藏地区有了很大的发展。他在 757 年与唐朝进行第四次和盟。但后来乘唐朝虚弱之际，联合南诏、党项、吐谷浑、回纥等部族，命大将达扎路恭率二十万联军攻入长安。

边患又起

内患未平，边患又起。在安史之乱中，边疆的一些少数民族看到唐朝的虚弱，便开始了反叛之路，并一度攻陷了长安，唐王朝也开始艰难地反击。

反击吐蕃

763 年，吐蕃乘唐平定安史之乱无暇西顾之机，沿着两千余里的边境，发动全面总攻，唐军节节败退。吐蕃大军先后攻入大震关（今甘肃清水东），接连攻陷兰州（今甘肃兰州）、廓州（今青海化隆西）、鄯州（今青海海东）、渭州（今甘肃陇西东南）等地，河西走廊跟中原之间的交通，被拦腰切断。边防官员向朝廷告急，可是宦官程元振却隐瞒不报，直到吐蕃军攻入了邠州（今陕西郴县），唐代宗才得知消息，仓促任命雍王李适为元帅，郭子仪为副帅，出镇咸阳（今陕西咸阳）。

雍王名位虽高，但完全不懂军事。郭子仪闲居很久，原有的部众早已离散，仓促间招募，只得到骑兵数十名。等郭子仪到达咸阳时，吐蕃兵已达奉天（今陕西乾县）、武功（今陕西武功）。郭子仪恳请皇帝增兵防守，可是宦官程元振从中阻挠，只有渭北兵马使吕月将率领两千余众抵抗，结果失败，吐蕃兵直捣长安。唐代宗惊慌失措，携带嫔妃与雍王出奔陕州（今河南三门峡西），长安城被大肆劫掠了一番。

郭子仪组织各地兵马反击。当时郭子仪一路上只收集到了四千人马。他采用疑兵之计，白天多张旗帜，夜晚又燃起无数火堆，一路上弄出声势浩大的样子，让吐蕃军队起了疑心，不知道郭子仪究竟带来多少人马。他还派人混进长安，暗中召集数百名少年，半夜里在大街上敲锣打鼓，大声叫喊。吐蕃军队不知底细，还以为郭子仪的军队已经进城，就连夜撤出了长安。

就这样郭子仪仅用了十五天的时间便将长安收复，将唐代宗迎了回来。唐代宗回来后，下诏撤销了程元振的职务，削职为民。消息传出后大快人心，振奋了将士们的斗志。不过代宗虽然嘉奖了郭子仪，心里却认为赶走吐蕃军队是佛光普照的结果，只要虔诚礼佛，万事都可以逢凶化吉，从此醉心于佛事。

764 年，唐朝将领仆固怀恩因不满唐朝对待他的方式，起兵反叛，被郭子仪平定。当时仆固怀恩把反叛的事情告诉了他的母亲，他的母亲先是责怪他不该造反，然后又提刀追着要杀他，并说道："吾为国家杀此贼，取其心以谢三军。"仆固怀恩随即逃到边疆地区。

765 年，仆固怀恩声称唐代宗已经去世，郭子仪也被宦官鱼朝恩害死，引吐蕃、回纥等部族共三十万大军来攻打唐朝。唐军抵抗不住，吐蕃、回纥联军趋赴蓝田，直取长安。一时京师震恐，宦官鱼朝恩劝代宗再一次逃出长安。由于大臣们的反对，才没有逃走。唐代宗被迫急召郭子仪，屯驻长安北面的泾阳城。

这时吐蕃、回纥之间产生了隔阂。仆固怀恩在进军路上暴病而死，吐蕃、回纥双方为了谁当首领争吵不休，两军分营而住。由于双方兵力悬殊，郭子仪决定亲赴敌营，希望说服回纥将领退兵。当时郭子仪颇受少数民族的敬重，因此当他脱去戎装并单骑来到回纥大营，双方言和，回纥主将药葛罗立即退兵，并发誓不再侵唐。当郭子仪单骑访问回纥军队的消息，传到了吐蕃军营时，吐蕃的将领们因为害怕唐军和回纥联合起来袭击他们，于是连夜带着大军撤走了。唐王朝又一次转危为安。

郭子仪虽然为唐王朝立下了大功，但唐代宗却认为主要是佛的保佑。他"有寇至则令僧讲《仁王经》以禳之，寇去则厚加赏赐"，由信佛走向了佞佛。但事实上，唐王朝之所以能够抗击吐蕃，与回纥的支持是分不开的。

和亲回鹘

唐王朝虽然击退了吐蕃，但实在无力对付其他的少数民族。此时有势力的少数民族当属回纥，因此和亲政策在这时又派上了用场。唐代宗的父亲唐肃宗，为了表示对回纥出兵帮其平乱的功劳，将女儿宁国公主送往回纥和亲。宁国公主是唐肃宗李亨七个女儿中容貌最出众的，可惜却嫁了两任短命的丈夫。宁国公主还没从丈夫去世的悲痛中解脱出来，就被选定和亲，她也只能哭着安慰父亲："国家事重，死且无恨！"说得唐肃宗伤心不已。

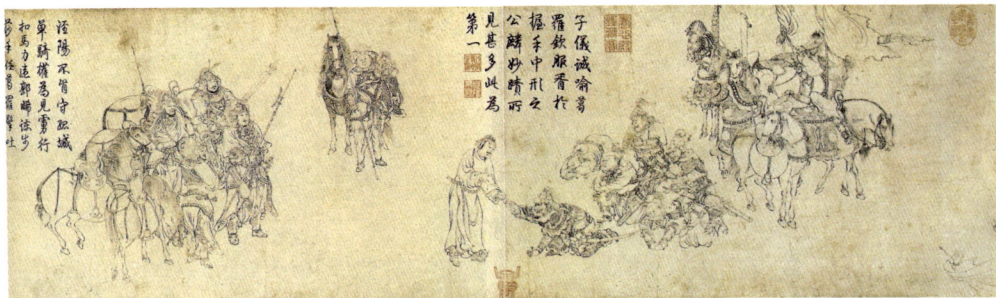

免胄图局部
相传这是宋朝画家李公麟的白描之作。画中的郭子仪态度雍穆，诚恳以待，对方则无限惊讶，俯首顺服。生动地描绘了当时的历史场景。

　　宁国公主到达回纥后，可汗举行了盛大的仪式，立为新王后，并派王子率领骑兵继续帮助唐天子平叛。可仅仅三个月后，可汗便去世了。回纥人按照本国风俗，准备让宁国公主殉葬。在此生死关头，宁国公主表现出了大唐公主的威严与镇定。她据理力争道："按照我大唐国的风俗，丈夫亡故，妻子为其服丧三年。服丧期满后，就可以改嫁，这叫终礼。现在回纥既然万里迢迢与唐朝通婚，不就是仰慕大唐的风俗习惯吗？所以我是不应该为可汗殉葬的！"国人见公主言之有理，只好做罢。不过为了照顾回纥人的情绪，宁国公主用刀划面，自毁容貌。

　　788年，唐德宗李适采用宰相李泌的建议，把女儿咸安公主嫁给回纥的天亲可汗。同年回纥改国号为回鹘。三年之后，吐蕃军队攻击灵州（今宁夏灵武），回纥出兵迎击，吐蕃遭到空前大败，天亲可汗把俘虏送到长安献捷。咸安公主在回纥生活了二十一年，经历了四位可汗，为回纥与唐朝的和平做出了极大的贡献。

　　到了唐穆宗时期，应回纥的请求，唐穆宗将自己的妹妹、唐宪宗的第十七个女儿太和公主下嫁，成为回纥崇德可汗的王后。825年，崇德可汗去世，其弟彰信可汗即位。832年，彰信可汗去世，特勒可汗即位。太和公主先后成为了彰信可汗和特勒可汗的王后。此后几年，回纥发生大灾难，先是连年饥荒，然后便发生了内乱。太和公主也回到了故国。

　　当时的皇帝唐武宗李炎，以盛大的礼仪迎接公主归来。然而太和公主却换上囚服，痛哭流涕，自言辜负了朝廷的重托，没有尽到责任。唐武宗派人安慰公主，并晋封她为安定长公主。历经坎坷的太和公主真正回到了阔别近二十年的故国，然而因为在战乱中饱受屈辱和惊吓，在返回长安不久便因病去世了。

当然唐朝真正和亲的公主远不止这几位，很多女子连名字都没有留下来。当初宁国公主下嫁回纥可汗时，朝廷还派了一个亲王的女儿陪嫁。宁国公主自毁容貌后返回了故国，这位公主却留了下来，回纥人称她为小宁国公主。然而她在回纥的生活和最后的归宿，却没有记载。

改革自救

安史之乱使唐王朝北方地区的经济遭到严重的破坏，户籍紊乱不堪，再加上藩镇割据以及军队不时反叛，唐政府的统治机构陷入了半瘫痪的状态。

针对这种情况，唐王朝必须得推行改革，以延续统治。784 年，回到长安的唐德宗颁布了《罪己诏》，对自己所作所为作了深刻的反省："小子惧德不嗣，罔敢怠荒。然以长于深宫之中，暗于经国之务，积习易溺，居安忘危，不知稼穑之艰难，不恤征戍之劳苦。泽靡下究，情未上通，事既拥隔，人怀疑阻。犹昧省己，遂用兴戎，征师四方，转饷千里……或一日屡交锋刃，或连年不解甲胄……怨气凝结，力役不息……转死沟壑，离去乡闾，邑里丘墟，人烟断绝。天谴于上而朕不寤，人怨于下而朕不知。驯致乱阶，变兴都邑，万品失序，九庙震惊。上累于祖宗，下负于蒸庶……罪实在予！"

但这时唐王朝已经虚弱不堪，藩镇也已成尾大不掉之势，唐德宗被迫承认藩镇割据的局面："李希烈、田悦、王武俊、李纳等，咸以勋旧，各守藩维。朕抚驭乖方，致其疑惧，皆由上失其道，而下罹其灾。朕实不君，人则何罪！宜其所管将吏等一切待之如初。朱滔虽缘朱泚连坐，路远必不同谋。念其旧勋，务在弘贷，如能效顺，亦与惟新。朱泚反易天常，盗窃名器，暴犯陵寝，所不忍言，获罪祖宗，朕不敢赦。其胁从将吏百姓等，但官军未到京城以前，去逆效顺并散归本道、本军者，并从赦例。"

刘晏整顿经济

安史之乱破坏了北方经济。不光是安禄山的叛军烧杀掠夺，回鹘军、唐军都像盗贼似的，几乎无一例外。在这样的情况下，历史上经济文化最发达的黄河流域几年间就变得凋敝不堪，满目荒凉，人口锐减。受战乱破坏最严重的河北道、关内道、河南道及淮南道，人口减少了一半还多。战乱期间和战乱之后，北方的人口大量南迁，这也导致了北方经济恢复的困难。

由于生产力的破坏，物资缺乏，使得物价高涨，斗米少则千钱，多者七千钱，比开元年间上涨了三百多倍。绢价涨到四千钱以上，比开元时提高了二十多倍。许多原来富裕的人家也只能在死亡线上挣扎了。郭子仪曾在一

历史细读

　　刘晏字士安，七岁便以"神童"之名享誉乡里。后被录取神童科，留在唐玄宗身边担任秘书正字。一次，唐玄宗问道："你担任朕的秘书正字，正得几字？"刘晏答道："天下字皆正，唯有朋字未有正得。"此话一语双关，不仅说出了"朋"字的字形结构特点，还对杨贵妃一家结党营私表示了不满。

份奏折中写道："夫以东周之地，久陷贼中，宫室焚烧，十不存一，百曹荒废，曾无尺椽。中间畿内，不满千户。井邑榛棘，豺狼所嗥……东至汴郑，达于徐方，北自覃怀，至于相土，人烟断绝，千里萧条。"

　　面对唐王朝凋敝混乱的经济局面，大臣刘晏首先对漕运进行了全面彻底的整顿和改革，很快就使原来已经断绝的东路漕运得以恢复，而且在效率方面较之前代也大有提高。刘晏上任后，首先组织人力疏浚河道，建造了两千艘坚固的漕船，每十船为一队，军官负责押运。他不再征发沿河壮丁服役，而是由政府雇用船夫。他沿用过去前人的办法，将全程分成四个运输段，使江船不入汴水，汴船不入黄河，河船不入渭水。为此又特意在扬州、汴口、河阴、渭口等处设仓贮粮，以备转运。这样比过去用江南民工长途运输的方法提高了效率，减少了损耗，降低了运费，同时也免除了南方民众一项旷日持久的而又苦不堪言的劳役。当他组织运输的第一批粮食运达长安时，唐代宗欢喜异常，组织了军乐队到东渭桥迎接运粮船队，还派了特使飞马慰问他说："你啊，真是朕的萧何！"

　　766年，刘晏获得提升，以户部尚书兼领都畿、河南、淮南、江南、湖南、荆南、山南东道转运、常平、铸钱、盐铁等使职，半壁江山财任，尽属刘晏一人。在继续做好漕运工作的同时，刘晏开始对食盐专卖制度进行大力改革，以增加专卖收入。通过对食盐专卖各环节所作的明智变通，政府得自食盐专卖的收入在短短的几年时间翻了十倍有余，由刘晏接管时的每年六十万贯猛增至大历（766年—779年）末年的六百万贯。

　　在户税和地税的管理上，刘晏也进行了整顿和改革。刘晏对地税的整顿有两点：第一是对地税的征收额有所提高。刘晏之所以提高地税，是由于唐中叶均田制被破坏后，占有少量土地的中使农民的数量减少了，而大土地私有者迅速发展起来。加重地税是为了让官僚贵族、豪强地主多负担一些国家的租税，尽快增加国家的财政收入。虽然一般百姓的地税额也随着有所增加，

调琴啜茗图

图中雍容华贵的三位贵妇或调琴，或品茶，侍女立于两旁。这说明在经历过了一系列的改革之后，唐朝虽然再也没有回到安史之乱前的盛况，但生产已有所恢复，贵族们又过上了悠闲的生活。

但和大土地私有者相比损失不大。因为贫困农民大多沦为地主的佃户，他们是不交地税的，即使有土地的农民也不会有很多的好田，绝大多数也是下等地。第二是规定大土地私有者的田庄每处都要交纳地税，以此防止大土地私有者逃避地税。因为他们的田庄分散在各地，有的甚至在其他州县，因此特别制定了这条规定。

由于刘晏的理财方针、措施、办法适应了唐王朝经济残破的局面和当时社会的需要，所以使唐王朝的经济得到了恢复和发展，人民也得以休养生息。他起初受命为转运使时，全国才二百万户，国家财政收入只有四百万贯。到了 779 年，户口增加到了三百万户，财政收入达一千三百万贯，其中盐利过半，而国家并没有增加农民的税收。

杨炎与两税法

779 年，唐德宗又启用杨炎进行改革。经过深思熟虑的筹划后，杨炎对德宗详尽说明了原来赋税制度的缺陷，并提出了自己的新政策，这就是中国财政史上著名的两税法。

两税法，实质上就是以户税和地税来代替租庸调的新税制。它取消了租庸调及其各项杂税的征收，保留户税和地税。量出置入，由政府先预算开支以确定赋税总额。户税是按户等高低征钱，户等高的出钱多，户等低的出钱少。地税是按亩征收谷物。无论户税和地税，都分夏秋两季征收，所以被称为两税法。

两税法在施行的初期取得了可观的成绩，但弊病也很快显露无遗。从形式上看，征收两税是"以资产为宗，不以人丁为本"。可实际上，在实行两税法时并没有进行资产普查，而是根据以前各地的旧税总数，改变了税名，变成两税税额的。因此人们的负担很不合理，赋税的承担并不均衡。加之两税是以钱计税，各户都有固定的钱数，交税时要用实物折钱，因此市场上货币的流通量逐渐减少。不仅如此，在两税法实施后的第三年，各地官员就开始私自加税，人们的负担越来越重。白居易的《无名税》就生动地表现了当时民众的苦痛与愤慨："国家定两税，本意在忧人。厥初妨其淫，明敕内外臣，税外加一物，皆以枉法论。奈何岁月久，贪吏得因循，浚我以求宠，敛索无冬春。织绢未成匹，缲丝未盈斤，里胥迫我纳，不许暂逡巡。岁暮天地闭，阴风生破村，夜深烟不尽，霰雪白纷纷。幼者形不蔽，老者体无温，悲端与寒气，并入鼻中辛。昨日输残税，因窥官库门，缯帛如山积，丝絮如云屯。号为羡余物，随月献至尊，夺我身上暖，买尔眼前恩。进入琼林库，岁久化为尘。"

永贞革新

805 年，唐德宗死亡，太子李诵即位，改年号为永贞，是为唐顺宗。唐顺宗做太子二十多年，一直很关心朝政。即位之后不久，便任命韦执谊为宰相，自己的老师王叔文为翰林学士，改革内政。

王叔文是越州山阴（今浙江绍兴）人，以擅长围棋得以入侍东宫，职责是陪皇太子娱乐。唐顺宗对自己的师傅很是尊敬，除了下围棋，也谈论一些国家大事。有一次顺宗与王叔文和其他一些侍读畅谈天下政事，涉及到当时一些比较敏感的弊政。顺宗对他身边的人说："我准备把这些弊政向父皇直言，以便能够改正。"众人都对此举表示称赞，唯独王叔文一言不发。等众人都退下后，顺宗单独留下王叔文，问他："刚刚为何就你不说话呢？是不是有什么深意？"王叔文道："我以为太子的职责乃在于侍膳问安，向皇上尽忠尽孝，不适宜对其他的事品头论足。皇上在位时间长了，如果怀疑太子是在收买人心，那殿下将如何为自己辩解呢？"顺宗闻言恍然大悟，既紧张又感激地对王叔文说："如果没有先生的这番点拨，我怎么能够明白这其中的奥妙啊！"从此顺宗对王叔文格外喜欢，东宫事无大小，都委托他来谋划。

这一次唐顺宗的改革就是永贞革新，其主要内容是：

第一，惩办大贪污犯李实，撤销其京兆尹的职务，贬为通州长史。李实是皇族，封为道王。过去在担任节度使时期，由于克扣军饷曾引起兵变。后来关中大旱，唐德宗准备减税，李实却讨好皇帝，虚报灾情，迫使农民典桑、卖地来交税，弄得不少农民破产流亡，对李实恨之入骨。

第二，罢宫市与五坊小儿。宫市是唐德宗时的一项扰民政策，宦官可以

陋室铭图

此图取刘禹锡在贬逐地所作的《陋室铭》意境入画："山不在高，有仙则名。水不在深，有龙则灵。斯是陋室，惟吾德馨。苔痕上阶绿，草色入帘青。谈笑有鸿儒，往来无白丁。可以调素琴，阅金经。无丝竹之乱耳，无案牍之劳形。南阳诸葛庐，西蜀子云亭。孔子云：'何陋之有？'"

随意在市场上侵夺平民的财物。"五坊"即是雕坊、鹘坊、鹞坊、鹰坊、狗坊。"小儿"则是指在五坊服务的差役。五坊小儿在长安城内外各处张网捕雀，有时把网盖在门口或井上，不叫人们出入打水，只有给了钱，才许可打水。奉使外出的宦官还常在路上抢马，一度使得商旅断绝。因此在唐顺宗时，罢除了这五坊小儿。

第三，剥夺宦官的兵权和裁抑藩镇。

第四，罢盐铁使月进钱。盐、铁专卖是唐朝后期政府的重要收入，设盐铁使经营。后来巧立名目，出现所谓盐铁月进钱，就是在正课以外每月向皇帝进献余钱，以供皇帝私用。

第五，释放宫女和教坊女乐九百余人。

第六，宫中禁征乳母。唐德宗时期，宫里要乳母，都令寺观选婢女充当。于是寺院常出卖产业，在民间购买有姿色的民女送上。

永贞革新是在唐顺宗支持下的政治改革，目的就是要消除宦官专政和消灭藩镇割据势力。因此反对革新最坚决的，就是以俱文珍、刘光琦为首的宦官集团，还有韦皋、刘辟等节度使。

唐顺宗虽然是个有政治远见的人，但因为他即位之时就患了中风，根本无法说话，政令的执行都靠王叔文来进行。王叔文为了推进改革，与王伾联手，启用了柳宗元、刘禹锡、韦执谊、韩泰、韩晔、陈谏、凌准、程异八人，希图改变艰难的政治局面。虽然他们有改革之心，但一没兵权二乏强有力的

不受贡献

唐宪宗刚刚即位，其姑奶奶升平公主就给宪宗选中了十几个美女。宪宗断然拒绝道："我父皇在世的时候，从来不曾接受别人的进献，我怎么敢违背父皇的教诲呢！"后来荆南地方贡献了两只绿毛龟，宪宗专门下诏令说："只有贤能的人才是国家真正的财富。至于那些一根茎秆上长出许多穗的庄稼和那些珍禽奇兽，对于我来说实际上都是没有用的东西。从今以后，不要再向我报告这样的事情，也不要向我进献那些东西。"

政治支持，在政治上一直处于不利地位。因此除了革除宫市、五坊小儿及进奉等进展较为顺利外，其他的改革措施都受到了阻挠。永贞革新很快就遭遇了失败。

因为西川节度使韦皋想要完全领有剑南三川、扩大地盘的阴谋未能得逞，对王叔文等人非常憎恨，以武力胁迫顺宗禅位。顺宗久病失语，又遭到了宦官与藩镇的激烈反抗，被迫禅位，传帝位于太子李纯，自称太上皇。这样一来宦官得势，王叔文、王伾随即遭到了贬逐。王叔文被贬后又被赐死，王伾则死于贬所。柳宗元等八人都被贬为"边州司马"。历史上称这一事件为"二王八司马事件"。

改革派虽然被宦官一网打尽，但是他们的后台唐顺宗还在世。宦官们为了杜绝后患，在 806 年一月毒死了唐顺宗。

元和中兴

唐顺宗退位后，他的儿子李纯继位，改年号为元和，史称唐宪宗。唐宪宗李纯出生时，正是皇曾祖唐代宗的晚年。他出生的第二年，祖父唐德宗即位，父亲唐顺宗被立为太子。李纯六七岁的时候，曾被德宗抱在膝上逗引作乐，问他："你是谁家的孩子，怎么在我的怀里！"李纯道："我是第三天子。"这一回答使德宗大为惊异。作为当今皇上的长孙，按照祖、父、子的顺序回答为"第三天子"，既闻所未闻，又很契合实际。德宗皇帝不禁对怀里的皇孙增添了几分喜爱，因此在李纯十一岁时，就册封他为广陵郡王。

唐宪宗登基之后，体恤百姓。在 808 年，南方遭到百年不遇的大旱，发生了严重的饥荒。宪宗就任命官员到江淮、两浙、荆湖、襄鄂等地去赈济饥民。在官员出发之前，宪宗劝诫他们道："我在宫中所用的东西，即使是一块小小的布帛，也必须登记在册，唯恐浪费。唯独对于赈济百姓，可以不计所费。你们可要体会朝廷的心意，千万不要只是饮酒游山玩水而忘记了本分啊！"

唐宪宗喜欢阅读历朝实录，每当读到唐太宗贞观和唐玄宗开元年间的故事，就仰慕不已。为了重现祖上的雄风，宪宗也决心改革。唐宪宗首先恢复了唐太宗时期谏官随宰相议事的制度，以便"开直言，广视听"。宪宗曾在延英殿与宰相共同商讨治理天下的方法。天色已经很晚了，那时候天气十分的炎热，宪宗满脸汗水，甚至连衣服都被汗水打湿了。宰相担心宪宗身体疲倦，就请求退出去。宪宗却将他们留了下来，对他们说："朕要是回到宫中，跟朕在一起相处的都是一些宫女和宦官这样的人。所以朕很喜欢与你们在一起暂且共同探讨治理国家的方法和相关的政策措施。唯独这样我是不知道劳累的。"

与此同时，唐宪宗还起用了大量优秀的人才。例如杜黄裳，唐德宗时只是担任管理国家祭祀礼乐的太常卿。宪宗登基后，杜黄裳很快被擢升为宰相。还有武元衡、裴度和裴垍等人，从政以后都取得了显著的成绩。在看过白居易的百余篇诗作后，宪宗即任命白居易为翰林学士，做自己的侍从和顾问。

裴垍执政后，马上就对两税法进行了改革。两税法是以钱计税，而百姓纳税时，主要是用粮和绢。这里便出现一个以绢折钱的标准问题，如果价格标准定得合理，纳税者也不会吃亏，否则必然会加重负担。裴垍调整了纳税物折价标准，尚书省为了适当减轻纳税者的负担，制定一个低于市场实际价格的折价标准，这个标准谓之"省估"。其次裴垍还调整了两税上贡、送使、留州的比例。两税钱物以前的分配比例极不合理，送给节度使的部分较大，助长了他们的割据实力。裴垍将标准改为节度使只许留用其直属州上交的税物，如果不够用，再报请朝廷分收余州少数税物。这样一来，不但减轻了人民的负担，也限制了节度使的财源。

除此之外，唐宪宗精简机构，裁汰冗员，建立了收支计簿制度。规定户部、度支使、盐铁使三个机构，于每年十二月，把一年当中各项收支的具体数字报告给朝廷。如果部门尚有剩余钱物或赤字，也须如实上报。这样做以后，一面使朝廷可以了解国家财政的实际情况，以便及时提出处理办法，同时也可以减少官吏弄虚作假和营私舞弊的机会。

经过这一系列的改革，唐朝的经济状况有了明显的改善，还出现汇兑业

正史史料

> 汝南晨鸡喔喔鸣，城头鼓角音和平。路旁老人忆旧事，相与感激皆涕零。老人收泣前置辞，官军入城人不知。忽惊元和十二载，重见天宝承平时。
>
> ——刘禹锡《平蔡州》之二

务的雏形"飞钱"。"飞钱"亦称"便换"，起于唐宪宗时期。唐朝才开始使用铜钱，但由于国内及外贸交易的日益发达，当时与唐朝通商密切的许多国家，也流通"开元通宝"，因此铜钱大量外流，唐朝中央政府有限的铸币量不敷使用，铜钱短缺的形势加剧。于是中央政府规定各地方政府禁钱出境，以防止铜钱流入海外。在这样的背景下，"飞钱"就应运而生。

"飞钱"有两种，一种是官营，商人在京城把铜钱交给地方设于京城的"进奏院"（相当于现在的驻京办事处），由进奏院开具发联单式的"文牒"或"公据"，一联交给商人，一联寄回地方，商人到达该地可以随时随地兑换现钱。另外一种是私营，一些大商人"邸店遍海内"，他们向不便携款远行的商人发放票据，商人可凭此"轻装趋四方，合券乃取之"。与官府主持的飞钱一度每千钱"便换"收取汇费达百文不同，私商受理的"飞钱"都不收汇费。但由于古时交通不够便利，合券付款往往在一两个月之后，商人相当于获得了利息收益。因为票券上的钱好像在飞来飞去，所以人们把此类票券叫作"飞钱"。

"飞钱"一方面便利了商业，另一方面进奏院在京城收到的款项，恰好用来抵作向中央政府交纳的赋税，可谓公私两便。后来飞钱因携带便利又多有官方承兑，有时就被直接用作支付手段，在市场上流通转让，在一定程度上发挥着货币作用。"飞钱"不是纸币，但却是宋元时期纸币产生的渊源。

李愬雪夜入蔡州

在经济有所恢复的同时，唐宪宗实行铁腕政策，削平了反叛的方镇，打击了藩镇割据势力的气焰。平定淮西叛乱就是其中的标志性事件。

淮西镇的叛乱由来已久。782年，淮西节度使李希烈与河北藩镇朱滔、田悦等勾结，起兵反叛。淮西节府佃驻蔡州汝阳（今河南汝南），地处中原，战略地位重要。朝廷屡次讨伐无果，淮西镇遂保持半独立状态。唐宪宗即位之后，发兵征讨淮西，可是花了多年的工夫，耗费了大量的财力和物力都以失败而告终。

814 年，淮西节度使吴少阳死去，他的儿子吴元济匿丧不报，自掌兵权。朝廷遣使吊祭，他拒而不纳，继又举兵叛乱，"发兵四出，屠午阳，焚叶，掠鲁山、襄阳"，还骚扰洛阳一带，使长安受到震动。

在如何对待叛将吴元济的问题上，当时大多数朝臣是主和派，都认为不能再打下去，主张赦免吴元济之罪，并任命他做淮西节度使。但宰相武元衡和御史中丞裴度力主用兵。815 年，唐宪宗决定对淮西用兵，这就引起了恒州王承宗和郓州李师道割据势力的恐惧。

李师道感到威胁，就采用了表面助官军讨伐、实际上支持吴元济的两面派手法，企图巩固自己的地位。他按照幕僚的建议，招募了一帮亡命之徒，潜入河阴（今河南荥阳北）漕院，杀伤了十余人，焚烧钱帛三十余万贯匹，谷三万余斛，把江、淮一带集中在这里的租赋都烧毁了。李师道还试图贿赂武元衡和裴度，但没有成功，就派人刺杀武元衡和裴度。当时李师道已用重金收买了守卫潼关要道的士卒，从而使手下的刺客能不受任何阻碍地潜入京师附近作案。

815 年六月初三，天还没有亮，武元衡去上早朝。他上朝时打的灯笼，瞬间被刺客用暗箭射灭，武元衡随即中箭，他的随从吓得四散而逃。刺客从容地将他杀死，砍下头颅而去。随后刺客又去刺杀裴度。裴度头部被砍伤，不过因为他当时戴着官帽，创口不深。裴度的随从王义将刺客从后面抱住，大声呼救。刺客回身砍断了王义手臂，然后再去追杀裴度。这时裴度跌入沟中，刺客以为裴度已死，才停止追击，从容逃走。他们行凶后还嚣张地在京城郊县留下字条，威胁破案的官差："毋急捕我，我先杀汝。"

在此之后，李师道又派数千人潜入东都，打算在洛阳焚烧宫阙，杀掠市民，后因事泄未能得逞。他又派人焚烧了唐高祖李渊陵墓的寝宫，折断了唐肃宗李亨陵墓门戟四十七支。

藩镇割据势力向主战派大臣下毒手，朝廷内主和派的大臣们，以"人情恐惧"为借口，纷纷要求唐宪宗罢兵，甚至要求宪宗罢免裴度的官职，以安抚这些割据势力。裴度面对王承宗、李师道等的暗杀威胁以及主和派要求撤兵的压力，向宪宗进言道："淮西腹心之疾，不得不除。且朝廷业已讨之，两河藩镇跋扈者，将视此为高下，不可中止。"宪宗支持裴度的意见，即提拔裴度为宰相，让他负责此事。

817 年，讨伐淮西的战争已经进入了第四个年头。前方战争屡屡失利，兵饷运输又发生了严重困难。朝中主和派官员又纷纷主张撤兵。而裴度认为吴元济"禁人偶语于途，夜不燃烛，有以酒食馈遗者"处以死罪等酷法的政策不得人心。朝廷军队之所以失利的原因，在于人心不齐。八月，裴度亲赴前线协调指挥。在此情况下，一代名将李愬就脱颖而出了。

当时李愬担任唐州（今河南唐河）等三州节度使。李愬刚到唐州之时，向官员宣布说："我是个懦弱无能的人，朝廷派我来，是为了安顿地方秩序。至于打吴元济，不关我的事。"果然李愬上任后一点不提打淮西的事，而对于唐州城里许多生病和受伤的士兵，李愬就忙着一家家上门慰问。这个消息传到吴元济耳朵里，让吴元济放松了警惕。

一次李愬的士兵在边界巡逻，碰到一队淮西士兵，双方打了一阵，唐军把淮西士兵打跑了，活捉了其首领丁士良。丁士良是吴元济手下的一名勇将，经常带人侵犯唐州一带，很多人都吃过他的亏，非常恨他。这一回活捉了他，都请求李愬把他杀了，给死去的将士报仇。可李愬却吩咐士兵给他松了绑，并且好言好语地问他为什么要跟吴元济闹叛乱。丁士良本来不是淮西士兵，是被吴元济俘虏过去的，见李愬这样宽待他，就愿在其麾下效命。李愬依靠丁士良的帮助，打下了淮西的两个据点文城栅和兴桥栅，先后收服了李祐和李忠义两员大将。

李愬计划攻打蔡州，因此每得吴元济的降兵，必会亲自招来盘问详细情况，所以对吴元济内部的地形与兵力部署了如指掌。李祐对李愬说："吴元济的精兵都在洄曲一带驻扎，蔡州城主要是由一些老弱病残的士兵把守。我们可以乘虚直入，直捣蔡州城。"李愬采纳了他的意见，并征得了裴度的同意。

在一个风雪之夜，李愬下令李祐、李忠义两员降将率领敢死队三千人为先锋，自将三千人为主力部队，命唐州刺史李进诚率三千人后卫，踏上攻打蔡州的征程，但绝大多将士都不知道此战的目标。

在占领了张柴村后，李愬命令士兵稍事休息，并留下五百人守卫张柴村，以阻击吴元济可能的援兵。有人问具体目的地，李愬说："进蔡州城捉吴元济。"手下将士大惊。这时风雪扑面，军旗被吹裂，人马冻死的随处可见。官军从未走过这条道路，又因为降将李祐带路，人人以为这下子完了。然而军令如山，也只能前行。大军行至蔡州城附近，当地有鹅鸭池，李愬令士兵驱赶鹅鸭，以掩盖部队行军的声音。凌晨三四点钟，李愬军至蔡州城下，守军无一人发觉。李忠义首先登上城墙，敢死队随后跟进。守卒还在熟睡，全被杀死了，只留下打更的，叫他们照常打更。于是大开城门，让官军入城。里城也以同样的方法被攻破，城内竟还无人知觉。等到了天亮时，李愬已经占据了吴元济的外宅。当时有人向吴元济报告说："官军来了！"这时吴元济尚未起床，笑道："肯定是盗贼作乱，等到天亮了就把他们全都杀死。"又有人报告说："外城已经被占领了。"吴元济说："这必是洄曲的部队来向我要寒衣。"等到他起床后，才在院子里听到官军的口令呼喊声，响应者近万人，这时吴元济才害怕起来，不过仍登上护城墙抵抗。官军烧其南门，老百姓争相送柴草帮助，吴元济被迫投降，李愬将其押送到长安。

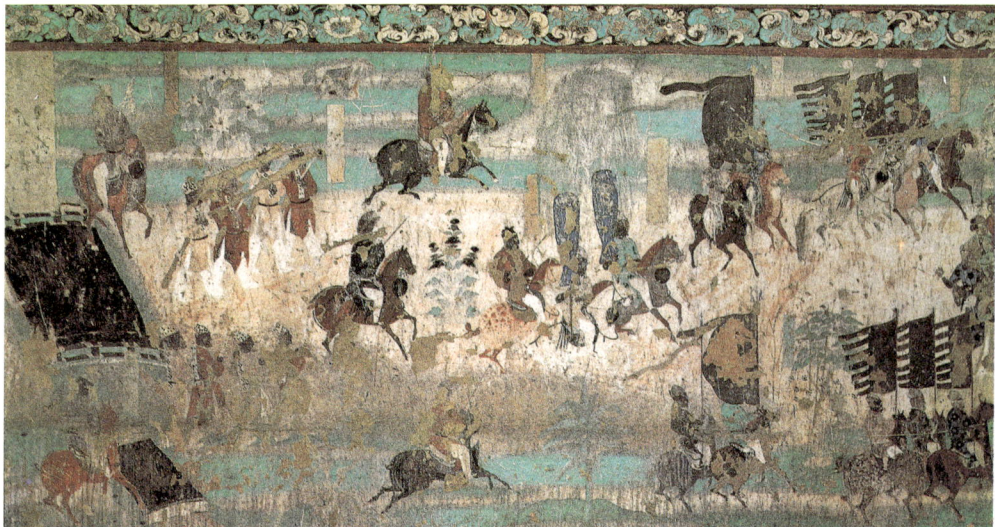

心向朝廷的张议潮

剽悍的骑兵环护着皇帝敕封的旌节。这是张议潮将河西再次纳入唐王朝版图的标志。

淮西的平定让河朔四镇大为震惊，他们立即取消世袭，交回行政财赋大权。四镇之一的平卢节度使李师道，更是献出了三个州给中央。但他马上又懊悔献得太多，临时变卦，唐宪宗立即下令讨伐，李师道被部下杀死。

到此时唐朝算是恢复了表面上的统一，但节度使领有重兵的局面并没有根本的改变。所谓的"元和中兴"，并没有恢复昔日唐朝富强繁荣的局面。

张议潮光复河西

在唐王朝遭遇统治危机之时，基层的忠心爱国人士也做出了不可磨灭的贡献。光复河西的张议潮即是其一。

所谓河西，指的是现在甘肃省黄河以西地区，又称河西走廊。这里是中原和西域之间的交通要冲，河西走廊西端的沙州（今甘肃敦煌），是从西域进入中原的咽喉，地位极其重要。贞观（627年—649年）时期，唐王朝在这个地区设置了陇右道，把管辖范围扩大到瓜州以西。河西走廊周围是民族杂居之地，北面最初是突厥，后来是回鹘，南面则是吐蕃。

安史之乱以后，河西、陇右的军队被调到内地平叛。吐蕃人趁机攻陷了凉州（今甘肃武威），河西节度使逃往沙州，在沙州设立节度使府。当时沙州附近的各州也都被吐蕃占领着，只有沙州军民不肯投降。后来吐蕃奴隶主尚奇心儿包围了沙州，沙州刺史周鼎向回鹘求援，可是回鹘没有伸手相救。周鼎打算焚城东逃，部众不从，结果周鼎被手下阎朝杀了。阎朝坚持守城十一年，终因粮尽，自己和沙州同陷于吐蕃。

吐蕃好不容易拿下了沙州，开始残酷地对待占领区的百姓，只要是汉人被他们俘掳后，老弱全部杀光，少壮充当奴隶。不仅如此，吐蕃的奴隶主还严禁唐人穿汉族服装，只许他们每年元旦着自己的衣服祭祀祖先，祭完便收起来。每逢这一天，唐人无不向东方遥拜，痛哭流涕。

848年，沙州的张议潮无法忍受吐蕃人的虐待，领导人民起义，将吐蕃人赶出了沙州。不久又夺回瓜州（今甘肃瓜州）。在光复沙州后，张议潮立即派人到长安报告。张议潮唯恐表文送不到长安，分遣了十队使者，带着同样的表文出发，其中一队顺利到达天德军（今内蒙古乌拉特前旗）。天德军将报告送到长安，张议潮因此被唐王朝任命为沙州防御使。

紧接着张议潮又率领着河西人民扩大战果，接连收复了伊州（今新疆哈密）、河州（今甘肃临夏）、甘州（今甘肃张掖）、鄯州（今青海海东）等地。851年，张议潮派其兄张议潭携带河西十州的地图和户籍到达长安。唐政府在沙州恢复了河西节度使，号称"归义军"。

河西地区虽然被张议潮收复，但河西走廊并不安宁，吐蕃人还在不断地侵犯这片土地。858年，吐蕃人开始大规模地反攻，结果再一次被张议潮打退。866年，张议潮又光复了西州（今新疆吐鲁番）。

张议潮前前后后进行了长达十九年的斗争，保持和巩固了河西走廊，并且大力发展农牧业。张议潮专门设置了"渠人"这一官职，几个"渠人"以一条渠为中心组织起来，专门监督管理渠道事务。由于水利设施的兴修，使得河西走廊的农业得到了发展，从而使这一地区的经济逐渐繁荣，使沙州成为了东西贸易和交通的中枢。

唐朝的灭亡

　　虽然唐朝进行了一系列的改革，但藩镇割据的局面一直没有得到根除。在中央朝廷，宦官乱政现象日益突出，朝廷大臣也产生了激烈的朋党之争。而由于政治腐败，战乱不断，赋税过重，广大的普通百姓生活在水深火热之中，日益贫困，痛苦不堪。黄巢起义之后，唐王朝已经名存实亡，后被朱温所灭。

唐朝宦官
此图乃唐懿德太子李重润墓中的一幅壁画。
绘有七位宦官，身着长袍，脚穿皮靴，双
手持笏，姿态恭敬。

宦官之祸

　　唐朝在武则天统治时期和唐中宗、睿宗在位时期，内部斗争十分激烈。
皇族、外戚、后妃、大臣、禁军将领各自结成政治集团，尔虞我诈，你争我
夺，搞得政局一片混乱。在这种情况下，皇帝对外人很难相信，唯独对平日
里伺候在左右的宦官深信不疑。宦官能够经常接触皇帝，了解皇帝的心思，
又受到皇帝的信任，因此各个政治派系对宦官都很重视，极力拉拢宦官，最
终酿成大祸。

宦官祸起

　　唐朝的宦官之祸是从唐玄宗时期开始的。唐玄宗李隆基是在激烈的皇族
内部斗争中当上皇帝的，他深知大臣、将领、外戚结党营私的危害，因此对
功臣宿将都怀着深深的戒备之心。所以开始对自己身边的宦官大力提拔，任
用亲信宦官参政领军。如高力士就担任了内侍省的最高职务"知内侍省事"，
所有的宦官都听他指挥。朝廷中的许多重要官员，如李林甫、安禄山、杨国
忠、韦坚等人，都是依靠高力士的引荐才得以被玄宗重用的。

　　在唐玄宗时期，以监军为主要表现形式的宦官开始大规模地出现在历史
舞台上。756年，负责抵御安史叛军的将领高仙芝和封常清，就因为与监军
宦官边令诚不合，被其诬告，二人遂遭处斩。高仙芝和封常清都是功名显

赫的大将，竟然由于宦官的一句诬陷就人头落地。两员名将被冤杀引起了军心的动摇，也使唐廷丧失了两员具有丰富作战经验的大将，对平定安史之乱造成了严重的不利影响。具有讽刺意义的是，当安禄山攻陷潼关向长安进军时，边令诚却率先投降了叛军。

唐肃宗在当太子时，权相李林甫、杨国忠都曾想方设法要把他从太子的宝座上赶下来。当时朝廷中的大多数官员也都是李林甫、杨国忠的党羽，因此肃宗对这些宰相、大臣特别猜忌。唐肃宗登上皇位之后，因强藩作乱险亡其国而疑忌将帅，开始用自己宠信的宦官李辅国统帅禁军，军权逐步落入宦官之手。

在这种情况下，宦官开始成为唐朝后期的重大祸害。李辅国规定宰相和各部尚书有事陈请，一定要先禀告他，然后才能奏报给皇帝。文武百官想要在朝见时间之外见皇帝，也必须经过他的同意。他还设立了"察事厅子"，以侦察官员的活动。在他最嚣张的时候，连当时的宰相李揆都要对他执子弟之礼，呼为"五父"。他甚至利用唐肃宗与其父亲唐玄宗之间的矛盾，假传圣旨把唐玄宗幽禁在大明宫内，以至唐玄宗忧愤而死。唐玄宗病死之后，肃宗也得了重病。张皇后想要杀掉李辅国，然后废黜太子李豫而立自己的儿子为太子。李辅国决定先下手为强。762年四月，李辅国与程元振同谋将张皇后杀死。肃宗因此受惊吓而死，李辅国于同月拥立李豫为帝，是为代宗。李辅国因为拥立有功，十分骄横，竟然对代宗说："陛下只须深居宫中，外面的政事由老奴来处理。"代宗虽然心中不满，但慑于他手握兵权，只好委曲求全，尊称他为尚父，事无大小，都要与他商量后才能决定。过了一段时间，代宗乘李辅国不备，派人扮作盗贼将其刺杀而死。

李辅国虽然被处死了，但是宦官作为一个势力集团并没有受到影响，反而更为变本加厉。郭子仪平定安史之乱后，唐代宗为了显示对他的恩宠，率百官出门远迎。但宦官鱼朝恩的座位仍在郭子仪之上，众臣皆敢怒而不敢言。唯有颜真卿挺身而出，当面斥责宦官的无耻行为。颜真卿的传世之作《争座位帖》就这样书就的。

宦官与兵变

宦官气焰嚣张，郭子仪倒是宽宏大量。767年十月，郭子仪击败了再次出兵侵扰的吐蕃军队。就在他即将凯旋还朝时，他父亲的坟墓被盗挖，盗贼一直没有被抓获。但人们普遍怀疑是素来与郭子仪不睦的宦官鱼朝恩指使人干的。因此朝野上下都担心郭子仪回朝后因盛怒而闹出事端，甚至不排除兵变的可能性。没想到郭子仪入朝后，唐代宗把这件事告诉他，郭子仪反而号泣上奏道："臣长期主持军务，不能禁绝暴贼，军士摧毁别人坟墓的事，也是有的。这是我不忠不孝，招致上天的谴责，不是人祸。"这番话一出口，朝野上下才算是人心安定了下来。

但是其他将领就不一定能够忍受宦官的专权与嚣张。仆固怀恩的反叛就很有代表性。仆固怀恩是铁勒族人，安史之乱时，仆固怀恩随郭子仪作战，屡立战功。为了向回纥借兵，还把两个女儿都远嫁到回纥和亲。安史之乱中，仆固怀恩家族中共有四十六人为国殉难，可谓满门忠烈。而在一次战斗中，仆固怀恩也差点丢掉性命，最后抱着马头过河，总算逃过一死。但仆固怀恩为人比较狂妄，治军不严，结果命运就比较悲惨。

763 年，仆固怀恩奉命送回纥可汗回漠北，监军骆奉先误信谣言，竟诬告仆固怀恩与回纥勾结。仆固怀恩非常气愤，上书唐代宗说："昔同罗叛乱，臣为先帝扫清河曲，一也；臣男玢为同罗所虏，得间亡归，臣斩之以令众士，二也；臣有二女，远嫁外夷，为国和亲，荡平寇敌，三也；臣与男玢不顾死亡，为国效命，四也；河北新附，节度使皆握强兵，臣抚绥以安反侧，五也；臣说谕回纥，使赴急难，天下既平，送之归国，六也……子仪先已被猜，臣今又遭诋毁，弓藏鸟尽，信匪虚言。陛下信其矫诬，何殊指鹿为马！"

唐代宗派宰相裴遵庆慰问仆固怀恩，并让他入朝觐见。仆固怀恩终因害怕成为高仙芝第二，因此举众叛乱，后来暴病身亡。唐代宗一直没有在诏书中称仆固怀恩"谋反"。仕得

香山九老图

该图描述了白居易等九位文人墨客在河南洛阳香山聚会宴游的故事。当时朝政腐败，他们又无力改变，只好忘情于山水。又因为志趣相投，结为"九老会"，因此得名"香山九老"。

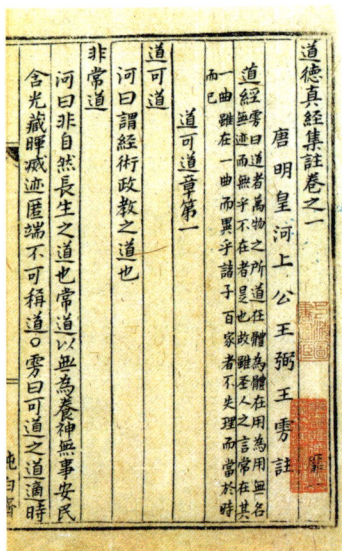

《道德真经集注》书影

讲授或注释《易经》及《道德经》在古代是一件极为严肃的事情。而没有受过多少教育的宦官却给进士出身的官员讲授《易经》，这说明当时宦官已经基本到了为所欲为的地步。

知他的死讯后恻然道："怀恩没有谋反，只不过被左右之人所误罢了。"最后还赦免了仆固怀恩所部有功于国家的旧将。唐代宗虽然感叹，却依旧依赖和信任宦官。

仆固怀恩叛变并不是偶然的。皇帝派宦官们充当监军是为了防止叛变的，但如果没有叛变案件爆发的话，监军就没有存在的必要。所以即使将领没有反叛之心，宦官监军也要诬陷统帅叛变，或把统帅逼得叛变。皇帝也因此更加信任宦官，由此形成了恶性循环。

766 年，同华节度使周智光与监军张志斌发生了冲突，周智光大怒道："仆固怀恩哪里有要谋反的意思？都是你们这些鼠辈作福作威，他害怕入朝被你们所害。我本来是不反的，现在就反给你们看看。"说完就将张志斌斩首。

成德节度使李宝臣原来是安禄山的部将。史思明失败后，他拒绝史朝义的官爵，向唐朝政府投降。但在775 年他为朝廷立下战功后，朝廷派宦官马承倩前往慰劳。马承倩临返长安前夕，李宝臣到旅舍致谢，并送给马承倩绸缎一百匹。对于经济落后的河朔地区而言，这礼物已经很重了。但是马承倩却嫌太少，把它扔到道旁，大骂而去。李宝臣惭惧难当，他的部下提醒他说："现在全国局势不稳，朝廷正用得着我们的时候尚且如此。一旦天下太平了，我们还能活下去吗？"于是他就拥兵自立，自置官吏，不向唐朝中央政府交纳租税。

李愬平定蔡州后，一度遏制了藩镇的割据分裂活动，大搞刺杀活动的李师道也被部将刘悟诛杀。但监军宦官刘承偕颇恃恩权，常当众污辱刘悟，又纵其属下乱法，甚至与磁州刺史张汶策划绑架刘悟。李悟知道之后大怒，下令士兵杀掉张汶，并将刘承偕关了起来。后由朝廷出面，下诏流放刘承偕至远州，刘悟这才放出刘承偕，上表谢恩。自此刘悟就开始效法河朔三镇进行割据，不再听命于朝廷。朝中失意之徒，也多往投奔。825 年九月，刘悟死后，被追赠为太尉，其部下拥立其子刘从谏继位。

南衙与北司之争

宦官势力膨胀之后，因利所趋，无事不争，这便和朝臣发生了冲突。这些文人自幼攻读诗书，最大的梦想就是入朝为官，然后一步步晋升，以施展自己的政治抱负。现在宦官的专权大大减少了他们出人头地的机会。宦官往往是在很小的时候就被送入宫中的，很少有机会学习儒学家问。他们参政之后专断朝政，见解也与大部分朝臣不同，这也引起了大臣们的强烈不满。这些问题日积月累，矛盾便开始激化。于是官僚集团与宦官集团之间争权夺利的斗争便逐渐开始。虽然当时有很多官员是通过投靠宦官当上大臣的，但他们在心底里是看不起宦官的。一旦有机会，朝官对宦官的争权总是予以反击，双方矛盾激化，展开了激烈的斗争。

唐代的政府机构三省六部及其所属各官署衙门都设在京城长安宫城之南，因此通称为"南衙"；由宦官组成的，专门负责皇宫内务的内侍省设在皇宫之北，被称为"北司"。所谓的南衙北司之争，就是以宰相为首的朝臣集团与北司宦官集团争夺朝廷政治权力的斗争。唐肃宗、代宗时期，有三个飞扬跋扈的大宦官，李辅国、程元振、鱼朝恩，这时期的南衙北司之争主要就是围绕他们三个人进行的。

759 年，李辅国借口京城强盗出没，要求唐肃宗准许他选拔五百名羽林骑兵在城中巡逻，确保京城安全。按照唐朝的规定，京城的巡逻防卫任务一向是由金吾大将军手下的金吾士兵执行的，隶属南衙管辖；皇帝的禁军羽林军只负责皇宫的防卫，由北司指挥。这两支军队起着相互制约的作用，一旦其中一支军队被人控制发生叛乱，另一支军队可以作为镇压力量。李辅国要求把金吾兵的防务移交给羽林军，目的就是想要控制整个京城，南衙当然不同意，肃宗也是知道其中利害的，因此没有同意李辅国的要求。

南衙觉得这是一个可以打击北司的好机会，宰相李岘便以此事为由，向唐肃宗汇报了许多李辅国专擅朝政的罪名。肃宗感到李岘言之有理，就责令李辅国把断案审判的权力交还南衙各部。李辅国的权威大大被挫，对李岘恨之入骨，后来借口李岘拉帮结派把他贬出了京城。

唐代宗即位后，感到李辅国权力太大，对自己构成了威胁，开始设法削弱李辅国的势力。因此在宫中，提拔了另一名宦官程元振来取代了李辅国的位置。哪里知道，走了一只狼又来了一只虎。程元振比李辅国更加骄横，凡是那些和自己意见不合的大臣，统统被程元振贬斥、流放甚至杀害。

763 年，吐蕃大举入侵，边将告急，程元振竟然不向唐代宗通报军情。等到吐蕃军队进逼长安了，唐代宗才知道消息，仓皇出逃，命令各藩镇节度使派兵前来御敌。李光弼等大将对程元振恨之入骨，没有一支军队前来保驾。有大臣趁机向代宗上书说："如果陛下想要保存祖先的宗庙社稷，就杀掉程元振，把所有的宦官都交给州郡管理，把神策禁军的指挥权交给朝廷大臣。"这封上书言词激烈，代宗为情势所迫，只好将程元振削职为民，赶回老家。而程元振不甘心失败，在听说到吐蕃退出长安，代宗起驾回宫的消息后，就穿上一身女人的衣服，偷偷地潜入长安，希望再次得到重用。想不到被京兆府的官吏抓获，将其流放。

在唐代宗时，还有一名大宦官鱼朝恩也是极受恩宠。他是唐肃宗任命的天下观军容宣慰处置使，统一指挥在前线与史思明作战的九支节度使部队，并且专门负责指挥神策军。神策军本是节度使的军队，鱼朝恩为了巩固自己的地位，就把这支军队的指挥权从陕西节度使手中夺了过来，成为隶属北司的一支强大的禁军。鱼朝恩还自负文武全才，自告奋勇地申请出判国子监，负责全国教育。以一名宦官而充任此职本已骇人听闻，鱼朝恩更不以此为满足，还寻得了一个机会，向那些进士出身的宰相们讲授《易经》。

宰相元载当初是靠投靠李辅国当上宰相的。李辅国死后，他又投靠了枢密使董秀，因此与鱼朝恩既有南衙北司之争，又有不同派系的斗争。大将郭子仪是平定安史之乱、击退吐蕃的功臣，鱼朝恩对他十分疑惧，多次在唐代宗面前诋毁他。于是元载和郭子仪不谋而合，一起建议唐代宗除掉鱼朝恩。唐代宗也渐渐感到鱼朝恩掌握兵权对自己不利，因此同意了元载的计划。

很快一件意外的事情发生了，鱼朝恩年轻气盛的养子鱼令徽在与同事发生争执时，因没有品级受到了一些侮辱。鱼朝恩便为其申领了高级官员才有资格穿的紫色朝服，唐代宗还未来得及做出反应，鱼朝恩的亲信侍卫就用紫色官服将鱼令徽打扮好了。内心苦涩的代宗只能顺水推舟，夸奖鱼令徽年轻英俊。这时代宗心中杀机已起，就为鱼朝恩安排了一场鸿门宴。一无所知的鱼朝恩欣然赴约，元载收买了鱼朝恩的亲信周浩，将鱼朝恩当场缢杀。

鱼朝恩死后，宦官不再掌握兵权。南衙与北司在经历了几个回合互有胜负的斗争后，南衙稍稍占据了上风。

宦官专权

继唐代宗和德宗之后，唐德宗之子李诵即位，是为顺宗。唐顺宗即位之后，决心要根除由宦官把持朝政的局面，起用了一批主张打击宦官势力、革新政治的官僚士大夫，即"二王八司马"。这些人既不是门阀大族，又与宦官对着干，在南衙中也受到排挤。那些出身门阀大族的朝官与他们存在着世族与庶族的争执，那些投靠宦官的朝臣又秉承宦官的意旨与他们处处作对。没过多久，权宦俱文珍、刘光琦等人便强迫顺宗让位，太子李纯即位，是为宪宗。顺宗重用的一干人全被贬出了朝廷。

唐宪宗是在宦官的支持下登上皇位的，因此对宦官信任有加。此时的宦官势力早已不只是一两名大宦官才有权威，敢于专横，而是作为一个群体处处显示自己凌驾于南衙之上的权势。

宦官的暴行得不到有效的制止，因为昏庸的皇帝坚定地相信他们，于是宦官的暴行不但公开而且合法。凡不能使宦官满足的对象，随时都会发现忽然陷入"谋反"的巨案。虽然大臣们不断向皇帝建议对宦官的权力加以约束，

金棺银椁

唐朝皇帝多有痴迷佛教者，还为佛骨制作了奢华的金棺银椁。但这不一定能够带来好处，唐宪宗晚年好神仙之术，多服金丹，性情暴躁易怒，最后被宦官毒死。

但皇帝都听不进去，连本来很英明的唐宪宗都不承认宦官诬陷大臣。他说："宦官怎么敢诬陷大臣呢？即令有什么逸言，当皇帝的也不会听。"还得意洋洋地宣称："宦官只不过是一个家奴，为了方便，差使他们跑跑腿而已。如果违法乱纪，除掉他们就跟拔掉一根毫毛一样容易。"唐宪宗夸口后不久，即被宦官陈弘志谋杀。昙花一现的"中兴"也随着唐宪宗的暴死而成了明日黄花，藩镇再度专横割据如故。

一次诗人元稹任监察御史，由东都洛阳返回长安，在敷水驿休息。正当他准备住下时，宦官刘士元带着一批随从闯入驿站，叫骂着要元稹让出住处。唐代的监察御史虽然只是八品官，但因为可以监督官员，弹劾违法官吏，一向是受人敬畏的。如今一个不知名的宦官居然也敢让监察御史让出住房，元稹就上前与刘士元争论。刘士元根本就不把南衙的小官员放在眼里，用马鞭将元稹打得遍体鳞伤。回到长安后，刘士元又在宪宗面前指责元稹对宦官无礼，虽然有许多大臣为元稹辩护，宪宗还是将元稹贬出了京城。

812 年，一向反对宦官专政的李绛出任宰相，向唐宪宗建议说："京西、京北都有神策军兵抵御吐蕃入侵，但是各将领作战时总是先要禀明护军中尉，然后才能和当地节度使军队一同出兵。节度使不能指挥神策军，往往贻误战机，不如将神策军兵营的人马、粮食、刀枪器械交给当地节度使，便于指挥作战。"宪宗觉得这个建议很好，而且他也已经意识到了宦官掌握兵权的弊端，准备实施李绛的方案。交出兵马武备，无疑是大大削弱北司的实力，宦官集团是绝对不会同意的。他们让神策军将领联名上书给皇帝，不同意隶属于地方节度使。同时在宫中活动，向宪宗施加压力，因此这一计划最终没能得到实行。

李绛数次企图打击宦官，都没有成功，这引起宦官们的忌恨，终于将李绛罢免。南衙与北司的抗争，又以南衙的败北而告终。

甘露之变

唐顺宗、宪宗、敬宗皇帝最后都死于宦官之手。从唐穆宗以后，唐朝的皇帝都是由宦官拥立的，皇帝的命运渐渐都掌握在了宦官的手里。826 年，唐穆宗之子、敬宗之弟李昂继位，是为唐文宗。文宗虽然也是在宦官的拥戴下成为皇帝的，却是比较贤明的皇帝。唐文宗不喜欢音乐、歌舞和游乐，也不近女色，自己在听朝理政的闲暇时，十分注意读书。他对身边的人说："若不能亲自处理政事，抓紧时间观览图书，怎么能够做人间君主呢？"所以他每当退朝处理完政事以后，就阅读各种典籍，还经常就经书诗赋中的名物询问大臣，宰相也经常被他问住。文宗尤其喜读史书，对于历史上的名君贤臣羡慕不已。他因为喜欢读《贞观政要》而仰慕魏徵，就下诏寻访到魏徵的五世孙魏暮，并把魏暮任命为负责对皇帝进谏的右拾遗。文宗也很喜欢把他认为有学问的大臣召到宫中讲谈经义，评论文章。像当时的翰林学士柳公权就常常被他召来，一谈就是很长时间，有时候在夜里闲聊的时间过长，不自觉中蜡烛都燃尽了。

唐文宗更想铲除宦官势力，做出一番功业来。他继位后不久，各地推荐的举人便到京都来应试。有一个举人叫作刘蕡，在试卷里公开反对宦官专权。他认为要想国家安定，就必须清除宦官势力，把政权交给宰相，把兵权交给将帅。

这份考卷落在几个考官手里，考官们传来传去地看，赞不绝口，觉得不但文采好，而且说理精辟，是篇难得的好文章。但是到了决定录取的时候，谁也不敢表示态度，因为如果录取了刘蕡，就要得罪了宦官，他们的位子也保不住。

结果跟刘蕡一起来投考的二十二人都考中了，刘蕡却落选了。刘蕡是大家公认的杰出人才，这次只是因为说了些正直的话而落选，大家都觉得委屈了他。唐文宗身为皇帝，连选取一个人的权力都没有，只能在宦官操纵之下过日子，自己也很气恼。

一次唐文宗生了一场病，正好宦官头子王守澄手下有个官员叫作郑注，精通医道。王守澄就把他推荐给了唐文宗治病，文宗服了他的药后，果然一天天好了起来。唐文宗很高兴，召见郑注，发现他口齿伶俐，像是个有才干的人，就把他提拔为御史大夫。

郑注有个朋友叫李训，原来是个很不得志的小官员，听说郑注受到了朝廷的重用，就带了一些礼物来求见。郑注正好想找个帮手，就请王守澄把李

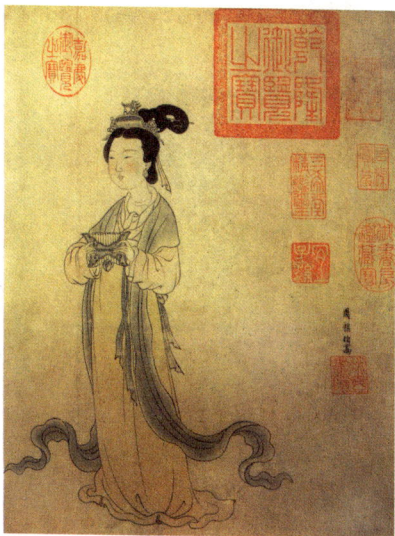

杜秋娘图

杜秋娘原是一名歌女,后因"劝君莫惜金缕衣,劝君惜取少年时;花开堪折直须折,莫待无花空折枝"而成名,被选入宫中。她曾经策划废掉唐文宗,将自己抚养的穆宗的儿子扶上皇位,一举除掉王守澄的宦官势力。但被王守澄探到了一些风声,被削籍为民,结束了她这一段绚彩的"折花"岁月。

训推荐给唐文宗。李训也因此得到文宗的信任,最后官至宰相。

李训、郑注两人取得了唐文宗的信任,文宗把自己想除掉宦官的心事告诉了他们。他们跟文宗秘密商量,想法削弱王守澄的权力。王守澄手下有个宦官叫仇士良,跟王守澄有矛盾,李训、郑注就请文宗任命仇士良为左神策中尉,掌握一部分禁卫军。接着李训又解除了王守澄的兵权。王守澄失了兵权,很快就被杀了。

杀了王守澄后,接下来就要除掉仇士良了。李训经过一番策划,联络了禁卫军的将军韩约,决定动手。835年的一天,唐文宗上朝的时候,韩约上殿启奏,说禁卫军大厅后院的一棵石榴树上,昨天夜里降了甘露。天降甘露被认为是好兆头,李训当即带领文武百官向文宗庆贺,还请唐文宗亲自到后院观赏。

唐文宗命令宰相李训先去察看,李训装模作样地到院子里去兜了一圈回来说:"我去看了一下,恐怕不是真的甘露,请陛下派人复查。"唐文宗又命令仇士良带领宦官去观看,仇士良叫韩约陪着一起去。韩约走到门边,神情紧张,脸色也发白了。仇士良觉得奇怪,问韩约说:"韩将军,您怎么啦?"

正说着一阵风吹来,吹动了门边挂的布幕。仇士良发现布幕里埋伏了不少手拿明晃晃武器的士兵,大吃一惊,连忙退出,奔回唐文宗那里。李训看到仇士良逃走,立刻命令埋伏的卫士赶上去。哪知仇士良和宦官们已经把文宗抢在了手里,把他拉进软轿,抬起就走。

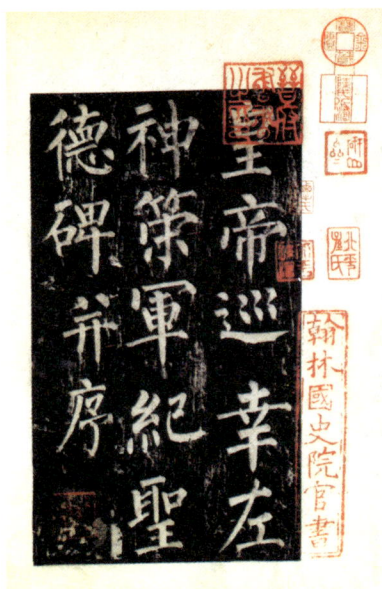

神策军碑

《神策军碑》全称《皇帝巡幸左神策军纪圣德碑》，唐武宗会昌三年（843年）立于皇宫禁地，碑石大小不明，崔铉撰文，柳公权书。是年柳公权66岁。"左神策军"是唐天子最精锐的部队之一，由拥立武宗有功的宦官仇士良指挥。武宗驾临"左神策军"军营时，仇士良借机奏请立此碑以纪圣德，武宗应允。因柳公权当时为左散骑常侍，又是当朝一流的书法家，故皇上命其书写。因是奉旨书写，故柳公权的书法特别郑重，竭尽全力。所书之字端庄森严，较之早两年书写的《玄秘塔碑》更为苍劲精练。

李训赶上去，拉住文宗的轿子不放，一个宦官抢前一步，朝李训劈胸一拳，把他打倒在地。仇士良趁机扶着文宗的软轿，进内宫去了。

李训图谋诛杀仇士良的计划失败后，只好从小吏身上讨了一件便衣，化装逃走。仇士良立即派兵出宫，大规模逮捕了一批参预谋划的官员，把他们全都杀了。李训东奔西逃，走投无路，在路上被杀。郑注正从凤翔带兵进京，得到消息，想退回凤翔，也被监军的宦官杀死。

这次事变即被称作"甘露之变"，受株连被杀的有一万多人。宦官们从此把唐文宗严密监视了起来，文宗的日子更不好过，五年之后就得病死了。于是仇士良又拥立文宗的弟弟李炎即位，这就是唐武宗。依然由宦官执掌朝政，南衙几乎成为北司的附属。

朝政混乱

唐武宗时期最著名的宰相李德裕，是个心怀抱负的政治家，时刻想着要削弱宦官的权力。843年，权宦仇士良因年老多病请求退休，杨钦义被任命为左神策中尉。

左、右神策中尉各有自己的官印，由宦官掌握，南衙是不能干涉的。唐武宗和李德裕认为杨钦义刚接手神策军，势力较小，便于命令，可以趁机将两枚大印收归宰相管理，从而将神策军的指挥权从北司手中夺过来。

于是唐武宗连发三道诏书，要求护军中尉将官印送到中书门下宰相处。

杨钦义不明真象，准备交出大印。右神策中尉看穿了武宗和李德裕的目的，坚决反对交出官印。按照惯例，新任护军中尉上任要以士兵出迎大印。右神策中尉扬言道："迎接大印的时候要派兵马，那么送大印到宰相那里也应当派兵马护送。"言下之意，就是唐武宗和李德裕如果收回大印，他的大军即刻就要发动叛乱。武宗和李德裕无可奈何，只好作罢。

唐武宗病死后，宦官集团拥立唐宪宗之子、唐穆宗的异母弟李忱即位，这就是唐宣宗。宣宗小时候不爱说话，宗族里的人都认为他很笨，宦官立宣宗的目的就是为了便于操纵。没想到宣宗这样做完全是在装傻。他即位以后，马上就给在"甘露之变"中被杀的宰相平反，向朝臣们透露出了他想限制宦官权力的信息。

左神策军中尉马元贽在唐宣宗即位斗争中出过大力，权势很大。宰相马植想方设法讨好他，甚至与他攀成了本家。马元贽遂将一条宣宗赐给他的玉带送给了马植。马植觉得荣耀无比，佩戴着上朝。宣宗认出了那条玉带，心中很不高兴。他知道处置马元贽会招来麻烦，于是将马植罢免。这样一来，朝臣们都不敢过分接近宦官了，无形之中，对限制北司的权力起了一定的作用。

一次唐宣宗假装与翰林学士韦澳谈论诗歌，得以把身边的宦官支走，问韦澳有没有削弱宦官权力的办法。韦澳将宣宗的意思透露给了宰相令狐绹，令狐绹秘密上奏宣宗说："现在宦官的势力太大，一旦动手，势必甘露之变会重演，只有慢慢治理。一旦宦官犯了罪，就治他的罪，流放外地，永不录用。一旦北司的职位有了空缺，就不要再派宦官接任。久而久之，宦官自然就会减少，直到没有了势力。"这个方法可以说是在当时情况下对付宦官的最好方法，只要能坚持下来，宦官问题自然会得以解决。可惜的是，宣宗在位时间不长就死去了，这一政策没能继续执行下去。

唐宣宗死后，宦官发生了派系斗争，掌握神策军兵权的左神策中尉王宗实杀死了枢密使王归长、马公儒和宣宗指定的皇位继承人，拥立唐宣宗的长子郓王李漼为帝，这就是唐懿宗。此时的南衙，根本连说话的权力都没有了。

唐懿宗以后唐王朝江河日落，各地不断发生农民起义，藩镇互相争战。懿宗在位十五年后死去，宦官刘行琛、韩文约又拥立唐懿宗第五子年仅十二岁的李儇继位，是为唐僖宗。僖宗继位之后，所有的政务都由枢密使、神策军护军中尉田令孜处理，唐僖宗甚至称他为"阿父"。田令孜搞得朝政一片混乱，终于爆发了黄巢起义。

在镇压黄巢起义的过程中，各地藩镇的实力大大增强，已不把唐朝廷放在眼里，唐朝廷所能控制的地方不过十数州而已。这时的南衙北司却仍在不断地互相争斗，且有愈演愈烈之势。

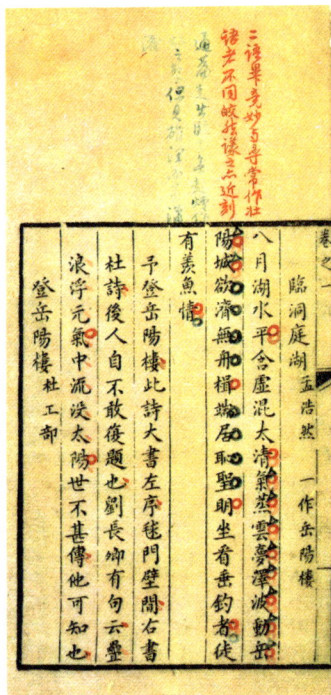

基层士人的无奈

当时士人若无人援引，就很难在仕途有所发展。诗人孟浩然一生坎坷，在这首赠给丞相张九龄的诗中就表达了自己的苦闷心情："欲济无舟楫，端居耻圣明。坐观垂钓者，徒有羡鱼情。"

牛李党争

"去河北贼易，去此朋党实难。"这是唐文宗李昂面对国家藩镇割据、宦官专权、朝官间的朋党之争所发出的无奈叹息。这两个政客集团，一称"李党"，一称"牛党"。李党的重要人物有李德裕、李绅、郑覃，牛党的重要人物有牛僧孺、李逢吉、李宗闵。李党多是出身于世家士族，牛党则多出身平民。两派官员互相倾轧，争吵不休，一直闹了四十多年。历史上把这段党争称为"牛李党争"或"朋党之争"。

出身之别

朝官中之所以形成对立的党派，往往是由于出身的不同。"出身"指的是入仕为官的途径。在唐朝要么是依靠祖荫、门第入仕，要么是凭借科举进士为官。

李党魁首李德裕，祖父是李栖筠，在唐代宗时曾为御史大夫，父亲李吉甫在宪宗时曾两次入相，权倾一时。牛党中的李宗闵、牛僧孺则是进士出身。李宗闵虽然是唐高祖之子李元懿的玄孙，但由于长期以来好几代没有人担任过高官，祖父就已经无荫可言，李宗闵只有通过科举考试、得中进士的途径为官。牛僧孺更是出身寒门，苦读寒窗才中了进士。

出身不同，政见也不同，这就构成了朋党之争的基础。808 年，唐宪宗策试贤良方正科（科举考试的一种，对国家的大政方针、时事政策等发表意见，可直言极谏）。李宗闵是前科进士，牛僧孺因为不满足于一个县尉之职，两人都参加了这次考试，期望得到考官及皇上的赏识，得以加官晋级。在应试策中，他们和另一个县尉皇甫湜都直言不讳地指陈时弊，攻击了宦官以及藩镇的问题。三人的对策都得到了考策官的赞赏，评为上第等级，唐宪宗对此也表示了嘉许。不料半路上杀出了宰相李吉甫，他对唐宪宗说："皇甫湜是策试复核官员王涯的外甥，王涯没有避嫌，其中必有虚假包庇。"宪宗一时没了主意，只得重新评判，结果考官一一被贬，牛僧孺、李宗闵的升迁更是成了泡影。后来知道是李吉甫断了他们的升迁之梦，自然是怀恨在心，见到李德裕后，不免把对老子的怨恨加在儿子的身上。

文苑图

该图描写了王昌龄、岑参兄弟等四位文士思索诗句的情景。最右一人正倚石持笔，若有所思，右第二人倚靠松干正在构思，另外两人并坐展卷推敲诗句。他们情态各异，形神俱茂。唐朝后期之所以出现朋党之争，与当时唐王朝面临的重重危机而导致士大夫为此产生意见分歧有相当大的关系。

水火不容

821 年，由礼部执掌的常科考试中，西川节度使段文昌、翰林学士李绅因为一些利益、人情关系，分别推荐士人杨深之、周汉宾。这次主持考试的是右补阙杨汝士及礼部侍郎钱徽，因而段文昌、李绅两人都写信给钱徽，要求予以关照。然而事与愿违，揭榜之日，杨深之、周汉宾名落孙山，及第的是郑覃之弟郑朗，裴度之子裴譔，李宗闵的女婿苏巢，杨汝士的弟弟杨殷士等主考官的亲朋故旧。

李绅、段文昌二人大怒，告到了唐穆宗面前。李德裕知道李宗闵与自己已过世的父亲有过节，元稹也与李宗闵在仕途进取上有矛盾，而这次中第者中有李宗闵的女婿苏巢，他们二人便为段文昌作证。穆宗立即命中书舍人王起重新考试，结果是中第的这些人确实名不符实。穆宗大怒，不仅免去了中第者的进士之名，而且下诏贬钱徽为江州刺史，杨汝士为开江县令，李宗闵为剑州刺史。

这件事加深了李德裕与李宗闵之间的仇恨，此后他们各树朋党，互相倾轧。不论哪方得势，在人事安排上，都极力排斥对方，培植私党。他们提携自己的同年、同学为官，而这些同年、同学又有各自的同乡、朋友，从而形成盘根错节的关系网，覆盖了朝中大大小小的重要机构。以到长安城中有"门生故吏，不牛则李"之说。

832年牛僧儒罢相，李德裕还朝，被唐文宗委以重任。李宗闵得知后如坐针毡，长吁短叹。这时牛党的骨干杜悰给李宗闵献了一计，他说："李德裕虽自恃有才，但不是科举出身，只是依靠祖辈门荫，因此也常心有戚戚。如果举荐他为知举（进士科主试者），他一定会心满意足，同时也就阻塞了他的入相之路。"李宗闵当即深表赞同。

果然李德裕听到此事后，表示欣然接受。但此事并没有付诸实施，最终因牛党的另一重要成员杨虞卿的阻挠而告吹。李德裕还是官拜宰相。

拜相之后，李德裕做的第一件事就是驱逐牛党人员。然而李德裕的这次得势也是昙花一现，新得宠的李训、郑注因憎恶李德裕，再引李宗闵为宰相与之对抗，终于又将李德裕排斥出了京城。树倒猢狲散，李党成员纷纷倒台。然而李宗闵并未因此稳坐泰山，因其同党杨虞卿被郑注、李训诬陷下狱，他很快也被贬出京城。

一时间牛、李两党被贬斥的被贬斥，被调离的被调离。直到"甘露之变"，郑注、李训被杀后，牛、李两党在朝中才逐渐复起，又开始了相互的排挤和打压。

这时期西川附近有个吐蕃将领投降，李德裕趁机收复了一个重镇维州（今四川理县）。这本来是李德裕立了一功，但是牛僧儒却跟唐文宗说："收复一个维州，算不了什么。而跟吐蕃搞坏关系，才不上算呢！"要唐文宗下令叫李德裕把维州让还给吐蕃，使李德裕非常生气。后来有人告诉唐文宗，说退出维州城是失策，并且说这件事全是牛僧儒排挤李德裕的手段。唐文宗很懊悔，对牛僧儒也疏远了。加上唐文宗受宦官的控制，一会儿用李德裕，一会儿用牛僧儒。一派掌了权，另一派就没好日子过。两派势力就像走马灯似地转悠着，把朝政搞得十分混乱。

凄凉收场

840年，唐文宗去世，仇士良等宦官拥立唐穆宗第五子、文宗的异母弟颖王李炎为帝，是为唐武宗。而原来支持立唐敬宗第六子陈王李成美为帝的杨嗣复、李珏就被排挤出了相位，李德裕得以再次入朝为相。这一次李德裕吸取了以前的教训，对牛党的打击变本加厉，不遗余力，始终不给他们一点点还手的机会。

其中最著名的，是太子少傅白居易。他是进士出身，以品德才学闻名于天下。唐武宗想以其为相，征求李德裕的意见。白居易与李宗闵有亲戚关系，

狩猎出行图

唐人爱好狩猎，这也是唐人豪放的重要体现。但唐敬宗因打猎而荒废国事，终于酿成了大祸。

与牛僧孺的关系亦较融洽，李德裕便以其老弱多病为由而提出反对。在武宗时期，李德裕在驱逐牛党的同时，不断任用自己的亲信，巩固了李党的地位，也削弱了宦官的权力。但由于其专权日久，树敌较多，一些朝官、宦官甚至皇帝本人也对他多有不满。唐武宗死后，即位的唐宣宗在登基之日，就对左右说："刚才靠近我身边的人是不是李太尉？他每次看我的时候，我都感到毛发耸立。"果然没过几天，李德裕即被罢相，然后一贬再贬。李党成员也被纷纷逐出朝廷。而牛党却时来运转，一升再升。然而争了大半辈子的牛僧孺、李宗闵等人，毕竟年事已高，虽得到升迁，却多数病死在途中。闹了四十多年的朋党之争终于以这几位主人公的离世而落幕，但是混乱的唐王朝的政治已经闹得更加不可收拾了。

唐王朝的末日

随着唐朝政治的日益腐败，藩镇割据势力也越来越强大，而唐朝皇帝对政权的掌控力却越来越弱。再加上农民起义的烽火越烧越旺，唐王朝的末日终于来临了。

腐败的朝政

晚唐时期，外有藩镇割据，内有宦官之祸以及朋党之争，皇帝已经失去了真正的天子身份，只不过是朝中一个任人摆布的木偶，所以多是一些昏庸的君主。这与当时的宦官专权有关，他们往往操纵着皇位的继承权，于是就

柴门送客图

安史之乱以后，唐王朝的经济遭到严重的破坏。即使是担任朝廷官员的杜甫，也只能修建草堂，以柴为门。而以后的唐朝皇帝大多荒废政事，民众生活苦不堪言，唐王朝最终也告覆灭。

观世音像

该壁画为晚唐作品。图中所绘观世音面相俊美，体形丰腴，神态娴雅，颇有美感。由于当时的社会形势动荡不安，所以大慈大悲的观世音菩萨就受到了人们的欢迎。

会在诸多的候选人之中挑选那些不务正事、荒唐无用的人，宦官之间的权力斗争又常常会将这些无用的君主轻易地害死或废掉。

唐敬宗就是这样的一个皇帝，他继位的时候只有十六岁，刚刚继位就不顾一切地游戏玩乐。他平日里迷恋击球游戏，还喜欢徒手摔斗。他无时无刻都沉浸于这些耍闹之中，即使是在皇宫各个殿堂中，他也是说玩就玩，全无顾忌。陪同他玩的大小内侍们，如果球击得不好，就要遭到杖罚，甚至被发配到边远地区。而和他摔斗时，内侍们往往又不敢使出全力，所以屡屡有人被他摔得头破臂断。因此他左右的宦官们内心中对他怀有极大的愤懑。敬宗只是一心求乐，隔三差五地请来乐工大肆鼓吹敲打，或者是招募来有名的力士相互摔斗。当他看得兴起时，就随手大把大把地赏赐金钱。

唐敬宗不仅自己喜欢打马球，还命令禁军将士、三宫内人都要参加。他还在宫中举行了这方面的大型比赛，如马球、摔跤、散打、搏击、杂戏等，很多人都来参加。敬宗还命令宫人、教坊、内园等分组，骑着驴打马球，一直折腾到夜里一二更才结束。敬宗白天玩不够，就深夜带人捕捉狐狸，宫中称之为"打夜狐"。

他根本不关心朝政，连每天形式上的上朝也不顾了，常常是一个月下来连三次上朝都没有。这样群臣们想见他一面难乎其难，在朝堂中等了一天又一天，不知何时才能晋见。谏议大夫李渤向其进谏，敬宗没有办法很晚才来到了朝堂。退朝以后，左拾遗刘栖楚对敬宗的做法更是极力地劝说，他头叩龙墀，鲜血直流。敬宗虽然表现出大受感动的样子，但就是不改正，后来大臣们一个月之内也很难见到皇帝两三次。在地方任职的李德裕为了劝谏皇帝，进献了《丹扆箴》六首，敬宗命令翰林学士韦处厚起草诏书表扬了李德裕，但还是始终不肯改正。

一次敬宗突然想去骊山游幸，大臣们都表示反对，但就是制止不了他的这个想法。拾遗张权舆在大殿叩头进谏说，骊山是一个很不吉祥的地方，但凡到过那里的君主都会遭到亡国的后果。并列举了周幽王、秦始皇和唐玄宗等帝王的事例来讲给他听。敬宗对他的话非但不听，反而更增添了前往的兴致，于是当日就去了那里。回来之后还对手下的人说，大臣们的话是不可信的，丝毫不把臣下的意见当回事。

唐敬宗最后被宦官刘克明和击球军将苏佐明等谋害而死，谥号为“睿武昭愍孝皇帝”。但他后面的皇帝并没有好到哪里去，例如唐僖宗也是痴迷打球，甚至到了让人以打球来赌西川节度使的地步。他曾经得意地对身边的伶人说：“朕若参加击球进士科考试，应该中个状元。”那位伶人则毫不客气地回应道：“若是遇到尧舜这样的贤君做礼部侍郎主考的话，恐怕陛下就会名落孙山。”他还与亲王斗鹅，一只鹅的赌资竟高达五十万钱。有一次京畿地区发生蝗灾，地方官员报告说：“这些蝗虫不吃皇家庄稼，都吓得抱着荆棘自尽了。”而唐僖宗对这些谎言竟然深信不疑。然而广大的民众却不堪忍受唐王朝的政治腐败、经济剥削和生活的艰难，撼动了唐王朝统治的黄巢起义由此爆发。

黄巢起义

安史之乱后，民众的赋税负担越来越沉重。在 783 年的泾原兵变中，当时参加兵变的士兵攻入长安，就高呼：“不夺尔商户僦质，不税尔间架、除陌矣。”唐朝被迫宣布“其所加垫陌钱、税间架、竹、木、茶、漆、榷铁之类，悉宜停罢”，但不久就又恢复了。

874 年，关东地区遇到了一场严重的旱灾，可唐朝政府依然催促地方上交赋税。民众忍无可忍，就揭竿而起。濮州（今山东鄄城北）人王仙芝领导几千人在长垣（今河南长垣）起义，以“天补均平大将军兼海内诸豪都统”的名义传檄诸道，痛斥唐政府官吏“贪沓赋重，赏罚不平”，深得人们的拥护。875 年，王仙芝打下了濮州和曹州，队伍壮大到数千人。这时黄巢率领数千人也在冤句（今山东菏泽西南）起义，响应王仙芝。

黄巢本以贩盐为生，但唐朝的盐税越来越重，便决定起兵响应。黄巢从小读过书，又能骑马射箭，他曾经到长安去参加进士考试，但都没有考中。黄巢和王仙芝两支起义队伍汇合后，转战山东、河南一带，接连攻下许多州县，声势越来越大。唐王朝非常恐慌，命令各地镇压。但是各地藩镇都不愿意损失自己的队伍，互相观望，使唐王朝束手无策。

唐王朝看到军事镇压的办法不行，就采用封官许愿的手法。在起义军攻下蕲州（今湖北蕲春）的时候，派宦官来见王仙芝，授予他"左神策军押牙兼监察御史"的官衔。王仙芝听到有官做，迷了心窍，表示愿意接受任命。黄巢得知这个消息后，十分气愤，就带领一群将士冲到王仙芝那里，狠狠责备他说："当初大家起过誓，要同心协力，平定天下。现在你却想去当官，叫我们弟兄往哪里去？"王仙芝还想搪塞，黄巢抢起拳头，朝王仙芝劈头盖脑地打了过去，打得王仙芝满脸是血。王仙芝自知理亏，只好认错，把唐朝派来的宦官赶跑了。

经过这番波折，黄巢决定跟王仙芝分两路进军。王仙芝向西，黄巢向东。不久王仙芝率领的起义军在黄梅（今湖北黄梅）被唐军打败，他本人也被杀死。王仙芝失败后，起义军重新会合，大家共推黄巢为王，号称冲天大将军，改元王霸。

起义军在黄巢的带领下，一路上势如破竹，接连打下越州（今浙江绍兴）、衢州（今浙江衢州）。接着又劈山开路，打通了从衢州到建州（今福建建瓯）的七百里山路，一直打到了广州。在广州休整以后，因为岭南地区发生了瘟疫，黄巢便带兵北上，顺利地渡过了长江，直达淮河。各地的藩镇将领都想保存实力，不愿为唐王朝卖命，没有人认真阻挡。

880年，黄巢带领六十万大军，浩浩荡荡地开进潼关。唐王朝惊慌失措，唐僖宗和宦官首领田令孜带着妃子，逃到成都去了，来不及逃走的唐朝官员纷纷出城投降。黄巢进入长安城后，即位称皇帝，国号大齐，改年号为金统。但黄巢起义军长期流动作战，占领过的地方都没留兵防守。因此虽然几十万起义军进入了长安，但四周还是唐军的势力。没有多久，唐王朝调集各路兵马包围了长安。

而这时黄巢起义军却沉醉在胜利之中，"还将短发戴华簪，不脱朝衣缠绣被。翻持象笏作三公，倒佩金鱼为两史。朝闻奏对入朝堂，暮见喧呼来酒市"。黄巢从当皇帝的那一天开始，就迷失在温柔乡里。将领们在取得官位后，也沉湎于纸醉金迷的生活。让人感到不可思议的是，黄巢也派出宦官去充当监军，结果导致将领的反叛。

黄巢派出大将朱温驻守同州（今陕西大荔），但是朱温却投降了唐朝。唐王朝又召来沙陀贵族、雁门节度使李克用，率领四万突厥骑兵进攻长安。起义军大败，只好撤出长安。

黄巢带领起义军撤退到河南，又遭到朱温、李克用的围攻。884 年，黄巢在攻打陈州（今河南淮阳）失败之后，在唐军的紧紧追赶下，最后退到泰山狼虎谷，兵败自杀。

黄巢死后，他的二三十个姬妾被唐军抓住，唐僖宗亲自审问她们说："你们都是勋贵人家的女儿，世受国恩，为什么要跟随逆贼呢？"为首的一个女子回答道："狂贼凶逆，国家以百万之众而失守长安，您不是也逃到巴蜀之地去了吗？您现在责备我一个女子不能抗拒贼人，那么那些逃跑的公卿将帅，您该如何处置他们呢？"唐僖宗一句话也说不出来，下令把这些女子全部处死。临刑前执法人员因为可怜这些女子，让她们喝醉后再行刑。女孩们边哭边喝，不久都在醉卧中受刑而死了。唯有那个为首的女子不哭也不喝酒，从容就死。

闲适的女子
唐人绘画中经常看到闲适的女子。然而当乱世来临时，安静的生活被打破了，被唐僖宗处死的女子就是唐末无数命运悲惨的女子的缩影。

朱温篡唐

黄巢起义失败后，唐僖宗回到长安。这时候各地的藩镇在镇压黄巢起义的过程中，都扩大了自己的势力，成为大大小小的割据力量。其中最强大的是河东节度使李克用和宣武节度使朱温。朱温是宋州砀山（今安徽砀山）人，祖父和父亲都是乡村的私塾教师。二十五岁时，朱温参加了黄巢起义军，因为作战骁勇屡立战功。黄巢起义军建立"大齐"政权后，朱温奉命转战河南一带，攻占了邓州（今河南邓州），阻断了唐军由荆襄北攻起义军的道路，巩固了"大齐"政权的东南面防线。经过短短五年的南征北战，三十而立的朱温成为了黄巢手下最得力的干将。

882 年，朱温与唐朝河中节度使王重荣隔河对峙，由于兵力弱少，朱温几次战败，只得向黄巢求救，但都被负责军务的孟楷拦阻扣压。再加上起义军内部混乱腐败，朱温一筹莫展。这时有谋士进言道："黄巢无德无能，只是趁唐朝衰乱才得以占领长安。如今看来，唐朝气数未尽。将军您在外拼死苦战，却为庸人所阻挠，这就是先前章邯叛秦而归楚的原因。"朱温反复掂量后，就杀掉了监军，率部投降了唐朝。

唐僖宗在得到朱温归降的消息后人喜过望，兴奋地说："这真是天赐我也！"立即赐朱温高官厚禄，还赏他一个名字，叫"全忠"。唐僖宗似乎看到了复兴祖业的希望之光，但他万万没有想到，引进来的却是一只真正的"狼"。

朱温投降唐朝廷后，唐朝廷任命他为汴州（今河南开封）刺史、宣武军节度使。汴州是运河要冲，地方上颇多富商土豪。朱温便收大土豪李让为干儿子，并挑选了一批勇武有力的富家子弟，编成一支叫作"厅子都"的部队作为自己的亲兵卫队。

唐僖宗病死后，他的同母弟李晔继位，是为唐昭宗。昭宗想依靠朝臣来反对宦官，结果遭到了失败。到了后来，宦官还把唐昭宗软禁了起来，打算另立新皇帝。这件事给了野心勃勃的朱温一个好机会。朱温派出亲信偷偷溜进长安，跟宰相崔胤秘密策划，发兵杀了宦官头目刘季述，迎接唐昭宗复位。唐昭宗和崔胤还想杀掉所有的宦官，其它的宦官就投靠另一个藩镇、凤翔节度使李茂贞，他们还把唐昭宗劫持到了凤翔。崔胤向朱温求救，朱温带兵进攻凤翔，要李茂贞交出唐昭宗。李茂贞兵力敌不过朱温，只好交出了唐昭宗。

朱温把唐昭宗抢了过来，带回长安。从此唐王朝政权就从宦官手里，转到了朱温手里。

朱温掌握了大权后，就派军进入皇宫，对宦官进行了彻底的屠杀，只留下黄衣（品秩最低的宦官）幼弱者三十人，供宫中打扫。同时朱温还下令各地藩镇将担任监军的宦官一律杀掉。唐朝持续一百多年的宦官势力，至此被彻底铲除。但这时唐王朝也走到了尽头。朱温因诛杀宦官有功，受封梁王，从此挟天子以令天下。

904 年，李茂贞又率军逼近长安。朱温将唐昭宗挟持到了洛阳。在途中停留期间，唐昭宗秘密召各地藩镇前来救援他。西川节度使王建派兵会合李茂贞军，前来抢夺昭宗，途中遇到朱温军队的阻挡而退回。昭宗又向李克用传书告急，但是朱温早有准备，屯重兵在河中，李克用也无计可施。四月昭宗达到洛阳。一些藩镇为了和朱温对抗，就连盟举义，打出了"复兴"的旗号。朱温就在八月杀死了唐昭宗，另立唐昭宗的第九子，年仅十三岁的李柷为傀儡皇帝，他就是唐王朝的最后一任皇帝唐哀帝。

宦官被诛杀殆尽，皇帝成了朱温手中的傀儡，留下的还有一批唐王朝的大臣。朱温手下的谋臣对朱温说："你要干大事，这批人是最难对付的。他们平时自命清高，把自己称作'清流'，应该把他们扔到浊流（指黄河）里去。"朱温听从了他的话，在一个深夜，把三十多名朝臣集中起来杀掉，全部扔进了黄河里。

907 年，朱温废了唐哀帝，自立为帝，改国号为梁，定年号为开平，建都汴（今河南开封），史称后梁，朱温是为后梁太祖。统治中国将近三百年的唐王朝彻底宣告结束。

唐朝的文化

唐朝经济的繁荣和开放的胸襟促进了科学、艺术和文学的进步，中国的四大发明，有两项是在唐朝出现的，这就是火药和雕版印刷术。此外孙思邈的医药学和僧一行的天文历算学，也取得了划时代的成就。

唐朝的文学成就集中在诗歌和散文上。诗歌绚丽多彩，是中国古代诗歌的顶峰。散文一转前朝文风，古文则代表唐代散文的主要成就。传奇小说也在唐朝出现，奠定了中国古典小说的基础。在唐朝还开始确立了官修史书的制度，并且产生了第一部史学史的专著《史通》。除此之外，唐朝的音乐、绘画、雕塑等艺术也取得了骄人的成就。

科技的发展

　　科技是推动社会进步的重要力量，唐朝在火药、印刷、医学、历法等各个方面都取得了很大成就，这些成就也促进了唐朝盛世局面的出现。

雕版印刷术

　　雕版印刷术的发明堪称中国古代最伟大的发明之一，当然它的形成是经历了一个漫长过程的。印刷术的始祖，应该是人们日常使用的图章，也就是印玺。

　　印章有阳文和阴文两种，阳文刻的字是凸出来的，阴文刻的字是凹进去的。如果使用阳文印章，印到纸上就是白底黑字，非常醒目。但是印章一般比较小，印出来的字数有限。刻碑一般用阴文，拓出来的是黑底白字，不够醒目。而且拓碑的过程比较复杂，用来印制书籍也不方便。但是拓碑有一个很大的好处，那就是石碑面积比较大，一次可以拓印许多字。正是在这两种刻印方法的启发下，雕版印刷术被发明出来。

　　雕版印刷的方法是这样的：把木材锯成一块块的木板，把要印的字写在薄纸上，反贴在木板上，再根据每个字的笔划，用刀雕刻成阳文，使每个字的笔划突出在板上。木板雕好后，就可以印书了。印书的时候，先用一把刷子蘸了墨，在雕好的板上刷一下，接着用纸复在板上，另外拿一把干净的刷子在纸背上轻轻刷一下，把纸拿下来，一页书就印好了。一页一页印好以后，装订成册，一本书也就印成了。这种印刷方法，是在木板上雕好字再印的，所以大家称它为"雕版印刷"。

　　对于雕版印刷术发明的具体时间，一般认为是唐朝贞观年间。当时唐太宗的皇后长孙氏编写了一本叫《女则》的书，长孙皇后死后，唐太宗下令用雕版印刷把它印出来。玄奘取经归来后，也刊印了许多普贤菩萨像，施于四方。到了唐朝末年，全国的印刷业已相当发达，印刷的中心则主要分布在成都、淮南和洛

太白行吟图

唐诗是唐朝文化的精粹，而李白则是灿若群星的唐朝诗人中最为耀眼的一颗。他洒脱飘逸、才思横溢的风度神韵正是唐人独有的特征和表现。

阳等地，雕版印刷术也开始流传到了国外。

火药的发明

　　除了雕版印刷，火药也是唐朝重要的科技发明。火药的起源与炼丹术有着密切的关系，是古代方士在炼丹时无意中配制出来的。它的产生，也经过了漫长的岁月。炼丹士常用的丹砂，是古代的主要颜料。丹砂可产生水银，水银又制成银珠。其他颜料如赭石、曾青、铜绿、石绿、藤黄等，都是炼丹过程中出现的副产品。火药也是炼丹中的副产品之一，它可能是在两种情况下产生的：一种是直接用类似火药的药料制造某种药时，这种药发生了火药的作用；另一种是间接用类似火药的药料变化某种药时，这种药意外地发生了火药的作用，因此发明了火药。

　　第一次把火药的配方记录下来的，是唐初的炼丹家和药物学家孙思邈。他写了一部《丹经》，书中谈到硫磺的"伏火"方法，即把硫磺、硝石各二两，研成粉末，放进砂锅里。然后掘一个坑，把锅放在坑里，使锅顶和地面平齐，再用土把锅的四周填实。然后把三个皂角烧红成炭，一个一个放入锅里，不小心就会起火，这就是原始的火药。

　　到了唐朝末期，火药开始用于军事。最初用火药制造的武器叫作"火箭"，就是把一种火药的引线点着，用弓箭射向敌人的武器。后来又发明了"发机飞火"，就是用抛石机把点着的火药包抛向敌人。唐哀宗时，郑璠率军攻打豫章（今江西南昌），"发机飞火"，烧毁了该城的城门。这是有关火药用于军事的最早记载。唐朝发明的火药屡经改进，后来经过阿拉伯传入欧洲，对整个世界文明都起到了巨大的促进作用。

李淳风与僧一行

　　有唐一朝，涌现出大量的天文学家。李淳风就是初唐杰出的天文学家，他是世界上第一个给风定级的科学家。他在世界最早的气象学专著《乙巳占》中，把风分为八级。直到一千年以后，英国学者才把风力划分为零到十二级。

　　当时唐朝使用的是《戊寅元历》，在日、月食方面经常出现明显的误差。有一年李淳风按自己的历法计算，某月初一将出现日食。而朝廷按旧历法颁布的历书中这天是没有日食的，他就把自己算出的日食发生、结束的精确时刻上报到朝廷。但当时认为日食是一件不吉祥的事，李世民不高兴地说："李淳风，如果没有日食，你准备接受什么惩罚呢？"李淳风回答道："圣上，如果没有日食，我甘愿受死。"

　　等到了那一天，李世民在院子里等着，快到李淳风说的时间了，太阳还是

五星二十八宿神形图

此图为唐朝画家梁令瓒所绘。原画分为上下两卷，前画五星，后画二十八宿。现在只保存下来五星及十二宿神形，计十七幅图。古人以神兽命名各宿，每个星宿或作老人，或作女像，以及其他怪异的形象。人兽线条纤细圆劲，设色以黄色为基调，墨色用晕染法，极富立体感。

毫无动静。李世民就对李淳风说："我看你赶紧回家一趟，与老婆和孩子告别吧！"李淳风对自己的历法充满了信心，说道："还早着呢。"然后李淳风在地上插一根木棍，影子投射到墙上，他在墙上的影子边划了一条标记说："圣上请看，等到影子到这里时，就会出现日食。"果然到那时日食就发生了，跟他说的时间丝毫不差。从此李世民对李淳风的历法大为欣赏。到了唐高宗麟德二年（665年），朝廷决定改用李淳风的历法，并将其命名为《麟德历》。

唐代杰出的天文学家一行和尚，本姓张，名遂，魏州昌乐（今山东昌乐）人。张遂的曾祖是唐太宗李世民的功臣张公瑾，但张氏家族在武则天时代已经衰微。张遂自幼刻苦学习历象和阴阳五行之学，青年时代即以学识渊博闻名于长安。为避开武则天的拉拢，剃度为僧，取名一行。先后在嵩山、天台山学习

佛教经典和天文数学，曾翻译过多种印度佛经，后成为佛教密宗的领袖。

　　武则天退位后，李唐王朝多次召一行回京，均被拒绝。直到唐玄宗李隆基派专人迎接，他才回到长安。玄宗遂命一行主持修编新历。一行和尚从725年开始修编新历，到727年完成，因《周易》"大衍之数"而取名《大衍历》。这部历法系统周密，结构合理，比较符合天文实际，是当时最为的先进历法。后来的历法家几乎都是按照它的结构来编写历法的，直到明朝末年吸收西洋历法后才有所改变。

　　为了编制此部历法，僧一行发起和组织了世界上最早的测量子午线长度的活动。子午线即地球的经度线，子午线长度是天文学上一项重要的基本数据，通过子午线长度可以确知地球的大小。724年，在僧一行的发起下，唐朝组织了一次大规模的大地测量活动，测量地点达十二处。以今河南省为中心，北起铁勒（今内蒙古自治区以北），南达林邑（今越南中部），测量范围之大，前所未有，国外实测子午线长度，是814年阿拉伯天文学家进行的，比我国晚了九十年。

历史细读

　　因孙思邈医术高超，善于养生，后人对他的年龄至少有六种说法。第一种说法认为他活了一百零一岁，第二种说法是一百二十岁，第三种说法是一百三十一岁，第四种说法是一百四十一岁，第五种说法是一百六十五岁，第六种说法则是一百六十八岁。

　　而在724年，一行和尚还与梁令瓒等人创造了一架黄道游仪，用来观测日、月的位置和运动情况。一行通过观察，发现了恒星位置移动的现象。这比英国天文学家哈雷在1718年提出恒星自行的观点早了将近一千年。

药王孙思邈

　　唐代医学有很大的发展，不但分科较细，而且名医辈出，其中最杰出的是"药王"孙思邈。孙思邈的《千金方》共收载了八百余种药物，对其中二百多种药物的采集和炮制专门做了记述。

　　孙思邈不但是药王，医术也很高超。传说有一天孙思邈外出，看见一行出殡的队伍迎面走来。他忽然上前一步按住棺材大喊："且慢！且慢！"送殡的人以为他是疯子，要赶走他。孙思邈："人还没有死，怎么忍心埋了呢？"众人说："人早死了，你不要再胡说。"孙思邈说："人如果死了，血会凝固的。你们看棺材底下正在滴鲜血，怎么说人死了呢？"众人一看，果然有细细一道血丝向外流，就打开棺材请他看。只见一个妇人面黄如纸，小腹很高，下身正向外渗着鲜血。

　　这女子的丈夫哭道："我妻子婚后十年没有生育。这次怀孕一年多了，昨天才觉胎动，又难产死了。"孙思邈试了病人的鼻息和脉象，取出三根银针，一根刺人中，一根刺中脘，一根刺中极。三针扎下去，孕妇很快苏醒过来。众人把孙思邈当成了神仙，一齐跪下磕头。孙思邈送给病人的丈夫一剂药，回去后服下，果然母子平安。

　　传说未免带有离奇的成分，但孙思邈总结的养生经验历代相传，到今天依然为人们所奉行。这就是发常梳、目常运、齿常叩、漱玉津、耳常鼓、腰常摆、腹常揉、摄谷道（即提肛）、膝常扭、脚常搓。

　　唐朝医学的另一个杰出成就，是由苏敬等人在659年集体编修的图文并茂的药物学专著《新修本草》。此书共五十三卷，是世界上第一部由国家颁定的药典。

此外外国的医药学此时也传入国内，对我国医药学的发展起了一定作用。外国的医生也可以在唐王朝行医。

史学的发展

唐朝以前，史书大都是私家著作，唐太宗时开始设立史馆，指定专人编修前代和本朝国史，并令宰相监修。从此作为正史的纪传体史书的编修工作，完全操于政府之手。

唐代编成的正史很多，二十四史中，唐朝编修的共有八部，即《晋书》《梁书》《陈书》《北齐书》《周书》《隋书》六部官修史书，以及由李延寿私人编修而获得政府批准成为正史的《南史》和《北史》两部。鉴于梁、陈、北齐、周、隋五史没有《志》，后来又增修了《五代史志》，这就是现在《隋书》中的《志》。

《通典》

《通典》是中国第一部记述典章制度的专史。作者杜佑，京兆万年（今陕西西安）人，是唐代著名诗人杜牧的祖父。《通典》一书记载了从上古直到唐代宗年间各种典章制度的沿革。此书不仅具有极重要的史料价值，而且为后来的典章制度分类专史开创了先例。

《通典》全书共二百卷，分为食货、选举、职官、礼、乐、兵、刑、州郡、边防等八门，这一结构具有严密的内在逻辑联系。杜佑在《通典·自序》里对此作了明白的说明："夫理道之先，在乎行教化，教化之本，在乎足衣食。夫行教化在乎设职官，设职官在乎审官才，审官才在乎精选举。制礼以端其俗，立乐以和其心，此皆先哲王致治之大方也。故职官设然后兴礼乐焉，教化隳然后用刑罚焉，列州郡俾分领焉，置边防遏戎狄焉。是以食货为之首，选举次之，职官又次之，礼又次之，乐又次之，刑又次之，州郡又次之，边防末之。"这个逻辑构成，体现了杜佑对封建制度的全盘理解。在每一门目之中，杜佑又细分子目，每事以类相从。他叙述各种制度及史事，大体按照年代顺序，原原本本地详细介绍。在有关事件之下，还引录前人的有关评论，或写下自己对此的看法。这种评论与叙述相结合的写作方法，提高了《通典》的学术与经世致用价值。

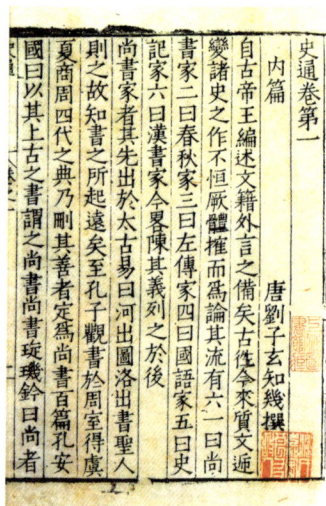

《史通》书影

《史通》是我国第一部系统性的史论专著。它兼有史学理论和史学批评两方面的内容，是集唐以前史论之大成的宏伟巨著。

《史通》

《史通》是中国第一部系统的史学理论专著。作者刘知几，彭城（今江苏徐州）人。刘知几的祖父就是个史官，父亲曾任唐高宗的侍御史。刘知几十七岁时就读完了唐朝以前的主要史书，二十岁中进士，任主簿，继续研究史学。

在修史的过程中，刘知几很反感一些"隐秘"，即歪曲历史的写法，坚持按照着自己的意志编写史书。经过九年的努力，终于完成了《史通》。

在这本书里，刘知几总结了唐以前的各种史书，分析论证了这些史书的优劣，同时提出了自己修史的见解。《史通》分内外两篇，内篇的《六家》《二体》两章，专门分析研究唐以前史书的类别和体例。所谓"六家"，指的是《尚书》《春秋》《左传》《国语》《史记》《汉书》各家，说明了各家的源流兴衰和优缺点。"二体"就是编年体和纪传体，两种体裁各有特点。外篇包括《史官建置》和《历史正史》两篇，概括了过去历代政府编纂史书机构的变化，以及历朝正史的写作情况。对于史书里的本纪、世家、列传、表历、书志以及史书的论赞、序例、断限等，都备加论列。

值得一提的是，刘知几非常反对在史书里宣扬神学迷信思想，他引用史书中大量关于灾变怪异的记载，证明"天人感应"现象是根本不存在的，除了少数是自然现象的偶合以外，绝大多数都是伪造的。刘知几说："且叙一灾，推一怪，董京之说，前后相反；向欲之解，父子不同。差之千里，何其阔哉？"刘知几还举例说："同样是冬天无雪，发生在战国被说成是惩罚天子的软弱，而发生在汉朝又被说成是警告汉武帝的征伐，这难道不是信口雌黄吗？当周武王准备伐纣时，他占卜吉凶的结果是'龟焦蓍析'，这是神灵不许他出征，但武王东征后却取得了胜利。有人传说鹏鸟入室会给人带来不幸。汉朝贾谊在长沙的时候，忽然有鹏鸟飞进了他的寝室，但是第二年贾谊却被皇帝召往京城，受到了重用。"

宗教的发展

唐朝是一个开放的朝代，对于各种文化都采取兼容并包的态度。不仅佛

降龙伏虎罗汉

出自《六尊者像》。《六尊者像》应为唐代卢伽棱所绘《十八罗汉图》的传世部分。尊者为佛教语，指智德皆胜，可为人师表者，是对佛弟子、阿罗汉等人的敬称。图中的降龙伏虎罗汉气势恢宏，超尘脱俗，显示出早期佛教人物威严尊贵而又带有世俗化的特点。

教、道教这些在中国已经存在了数百年之久的宗教在有唐一朝得到了长足的发展，就连西方的祆教、摩尼教、伊斯兰教、景教等外来宗教，也在这一时期相继传入中国。

佛教

在唐朝前期，佛教非常盛行。唐太宗认为佛教"玄妙可师"，因此佛教不仅得到很大发展，而且高僧也具有相当的社会地位。某些知识分子甚至认为做官不如当和尚，因为通过入寺为僧取得富贵，比参加科举要容易得多。这些抱着争取富贵野心当和尚的知识分子，都具有较高的文化水平，学习领会佛教教义的条件比普通僧众优越。他们出家以后，或倡立新说，或译出新经，因为只要培养起名声，富贵便自然而来，许多高僧甚至成为皇帝的老师。到了武周时期，因为武则天自命是佛的化身，更进一步推动了佛教的发展。

但在同时，因寺院享有免役、免税等特权，其势力快速膨胀，反佛的斗争也开始激烈起来。唐初反佛斗争的代表人物是傅奕。他视佛教学说为"糜损国家"的亡国之论，并认为佛教僧徒"于百姓无补，于国家有害"，坚决反对其在唐朝的传播，主张令僧尼还俗。

621 年，他上《废省佛僧表》，列举清除佛教益国利民理由十一条，又搜集魏晋以来各朝反对佛教者的传略和言论，编为《高识传》十卷，以佐证其革除佛教的理由。他明确提出："生死寿夭，由于自然；刑德威福，关之人主。"在他看来，人的生老病死，是由于物质性的自然因素；人事的凶吉祸福，则是和君主所推行的政策与自身的努力有关，而与人们是否信仰佛教无涉。因而他认为，佛教把人的生死寿夭、贫富贵贱，都归结成超自然的佛法，"乃谓贫贱富贵，功业所招"，"皆云有佛"，是"愚僧矫诈"，是"窃人

玄奘翻译的佛经

玄奘的译经工作得到了唐朝政府的支持，这卷《大般若波罗蜜多经》上就有"玄奘奉诏译"的字样。

主之权，擅造化之力"。傅奕的言论引起了极大的社会反响："傅氏所奏在司，既不施行，奕乃多写表状，公然远近流布。京室闾里，咸传秃丁之消；剧谈席上，昌言胡鬼之谣。佛目翳而不明，僧威阻而无力。"唐朝皇帝也对佛教采取了一定的限制措施。唐太宗时期佛教的代表人物法琳说老子的父亲是一个单眼、跛脚、缺耳的乞丐，七十多岁还讨不起老婆，后与邻居老女仆私通，才生下老聃，因为是在李树下生的，所以就姓"李"。这让以老子后代自居的唐朝王室极为愤怒。唐太宗就对法琳说："你们佛教的经卷里说，只要一念观音菩萨，刀不能伤。现在给你七天时间去念观音，到时拿你试刀，看看到底伤不伤！"七天之后，太宗派人来问："这几天念观音灵验了没有？"法琳不得不狡辩："这七天我没有念观音，只念陛下。"太宗又使人问他："让你念观音，你为何只念陛下？"法琳回答到："陛下建立了绝大功业，按照佛经，陛下就是观音，所以只念陛下。"虽然法琳凭巧言善辩逃过了死罪，但还是在流放途中病死。

但是佛教依然在唐朝得到了极大的发展。特别是由于南北朝以来新的佛经不断传入，对教义的解释都不尽相同，所以逐渐形成了许多佛教宗派。其中以玄奘为代表的法相宗、以法藏为代表的华严宗和以慧能为代表的禅宗的影响较大。

法相宗，因剖析一切事物（法）的相对真实（相）和绝对真实（性）而得名。创始人玄奘曾游学印度十多年，回国后先后译出《成唯识论》，奠定了法相宗的理论基础，再加上其强调不许有心外独立之境，亦称唯识宗。由于玄奘及其弟子常住大慈恩寺，故又称慈恩宗。

不过有意思的是，虽然玄奘在历史上享有大名，但他所创立的法相宗却没有保持长久的影响力。当时玄奘回到唐朝以后，极受宠宠。他可以出入宫禁，陪驾随行，译经事业也可以享受到得天独厚的供给条件，甚至被皇帝尊为"法门之领袖"，唐太宗还为之撰写了《大唐三藏圣教序》。但他的活动范围也由此局限在最高统治集团和一部分上层僧侣的小圈子，和一般的佛教信众并没有多少交涉，因此无法形成拥有广泛信众基础的教团组织。

法相宗没有在中国持续下去，大概还有以下的原因。当时佛教宗派之间的竞争比较激烈，再者法相宗的学说中包含有变革现实的因素而不受统治者的欢迎，唐朝皇帝对玄奘的兴趣超过了对法相宗的兴趣。另外法相宗比较深奥，不能深入基层，所以一旦失去了王权的支持，就很快衰落了下去。

华严宗也是唐朝兴起的佛教派别，在这其中法藏作出了突出贡献。法藏本是西域康居国人，因而以康为姓，其祖父侨居长安。他十七岁时入太白山求法，后去云华寺师从智俨，听讲《华严经》，得其嫡传。他多次讲授《华严经》，备受世人推崇。在他讲到万物互相包容的关系时，连自诩天资聪颖的武则天也无法理解。他就用金狮子作比喻，说金狮子的眼和耳等都是由黄金造成的，所以狮子眼即狮子耳。而金狮子的每根毛是金，所以一根毛中就有金狮子，甚至是无数的金狮子。总之现象和现象之间虽然有差别性，但更有同一性。武则天恍然大悟。他的弟子把这次宣教记录加以整理，称为《华严金狮子章》，又称《金狮子章》。此书集中和简要地概括了华严宗的基本观点，是华严宗的权威性著作。

法藏为使本宗顺利发展，始终把自己的宗教活动与统治者的政治需要密切结合在一起。一遇旱灾，他就为朝廷作法祈雨。697 年，朝廷出师讨伐契丹部落叛乱，法藏又设道场行道，为唐军祈福。在 699 年，京师发生了地震，人们都惶惶不安，觉得这是大难临头的凶兆。而此时法藏正在讲《华严经》，讲堂及寺中的房屋都被撼动，僧众惊惶不已。法藏却解释说："佛在说法的时候，常感到有六种震动。今天终于印证了。"他立即派人报告武则天。武则天欣然下诏，把这场地震宣扬成是如来佛降迹显灵，既是法藏精诚所致，也是朝廷上得天心下符民意的结果。法藏的一系列活动深得武则天的欢心，武则天特意将《华严经》中贤首菩萨的名字赐给法藏，因而法藏又名贤首，华严宗又名贤首宗。

禅宗虽然早已有之，但直到六祖慧能时期，才逐渐在中原佛教中占据了优势地位。"禅"是梵语音译"禅那"的简写，意思是静虑。静坐沉思，称

引路菩萨图

此画发现于敦煌藏经洞，描绘菩萨为亡灵引路升天国的场面。菩萨在前引路，脚下祥云委蛇绵长，一女子袖手微微低头跟随在后，应为死者生前的形象。线描写实明快、流畅飞动，接笔处不露痕迹，一气呵成。但有意思的是，这时的菩萨留有胡须，实为男性。女性化的菩萨则是后来才出现的。

六祖斫竹图

此图描绘禅宗六祖慧能斫竹之事。慧能原为樵夫，五祖弘忍弟子，后为禅宗南宗的开创者。图中一古树，上有紫藤绕其上，古树下，惠能一手执刀，一手持竹，正在砍伐枯竹。用笔刚劲老辣，墨色简淡，韵味非凡。

为"坐禅"或"禅定"，是佛教修养的重要途径之一。慧能的佛学主张可归纳为四句偈："菩提本无树，明镜亦非台。本来无一物，何处惹尘埃。"主张佛在心内，只要净心、自悟，就不必苦修，不必背诵大部头的经卷，便可以顿悟成佛。这种简单易行的修行方法适应了基层民众的要求，因此流传很广。

慧能俗姓卢，先世河北范阳（今北京一带）人。其父谪官至岭南新州，故638年慧能生于此地。慧能幼年丧父，家境贫困，靠卖柴养母。有一天他听到有人在诵读《金刚经》，颇有感悟，就准备学习佛法。670年，他把母亲安顿好之后，就北行求法。

672年，慧能来到黄梅（今湖北黄梅）参拜弘忍大师学法。弘忍见面就问："你是哪里人？来求取什么？"慧能回答道："弟子乃岭南人，来到这里不求其他，只求作佛。"弘忍听了随口说："你是岭南的蛮夷，哪里能作佛？"慧能回答说："人有南北之分，佛性并无南北之分。我怎么不能作佛？"弘忍颇感吃惊，不好回绝他，就安排他在碓房舂米。

在慧能入寺八个月之后，弘忍命他的弟子呈上一首偈语，希望从中选择继承人。但当时弘忍的徒众有七百多人，慧能只是干杂事的，本来没有资格参加。神秀是众僧中的上座和尚，他在半夜三更时分，独自掌灯，在佛堂的南廊写下一偈："身是菩提树，心如明镜台。时时勤拂拭，莫使有尘埃。"慧能在第二天则回应道："菩提本无树，明镜亦非台。本来无一物，何处惹尘埃。"众人大惊。弘忍就把世代相传的衣钵交给他，认定他为禅宗六祖。

慧能后来回到南方，几年之后他来到广州法性寺，正好遇到有两位僧人为风吹动了幡旗一事而争论，一个说风动，一个说幡动，争论不已。慧能便插口说："不是风动，也不是幡动，是你们的心动！"此言一出，众人顿时对慧能刮目相看。慧能由此名声鹊起。不久慧能从广州到了曹溪（今广东韶关南）宝林寺，在这里慧能正式传法，确立了他作为禅宗六祖大师的地位。武则天、唐中宗多次邀请他赴京师，终不应诏。而神秀则在北方

唐玄宗禅地玉册

用玉制成的书籍称为玉册。古人深信玉材经久不朽，因此玉册多是朝廷进行重要祭祀活动或记录重大事件时所特制的典籍。此玉册就是唐玄宗在 725 年泰山封禅时祭祀大地所用的玉册。

传法。从此南北分流，形成了禅宗的南北两派。但后来慧能的弟子则在论战中战胜了北宗，慧能的南宗在禅宗传播过程中占据了主导地位，并成为唐以后中国佛教的主流。

道教

有唐一代，道教异常繁荣。与佛教相比，道教卷入政治更深。隋朝末年，有些道士眼看着隋王朝行将覆灭，便在逐鹿中原的群雄中物色新的政治靠山。如东都道士桓法嗣投靠王世充，认为王世充"当代隋为天子"；泰山道士徐洪客则向李密献进取天下之策；当时还是道士的魏徵也"进十策以干（李）密"，密"虽奇之而不能用"。但更多的道士还是断定李渊父子能够取得天下，故纷纷为其效劳。道士岐晖在 611 年即称"天道将改，当有老君子孙治世，此后吾教大兴"。617 年，当李渊起兵反隋时，岐晖更宣称："此真君来也，必平定四方矣。"遂改名叫平定，并组织道士八十余人前去接应，还捐出道观中所有的粮食。而在唐高祖李渊准备起兵反隋时，著名道士王远知就密传符命，为其制造舆论。道士薛颐也 618 年也跑到秦王府中，告诉李世民"德星守秦分，王当有天下"。李世民在没有登基之前，曾与房玄龄一起微服去拜见王远知。王远知外出迎接，说道："你们二人中必有一人是圣人，应该是秦王吧？"李世民就如实相告。王远知说："您将来要做太平天子，愿您自爱啊！"李世民后来又亲自去拜见王远知，受三洞法，投在道教名下。

另外唐王朝之所以对道教尊崇和扶持，还有其特殊的政治需要。隋唐之际，魏晋以来盛行的门阀统治已趋衰落，但仍有很大的社会影响。唐朝皇族虽是贵族，但并非名门望族。为了抬高其门第，巩固统治，唐朝皇帝便利用道教祖师老子姓李的巧合，尊奉老子为唐王室的祖先，宣称自己是神仙后裔。

这时一些道教上层人物，也在各处制造"老君显灵"、降授"符命"的传言，以迎合李唐王室的政治需要。620年，有一个名叫吉善行的人声称在羊角山见到一位骑着朱鬣白马的白胡子老人。据说那位老人告诉他："我是当今天子的祖先李耳，如今是太上老君。你去转告唐天子，他的子孙可以世代为天子。"李渊听到此番言论后，便在羊角山立庙纪念，从此宣称自己是太上老君李耳的后代，是"神仙之苗裔"。

在这种背景下，625年唐高祖李渊下诏宣布三教中道教列第一，儒教列第二，佛教排第三。637年，唐太宗李世民再次宣布尊奉道教。666年，高宗诏封老君"太上玄元皇帝"尊号，命令天下各州皆置道观一所，各度道士七人。678年，又将《道德经》列为国家科举考试的正式科目，列于《论语》等儒家经典之前。同年又下令道士隶属于管理皇室宗族事务的宗正寺，有罪也不依常法处置，地位仅次于诸王。有唐一朝常有朝臣、皇亲特别是公主弃官辞宫，入观修持。

唐玄宗登基以后，鉴于武氏、韦氏均利用佛教势力篡夺李家王朝的事实，自即位之日起，便大力推行崇道政策，从而使道教的发展达到了唐代的顶峰。

唐玄宗在即位之初，就组织人力搜集天下道书并进行整理和传播。最终编成《道藏》一书。这是历史上的第一次。他还加尊玄元皇帝（即老子）为大圣祖玄元皇帝，又封庄子为南华真人，壮大道教的势力。后来又置崇玄学，设立博士，培养道教人才，习《老子》《庄子》《文子》《列子》。每到正月十五、七月十五、十月十五这三天，文武百官都得去崇玄学听《道德》《南华》两经。

741年，有人向唐玄宗进言说见到玄元皇帝降临，并告诉他在尹喜台附近藏有灵符。玄宗马上遣人前去挖掘，果然掘得"灵符"。很多人认为这是伪造的。但唐玄宗丝毫不理会，认为这是老子对他的恩赐，就将年号"开元"改为"天宝"，并改发现灵符的桃林县为灵宝县。

唐玄宗还先后把卢鸿一、王希夷、李含光、司马承祯、张果等当时最著名的道士请到长安来，加官进爵。甚至还要把玉真公主嫁给道士张果，不过被张果拒绝。743年，唐玄宗命令天下诸州在开元观均铸老子像一尊。他还用白玉塑造了数米高的老子像，又将自己的塑像立于其侧。748年，他又以高祖、太宗、高宗、中宗、睿宗五帝之像陪祀老子。

在民间，士大夫对宣扬长生不死的道教也极为向往。初唐四杰之一的王勃声称"吾之有生二十载矣，雅厌城阙，酷嗜江海，常学仙经，博涉道记"。田园诗人孟浩然也有意"纷吾远游意，学彼长生道"。李白更是"五岁诵《六甲》"，"十五游神仙"，最后还登坛受箓，正式成为道教中人。

在此背景下，道教得到了极大发展。华山、王屋山、青城山、天姥山、泰山等名山大川都遍布着道教的宫观，就连偏僻的深山野谷，也有着道教的踪迹。到了884年，仅在官府登记的道观就有一千九百余所，道士达一万多人。道教赢得了上至天子、下至百姓的信仰。

外来宗教

除了佛教和道教，唐朝皇帝对于其它的外来宗教也采取了开放的态度。西方的祆教、摩尼教、伊斯兰教、景教等，在唐朝时相继传入我国。

祆教又名拜火教，曾是波斯萨珊王朝的国教。祆教认为世界上有光明和黑暗两神在互相斗争，而火是光明的象征，代表善神，所以崇拜它。摩尼教受其影响而创立。依照教义，摩尼教徒要禁欲，不饮酒，不吃肉，不祭祖，身穿白衣，死后裸葬。694年，波斯人拂多诞持摩尼教经典《二宗经》来到中原，摩尼教的传入始见诸唐朝文献。摩尼教在唐朝有所发展，长安、洛阳、武威、敦煌等地都设有祆祠。唐政府中设有萨宝府，是专管祆教的机构。但后来摩尼教趋于衰落，只是在民间仍有流传。

虽然摩尼教没有在唐朝得到太大的发展，但在回纥却一度成为国教。回纥牟羽可汗助唐王朝平定安史之乱时，曾在736年携带四个摩尼教士回国，摩尼教在回纥地区影响力大增，并成为回纥的国教。

摩尼教在回纥受到尊崇与回纥当时的社会状况有关。当时回纥助唐平乱后，依靠粟特人（西域一善于经商的民族，在当时亚洲的国际贸易中有着重要的地位）发展商业经济，而粟特人早已信奉摩尼教。另外当时回

回鹘王侍宴族群像

回鹘在9世纪走向定居后，佛教就逐渐取代了摩尼教。这幅画就是回鹘贵族供养人在虔诚礼佛的情景。供养是以香花、灯明、饮食等资养佛教。

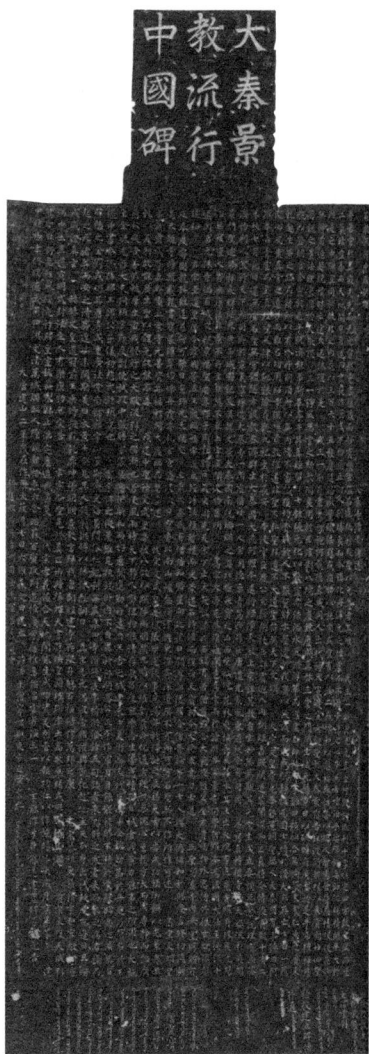

《大秦景教流行中国碑》拓本

此碑出土于明朝，当时西方的传教士得知后，争相拓片，将之译成拉丁文寄回欧洲。1907年入藏西安碑林（今西安碑林博物馆）。碑额上部是吉祥云环绕的十字架，下部是具有佛教色彩的莲花瓣朵，显示出景教开的是中土佛教之"花"，结的是基督教之"果"。

纥已由部落联盟形成了封建政权，原来的原始宗教已经不能满足他们的需要。

当时佛教在回鹘地区也有一定影响，并涌现出许多著名的佛教人物，例如胜光法师。胜光法师曾用回鹘文翻译了《大唐大慈恩寺三藏法师传》。回鹘从9世纪开始信奉佛教，并用回鹘文翻译经典，还建造佛寺与石窟，绘制壁画，塑造佛像，创造了灿烂的佛教文化，使佛教得以在回鹘长时间流行。同时又对回鹘的文学艺术、思想文化产生了深远的影响，并推动了与周边汉、藏等民族的交流。

但就唐朝时期回鹘部落的实际情况来看，回鹘人社会发展程度不高，对义理高深、体系庞大的佛教教理尚难以接受。而回鹘当时还以游牧为主，尚武好战。摩尼教以善恶二元论思想为核心，认为经过斗争，光明最终会战胜黑暗。而佛教不讲斗争而讲调和，戒杀生、戒争斗，不能满足当时回鹘部落的需要。

景教是基督教的一个教派，即聂斯脱利派，又名也里可温教。因教义的分歧，在当时的宗教会议上被裁定为异端，聂斯脱利本人被撤职，在流放中死去。他的信徒被迫东迁，在波斯传教，在唐朝时期的中国也有所发展。因大秦是唐代对东罗马帝国的称呼，对景教也就称其为"大秦景教"。至于为何称"景教"，《大秦景教流行中国碑》中有"真常之道，妙而难名，功用昭彰，强称景教"句，可能是当时的聂斯脱利派教徒既取"基督"的谐音，又取光明辉煌的含义。

635年，叙利亚教士阿罗本带领一个庞大的传教团从波斯来到长安。唐太宗派高级官员到郊外"宾迎入内"，崇阿罗本为"镇国大法主"，并让他在长安译经布道。唐太宗还在638年下诏允许他在长安及各州建造寺院。景教一度有"法流十道、寺满百城"之盛况。

唐代景教第二位著名的传教士是景净。景净也是叙利亚人，随阿罗本一起来到唐朝。景净参加过佛经的翻译工作，同时也翻译了大量基督教经典。据说当时聂斯脱利派有经典五百三十部，景净译了三十部，现存八部。在唐德宗继位后不久，由传教士伊斯出钱，他为《大秦景教流行中国碑》撰文。此碑重约两吨，碑身两米多高，正面镌刻汉字阐述了天主教的基本教义和景教在唐朝的发展过程。碑底和两侧有用叙利亚文镌刻的七十名景教传教士的名字、职称和并列对照的汉文。

伊斯兰教在世界上出现虽晚，却较早地传入中国。628 年，穆罕默德在向拜占庭、阿比西尼亚派遣使节的同时，也向中国派遣了使节。651 年大食遣使来贡，则是作为伊斯兰教传入中国的标志。唐朝对伊斯兰教极为宽容，而大食也对中国极为向往，据说穆罕默德曾有言："学问虽远在中国，亦当求之。"从 651 年到 798 年的一百四十八年间，大食共派出三十九批使节来到唐朝。

而 751 年唐与大食的怛罗斯之战则以战争的方式促使唐朝对伊斯兰教有了更深层次的了解。怛罗斯之战中被俘归来的杜环所著《经行记》对伊斯兰教的教义、教法作了详尽的介绍，对唐朝人了解伊斯兰教产生了积极的影响。安史之乱爆发后，唐王朝于 757 年向大食借兵镇压叛乱，收复了长安和洛阳。大食援兵在平定安史叛乱后有一部分返回本土，一部分定居在长安一带。这些士兵没有携带自己的妻室，只能娶唐朝女子为妻。而根据伊斯兰教的教义，他们的妻室必须加入伊斯兰教，早期的伊斯兰教就以这种形式在中国传播开来。

景教和伊斯兰教等外来宗教在唐朝之所以能够较为顺利地传播，与当时统治者开明的胸怀与怀柔的政策是分不开的。唐太宗李世民曾言："自古皆贵中华、贱夷狄，朕爱之如一，故其种落皆依朕如父母。"正是由于唐人开放的文化心态和宽松的文化气氛，在世界其他地区尚频繁爆发宗教战争的时候，这些外来宗教还能在唐朝和平共存并得到发展。

儒学的发展

有唐一代，在宗教得到发展的同时，儒学也有了长足的发展。唐朝统治者出于种种考虑，对儒、佛、道都予以扶持。唐朝建国之初，原则上是以儒、释（即佛教，以其创始人释迦牟尼得名）道并举作为思想文化领域的基本国策。高祖李渊下令恢复学校，置国子、太学、四门生，合三百余员，郡县学亦各置生员，为儒学的恢复提供了基本的前提和条件。李渊还经常亲临国子学，听诸生讲解经义。儒、佛、道遂在唐朝形成了三足鼎立之势，而儒学也吸收了佛道的某些思想。

在儒、佛、道三家中，儒家是传统宗法文化的代表，它致力于建立上下有序、尊卑分明的社会等级伦理关系，以保持家族和睦，维护社会的统一和稳定。但当时儒学还不很完善，没有像佛教和道教那样，能够构造一个超脱

女孝经图局部

唐代侯莫陈邈之妻郑氏因侄女被策封为永王妃，恐其不熟诗礼，作《女孝经》十八章。书中仿照《孝经》的形制与用语，并虚拟东汉班昭与诸女的问答，以讲述孝道的意涵以及各种女性应该遵守的礼仪。本幅即依《女孝经》的文意所绘，然仅余九章。

社会现实苦难的彼岸世界，因此在哲学层面一度处于下风。

虽然当时的儒学还不够完善，但佛道两教追求一种超脱现实的精神境界，在实践中以出世离尘为前提，对社会经济还是有相当负面的影响。而儒学则能"训教生人识父子君臣之义，知尊卑长幼之序，升之于朝，任之以职。故能赞理财务，弘益风范"。因此当时的佛教和道教为了取得唐王朝的支持，不得不在政治伦理关系上服从儒家的纲常名教。目连救母的故事就是在唐朝开始广泛流传的。

而在安史之乱之后，唐王朝为了加强中央集权，大力提倡强化纲常名教的儒学。韩愈、李翱则顺时而动，领导复古运动，进一步巩固了儒学的权威。韩愈坚决排斥佛老，而李翱则从佛教吸收养料，把儒、佛相结合，为宋明理学开辟了道路。

对于儒学的发展史而言，唐朝也是中国儒学的重要发展阶段，其最典型的标志就是《五经正义》的编纂。汉代儒学重在明经，魏晋儒学重在义理，南北朝诸儒虽抱残守缺，但他们倡导的逐字逐句注释经典的"义疏之学"，得到了唐代儒家的尊重和提倡。唐太宗诏国子祭酒孔颖达与儒生们撰定《五经》义疏，共一百七十卷，名《五经正义》，确定了儒家经典官方注解的权威地位，令天下传习。

《五经》是指五部儒家经典著作，即《诗》《书》《礼》《易》和《春秋》。汉武帝时，朝廷正式将这五部书宣布为经典，故称《五经》。《五经正义》在儒学史上有着重要的意义，其引用大量史料诠释典章制度、名器物色，又详

于文字训诂，为后人研读经书提供了方便。同时这一次对儒家经典的整理具有非同寻常的意义，它不仅对西汉以来的儒学成果兼容并蓄，结束了自西汉以来的儒学上的各种纷争，在版本和经义两个方面达到形式上的统一，从而完成了中国儒学从纷争到统一的演变过程，而且还将《五经》定义为官方教科书，确立了其官方权威地位。

《五经正义》是唐朝儒家经典整理工作的最重要成果，但并不代表这项工作的全部。除《五经正义》外，唐朝学者的重要著作还有许多，诸如陆德明的《经典释文》，贾公彦的《周礼义疏》《仪礼义疏》，徐彦的《春秋公羊传疏》，杨士勋的《春秋穀梁传疏》，以及李鼎祚的《周易集解》等，都颇负盛名，价值甚高。

优美的唐诗

中国诗是含蓄的，靠着汉字的排列组合，能够产生一种绘画般的意境，给人以无尽的想象空间。而唐朝文学中，成就最辉煌的是诗歌，它的优美让世人折服。在李白、杜甫、白居易这些伟大诗人之外，见诸典籍的还有两千多名诗人，他们共为后人留下四万多首诗歌。壮丽河山、勇士出征、悲欢离合、人生感悟，都通过唐朝诗人的如椽巨笔，鲜活地永驻于时空之中。可以说诗是汉文所发挥的最高艺术，唐诗则是诗中的最高峰。

唐诗的发展一般可分为初唐、盛唐、中唐和晚唐四个时期。初唐扭转了齐梁以来浮艳的诗风，在初唐诗人中，号称"四杰"的王勃、杨炯、卢照邻和骆宾王，成就颇大。后来的陈子昂积极提倡建安风骨，批判齐梁诗风，力

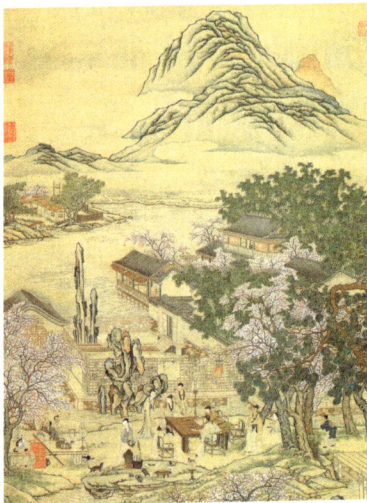

春夜宴桃李园图

该图以李白《春夜宴桃李园序》诗意入画，描绘了李白与其四从弟在春夜的桃李园中设宴、斗酒赋诗的情景。"阳春召我以烟景，大块假我以文章"，生动地描述了唐朝诗人的生活。

黄鹤楼

中国的名胜多与文化结合在一起。滕王阁的知名离不开王勃的《滕王阁序》，岳阳楼则与范仲淹的《岳阳楼记》是分不开的。而崔颢的"昔人已乘黄鹤去，此地空余黄鹤楼。黄鹤一去不复返，白云千载空悠悠"句则使黄鹤楼跻身于江南三大名楼之列。

求恢复文学浪漫和现实的完美结合，使唐诗进入了新的发展阶段。

盛唐一般指从 712 年到 762 年这五十年的时间，这也是唐代诗歌的黄金时代。伟大的浪漫主义诗人李白和伟大的现实主义诗人杜甫同时出现在诗坛，各种体裁的诗歌争芳斗艳，才华横溢的诗人大量涌现，相互争辉。王维、孟浩然以优美的田园山水诗闻名，高适、岑参则以豪迈的边塞诗著称。

从安史之乱到唐文宗的太和末年即 827 年，这六十多年被称为中唐时期，现实主义的诗歌作品得到极大的发展。最突出的代表是以白居易为首的新乐府派，还有善用形象思维、表现手法奇特而独树一帜的李贺。

到了晚唐，伴随着国势的衰微和社会动乱，诗的风格发生很大的变化。杜牧虽然在艺术上有一些新的发展，但感伤的情绪还是成为了诗歌的主基调。李商隐则以沉郁的风格，尽现自己在仕途上历尽的坎坷。

初唐四杰

初唐是唐诗繁荣的准备时期。唐代建国初的诗歌仍受南朝诗歌的影响，柔靡纤弱。但号称"初唐四杰"的王勃、杨炯、卢照邻、骆宾王的出现打破了这种局面，他们才华横溢，通过自己的诗作抒发对现状的愤懑不平和壮怀激烈之情，拓宽了诗歌的题材。陈子昂、沈佺期、宋之问也有大量诗作问世。

王勃是隋末大儒王通之孙。六岁能文，十几岁的时候在沛王府负责文书起草工作。他极有才华，如《送杜少府之任蜀州》："城阙辅三秦，风烟望五津。与君离别意，同是宦游人。海内存知己，天涯若比邻。无为在歧路，儿女共沾巾。"

初唐四杰勇于创新，在诗歌的思想内容和艺术形式上打破了六朝以来"宫体诗"的束缚，但还有不足之处。例如王勃的这首诗，三、四两句"与君离别意，同是宦游人"，就不合律诗对仗的要求。一些轻薄的文人因此讥笑他们。然而这掩埋不了他们的文学成就。杜甫则有精辟的评论："王杨卢骆当时体，轻薄为文哂未休。尔曹身与名俱灭，不废江河万古流。"

　　然而由于王勃才高年少，也由此召来了祸端。当时斗鸡非常流行，而王公贵族们不光以此赌博金钱，有时还要靠鸡来互相炫耀，甚至还因为斗鸡而引发矛盾。一次唐高宗的儿子沛王李贤与英王李哲在群鸡会战中斗争激烈，王勃作为沛王李贤王府中的属官，就专门为沛王写了一篇游戏之作《檄英王鸡》，通过声讨英王的斗鸡来为沛王助兴。文中有言："两雄不堪并立，一啄何敢自妄？……牝晨而索家者有诛，不复同于毚畜；雌伏而败类者必杀，定当割以牛刀。"

　　从文学的角度而言，这篇文章是骈文的经典之作，对仗工整，典故使用巧妙，充分体现了年仅二十岁的王勃高超的文才和渊博的学识。但此文被高宗认为是在挑拨诸王间的关系，触动了高宗担心皇室内斗的敏感神经。他当天就下诏罢免了王勃的官职，将他逐出沛王府。王勃的一生从此坎坷不平。后来在朋友的帮助下，王勃又担任了虢州参军一职，因杀害官奴遭达被判死罪。恰好遇到唐高宗大赦天下，才侥幸捡回了一条性命。其父亲也受连累，从雍州司功参军被贬为交趾（今越南河南西北）令。他前去看望父亲，却在渡海途中落水而死。

　　诗人英年早逝，却留下了《滕王阁序》这一千古名篇。《滕王阁序》全称《秋日登洪府滕王阁饯别序》，又名《滕王阁诗序》。滕王阁在今江西省南昌市赣江之滨，为唐高祖之子滕王李元婴任洪州都督时始建，故名滕王阁。后来阎伯屿为洪州牧，宴各方名士于阁上，王勃也参加了此次宴会，即席而作《滕王阁序》。

　　对于《滕王阁序》的创作年代，还有争议。根据《唐摭言》的说法，王勃写《滕王阁序》时才十四岁。阎伯屿在新落成的滕王阁大宴宾客，并请来宾为滕王阁作序。但阎本想让女婿孟学士写这篇文章，也让他预先构思好了。阎伯屿命人拿纸笔在宾客间来回推让，大家事先都无准备，也知道阎伯屿的意思，所以都托辞不作。王勃也受邀参加此次宴会，却不推辞谦让。阎伯屿不相信他的才华，十分恼怒，拂袖而去，但也派人窥伺王勃如何下笔。第一次禀报说"南昌故郡，洪都新府"，阎伯屿说："这只是老生常谈罢了。"第二次禀报说"星分翼轸，地接衡庐"，阎伯屿沉吟不语。最后一次的禀报是说"落霞与孤鹜齐飞，秋水共长天一色"，阎伯屿急忙站了起来说："此乃天才，当流传不朽！"阎伯屿也就不再让他的女婿著文了，而在场的宾客看了一致称好，滕王阁也因此篇文章与黄鹤楼、岳阳楼并称江南三大名楼。

　　王勃创作《滕王阁序》极富传奇性。王勃写文章很有特色，先磨墨数升，再酣畅饮酒至醉，然后拉起被子蒙脸躺下。等到酒醒时，奋笔疾书，不改一个字而文成，当时的人称王勃为"腹稿"。而经过后世的附会，王勃创作《滕王阁序》更是被蒙上了一层神话色彩。相传在王勃写作《滕王阁序》的前一天，他还在七百里之外。不过他突然遇到一须发斑白、仙风道骨、貌若神仙之老者。那位老者一语道破王勃的身份，并告诉他："明天就是九九重阳节，滕王阁将有高会。如果前往赴宴，赋诗作文，足垂不朽。"王勃大惊，又问道："老先生有所不知，此地离洪州七百余里，来不及了。"老者仰天大笑，便以神风送王勃七百里，一夜就到了洪州。

而作为四杰之一的杨炯也并非浪得虚名。他诗中激扬豪迈的格调，为唐初诗坛吹进了一股新风。如《从军行》："烽火照西京，心中自不平。牙璋辞凤阙，铁骑绕龙城。雪暗雕旗画，风多杂鼓声。宁为百夫长，胜作一书生。"该诗表现了唐人不甘寂寞，不想老死窗下，而宁可做个低级军官到边疆建功立业的热切期望。

杨炯还与王勃、卢照邻等人共同主张刚健的文风，反对宫体诗风。其诗歌也在内容和艺术风格上以突破齐梁"宫体"诗风为特色，在诗歌发展史上起到承前启后的作用。他在《王勃集序》中对王勃改革当时淫靡文风的创作评价很高，实乃唐初四杰有意识地改革当时文风的体现。

整体而言，杨炯虽然唱和、纪游的诗篇还未脱过去的绮艳之风，但他的《出塞》《战城南》《紫骝马》等边塞征战诗表现了期盼为国立功的战斗精神，气势轩昂，风格豪放。如《战城南》："塞北途辽远，城南战苦辛。幡旗如鸟翼，甲胄似鱼鳞。冻水寒伤马，悲风愁杀人。寸心明白日，千里暗黄尘。"这首用乐府旧题写的一首五言律诗，虽以征战者的口吻讲述了远征边塞的艰苦军旅生涯，但一脱汉乐府中的《战城南》的悲伤情绪，变得格调雄浑激越，充满了对胜利的希冀。这也是唐朝开国气象在诗人作品中的重要体现。

继"初唐四杰"而起的是陈子昂，他在诗歌理论和创作实践上都表现了鲜明的创造革新精神。他在理论上对南朝以来绮丽柔靡的诗风提出批评，认为这类诗辞藻华丽、内容空洞，背离了《诗经》重视思想性的传统。他在著名的《修竹篇序》里，集中表达了诗歌革新的主张："文章道弊五百年矣。汉魏风骨，晋宋莫传，然而文献有可征者。仆尝暇时观齐梁间诗，彩丽竞繁，而兴寄都绝，每以永叹。思古人常恐逶迤颓靡，风雅不作，以耿耿也。"

在具体的诗歌创作中，他的《登幽州台歌》"前不见古人，后不见来者。念天地之悠悠，独怆然而涕下"苍凉辽阔，一扫前朝孱弱之文风。韩愈曾用"国朝盛文章，子昂始高蹈"高度评价他在唐诗发展中的重要作用。事实上经过陈子昂等人的努力，盛唐诗歌风气由此开启。

诗仙李白

经过初唐诗人的努力，唐朝诗歌在盛唐期间达到顶峰，出现了"诗仙"

历史细读

对于李白游历的经费问题，大致有以下几种说法：一是认为李白出身商人家庭，漫游过程中也兼营商业；另外一种则是认为李白在出名之后，不但得到皇帝的赏赐，很多人还邀请他写文章，自有不少收入，沿途还得到了不少朋友及崇拜者如汪伦的招待。

李白、"诗圣"杜甫这样的伟大诗人。

到8世纪初，唐王朝出现了开元盛世，经济、文化发展到了鼎盛时期。诗歌创作领域也出现大批优秀诗人，写下内容异常丰富的诗歌。社会生活的富足开放在诗歌领域的最直接反映，那就是李白的飘逸奔放的诗歌。

李白，字太白，原籍陇西成纪（今甘肃秦安西北），生于碎叶（今吉尔吉斯斯坦托克马克），幼年随父迁居绵州昌明（今四川江油）。他是中国文学史上继屈原之后又一位伟大的浪漫主义诗人，如《夜宿山寺》："危楼高百尺，手可摘星辰。不敢高声语，恐惊天上人。"他经历坎坷，既是天才的诗人，又兼有游侠、隐士的气质。著名的《侠客行》："赵客缦胡缨，吴钩霜雪明。银鞍照白马，飒沓如流星。十步杀一人，千里不留行。事了拂衣去，深藏身与名。闲过信陵饮，脱剑膝前横。将炙啖朱亥，持觞劝侯嬴。三杯吐然诺，五岳倒为轻。眼花耳热后，意气素霓生。救赵挥金槌，邯郸先震惊。千秋二壮士，煊赫大梁城。纵死侠骨香，不惭世上英。谁能书合下，白首太玄经。"就出自他的手笔。因其诗歌内容广泛，想象力丰富，热情奔放，具有强烈的艺术魅力，因此被称为"诗仙"。

李白从二十多岁起就到各地游历，不仅到过长安、洛阳、金陵、江都这些大城市，还到过洞庭、庐山、会稽等许多名山胜地。当时科举考试是唐代选拔人才的主要方式，但考官往往会考虑到考生的社会声名，不通过科举而靠人推荐更得如此。所以"有四方之志"者为了个人的出路或者仕途，常漫游各地，结交权威人士，用言语或诗文作自我宣传。因此唐朝文人在青年时代往往有一段或长或短的漫游时期。正如李白所说："大丈夫必有四方之志，乃仗剑去国，辞亲远游。"

725年，李白离开四川，开始了他一生的漫游生涯。李白一出蜀地，即在江陵（今湖北江陵）遇到了著名道士司马承祯。司马承祯受当时的唐皇室推崇，武则天、唐睿宗、唐玄宗曾多次召其入昌讲经论道，玄宗还让玉真公主随

鲁公写经图
该图以唐代书法家颜真卿（世称颜鲁公）写经的故事入画。有唐一代，文人中间弥漫着浓厚的宗教气氛。李白更是如此。

其学道。李白对司马承祯极为景仰，特呈上自己的诗文。司马承祯也非常欣赏李白，视其为不平凡之人，赞其"有仙风道骨，可与神游八极之表"。

李白有感于此段经历，创作了《大鹏遇希有鸟赋》，其中有"俄而希有鸟见谓之曰：'伟哉鹏乎！此之乐也。'吾右翼掩乎西极，左翼蔽乎东荒。跨蹑地络，周旋天纲。以恍惚为巢，以虚无为场。我呼尔游，尔同我翔。于是乎大鹏许之，欣然相随。此二禽已登于寥廓，而斥鷃之辈，空见笑于藩篱"句。在该赋中，李白称赞司马承祯是希有鸟（古代传说中的一种神鸟），自己则以大鹏鸟自喻。李白又来到了庐山，在此写下了脍炙人口的《望庐山瀑布》："日照香炉生紫烟，遥看瀑布挂前川。飞流直下三千尺，疑是银河落九天。"

但李白第一次到长安时，这种才气并没有转换成仕途。他在湖北安陆娶了许圉师的孙女。许圉师曾经做过左相，许圉师的父亲许绍更是唐高祖李渊的同窗，后来被封为安陆郡公。但许圉师因为一个儿子在打猎时杀了人，为抵罪遭到贬谪。当时许家还是相当兴旺的，李白也在《上安州裴长史书》中特意提到："而许相公家见招，妻以孙女，便憩于此，至移三霜焉。"但这段婚姻也是有相当代价的。因为此段婚姻相当于入赘，而入赘在传统文化中认为是不光彩的事情。《汉书·贾谊传》就有"家贫子壮则出赘"的话。李白跟这位许氏夫人大约生活了十年，生有一儿一女。女儿名平阳，儿子小名明月奴，后改名为伯禽。李白后来带着他们移居东鲁（今山东曲阜东），诗文之中再也没有出现过许氏的身影。有人认为许氏病故，有人认为是婚变。

在这其间，也就是在 730 年，李白第一次入长安。他从安陆来到长安后，通过光禄卿许辅乾也就是许圉师的好友的介绍去拜访一向爱推贤进士的右相张说。也有一种说法是通过老朋友元丹丘的引见。不巧的是张说正在病中，便让他的二儿子张垍接待了李白。张垍将其推荐给了玉真公主（唐玄宗的九妹，出家为尼，对道家很是热衷），让他居住在玉真公主的别馆里。这一等就是好几个月。李白曾在《玉真公主别馆苦雨》描述了自己的苦闷心情："秋坐金张馆，繁阴昼不开。空烟迷雨色，萧飒望中来。翳翳昏垫苦，沉沉忧恨催。清秋何以慰？白酒盈吾杯。吟诗思管乐，此人已成灰。独酌聊自勉，谁贵经纶才？弹剑谢公子，无鱼良可哀。"李白迟迟得不到消息，只好离开了长安。

李白这次受挫其实与当时的社会环境有关。《唐语林·企羡》记载了薛元超的话："吾不才，富贵过人。平生有三恨。始不以进士擢第，不娶五姓女，不得修国史。"薛元超是唐朝秦王府十八学士之一薛收的儿子，武则天朝位至宰相。他尚且如此，何况李白出身平民，且没有参加科举，他遭遇挫折则是必然之事。面对"大道如青天，我独不得出"的局面，他一度消沉，"羞逐长安社中儿，赤鸡白雉赌梨栗"。他自认为有治国之才，"淮阴市井笑韩信，汉朝公卿忌贾生。君不见昔时燕家重郭隗，拥彗折节无嫌猜。剧辛乐毅感恩分，输肝剖胆效英才"，但残酷的现实却是"弹剑作歌奏苦声，曳裾王门不称情。昭王白骨萦蔓草，谁人更扫黄金台？"在经历长安多年的磨难之后，他写出了名传千古的《行路难》："金樽清酒斗十千，玉盘珍羞直万钱。停杯投箸不能食，拔剑四顾心茫然。欲渡黄河冰塞川，将登太行雪满山。闲来垂钓碧溪上，忽复乘舟梦日边。行路难，行路难！多歧路，今安在？长风破浪会有时，直挂云帆济沧海。"

李白第一次西入长安求仕铩羽而归后，就于 740 年举家移居山东。他很快就和当地的文人雅士相识并结为朋友。其中关系甚为密切者，有孔巢父、裴政、韩准、张叔明、陶沔等五人，与李白号称"竹溪六逸"。他们常常徜徉于徂徕山之竹溪，纵酒酣歌，啸傲泉石，举杯邀月，过着一种逍遥自在、放情山水的浪漫生活。

742 年，唐玄宗诏令天下道门龙凤来集京师，已经四十二岁的李白在友人的推荐下接到朝廷召他入京的诏书。李白十分激动，写下了《南陵别儿童入京》："白酒新熟山中归，黄鸡啄黍秋正肥。呼童烹鸡酌白酒，儿女嬉笑牵人衣。高歌取醉欲自慰，起舞落日争光辉。游说万乘苦不早，著鞭跨马涉远道。会稽愚妇轻买臣，余亦辞家西入秦。仰天大笑出门去，我辈岂是蓬蒿人！"

李白这次到了长安之后，结识了著名诗人贺知章。贺知章的《回乡偶书》："少小离家老大回，乡音无改鬓毛衰。儿童相见不相识，笑问客从何处来。"以及《咏柳》："碧玉妆成一树高，万条垂下绿丝绦。不知细叶谁裁出，

蜀道图

这是明人谢时臣所绘之《蜀道图》。在古代，入蜀道路异常艰险。李白的《蜀道难》之所以名传千古，就在于他用生动奔放的语言淋漓尽致地描述了蜀道难行的情状。

二月春风似剪刀。"都是传诵一时的名作。这时贺知章已经八十多岁了，在朝廷上声望很高。743 年，贺知章因年老上奏玄宗请求回乡做道士，玄宗为他赋诗送行，百官也纷纷握手告别，可见贺知章在朝廷享有极高的声誉。

而这时李白还没有得到唐玄宗的接见。据说李白前去谒见贺知章，将其大作《蜀道难》呈上。贺知章"读未竟，称叹者数四"，认为此诗只有神仙才写得出来，因此称李白为"谪仙人"。而李白一生虽文采卓然，但在仕途上并不得意，故"谪仙"也成为李白的代称。

基于李白的文采，贺知章就拉他去喝酒畅叙。不过贺知章忘了带钱，就毫不犹豫地解下佩在身上的显示官品级别的金龟以充酒资，这就是著名的"金龟换酒"典故的来历。后来贺知章在唐玄宗面前极力推荐李白，李白遂被召进宫中。李白对此十分感动，在贺知章去世以后，李白写下了《对酒忆贺监》："四明有狂客，风流贺季真。长安一直见，呼我'谪仙人'。昔好杯中物，今为松下尘。金龟换酒处，却忆泪沾巾。"

在李白的诗歌中，古体诗尤为突出。唐朝的诗歌有古体与近体的区别。古体诗又称古诗或古风。这个概念专指唐代以前形成并在唐代继续流行的一种诗体，和唐代形成的近体诗相对存在。古体诗对音韵格律的要求比较宽，一首之中，句数可多可少，篇章可长可短，可押韵也可不押韵，押韵也可换韵，句与句间没有平仄对应和用词对仗的要求。虽然有的古体诗句数、字数和律诗相同，但用韵、平仄和对仗都不同于律诗的要求，所以仍是古诗。李白的成名作之一《蜀道难》就是--例："噫吁戏，危乎高哉！蜀道之难难于上青天。蚕丛及鱼凫，开国何茫然！尔来四万八千岁，不与秦塞通人烟。西当太白有鸟道，可以横绝峨眉巅。

地崩山摧壮士死，然后天梯石栈方钩连。上有六龙回日之高标，下有冲波逆折之回川。黄鹤之飞尚不得，猿猱欲度愁攀援。青泥何盘盘，百步九折萦岩峦。扪参历井仰胁息，以手抚膺坐长叹！问君西游何时还？畏途巉岩不可攀。但见悲鸟号古木，雄飞雌从绕林间。又闻子规啼夜月，愁空山。蜀道之难难于上青天，使人听此凋朱颜！连峰去天不盈尺，枯松倒挂倚绝壁。飞湍瀑流争喧豗，砯崖转石万壑雷。其险也如此，嗟尔远道之人。胡为乎来哉！剑阁峥嵘而崔嵬，一夫当关，万夫莫开。所守或匪亲，化为狼与豺。朝避猛虎，夕避长蛇，磨牙吮血，杀人如麻。锦城虽云乐，不如早还家。蜀道之难难于上青天，侧身西望长咨嗟！"李白正是通过不受格律约束的古体诗表达了自己的奇思异想和豪壮奔放的风格。

　　李白在被唐玄宗授予官职后，境遇发生了很大的变化。根据他自己的叙述，那一段时间"一朝君王垂拂拭，剖心输丹雪胸臆。忽蒙白日回景光，直上青云生羽翼。幸陪鸾辇出鸿都，身骑飞龙天马驹。王公大人借颜色，金璋紫绶来相趋"。他已不再是"少年不得意，落魄无安居"，而是"承恩初入银台门，著书独在金銮殿。龙钩雕镫白玉鞍，象床绮席黄金盘。当时笑我微贱者，却来请谒为交欢"。李白虽然得到唐玄宗的礼遇与敬重，但是他担任的"翰林待诏"或"翰林供奉"只是陪侍皇帝游戏诗文的。也就是说，李白的职责更多的是作为诗人粉饰太平、润色王业。在一段官宦生涯中，李白留下了力士脱靴等故事。

　　当时唐玄宗对杨贵妃极为宠爱，把政事都交给宰相李林甫，天天和贵妃饮酒作乐。相传一次玄宗陪着杨贵妃，在沉香亭欣赏由洛阳新进贡来的牡丹名贵品种"姚黄""魏紫"。本已有李龟年率领的梨园子弟问候，但玄宗说：

清平调图轴
此画描绘了唐朝天宝年间，唐玄宗召李白作"清平调"的故事。中坐者为唐玄宗，下坐且奋笔疾书者为李白。

太白醉酒图轴

此图描绘了李白醉酒于宫殿之中的情形。李白头戴学士巾，身着白色宽袖袍，朦胧虚醉的眼神中含着高傲之气。身着灰黑服装的两位侍者搀扶伺候，李白"酒中仙子"的气度呼之欲出。

"还用旧词干什么？"就命人去找李白。内侍们在翰林院和李白家都找不到人，最后在一个酒店里找到喝得酩酊大醉的李白，七手八脚把李白拉进轿子，抬到了宫里。

李白进了宫，醉得踉踉跄跄，无法给唐玄宗行礼。唐玄宗因为爱惜他的才华，也不加责怪，只是叫他马上把歌词写出来。内侍们急忙在他面前的几案上放好笔砚绢帛，李白席地而坐。忽然觉得脚上穿着靴子，很不舒服，便招呼身边一个年老的宦官给他脱靴子。这个老宦官正是唐玄宗最宠信的高力士，平时朝廷高官都对他点头哈腰，今天一个小小的翰林，居然命令他脱靴子，他简直无法容忍。但是因为唐玄宗在旁边等着李白写歌词，高力士也不敢得罪李白，只好跪下来给李白脱了靴子。

李白脱了靴子，正眼也不看高力士，拿起笔来龙飞凤舞地写了起来。很快三首《清平调》就写好了。其一为："云想衣裳花想容，春风拂槛露华浓。若非群玉山头见，会向瑶台月下逢。"其二为："一枝红艳露凝香，云雨巫山枉断肠。借问汉宫谁得似，可怜飞燕倚新妆。"其三为："名花倾国两相欢，长得君王带笑看。解释春风无限恨，沉香亭北倚槛杆。"唐玄宗反复吟咏了几遍，觉得文词秀丽，确是好诗，马上叫乐工谱曲演唱。

但李白好酒这一点却导致了他的仕途梦断于此。按照李白生前好友范作之子范传正所撰写的《唐左拾遗翰林学士李公新墓碑并序》中的说法，玄宗"甚爱其才，或虑乘醉出入省中"，担心他会泄露宫廷的秘密，恐酿成祸端，就对李白心存芥蒂。因为李白屡屡进入内廷作诗，难免不会在醉后泄露宫禁中的秘密。

另外他对社会黑暗的抨击也使他屡遭毁谤。而此时李白也厌倦了当时徒有其名而无所作为的身份，而此时朝廷政治开始腐败，唐王朝已走上了下坡路。李白就在一首诗揭露了这一点："大车扬飞尘，亭午暗阡陌。中贵多黄金，连云开甲宅。路逢斗鸡者，冠盖何辉赫！鼻息干虹蜺，行人皆怵惕。世无洗耳翁，谁知尧与跖！"那些在皇帝身边得势的佞幸人物，坐着华贵的大车在街上招摇，荡起漫天灰尘。一些宦官聚敛了大量财富，修起宏丽的住宅。就连只是替皇帝开心的斗鸡人（应该指贾昌等人），也坐在带有华盖的车子里耀武扬威。他们鼻孔朝天，喷出的气息仿佛能吹动天空的云彩，路上行人都吓得纷纷躲开。社会上再没有厌倦名利的贤人，好人与坏人的区别也没有人在意了。

而那些人也容不下李白。"恃才傲物""交通外官，图谋不轨"等谗谤接踵而来，甚至连他《清平调》词中"借问汉宫谁得似，可怜飞燕倚新妆"也被指斥为用赵飞燕的典故影射杨贵妃。李白也在《玉壶吟》中抱怨："君王虽爱蛾眉好，无奈宫中妒杀人。"他又在一首诗中写道："青蝇易相点，白雪难同调。本是疏散人，屡贻褊促诮。"

面对唐玄宗周围的趋炎附势的小人，李白知道自己不过是给皇上解闷散心的，要想政治上有所作为是不可能了，遂在744年左右辞去了官职，重新开始游览名山大川，写诗抒情。虽然唐玄宗是赐金放还，但毕竟是仕途的一大挫败。一些曾纷纷与李白交好的人也因此转变了态度，"一朝谢病游江海，畴昔相知几人在。前门长揖后门关，今日结交明日改"。李白对此也特别苦闷，他通过《秦水别陇首》表达了自己的心情："秦水别陇首，幽咽多悲声……挥涕且复去，恻怆何时平？"

杜甫曾这样评论李白："冠盖满京华，斯人独憔悴！"仕途不顺也许是李白人生的挫折，但李白之所以成为李白，很重要的一点就是他的不拘一格、放荡狂傲、藐视权贵的人生态度。李白曾与著有《长短经》的纵横家赵蕤交好，他也曾经试图通过纵横术来求取功名，但唐朝已不是苏秦、张仪所生活的战国时代。不过李白离开长安固然使朝廷少了一个词臣，却使唐朝的诗歌增添了一颗最为璀璨的星辰。对于中国文学来说，实为大幸。

李白在四处漫游过程中，性格豪放，喜爱游览和饮酒。他曾写下《将进酒》一诗："君不见黄河之水天上来，奔流到海不复回。君不见高堂明镜悲白发，朝如青丝暮成雪。人生得意须尽欢，莫使金樽空对月。天生我材必有用，千金散尽还复来。烹羊宰牛且为乐，会须一饮三百杯。岑夫子、丹邱生，将进酒，杯莫停。与君歌一曲，请君为我倾耳听。钟鼓馔玉不足贵，但愿长醉不复醒。古来圣贤皆寂寞，惟有饮者留其名。陈王昔时宴平乐，斗酒十千恣欢谑。主人何为言少钱，径须沽取对君酌。五花马，千金裘，呼儿将出换美酒，与尔同销万古愁。"《月下独酌》也与酒有着密切的关系："花间一壶酒，独酌无相亲。举杯邀明月，对影成三人。月既不解饮，影徒随我身。暂伴月将影，行乐须及春。我歌月徘徊，我舞影零乱。醒时同交欢，醉后各分散。永结无情游，相期邈云汉。"

对于自己爱好饮酒这一点而言，李白也不否认。他在其《赠内》一诗中写道："三百六十日，日日醉如泥。虽为李白妇，何异太常妻。"可见李白的的确确是一个"不可一日无此君"的醉仙。但这与他的境遇有相当大的关系。他终生梦想施展抱负，干一番经天纬地的大事业。他曾在一首诗中表明了志向："大鹏一日同风起，扶摇直上九万里。假令风歇时下来，犹能簸却沧溟水。时人见我恒殊调，见余大言皆冷笑。宣父犹能畏后生，丈夫未可轻年少。"他以《庄子》中的大鹏自居，对自己的政治才能充满自信。但实际上他未必具备政治家的才干，他的"大言"受到世人嘲笑并不奇怪。他虽以孔子"后生可畏"的话为自己辩解，但在屡遭挫折的情况下，也颇为无奈："弃我去者，昨日之日不可留。乱我心者，今日之日多烦忧。长风万里送秋雁，对此可以酣高楼。蓬莱文章建安骨，中间小谢又清发。俱怀逸兴壮思飞，欲上青天揽明月。抽刀断水水更流，举杯销愁愁更愁。人生在世不称意，明朝散发弄扁舟。"

可是李白没有这么做，他有一个不安定的灵魂，他有更高更远的追求，于是离别东鲁家园，又一次踏上漫游的旅途。这首诗就是他告别东鲁诸公时所作。虽然出翰林已有年月了，但是政治上遭受挫折的愤怨之情仍然郁结于怀，所以在诗的最后发出那样激越的呼声。

李白从长安回到山东的家中时，还对前途有着很大的信心。再次出游时，他写了《梦游天姥吟留别》："海客谈瀛洲，烟涛微茫信难求。越人语天姥，云霓明灭或可睹。天姥连天向天横，势拔五岳掩赤城。天台四万八千丈，对此欲倒东南倾。我欲因之梦吴越，一夜飞度镜湖月。湖月照我影，送我至剡溪。谢公宿处今尚在，渌水荡漾清猿啼。脚着谢公屐，身登青云梯。半壁见海日，空中闻天鸡。千岩万转路不定，迷花倚石忽已暝。熊咆龙吟殷岩泉，栗深林兮惊层巅。云青青兮欲雨，水澹澹兮生烟。列缺霹雳，丘峦崩摧。洞天石扇，訇然中开。青冥浩荡不见底，日月照耀金银台。霓为衣兮风为马，云之君兮纷纷而来下。虎鼓瑟兮鸾回车，仙之人兮列如麻。忽魂悸以魄动，恍惊起而长嗟。惟觉时之枕席，失向来之烟霞。世间行乐亦如此，古来万事东流水。别君去兮何时还，且放白鹿青崖间，须行即骑访名山。安能摧眉折腰事权贵，使我不得开心颜！"

但在多年的漂泊过程中，李白饱尝人间辛酸，看透了世态炎凉。《秋浦歌》曾语："白发三千丈，缘愁似个长。不知明镜里，何处得秋霜。"他的《独坐敬亭山》诗抒发了孤独、寂寞和无奈的心情："众鸟高飞尽，孤云独去闲。相看两不厌，只有敬亭山。"山林中的鸟儿高飞远去，天空中的白云随风

踏歌图

踏歌在唐朝极为流行。刘禹锡在《踏歌词》中就生动地写道："春江月出大堤平，堤上女儿连袂行。"此图虽是宋人所绘，但也可窥见古代农人欢快踏歌的一斑。

飘逝，只有敬亭山与自己相对而视，互不厌弃。这是天纵英才、怀才不遇后的生动写照。

不过他在漂泊生活中也留下了一段段珍贵的友谊，例如与汪伦的交往。汪伦是住在泾县的一名士绅，他非常喜欢李白的诗歌，盼望能见到这位诗人，好一睹诗仙的风采。他听说李白在安徽逗留的消息后，很想把他请来。但是泾州名不见经传，自己也没有什么才气，怎么才能请到大诗人李白呢？不过汪伦知道李白有两大爱好喝酒和游历，只要有好酒，有美景，李白就会欣然前来。于是他就派人送去了一封热情洋溢的信："先生好游乎？此地有十里桃花。先生好饮乎？此地有万家酒店。"李白虽然不认识汪伦，也从未到过泾县，但他被汪伦的盛情所感动，也想欣赏泾县的美景，痛饮当地的美酒。他就来到了汪伦的家里，受到每天都是美酒佳肴的热情款待。但住了几天，李白一直没有看到十里桃花，也没有见到万家酒店。他就问汪伦："先生信中所说的'十里桃花'和'万家酒店'怎么还没有见到呢？"汪伦一听，忍不住大笑起来，他解释道："我说的'桃花'是指此地的桃花潭，它方圆十多里，不是'十里桃花'！那'万家酒店'是指店主人姓万，这不是万家酒

唐人的隐逸生活
此图取杜甫"竹深留客处，荷净纳凉时"
诗意入画。李白虽然颇有求仙之志，也过
了一段隐逸的生活，但他还是希望能够建
功立业。

店吗？"李白一听，恍然大悟，也不禁大笑起来。后来汪伦就陪同李白游览了桃花潭及当地的风光。

酒宴虽好终会散。汪伦在家中设宴送别之后，李白登上了停在桃花潭上的小船。船正要离岸，忽然听到一阵歌声。李白回头一看，只见汪伦正和许多村民一起在岸上踏歌为自己送行。李白由此吟出《赠汪伦》："李白乘舟将欲行，忽闻岸上踏歌声。桃花潭水深千尺，不及汪伦送我情。"这首颂扬美好友情的诗歌，因其简单明快，内涵丰富，至今仍为人们广为传诵。

而在李白的游历过程中，他对民众遭受到的苦难也没有视而不见。对于唐玄宗的屡挑边衅政策，他在《战城南》一诗中给予了无情的批判："去年战，桑干源；今年战，葱河道。洗兵条支海上波，放马天山雪中草。万里长征战，三军尽衰老。匈奴以杀戮为耕作，古来惟见白骨黄沙田。秦家筑城备胡处，汉家还有烽火燃。烽火燃不息，征战无已时。野战格斗死，败马号鸣向天悲。乌鸢啄人肠，衔飞上挂枯树枝。士卒涂草莽，将军空尔为。乃知兵者是凶器，圣人不得已而用之。"

755年，安史之乱爆发。这场战争给广大民众带来了深重的灾难，李白也未能幸免。他的儿子伯禽来不及逃亡，被留在了山东，他的一个好友武谔就扮作叛军将其带到南方。对于民众的苦难，李白这样写道："俯视洛阳川，茫茫走胡兵。流血涂野草，豺狼尽冠缨。"但作为一介书生，再者他年事渐高，基本上已是报国无门。因此他在隐居庐山之时，在《赠王判官时余归隐居庐山屏风叠》激愤地说道："吾非济带人，且隐屏风叠。"

李白虽然屡遭挫折，但兼济天下之心未灭。他在《扶风豪士歌》写道："张良未逐赤松去，桥边黄石知我心。"因此当永王三次派人聘请李白参加他的幕府时，他就答应了。

但李白显然考虑得过于单纯了。安史之乱爆发后不久，唐玄宗即被迫逃往蜀中，而太子李亨乘机在灵武（今宁夏灵武）即位，是为唐肃宗，改年号为至德。而逃至汉中的玄宗尚不知情，还以皇帝的名义发布诏令，分命太子李亨、永王李璘等人率兵讨贼。已继位为帝的李亨显然会猜忌李璘对自己帝位的威胁，而李白却还只想着是在为唐王朝平叛杀贼服务。例如他曾赋诗："三川北虏乱如麻，四海南奔似永嘉。但用东山谢安石，为君谈笑静胡沙。"

出乎李白的意料，永王很快被唐肃宗打败，并且在逃亡过程中被杀。李白也因之被捕。当时社会上对李白事件争议很大，有人认为李白罪大当死，有人则深信李白是无辜的。杜甫曾赋《不见》："不见李生久，佯狂真可哀。世人皆欲杀，吾意独怜才。"经过多方营救，李白终于免于一死，被判为流放夜郎（今贵州桐梓）。杜甫"孰云网恢恢？将老身反累"倒是形象地描述了诗人心中的悲凉。

李白原计划走水路经四川到夜郎，沿途都有官员招待他，他写诗予以回报。唐朝官员能够盛情接待一位获罪的诗人，不失为唐朝一道美丽的风景。在到达奉节（今重庆奉节）时，朝廷大赦天下，规定："天下现禁囚徒，死罪从流；流罪已下，一切放免。"李白也正在赦免之列。他随即兴奋地从奉节买舟东下，著名的《早发白帝城》便写于此时："朝辞白帝彩云间，千里江陵一日还。两岸猿声啼不住，轻舟已过万重山。"

获得赦免之后，李白仍然牵挂着国家的命运。他不顾年迈，竟然想去从军，而未能如愿，因为征兵的军官不收留他。他因此很是失望，写诗对江夏韦太守说："剑非万人敌，文窃四海声。"面对岁月的变迁，他终于承认，手中的诗笔比宝剑更有分量。

760 年，李白看到开赴前线的新兵与亲人告别的景象，赋《豫章行》以纪之："胡风吹代马，北拥鲁阳关。吴兵照海雪，西讨何时还。半渡上辽津，黄云惨无颜。老母与子别，呼天野草间。白马绕旌旗，悲鸣相追攀。白杨秋月苦，早落豫章山。本为休明人，斩虏素不闲。岂惜战斗死，为君扫凶顽。精感石没羽，岂云惮险艰。楼船若鲸飞，波荡落星湾。此曲不可奏，三军发成斑。"

761 年，战事再度吃紧，朝廷以李光弼为河南副元帅、太尉兼侍中，率大军出镇临淮（今安徽固镇），防御叛军南下。李白这时已是六十一岁的高龄，但是他仍然怀着耿耿的报国之心，打算赶往临淮，加入李光弼的军队。可惜走到半路上，他病倒了，不得不中途返回。他在诗中表达了自己的无穷遗憾："愿雪会稽耻，将期报恩荣。半道谢病还，无因东南征。亚夫未见顾，剧孟阻先行。天夺壮士心，长吁别吴京。"

随着从军理想的破灭，李白的生命也走到了终点。762 年，诗人与世长辞。对于李白之死，向来有多种说法。一种说法认为，李白当时得了重病，临终前赋有《临路歌》"大鹏飞兮振八裔，中天摧兮力不济。余风激兮万世，游扶桑兮挂左袂。后人得之传此，仲尼亡兮谁为出涕？"另外一种说法则认为，李白晚年常来采石矶，饮酒赏月，对江吟诗。在一个皓月当空之夜，醉时跳江捉月，沉于江中。宋人梅尧臣曾有诗曰："采石月下逢谪仙，夜披锦袍坐钓船。醉中爱月江底悬，以手弄月身翻然。不应暴落饥蛟涎，便当骑鲸上青天。"在人们的心目中，投江捉月才是一代伟大诗人的理想归宿。

千秋万载名，寂寞身后事。李白告别人世之后，他的族叔、时为当涂（今安徽当涂）县令的李阳冰，将李白葬于当涂县城南约十里处的龙山东麓。龙山与青山隔河相望，是李白酷爱的南齐诗人谢朓常游之地。但根据其孙女的说法，李白还是希望葬在青山，"宅近青山，同谢朓公之脱骨"，但由于家

古贤诗意图
自从杜甫创作《饮中八仙》诗歌之后，饮中八仙遂成为后人绘画的重要题材。"李白斗酒诗百篇，长安市上酒家眠，天子呼来不上船，自称臣是酒中仙"句也许就是伟大诗人李白的最好写照。

贫，他们无力置办。直到李白过世之后五十多年，李白的生前好友范作之子范传正因念及与李白有通家之情，与同当涂县令诸葛纵合力将李白墓迁葬于青山西麓。范传正为新墓撰写了碑文，其中有"谢家山兮李公墓，异代诗流同此路"句。李白坎坷一生，终于在死后五十多年由好友之子遂了自己的一桩心愿。

　　纵观李白一生，虽然在官场上并不得意，但在诗歌方面却取得了巨大的成就。李白继承屈原以来诗歌的浪漫主义精神，加上他的天才和勤奋，创造出独特的风格。李白诗歌的第一个特点是"清水出芙蓉，天然去雕饰"。这本是李白评论他人之语，但用来形容他的诗歌也恰如其分。李白与王昌龄、杜甫、杜牧、李商隐等人诗歌的一个很大的区别，就是其诗歌的构思、内容浑然天成。如《送友人》："青山横北郭，白水绕东城。此地一为别，孤蓬万里征。浮云游子意，落日故人情。挥手自兹去，萧萧班马鸣。"青山、白水、浮云、落日，景物虽常见，却构成了高朗阔远的意境。如《静夜思》："床前明月光，疑是地上霜。举头望明月，低头思故乡。"李白用平易的语言将思乡之情娓娓道来，如清水芙蓉，不带半点修饰。寥寥数语，从"疑"到"举头"，从"举头"到"低头"，将一幅鲜明的月夜思乡图生动地呈现在我们面前。古人以思乡为题材创作了大量诗歌，但只有李白通过他那巧妙的语言将这个千人吟、万人唱的主题表现得淋漓尽致，以致流传千年而不衰。

　　第二个特点则是他那丰富无比的想象力。作为一个浪漫主义诗人，他将想象、夸张、比喻、拟人等手法综合运用，从而造成瑰丽动人的意境，给人以豪迈奔放、飘逸若仙的感觉，使诗歌的内容和形式达到了完美的统一。他用"燕山雪花大如席"描述北方之雪，他用"仰天大笑出门去，我辈岂是蓬蒿人"来表达自己的豪气，从而使自己的诗歌具有一种排山倒海、一泻千里的气势。杜甫曾这样称赞李白的诗歌："笔落惊风雨，诗成泣鬼神。"盛唐为李白提供了相对广阔的空间，而盛唐也因这位伟大的诗人而增添了光彩。

诗圣杜甫

与李白的豪迈浪漫不同，杜甫则是另外一种风格。杜甫字子美，河南巩县人，比李白小十一岁。与李白不同，杜甫在北方经历了战乱，眼看着爱子饿死，因此他的诗作具有强烈的现实意味，多涉笔社会动荡、政治黑暗、人民疾苦，诗中对于权贵人物穷凶极恶的奢侈，平民所受的剥削迫害都有深刻的反映，被誉为"诗史"。他传世的诗有一千四百多首，每一首都是千锤百炼，字字一丝不苟。因杜甫忧国忧民，人格高尚，诗艺精湛，被后世尊为"诗圣"。

与李白不同，杜甫一开始就打算走科举的道路。他生在一个"奉儒守官"并有文学传统的家庭中，是唐初著名诗人杜审言之孙。七岁开始学诗："七龄思即壮，开口咏凤凰。九龄书大字，有作成一囊。"到了十四五岁的时候，就以诗文闻名："习年十四五，出游翰墨场。斯文崔魏从，以我似班扬。"虽然他"脱略小时辈，结交皆老苍"，但也是"性豪业嗜酒，嫉恶怀刚肠"。另外也颇有轻狂之气："忆昔年十五心尚孩，健如黄犊走复来。庭前八月梨枣熟，一日上树能千回。"

在他二十多岁的时候，他开始了漫游生活。杜甫生在官僚家庭，当时生活上没感到有什么艰难，这是他出游的物质基础。唯一遗憾的是没有东渡日本，"到今有遗恨，不得穷扶桑"。而在那个时候，唐王朝国力强盛，不断开疆拓土，年轻人都渴望建功立业，封侯万里。杜甫也是如此，曾赋《房兵曹胡马》诗："胡马大宛名，锋棱瘦骨成。竹批双耳峻，风入四蹄轻。所向无空阔，真堪托死生。骁腾有如此，万里可横行。"这时他还没有预料到将来要面对的困难。

735 年，杜甫参加科举考试。杜甫对自己的诗才颇为自负，然而当年只录取了二十七名进士，杜甫落第了。杜甫虽然受到了很大的打击，但他并不在意。他在随后的漫游途中写道："岱宗夫如何，齐鲁青未了。造化钟神秀，阴阳割昏晓。荡胸生曾云，决眦入归鸟。会当凌绝顶，一览众山小。"自古以来，写泰山的诗文虽然众多，但只有杜甫能用"齐鲁青未了"五字而囊括泰山之雄姿。"会当凌绝顶，一览众山小"，气势不凡，意境辽远，将诗人的抱

虢国夫人游春图局部
此图为张萱以杜甫《丽人行》为素材而创作的。杜甫的诗歌之所以被称为"诗史",与其忠实地记录历史有着莫大的关系。

负和理想都含蕴其中。但他万万没有想到,虽然他才华出众,但却一生与进士无缘。

唐朝的科考,采用的是考试与推荐相结合的录取制度。考卷的优劣只是一个方面,主考官同时要照顾到举荐者的人情和面子。应试举人为了增加及第的可能性,便将自己的诗文在考前托关系呈送给社会上有地位的人,以求推荐,即"行卷"。其中最为有名的一例就是白居易。

白居易的祖父曾经当过县令,父亲官至刺史,家族也有不少做官的。经父亲引荐,当时白居易轻而易举地就找到了名士顾祝,以一首"野火烧不尽,春风吹又生"而赢得了顾祝的高度赞扬。有了顾祝的引荐,白居易几乎是一夜成名于诗坛,为其考中进士起到了很大的作用。

杜甫就没有那么好的运气了。虽然杜甫也是书香世家,父亲和祖父都当过县令,但杜氏的家风向来是"奉儒守官",再加上其官职卑小,杜甫两次参加科举,都无人引荐。杜甫曾将自己的诗文投给多名达官贵人,但无人理睬,可谓"袖里新诗十首余,吟看句句是琼瑶。如何持此将干谒,不及公卿一字书?"事实上在唐代能够托关系、结交权贵多是官宦子弟,最终被录取的也往往是他们。平民子弟能通过科举入仕的简直是凤毛麟角。唐朝见于史册的七十四名状元中真正平民出身的只有两人。杜甫虽是官宦家庭,但只是小官,因此受挫。

然而更严重的打击还在后面。747 年,唐玄宗下诏广求才子,只要有一项特长的士子就可以到京都参加考试,但这时正是口蜜腹剑的李林甫当政之时。李林甫在朝中权势倾天,他担心那些不知天高地厚的士子给他制造麻烦,于是设置重重障碍,故意刁难,不让一位考生合格。而唐玄宗居然相信了李林甫"野无遗贤"的荒谬说法,一场全国性公开举行的招贤考试,居然选拔不出一位合格的人才,使这场考试成为一场闹剧。很多人都公开表达了自己的不满，而杜甫只是在李林甫倒台后才指责他"破胆遭前政，阴谋都秉钧。微生沾忌刻，万事益酸辛"。不管怎么说，这次让立志"致君尧舜上，再使风俗淳"的杜甫梦想再次破灭。

祸不单行，而就在这一段时间，他的父亲死在奉天县令任上，杜甫失去了经济来源，生活极为困顿。而一直考不中进士，也使很多原本看好杜甫的人丧失了对他的兴趣与信心。他们曾经盛情款待杜甫，"春酒杯浓琥珀薄，水浆碗碧玛瑙寒"，这也让杜甫见识了上层社会生活的奢华。但到了后来，杜甫面对的却是"残杯与冷炙，到处潜悲辛"的生活。当时为了生存下去，他甚至跑到城外去挖掘草药来换取生活费，即"卖药都市，寄食朋友"。

这时"放荡齐赵间，裘马颇清狂"的生活已离他很远了。虽然他曾写过"越女天下白，鉴湖五月凉"的诗句，但这时他已"生涯似众人"，过着普通百姓那样的日子。如这时期所写的《丽人行》就饱含了嘲讽之意："三月三日天气新，长安水边多丽人。态浓意远淑且真，肌理细腻骨肉匀。绣罗衣裳照暮春，蹙金孔雀银麒麟。头上何所有？翠微匌叶垂鬓唇。背后何所见？珠压腰衱稳称身。就中云幕椒房亲，赐名大国虢与秦。紫驼之峰出翠釜，水精之盘行素鳞。犀箸餍饫久未下，鸾刀缕切空纷纶。黄门飞鞚不动尘，御厨络绎送八珍。箫鼓哀吟感鬼神，宾从杂沓实要津。后来鞍马何逡巡，当轩下马入锦茵。杨花雪落覆白苹，青鸟飞去衔红巾。炙手可热势绝伦，慎莫近前丞相嗔。"但他对于社会的不平，语言犀利而不激烈，在不动声色之中而一针见血，入木三分。后人对这首诗给予了高度的评价："无一刺讥语，描摹处，语语刺讥；无一慨叹声，逗点处，声声慨叹。"

然而诗人在困守长安期间，为了求得仕进和维持生计，也写过一些奉和应酬的诗。后来唐玄宗倒给了他一个机会。当时唐玄宗已年过六十，做了三十多年的皇帝，觉得海内升平，社会富庶，就终日沉溺声色，颇信神仙。上有所好，下必迎之。先是有人报告说在紫云里见到玄元皇帝（即老子，唐皇室将之尊为先祖），后来又说在某地出现了符瑞，于是当时又增添了一条"专习祠祭之礼以干时"的获官门路。既然天下无事，符瑞迭现，唐玄宗就亲至太清宫、太庙，合祭天地于京城南郊，谓之三大礼。杜甫献《三大礼赋》而得到玄宗的赏识，命宰相加以考核。但直到几年后才得到一个小官职，而此时已是安史之乱爆发的前夕。

杜甫在得官之后，回到奉先（今陕西蒲城）的家中探亲。但一路上看到的却是饿殍遍野，而唐玄宗还在骊山上与杨贵妃在华清宫内通宵作乐。回到家中，他才得知幼子竟然因为冻饿而死。杜甫万分愧疚，他作为一名父亲，竟然没有本事养活自己的孩子。而当年的秋收还算不错，穷苦人家却仍然食不裹腹。悲痛之余杜甫想到天下民众的苦难生活，自己好歹是个官员，既不

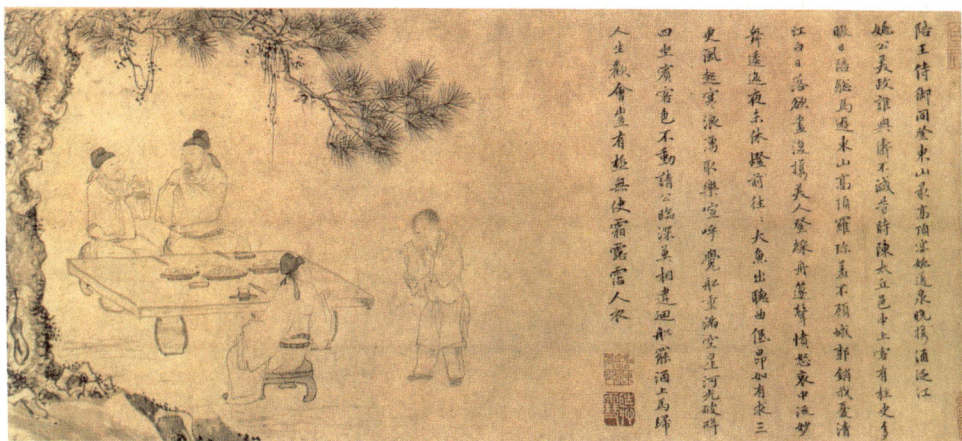

东山宴饮

此图取杜甫《陪王侍御同登东山最高顶，宴姚通泉，晚携酒》诗意。杜甫正是在先前过了一段安逸的生活，因此才对民众的疾苦有着痛切的感受。

缴纳赋税，也不从军打仗，生活中尚且充满辛酸，那些平民百姓的苦难就更可想而知了。想想失去土地的农民，已经是倾家荡产，又想想驻守边防的士兵，还不是缺吃少穿。所有这些都体现在《自京赴奉先县咏怀五百字》中，揭露了唐朝"朱门酒肉臭，路有冻死骨"的黑暗现实。但杜甫尚未知晓的是，在他写了这首诗的时候，安史之乱已经在范阳爆发了，唐朝民众还要遭受更大的苦难。杜甫在惨痛的现实面前成为了一位忧国忧民的诗人，中国文学史也由此增彩不少，但在诗歌的背后却是诗人乃至唐朝民众付出的惨痛代价。

756 年，杜甫返回长安。由于情势危急，他又回到奉先。潼关失守，在一片恐慌中，杜甫带着家人向北逃亡。此时他们犹如惊弓之鸟，昼夜兼行。杜甫一度累倒在草丛中，他的家人在前行了十几里才发现他掉队了，就折回原路，才把他找回。他在一首诗中写出当时的窘状："痴女饥咬我，啼畏虎狼闻。怀中掩其口，反侧声愈嗔。小儿强解事，故索苦李餐。一旬半雷雨，泥泞相牵攀。既无御雨备，径滑衣又寒。"

杜甫一家历经千辛万苦，终于到达鄜州（今陕西富县）。诗人把家人安顿在城北三十里的羌村之后，满怀杀敌报国的壮志激情，投奔在灵武即位的唐肃宗。而当时朝廷的高官，在国家危亡之际，或随唐玄宗逃之夭夭，躲到遥远的蜀中，或潜逃在偏僻的乡村，首鼠两端，观望成败，甚至卖身求荣。肃宗手下还不到三十个文武官员。杜甫却毅然前往，不畏艰险，向通叛军占领的地区前去追随，可惜在途中为叛军所俘获，押解至长安。

当时由于杜甫没有做过高官，叛军并没有把诗人看在眼里。杜甫也设法隐避，因此他在长安还有一定的行动自由。不过想起远在鄜州的家人，他写了《月夜》一诗："今夜鄜州月，闺中只独看。遥怜小儿女，未解忆长安。香雾云鬟湿，清辉玉臂寒。何时倚虚幌，双照泪痕干。"对于杜甫来说，此时自己身陷乱军之中，而身在鄜州的妻子独看鄜州之月而忆长安，可是小儿女们还未谙世事，哪能为她分忧，只会增加她的负担。

然而在忧国忧民的诗人心中，他在担心家人的同时更牵挂国家的命运。他在《春望》中表达了自己的忧国忧民之情："国破山河在，城春草木深。感时花溅泪，恨别鸟惊心。烽火连三月，家书抵万金。白头搔更短，浑欲不胜簪。"

让杜甫和长安民众更为痛心的是，官军一再惨败。当时在咸阳东的陈陶发生了一场战役，由于唐军将领房琯只是善于慷慨陈词而不务实际，结果一天内四万唐军惨败，逃回的不到几千人。杜甫在长安看到胡人胜利归来，在长安市上痛饮高歌，长安民众异常痛苦失望。诗人目睹此景，写下了一首《悲陈陶》："孟冬十郡良家子，血作陈陶泽中水。野旷天清无战声，四万义军同日死。群胡归来血洗箭，仍唱胡歌饮都市。都人回面向北啼，日夜更望官军至。"

后来杜甫终于逃脱了叛军的囚禁，远行千里来到唐肃宗所在的凤翔（今陕西凤翔）。君臣见面时，他已经是异常狼狈和窘迫，"麻鞋见天子，衣袖露两肘"。不过这足以让唐肃宗十分感动。他当时刚继皇帝位，北有安禄山作乱，南有永王李璘盘踞，然而就在这样的非常时刻，还是有对朝廷忠心耿耿的官员历经千辛万苦前来投奔。肃宗很快就授予杜甫左拾遗的官职，负责向朝廷进谏。杜甫的仕途开始出现转机。

在当时的社会环境和背景下，原本是杜甫在政坛上最佳的脱颖而出的时机。事实上这一时期也的确有不少文人都得到了破格的提拔，颜真卿也是在抵抗叛军的过程中成就了政治人生中的辉煌，一跃成为朝廷重臣。也就是说，在当时的非常时期，原本人才的任用是不拘一格的，然而杜甫却因"房琯事件"遭到贬斥，最终只能抱憾而终。当时房琯向唐肃宗主动请缨，试图以古代车战的方式来对抗安禄山的边塞骑兵，结果在陈陶被安史叛军打得七零八落，死伤四万余人。第二件事是房琯的琴师董庭兰被人指责收受贿赂，唐肃宗大怒之下，下令贬去房琯的宰相之职。而杜甫与房琯交往很久，面对好友被贬的局面，杜甫认为"罪细，不宜免大臣"，希望帮助房琯脱罪，因此触怒了肃宗。好在宰相张镐为杜甫求情，才让杜甫免去了责罚。但杜甫的仕途基本上走到了尽头。第二年他被贬为官华州司功参军，远离了长安。因而杜甫开始了拖家带口的漂泊生活，这对于他个人是一种不幸，但也成就了若干伟大的诗篇。

当时杜甫没有直接到华州上任，而是先去了东都洛阳。但在从洛阳去华州的路上，遇到唐军大溃，在目睹战役后的社会现象后，写出了"三吏三别"，成为了杜甫诗篇上的不朽之作。当时长安、洛阳虽然已经被官军收复，但是安史叛军还没有被消灭，战争还很激烈，唐军到处拉壮丁补充兵力。

有一天杜甫经过石壕村（今河南陕县东南），到一户穷苦人家去借宿，家中只有一对老夫妇。半夜里忽然响起一阵急促的敲门声，老翁翻墙逃走，老妇走出去应对。进屋的是官府派来抓壮丁的差役，他们厉声询问家中年轻男子的去向。老妇人哭着说道："我的三个孩子都到邺城打仗去了，前两天刚接着一个儿子来信，说两个兄弟都已经死在战场上了。活着的人暂且偷生，死的人永远逝去。家中再也没有什么人丁了，只有个还在吃奶的小孙子。因为有小孙子，所以儿媳妇没有离开这个家，但进进出出没有一条完好的裙子。老妇我虽然身体衰弱，请允许我跟你们回去，赶紧去河阳服劳役，现在还赶得上做早饭。"说话的声音也已经消失了，但好像听到低声哭泣抽咽。然而天亮以后，杜甫离开那家的时候，送别的只有逃走回来的老翁一人。

三峡楼台

此图以杜甫《咏怀古迹·其一》"支离东北风尘际，飘泊西南天地间。三峡楼台淹日月，五溪衣服共云山。羯胡事主终无赖，词客哀时且未还。庾信平生最萧瑟，暮年诗赋动江关"为题。杜甫在漂泊过程中仍然不忘国家，忧国忧民的情怀呼之欲出。

杜甫把这件事写成诗歌，叫《石壕吏》。他在华州的时候，前后一共写过六首这样的诗，合起来叫作"三吏三别"（《石壕吏》《潼关吏》《新安吏》《新婚别》《垂老别》《无家别》）。"三吏三别"内容深刻，风格沉郁雄浑，语言精炼，叙事严谨，真实反映了唐王朝从兴盛到衰落的过程。

在《无家别》中，杜甫以一个当兵归来的青年农民的口吻，写出了安史之乱给民众带来的巨大苦难。安史之乱后，兵乱所至之处，田园庐舍一片荒凉。这个败阵归来的士兵看到家乡已面貌全非。乡邻们要么死于战乱，要么逃亡而远走它乡，旧里已成空巷，连太阳都有点暗淡无光，一片凄惨气氛。村里只剩下一两户老年人，狐狸之类的动物在村里横行，它们反客为主，竖起毛来发怒，怪这个青年搅乱了它们的安宁。面对如此惨状，这个农民为了活下去开始锄地、灌园。然而这种安静的生活并不能维持多久，县吏知道他回来后，又召他去练兵。不过这次是当地方兵，不出本州。那位青年转身看看家里，任何可携带的东西都没有。稍觉安慰的是，虽然只身一人，在本地总比远离家乡不知所归好些吧。可是又一想，家乡已一无所有，无所留恋，远近都一样，无所谓了。母亲久病在床，却得不到儿子的孝顺，已经死去五

唐韩滉五牛图
曾出任朝廷要职的唐代著名画家韩滉在描绘农家事物、风俗人物和表现农家生产、生活场面方面有着突出成就。
该画不仅刻画出了牛的形象，而且十分恰当地表现了牛的精气神，极具神韵，可见韩滉对农家生活非常熟悉。

年了。母子都留下刻骨的遗恨。人生到了这种无家可归的程度，活下去还有什么意义呢？759年，杜甫辞官，后来辗转到了四川。在这一段时间中，杜甫为李白的境遇而担忧，写了《梦李白》二首。其一："死别已吞声，生别常恻恻。江南瘴疠地，逐客无消息。故人入我梦，明我长相忆。恐非平生魂，路远不可测。魂来枫林青，魂返关塞黑。君今在罗网，何以有羽翼？落月满屋梁，犹疑照颜色。水深波浪阔，无使蛟龙得。"其二："浮云终日行，游子久不至。三夜频梦君，情亲见君意。告归常局促，苦道来不易。江湖多风波，舟楫恐失坠。出门搔白首，若负平生志。冠盖满京华，斯人独憔悴。孰云网恢恢？将老身反累！千秋万岁名，寂寞身后事。"杜甫当时只知道李白被流放夜郎，却不知道他已遇赦放还。杜甫积思成梦，最后通过诗歌表达了对李白不幸遭遇的深切同情和关切。后人因之评论："千古交情，惟此为至。"

从759年到770年这十来年，杜甫先在四川居住多年，后来在荆、湘一带度过了生命的最后岁月。760年春，他依靠朋友的帮助，在成都浣花溪畔建草堂，生活暂时安定了下来。杜甫也由此创作了大量的优秀诗歌。他在《江畔独步寻花》中歌颂美好的山川："黄四娘家花满蹊，千朵万朵压枝低。留连戏蝶时时舞，自在娇莺恰恰啼。"诗句"两个黄鹂鸣翠柳，一行白鹭上青天。窗含西岭千秋雪，门泊东吴万里船"更是脍炙人口。

不过安史之乱以后，唐朝的盛世一去不复返了。诗人不得不感叹："即今漂泊干戈际，屡貌寻常行路人。涂穷反遭俗眼白，世上未有如公贫。但看古来盛名下，终日坎壈缠其身。"杜甫的安定生活并没有维持多久，761年秋天的一天，"八月秋高风怒号，卷我屋上三重茅。茅飞渡江洒江郊，高者挂罥长林梢，下者飘转沉塘坳。南村群童欺我老无力，忍能对面为盗贼。公然抱茅入竹去，唇焦口燥呼不得，归来倚杖自叹息。俄顷风定云墨色，秋天漠漠向

昏黑。布衾多年冷似铁，娇儿恶卧踏里裂。床头屋漏无干处，雨脚如麻未断绝。自经丧乱少睡眠，长夜沾湿何由彻！"但杜甫并没有局限于个人的痛苦，而是在这首《茅屋为秋风所破歌》中想到了天下的百姓："安得广厦千万间，大庇天下寒士俱欢颜，风雨不动安如山！呜呼，何时眼前突兀见此屋，吾庐独破受冻死亦足！"

此时的杜甫虽然居住在偏远的蜀中，但心里仍然牵挂着国家的大事。他在《登楼》一诗中表达了对唐王朝的忧虑："花近高楼伤客心，万方多难此登临。锦江春色来天地，玉垒浮云变古今。北极朝廷终不改，西山寇盗莫相侵。可怜后主还祠庙，日暮聊为梁甫吟。"

唐军的胜利也使杜甫欣喜若狂，在听到唐军收复了黄河南北的大片土地之后，他写了被后人喻为杜甫生平第一快诗的《闻官军收河南河北》："剑外忽传收蓟北，初闻涕泪满衣裳。却看妻子愁何在，漫卷诗书喜欲狂。白日放歌须纵酒，青春作伴好还乡。即从巴峡穿巫峡，便下襄阳向洛阳。"

杜甫无时不在渴望朝廷早日平定叛乱，希望人民过上安居乐业的生活，"有弟皆分散，无家问死生。露从今夜白，月是故乡明"。然而在战乱漂泊的年代，他虽然渴望为国为民出力，却无从下手，如今得到喜讯，如何不让他欣喜若狂。

然而"安得壮士挽天河，净洗甲兵长不用"的理想并没有化为现实。767年，诗人在夔州（今重庆奉节）停留，写下了一首忧国伤时的悲歌《登高》："风急天高猿啸哀，渚清沙白鸟飞回。无边落木萧萧下，不尽长江滚滚来。万里悲秋常作客，百年多病独登台。艰难苦恨繁霜鬓，潦倒新停浊酒杯。"此时虽然安史之乱已在四年前结束，但是地方藩镇为了争夺地盘，扩大自己的势力范围，又乘机而起，社会仍然是一片混乱。这时的杜甫已经是一位漂泊受难、饱经沧桑的五十六岁的老人了。他目睹了安史之乱给唐朝带来的重重创伤，晚年的孤独和生活的艰辛以及民众的苦难，使他百感交集，因此写下了这首被称为"杜集七言律诗之冠"的慷慨激越、动人心弦的诗歌。

根据《旧唐书·杜甫传》的记载，770 年，诗人在湖南一带漂泊，被洪水围困十天左右，一直没有饭吃。当地县令得知之后，用小船将杜甫救了回来，并以牛肉白酒招待他。难得饱餐一回的杜甫当晚就因为醉饱过度而辞世了，一代诗坛巨星就此陨落。

杜甫家道中落，又遭遇安史之乱，曾"衣不盖体，常寄食于人"，有一段时间不得不自己背柴捡拾橡栗度日。杜甫颠沛流离的一生其实也是当时唐朝基层民众苦难生活的缩影。他的诗作一方面反映出了一个才华横溢的诗人一生的遭遇，另一方面也是唐帝国由盛转衰那段历史的真实写照。

但面对此景，杜甫诗风却老成稳健，用精炼的语言描述出自己以及民众的遭遇。杜甫一方面讲究语言的提炼，"读书破万卷，下笔如有神"，"为人性僻耽佳句，语不惊人死不休"，另一方面又感情真挚浓郁。如《赠卫八处士》："人生不相见，动如参与商。今夕复何夕，共此灯烛光。少壮能几时，鬓发各已苍。访旧半为鬼，惊呼热中肠。焉知二十载，重上君子堂。昔别君未婚，儿女忽成行。怡然敬父执，问我来何方。问答乃未已，驱儿罗酒浆。夜雨剪春韭，新炊间黄粱。主称会面难，一举累十觞。十觞亦不醉，感子故意长。明日隔山岳，世事两茫茫。"参、商是此出彼没、永不同时出现的两颗星星。而在一个美好的夜晚，诗人与阔别二十余年的老友聚会，两个鬓角都已花白的好友在灯光下款叙离情。相见的惊喜，儿女的热情，饮酒的畅快，最后写到即将分别的怅惘，都在杜甫笔下表现得淋漓尽致，具有很强的艺术感染力。

杜甫一生潦倒，其诗"百年歌自苦，未见有知音"。但死后开始受到重视，特别是入宋以后，王安石、苏轼、黄庭坚、陆游等人对杜甫推崇备至，杜诗的影响开始超出文艺的范围，更成为坚守民族气节的精神力量。

王维与田园诗

田园诗是诗歌中的重要类型，多以农村景物和农民、牧人、渔父等的生产活动为题材。自从东晋大诗人陶渊明开创了田园诗体之后，便主要成为了隐居的文人和退居田园的官员们所作的以田园生活为描写对象的诗歌。

田园诗在唐朝得到了很大的发展不是偶然的。唐朝开国之后的几十年间，社会经济繁荣，出现了"贞观之治"以及"开元之治"的盛世局面，一些文人由此拥有了饱览山川田园风光的悠闲的物质生活条件。由于唐代取士较为重视声名，士人往往四海游学，在结交名人的同时遍览名胜山水。李白、杜甫就是其中典型的例子。而一部分直接求仕困难的知识分子往往由隐而仕，走所谓的"终南捷径"。他们在隐居生活中，常常临水登山抒怀寄傲，游园写

文人的隐逸生活

此图取杜甫"绝辟过云开锦绣，疏松夹水奏笙簧"诗意。图中一人坐于伸向河中的松枝之上，遥望对面的山峰和树木，颇具隐逸之态。

景乐隐怡闲。又加之唐朝佛教与道教盛行，文人们或隐遁山水虔诚向佛，或游历山川求仙访道，有更多的机会接触自然，因而以山水田园为描写对象的诗作也随之兴盛起来，诗人们以赞美祖国山川壮丽而抒发壮志豪情，以描写田园闲适静美而表现社会和平安定。

早在初唐，唐人对景物的描写就达到了很高的水平。如张若虚的《春江花月夜》："春江潮水连海平，海上明月共潮生。滟滟随波千万里，何处春江无月明！江流宛转绕芳甸，月照花林皆似霰。空里流霜不觉飞，汀上白沙看不见。江天一色无纤尘，皎皎空中孤月轮。江畔何人初见月，江月何年初照人？人生代代无穷已，江月年年只相似。不知江月待何人，但见长江送流水。白云一片去悠悠，青枫浦上不胜愁。谁家今夜扁舟子，何处相思明月楼？可怜楼上月徘徊，应照离人妆镜台。玉户帘中卷不去，捣衣砧上拂还来。此时相望不相闻，愿逐月华流照君。鸿雁长飞光不度，鱼龙潜跃水成文。昨夜闲潭梦落花，可怜春半不还家。江水流春去欲尽，江潭落月复西斜。斜月沉沉藏海雾，碣石潇湘无限路。不知乘月几人归，落花摇情满江树。"后人曾给予该诗"以孤篇压倒全唐"之誉的评价。

到了盛唐，山水田园诗篇大量涌现，并形成一个影响很大的山水田园诗派。代表诗人是王维、孟浩然。

当时王维以诗才闻名于唐开元、天宝年间，他多才多艺，工诗善画，兼

王维辋川图

此画为王维晚年隐居辋川时所作。群山环绕，树林掩映之下，但见亭台楼榭。辋川别墅之外，行云流水，舟楫过往，山谷郁郁盘盘，云水飞动。

通音乐，书法也有很深的造诣，有"天下文宗"之称。苏轼曾这样评论他的诗画："味摩诘之诗，诗中有画；观摩诘之画，画中有诗。"王维在一开始仕途还比较顺利，二十一岁时就考中进士，得到张九龄的提拔，官至监察御史。张九龄罢相后，他便过着半官半隐的生活。后来政治上遭受挫折，就居住于乡间，与道友裴迪往来，"弹琴赋诗，傲啸终日"。这些在他的诗歌中就有明显的体现。

王维也曾想在政治有所作为。他在《送梓州李使君》中写道："汉女输橦布，巴人讼芋田。文翁翻教授，不敢倚先贤。"他借用汉朝官员在蜀地实施教化的典故，勉励友人在还比较落后的梓州创造业绩，超过先贤。他在《送綦毋潜落第还乡》鼓励友人："圣代无隐者，英灵尽来归。遂令东山客，不得顾采薇。既至金门远，孰云吾道非？"

对于社会的不公，他在《洛阳女儿行》诗中给予深刻的揭露："洛阳女儿对门居，才可容颜十五余。良人玉勒乘骢马，侍女金盘脍鲤鱼。画阁朱楼尽相望，红桃绿柳垂檐向。罗帷送上七香车，宝扇迎归九华帐。狂夫富贵在青春，意气骄奢剧季伦。自怜碧玉亲教舞，不惜珊瑚持与人。春窗曙灭九微火，九微片片飞花琐。戏罢曾无理曲时，妆成只是薰香坐。城中相识尽繁华，日夜经过赵李家。谁怜越女颜如玉，贫贱江头自浣纱！"

王维也曾有慷慨悲歌。如《送张判官赴河西》："单车曾出塞，报国敢邀勋。见逐张征虏，今思霍冠军。沙平连白云，蓬卷入黄云。慷慨倚长剑，高歌一进君。"《老将行》更是描写出一位老将军的豪迈："少年十五二十时，步

幽篁坐啸图

此图取王维"独坐幽篁里，弹琴复长啸。深林人不知，明月来相照"诗意。古代文人在仕途失意之后，往往隐居乡间，这也促成了田园诗作的大量产生。

行夺得胡马骑。射杀山中白额虎，肯数邺下黄须儿！一身转战三千里，一剑曾当百万师。汉兵奋迅如霹雳，虏骑崩腾畏蒺藜。卫青不败由天幸，李广无功缘数奇。自从弃置便衰朽，世事蹉跎成白首。昔时飞箭无全目，今日垂杨生左肘。路旁时卖故侯瓜，门前学种先生柳。苍茫古木连穷巷，寥落寒山对虚牖。誓令疏勒出飞泉，不似颍川空使酒。贺兰山下阵如云，羽檄交驰日夕闻。节使三河募年少，诏书五道出将军。试拂铁衣如雪色，聊持宝剑动星文。愿得燕弓射大将，耻令越甲鸣吾君。莫嫌旧日云中守，犹堪一战取功勋！"

但整体而言，王维的诗歌还是以描写景物为主。如《终南山》："太乙近天都，连山接海隅。白云回望合，青霭入看无。分野中峰变，阴晴众壑殊。欲投人处宿，隔水问樵夫。"如《汉江临眺》："楚塞三湘接，荆门九派通。江流天地外，山色有无中。郡邑浮前浦，波澜动远空。襄阳好风日，留醉与山翁。"还有被誉为田园诗经典之作的《山居秋暝》："空山新雨后，天气晚来秋。明月松间照，清泉石上流。竹喧归浣女，莲动下渔舟。随意春芳歇，王孙自可留。"

王维在张九龄被贬时就流露出归隐之意，"方将与农圃，艺植老丘园"。他对陶渊明笔下的桃花源极为向往，还特意写了《桃源行》一诗。后来他就营造了辋川（今陕西蓝田南）别墅，在那里居住了十多年。

王维在辋川居住之后，写了大量的相关诗文。如《辋川闲居赠裴秀才迪》："寒山转苍翠，秋水日潺湲。倚村柴门外，临风听暮蝉。渡头余落日，墟里上孤烟。复值接舆醉，狂歌五柳前。"

　　王维的田园生活也并不孤独，他的周围有一大群屡屡来访的好友，这在他的诗文中有相当多的体现。如《送别》："山中相送罢，日暮掩柴扉。春草明年绿，王孙归不归？"还有一些"君言不得意，归卧南山陲"意气相投之人。如《送张五归山》中的张五："送君尽惆怅，复送何人归。几日同携手，一朝先拂衣。东山有茅屋，幸为扫荆扉。当亦谢官去，岂令心事违。"

　　此外王维还有"诗佛"之称。王维生活的时代，佛教兴盛，士大夫学佛之风很盛。王维字摩诘，名和字均取自于《维摩诘经》中的维摩诘居士。他早年即信奉佛教，晚年更是奉佛长斋，这在诗歌中也有很多体现。他的一些诗歌直接描述寺院生活。如《过香积寺》："不知香积寺，数里入云峰。古木无人径，深山何处钟？泉声咽危石，日色冷青松。薄暮空潭曲，安禅制毒龙。"还有一些诗歌清冷幽邃，充满禅意，已超出一般平淡自然的美学，富有禅宗的意味。如《终南别业》："如行到水穷处，坐看云起时。偶然值林叟，谈笑无还期。"如《酬张少府》："晚年惟好静，万事不关心。自顾无长策，空知返旧林。松风吹解带，山月照弹琴。君问穷通理，渔歌入浦深。"还有《鹿柴》："空山不见人，但闻人语响。返景入深林，复照青苔上。"而在这其中，以《鸟鸣涧》最为知名："人闲桂花落，夜静春山空。月出惊山鸟，时鸣春涧中。"在诗人的笔下，一切都是虚幻无常，没有生的喜悦，亦无死的悲哀，但一切又都是不朽的、永恒的。

　　但需要指出的是，由于王维家境富裕，又担任过朝廷要职，他对于耕作的辛劳、艰苦是没有体会的。他只是隐居在乡村，是一位乡村生活的旁观者，并没有"种豆南山下"。与他相交的也多是文人雅士，而没有"相见无杂言，但道桑麻长"。他眼中的乡村生活，只是一片淡泊无拘、恬然自乐，是能放纵性情、返璞归真的地方，如《渭川田家》中的"田夫荷锄立，相见语依依。即此羡闲逸，怅然吟式微"句。而同样是晚归，陶渊明则是"晨兴理荒秽，带月荷锄归。道狭草木长，夕露沾我衣"。

　　孟浩然则有很大不同。与王维的一帆风顺相比，孟浩然的一生则要坎坷得多。他先隐居在鹿门山（今湖北襄阳东南），还写有《夜归鹿门山歌》一诗："山寺钟鸣昼已昏，渔梁渡头争渡喧。人随沙路向江村，余亦乘舟归鹿门。鹿门月照开烟树，忽到庞公栖隐处。岩扉松径长寂寥，惟有幽人自来去。"直到四十岁左右时，才游学到京师。孟浩然非常有才气，他的《宿建德江》："移舟泊烟渚，日暮客愁新。野旷天低树，江清月近人。"以及《春晓》："春眠不觉晓，处处闻啼鸟。夜来风雨声，花落知多少。"都是广为流传的诗作。但他没考中进士，也没任过正式的官职，长期漫游和隐居，以田园诗闻名于世。

　　孟浩然也曾经试图走仕途道路。他曾写过《望洞庭湖赠张丞相》诗："八

历史细读

> 吾爱孟夫子，风流天下闻。红颜弃轩冕，白首卧松云。醉月频中圣，迷花不事君。高山安可仰，徒此揖清芬。
>
> ——李白《赠孟浩然》

月湖水平，涵虚混太清。气蒸云梦泽，波撼岳阳城。欲济无舟楫，端居耻圣明。坐观垂钓者，徒有羡鱼情。"意思是自己目前虽然是个隐士，可是并非本愿，出仕求官还是心焉向往的，不过还找不到门路而已，所以希望张丞相即张九龄能给一机会。不过孟浩然由于种种原因而与仕途失之交臂。

当时王维非常欣赏孟浩然。相传有一次，王维私自邀请他进到内署（王维的办公处），不久唐玄宗来了，孟浩然藏了起来（按照唐朝法律，平民百姓是不能到内署去的）。唐玄宗有所察觉，王维就说出实情，皇帝高兴地说："我听说这个人却没有见过，有什么害怕还要藏起来呢？"就下令孟浩然出来。唐玄宗询问他最近的诗作，孟浩然施礼后，就背诵了自己的诗作《岁暮归南山》，其中听到"不才明主弃"（我缺乏才能，所以圣明的君主不用我）这一句，唐玄宗很不高兴地说："是你不求上进，而不是我不让你当官，你怎么能怪我呢！"孟浩然的仕途之路从此被断绝了。

孟浩然后来也不是没有做官的机会，但他一是机缘不巧，二是性情散漫。张九龄颇为赏识孟浩然的才华，在他被李林甫排挤出朝廷担任荆州大都督府长史期间，曾经邀请孟浩然到他的幕府之中任职。可惜的是，张九龄从此往后却是自身难保，麻烦不断，无法对孟浩然施以援手。

襄州刺史兼山南采访使韩朝宗也很欣赏孟浩然的才华，在734年进京的时候，邀请他同行，准备寻找机会向朝廷推荐。当时韩朝宗又被人称之为韩荆州，素有提携贤才之美称，李白曾认为"生不用封万户侯，但愿一识韩荆州"。这虽有夸大的成分，但也可见韩朝宗在文人当中的影响有多大。而韩朝宗对写了一篇文采斐然的《与韩荆州书》的李白置之不理，却很看重孟浩然。孟浩然的一位老朋友来了，他便与老朋友喝起酒来。这时有人提醒他："君与韩荆公有期。"孟浩然此时正喝在兴头上，却说："业已饮，遑恤他！"他就没有按时赴约。

韩朝宗听说这话之后，很是生气，不辞而别，以后再也不愿为他举荐。一次宝贵的政治机遇就淹没在美酒与友情当中。

这种率性而为、随心而动的风流气度就是到了他生命的终点也不曾改变。740 年，王昌龄游历襄阳，拜访孟浩然。当时正值孟浩然背患疽病，即将痊愈，医生叮嘱他不可饮酒，不能吃鱼鲜。可是好友相聚，孟浩然就把医嘱放在了脑后，设宴款待朋友，开怀畅饮，又吃了不少大鱼大肉。结果旧病复发，不幸去世，时年五十二岁。

在孟浩然坎坷而短暂的一生中，留下了一系列描写田园生活的诗篇。其中以《过故人庄》一诗流传最广："故人具鸡黍，邀我至田家。绿树村边合，青山郭外斜。开轩面场圃，把酒话桑麻。待到重阳日，还来就菊花。"诗人通过生花妙笔描写了一幅其乐融融的田园场景。老朋友准备了黄米饭和烧鸡，邀请诗人到村中作客。两人端着酒杯兴致勃勃地聊起桑麻的长势和收获。双方意犹未尽，约好等到重阳节那天，诗人还要来观赏菊花。从此诗的风格以及用第一人称的写法也可以看出，孟浩然是深入到了农民的日常生活之中，而不是像王维那样如局外人一般。

韦应物也是著名的田园诗人。他写有揭露社会黑暗现实的《采玉行》："官府征白丁，言采蓝谿玉。绝岭夜无家，深榛雨中宿。独妇饷粮还，哀哀舍南哭。"还有《夏冰歌》："出自玄泉杳杳之深井，汲在朱明赫赫之炎辰。九天含露未销铄，闾阖初开赐贵人。碎如坠琼方截璐，粉壁生寒象筵布。玉壶纨扇亦玲珑，座有丽人色俱素。咫尺炎凉变四时，出门焦灼君讵知。肥羊甘醴心闷闷，饮此莹然何所思。当念阑干凿者苦，腊月深井汗如雨。"他的《杂体五首》的第三首写道："春罗双鸳鸯，出自寒夜女。心情烟雾色，指历千万绪。长安富贵家，妖艳不可数。裁此百日功，唯将一朝舞。舞罢复新裁，岂思芳春苦。"这些诗歌揭露了王侯贵族的享乐生活，反映了采玉、采冰人和寒女的疾苦，可以说是白居易新乐府运动的先声。

韦应物最为人称道的还是田园诗。如《滁州西涧》："独怜幽草涧边生，上有黄鹂深树鸣。春潮带雨晚来急，野渡无人舟自横。"在诗人独具匠心的描述下，滁州（今安徽滁州）西郊一条名不见经传的小河被传为一代美景，不能不说是文学史上的奇迹。首句的"幽草涧边生"为地上之物，次句"黄鹂深树鸣"为空中之景，在视听两方面给人以美的感受。第三句写"晚来急"，第四句则以"舟自横"相扣。这首诗为韦应物赢得了极高的声誉，苏轼就说过："乐天长短三千首，却逊韦郎五字诗。"

自然韦应物也不是单纯地描写田园生活，他也关注到了民众的疾苦。如《观田家》一诗："微雨众卉新，一雷惊蛰始。田家几日闲？耕种从此起。丁壮俱在野，场圃亦就理。归来景长宴，饮犊西涧水。饥劬不自苦，膏泽且为喜。仓廪无宿储，徭役犹未已。方惭不耕者，禄食出闾里。"他对农民辛苦的劳作、沉重的赋税徭役有着深切的体会。而想到自己不下田劳动，吃着农民

五星二十八宿神形图局部
此马匹体态肥硕，人物持缰执弓，神情安闲。虽是神话人物，但也反映出唐人高度自信的气度。

生产的粮食，却不能改善他们的境遇，感到十分惭愧。这与后来白居易等人发起的新乐府运动有着颇多相似之处。

边塞诗人

　　唐朝之所以涌现出大量的边塞诗，一方面在于唐朝强大的边防和唐人高度自信的时代风貌；另一方面在于文人建功立业的壮志和"入幕制度"的激励，普遍投笔从戎，赴边求功。他们对边塞和军旅生活有着亲身体验，从戎而不投笔，以厚实的相关边塞经验为基础，创作了气势磅礴、充满爱国激情的篇章。或描绘苍凉的边塞风光，或赞颂将士们的勇武精神，或描述将士生活的艰辛。于是产生了一大批以描写边塞生活著称的边塞诗人。

　　唐朝很多诗人都创作过边塞诗。李白、杜甫也多有相关诗作。如杜甫对征战生活相当熟悉，"挽弓当挽强，用箭当用长。射人先射马，擒贼先擒王"。他曾以一名士兵的口吻写下了多首边疆诗，如"男儿生世间，及壮当封侯。战伐有功业，焉能守旧丘。召募赴蓟门，军动不可留。千金买马鞭，百金装刀头。闾里送我行，亲戚拥道周。斑白居上列，酒酣进庶羞。少年别有赠，含笑看吴钩"。但杜甫也明确地指出："杀人亦有限，列国自有疆。苟能制侵陵，岂在多杀伤。"

　　被人称为"诗佛"的王维也有不少脍炙人口的边塞诗。如《陇西行》："十里一走马，五里一扬鞭。都护军书至，匈奴围酒泉。关山正飞雪，烽戍断无烟。"其《使至塞上》则更为著名："单车欲问边，属国过居延。征蓬出汉塞，归雁入胡天。大漠孤烟直，长河落日圆。萧关逢候骑，都护在燕

临韦偃放牧图
盛唐边塞诗大兴的一个重要原因就是唐军对外战争的屡屡胜利，而这与唐军特别是骑兵的强大是分不开的。据史载当时唐朝军队的战马"动以万计"。该图就是其生动的写照。

然。""大漠孤烟直，长河落日圆"句画面开阔，意境雄浑，生动地描述了塞外奇特壮丽的风光，被后人称之为"千古壮观"。"诗鬼"李贺也写下了豪迈非凡的《雁门太守行》："黑云压城城欲摧，甲光向日金鳞开。角声满天秋色里，塞上燕脂凝夜紫。半卷红旗临易水，霜重鼓寒声不起。报君黄金台上意，提携玉龙为君死。"

李益的《夜上受降城闻笛》则描述了守边将士的思乡之情："回乐烽前沙似雪，受降城外月如霜。不知何处吹芦管，一夜征人尽望乡。"卢纶的《塞下曲》则有"月黑雁飞高，单于夜遁逃。欲将轻骑逐，大雪满弓刀"等豪迈诗句。"林暗草惊风，将军夜引弓。平明寻白羽，没在石棱中"虽是追慕汉朝飞将军李广的风采，但也反映出了当时唐军将士的豪迈。而李颀的《古从军行》则有哀怨的情绪："白日登山望烽火，黄昏饮马傍交河。行人刁斗风沙暗，公主琵琶幽怨多。野营万里无城郭，雨雪纷纷连大漠。胡雁哀鸣夜夜飞，胡儿眼泪双双落。闻道玉门犹被遮，应将性命逐轻车。年年战骨埋荒外，空见蒲桃入汉家。"将士们在刮得昏天黑地的风沙中艰难行进，而汉代远嫁乌孙王的公主也是走的这条路，她弹奏的琵琶曲一定是充满幽怨。将士们在荒无人烟的地方野营过夜，弥漫天地的大雪飘起，和远处的沙漠连成迷蒙一片。南飞大雁的鸣叫声凄厉又哀伤，胡兵也耐不住这艰苦生活而落下了眼泪。听说朝廷已传下不准后退的命令，只能拼着性命死战。年年都有无数人抛骨异域，唯一的成果是葡萄从西域传入中原种植，供当时的富人高官享用。诗中虽然颇多哀怨情绪，但是基调还是高昂进取的。

而在创作边塞诗较多的诗人中，王之涣、王昌龄、高适、岑参则较为知名。王之涣一生只留下了六首诗，但均有盛名。如《送别》："杨柳东风树，青青夹御河。近来攀折苦，应为别离多。"《登鹳雀楼》："白日依山尽，黄河入海流。欲穷千里目，更上一层楼"更是千古名句。在这其中，《凉州词》则是唐朝边塞诗的经典之作："黄河远上白云间，一片孤城万仞山。羌笛何须怨杨柳，春风不度玉门关。"《凉州词》本是唐代乐府曲名。凉州，泛指河西一带。杨柳，指北朝乐府《折杨柳歌辞》。在描绘了高远辽阔而荒凉的塞上景象之后，转而抒写征人戍边的悲怨。"何须怨"实要怨。春风不度玉门关"，一则指塞外寒苦的生活，二则隐喻朝廷的恩泽不及于边关将士。

与王之涣一样，王昌龄的边塞诗并不多，但多为名篇，所以被列入边塞诗派。他曾创作了《从军行七首》。其四："青海长云暗雪山，孤城遥望玉门关。黄沙百战穿金甲，不破楼兰终不还。"其五："大漠风尘日色昏，红旗半卷出辕门。前军夜战洮河北，已报生擒吐谷浑。"这些诗篇都经常被后人引用。而他对战争的残酷性有着深刻的认识，"昔日长城战，咸言意气高。黄尘足今古，白骨乱蓬蒿"，"从来幽并客，皆向沙场老。莫学游侠儿，矜夸紫骝好"。

《出塞》则是他的边塞诗的代表作："秦时明月汉时关，万里长征人未还。但使龙城飞将在，不教胡马度阴山。"此诗被誉为唐人七绝的压卷之作。王昌龄的边塞诗有其独特的地方，其重点不在征战生活和边塞风光，而侧重描写将士们的思想感情。在他的笔下，边塞环境只是人物心理活动的背景，戍边战士的内心世界才是诗的中心。

高适的经历则颇具传奇性。他年少时不好好读书，到处漫游，甚至做了一段时间的乞丐，靠向人讨饭为生。直到五十岁的时候，他才下功夫努力学习，后来终于成为有唐一代的著名诗人。他多写边塞战场上的情景，同时又顾及到征夫的疾苦、少妇的情怀，别开生面。后人多将他与岑参相提并论，合称高岑。值得一提的是，他最后进爵为渤海县侯，是唐朝诗人唯一被封侯的。他的《别董大》非常著名："千里黄云白日曛，北风吹雁雪纷纷。莫愁前路无知己，天下谁人不识君。"但时至今日，董大是何许人也，绝大多数人都不清楚，而高适却名留青史。

高适以边塞诗著称，并不是偶然的。他在二十多岁的时候，就游历过唐朝的北部边境。732 年，信安王李祎征讨奚、契丹部落，他又北去幽燕，希望到信安王的幕府中效力，但未能如愿，"岂无安边书，诸将已承恩。惆怅孙吴事，归来独闭门"。这些经历就体现在他的诗歌当中，如《营州歌》："营州少年爱原野，孤城蒙茸猎城下。虏酒千钟不醉人，胡儿十岁能骑马。"（唐营州治所在今辽宁朝阳）他述壮《蓟门行五首》中写出当时边关将士的生活以及内心世界："边城十一月，雨雪乱霏霏。元戎号令严，人马亦轻肥。羌胡无尽日，征战几时归。幽州多骑射，结发重横行。一朝事将军，出入有声名。纷纷猎秋草，相向角弓鸣。蓟门逢古老，独立思氛氲。一身既零丁，头鬓白纷纷。勋庸今已矣，不识霍将军。黯黯长城外，日没更烟尘。胡骑虽凭陵，汉兵不顾身。古树满空塞，黄云愁杀人。汉家能用武，开拓穷异域。戍卒厌糠核，降胡饱衣食。关亭试一望，吾欲泪沾臆。"《塞上听吹笛》也从侧面反应了守边士兵的心理："雪净胡天牧马还，月明羌笛戍楼间。借问梅花何处落，风吹一夜满关山。"

而高适边塞诗的代表之作则是《燕歌行》："汉家烟尘在东北，汉将辞家破残贼。男儿本自重横行，天子非常赐颜色。摐金伐鼓下榆关，旌旆逶迤碣石间。校尉羽书飞瀚海，单于猎火照狼山。山川萧条极边土，胡骑凭陵杂风雨。战士军前半死生，美人帐下犹歌舞。大漠穷秋塞草腓，孤城落日斗兵稀。身当恩遇恒轻敌，力尽关山未解围。铁衣远戍辛勤久，玉箸应啼别离后。少妇城南欲断肠，征人蓟北空回首。边庭飘飖那可度，绝域苍茫更何有！杀气三时作阵云，寒声一夜传刁斗。相看白刃血纷纷，死节从来岂顾勋？君不见沙场征战苦，至今犹忆李将军。"此诗本是高适唱和他人《燕歌行》所作，意在慨叹征战之苦，谴责将领骄傲轻敌，荒淫失职，造成战争失利，使战士受到极大的痛苦和牺牲，反映了士兵与将领们之间苦乐不同，庄严与荒淫迥异的现实，"战士军前半死生，美人帐下犹歌舞"。也写出了为国御敌之辛勤，主题仍然是雄健激越，慷慨悲壮。此诗也因此被誉为高适的"第一大篇"，而且也是整个唐代边塞诗中的杰作，千古传诵。

岑参则是非常典型的边塞诗人。他进士出身，曾充安西四镇节度使高仙芝幕府书记，后又做安西北庭节度使封常清的判官，前后两次在边塞共生活了六年。他曾写诗抒发自己的壮志："万里奉王事，一身无所求。也知边塞苦，岂为妻子谋。"(《初过陇山途中呈宇文判官》)他曾在《逢入京使》中表达了自己第一次出塞时对故土的留恋："故园东望路漫漫，双袖龙钟泪不干。马上相逢无纸笔，凭君传语报平安。"但他很快被边疆生活所吸引，留下了一系列著名的诗篇，如《走马川行奉送出师西征》："君不见，走马川行雪海边，平沙莽莽黄入天。轮台九月风夜吼，一川碎石大如斗，随风满地石乱走。匈奴草黄马正肥，金山西见烟尘飞。汉家大将西出师，将军金甲夜不脱。夜半行军戈相拨，风头如刀面如割。马毛带雪汗气蒸，五花连钱旋作冰。幕中草檄砚水凝，虏骑闻之应胆慑。料知短兵不敢接，车师西门伫献捷。"这首诗一开始，就生动地描绘出西域狂风弥天、飞沙走石的恶劣环境。敌人来犯，狼烟四起，将军带兵奔赴战场迎敌。寒风似刀，马背上依然热汗蒸腾，很快又结成冰凌。在帐幕里起草讨敌的檄文，还未等写完，砚台里的墨水已冻成冰块。岑参随即在诗中抒发了自己的豪情，这样吃苦耐劳勇武向前的军队，一定会使敌人闻风丧胆，不敢交战。那我们就在车师（今新疆吐鲁番西北）的西门等待胜利凯旋的捷报吧！诗中所体现的乐观豪迈的气概，正是盛唐时代精神的鲜明体现。

岑参还有不少描绘西北边塞奇异景色的诗篇，如《白雪歌送武判官归京》："北风卷地白草折，胡天八月即飞雪。忽如一夜春风来，千树万树梨花开。散入珠帘湿罗幕，狐裘不暖锦衾薄。将军角弓不得控，都护铁衣冷难着。瀚海阑干百丈冰，愁云惨淡万里凝。中军置酒饮归客，胡琴琵琶与羌笛。纷纷暮雪下辕门，风掣红旗冻不翻。轮台东门送君去，去时雪满天山路。山回路转不见君，雪上空留马行处。""忽如一夜春风来，千树万树梨花开"遂成为描写雪景之千古名句。

岑参边塞诗的一个重要特点是对少数民族生活的描述。他在《田使君美人舞如莲花北延歌》描写了少数民族舞女的美妙舞姿："美人舞如莲花旋，世人有眼应未见。高堂满地红氍毹，试舞一曲天下无。此曲胡人传入汉，诸客见之惊且叹。慢脸娇娥纤复秾，轻罗金缕花葱茏。回裾转袖若飞雪，左铤右铤生旋风。琵琶横笛和未匝，花门山头黄云合。忽作出塞入塞声，白草胡沙寒飒飒。翻身入破如有神，前见后见回回新。始知诸曲不可比，采莲落梅徒聒耳。世人学舞只是舞，姿态岂能得如此。"

他对少数民族的一些神话也加以记述。如《热海行送崔侍御还京》："侧闻阴山胡儿语，西头热海水如煮。海上众鸟不敢飞，中有鲤鱼长且肥。岸旁青草长不歇，空中白雪遥旋灭。蒸沙烁石燃虏云，沸浪炎波煎汉月。阴火潜烧天地炉，何事偏烘西一隅？势吞月窟侵太白，气连赤坂通单于。送君一醉天山郭，正见夕阳海边落。柏台霜威寒逼人，热海炎气为之薄。"热海即伊塞克湖，唐人又称其为"大清

舞乐屏风局部

此画出自吐鲁番汉墓，墓主人为高昌左卫大将军张雄之孙张礼臣。唐朝新疆地区的文化交融可见了见一斑。

池""咸海"，今属吉尔吉斯斯坦共和国，唐时属安西节度使领辖。岑参虽未到过那里，但根据自己长期在荒远之地的体验，将少数民族的神话加以渲染，向人们描绘了一个不可思议的新奇世界，在如汤煮的热海水中，居然有长且肥的鲤鱼。热气可以蒸沙烁石，把云彩点燃，岸边的青草却是四季长青，令人不可思议。

难能可贵的是，岑参的诗歌反映了各族人之间友好来往、相互学习的场景。如《酒泉太守席上醉后作》中的"琵琶长笛齐相和，羌儿胡雏齐唱歌。浑炙犁牛烹野驼，交河美酒金叵罗"句反映出了各族民众欢乐一堂的场景。《赵将军歌》中的"将军纵博场场胜，赌得单于貂鼠袍"句则反映了双方高层的友好相处。"花门将军善胡歌，叶河蕃王能汉语"（《与独孤渐道别长句兼呈严八侍御》）则为当时民族交融的力证。

白居易与新乐府运动

唐代中后期，王朝的鼎盛期已过，但诗歌创作仍未衰歇。不过与盛唐不同，此时的诗歌更多的是从不同角度反映了唐帝国走向衰落过程中的危机和民间苦难。在这其中，最为有名的就是白居易以及新乐府运动。

安史之乱以后，一些关心王朝命运的士大夫力求寻求解决社会矛盾的良方妙药。他们开始运用文学来宣传政治改革主张，以批判现实为宗旨的新乐府运动便逐渐兴起。所谓"新乐府"是指用乐府诗写时事，又不受古题束缚，而是"因事立题"的诗歌形式。

诗人李绅不但是新乐府运动的最早倡导者之一，而且是写新乐府诗的最早实践者。可惜的是李绅写的《新乐府》二十首今已不传。不过他早年所写的《悯农二首》还流传至今。其一："春种一粒粟，秋收万颗子。四海无闲田，农夫犹饿死。"其二："锄禾日当午，汗滴禾下土。谁知盘中餐，粒粒皆辛苦。"

在李绅等人的基础上，白居易更是在理论和创作实践上大力提倡新乐府诗歌，提出了"文章合为时而著，歌诗合为事而作"的创作指导方针，从内容和形式两方面对诗歌进行了一场改革运动。从而进一步发扬和光大了杜甫的现实主义精神，把唐诗创作推向了一个新的高潮。

白居易字乐天，原籍下邽（今陕西渭南），生于河南新郑。据说刚六七个月的时候，他就能辨认"之""无"两个字，五六岁时就开始学写诗。白居易的祖父白湟、父亲白季庚都是诗人。在这种家庭背景下，白居易写诗非常刻苦。正如他自己所说："酒狂又引诗魔发，日午悲吟到日西。"白居易如此刻苦地诵读和写作，竟到了口舌生疮、手指成胝的地步，他也由此被人们称为"诗魔"。

醉吟
白居易在遭贬之后，纵情山水，锐气不再。图中人物头戴野花，执杖云游，意指白居易被贬后半仕半隐的生活岁月。

　　在他十五六岁的时候，白居易来到长安。相传当时长安有一个文学家顾况，很有才气，但是脾气高傲，遇到后生晚辈，常常很不客气。白居易听说了顾况的名气，就带了自己的诗稿，到顾况家去请教。顾况听说白居易也是个官家子弟，不好不接待。白居易拜见了顾况，送上名帖和诗卷。顾况瞅了瞅这个小伙子，又看了看名帖上有"居易"两个字，皱起眉头打趣说："近来长安米价很贵，只怕居住很不容易呢！"

　　但当他读到"离离原上草，一岁一枯荣。野火烧不尽，春风吹又生"时，马上换了另外一副态度，热情地说："能够写出这样的好诗，住在长安也不难了。"

　　这次见面以后，顾况十分欣赏白居易的诗才，逢人便夸，白居易很快就在长安出了名。不过几年，他就考取了进士。唐宪宗提拔他做翰林学士，后来又任命他为左拾遗。

　　在诗歌的形式方面，白居易强调语言不但要质朴通俗，还要便于入乐歌唱。而这些都要为补阙和体察时政服务："总而言之，为君、为臣、为民、为物、为事而作，不为文而作也。"不过在他看来，写作反映民生疾苦的讽谕诗的最重要目标还是让皇帝了解民情，"唯歌生民病，愿得天子知"。

　　白居易一生的诗歌创作，以四十四岁时即815年被贬江州司马为界，可分为前后两期。前期是兼济天下时期，后期是独善其身时期。在前期他写了十显讽谕诗，代表作是《秦中吟》十首和《新乐府》五十首，对当时黑暗的社会现实作了有力的揭露，其中比较有代表性的作品是《轻肥》《买花》《重赋》《卖炭翁》。

《轻肥》取自《论语·雍也》："赤之适齐也，乘肥马，衣轻裘。"后世以"轻肥"借指达官贵人。作者首先极言内臣的生活之豪奢："意气骄满路，鞍马光照尘。借问何为者，人称是内臣。朱绂皆大夫，紫绶或将军。夸赴军中宴，走马去如云。樽罍溢九酝，水陆罗八珍。果擘洞庭橘，脍切天池鳞。食饱心自若，酒酣气益振。"最后点出基层民众的苦难生活，"是岁江南旱，衢州人食人"，深刻地揭露了当时的社会矛盾。

《买花》则生动地反映出了社会上的贫富差距。贵族们一掷千金，在牡丹花上花费了大量的金钱与精力，"灼灼百朵红，戋戋五束素。上张幄幕庇，旁织笆篱护。水洒复泥封，移来色如故"。而对于普通老百姓而言，只有"低头独长叹，此叹无人喻。一丛深色花，十户中人赋"。

至于为什么出现这种局面，《重赋》里面就有生动的说明："幼者形不蔽，老者体无温。悲端与寒气，并入鼻中辛。昨日输残税，因窥官库门。缯帛如山积，丝絮似云屯。号为羡余物，随月献至尊。夺我身上暖，买尔眼前恩。进入琼林库，岁久化为尘。"虽然白居易把责任归咎于贪官污吏，"奈何岁月久，贪吏得因循。浚我以求宠，敛索无冬春"，"里胥迫我纳，不许暂逡巡"，但这也引起了皇帝的不满。而他的《卖炭翁》则更是将矛头指向了与皇帝有着密切关系的宫市政策。

在这种情况下，白居易就遭到了达官贵人的忌恨。正如他在《与元九书》说的那样："凡闻仆《贺雨诗》，众口籍籍，以为非宜矣；闻仆《哭孔戡诗》，众面脉脉，尽不悦矣；闻《秦中吟》，则权豪贵近者，相目而变色矣；闻《登乐游园》寄足下诗，则执政柄者扼腕矣；闻《宿紫阁村》诗，则握军要者切齿矣！"

815年，宰相武元衡被人派刺客暗杀了，裴度重伤。这次暗杀由藩镇指使，但朝廷的官员谁也不想开口说话。只有时任太子左善大夫的白居易站了出来，向宪宗上了奏章，要求严查凶手，以雪国家之耻，以报宰辅之仇。然而杀死宰相的真凶无人追捕，宦官和官员们却抓住这个机会，说白居易不是谏官，不该对朝廷大事乱提意见，这是对皇帝和朝廷的大不敬。他们还说白居易母亲因为看花失足落井而死，而白居易还作有《赏花》及《新井》诗，这是不孝，这样的官员应从太子身边调离外任。白居易遂被逐出京城外任江表刺史。但又有言官认为白居易罪状之大不宜治理一郡百姓，白居易又被改授为江州（今江西九江）司马。

白居易无辜受到贬谪，心情十分抑郁。有一天晚上，他在江州的溢浦口送客人，听到江上传来一阵哀怨的琵琶声，叫人一打听，原来是一个漂泊江湖的歌女弹的。白居易见了那歌女，又听她诉说自己的可悲身世，十分同情。再联想到自己的遭遇，引起满腔心事。回来以后，写下了著名的叙事长诗《琵琶行》。其中"我闻琵琶已叹息，又闻此语重唧唧。同是天涯沦落人，相逢何必曾相识"的诗句，被广为传诵。同时白居易也为后人留下了一段唐朝音乐演奏的绝妙记录："千呼万唤始出来，犹抱琵琶半遮面。转轴拨弦三两声，未成曲调先有情。弦弦掩抑声声思，似诉平生不得志。低眉信手续续弹，说尽心中无限事。轻拢慢捻抹复挑，初为霓裳后六幺。大弦嘈嘈如急雨，小弦切切如私语。嘈嘈切切错杂弹，大珠小珠落玉盘。间关莺语花底滑，幽咽泉流冰下难。冰泉冷涩弦凝绝，凝绝不通声暂歇。别有幽愁暗恨生，此时无声胜有声。银瓶乍破水浆迸，铁骑突出刀枪鸣。曲终收拨当心画，四弦一声如裂帛。东舟西舫悄无言，唯见江心秋月白。"

贬官江州给白居易以沉重的打击。在那个时候，司马表面上是刺史的助手，实际上在中唐时期这个职位是专门安置犯有大错的官员的，相当于是变相发配到某地去接受监督看管的。白居易说自己是"恬然自安"，"面上灭除忧喜色，胸中消尽是非心"。但比起前期来说，他已相当消极。不过他毕竟是一个曾经积极为民请命的诗人，虽然以"独善其身"为处世原则，但他的兼济之志并未完全消失，转而表现在力所能及的情况下为人民做好事。如他曾经在杭州疏浚李泌所凿的六井，解决了当地民众的饮

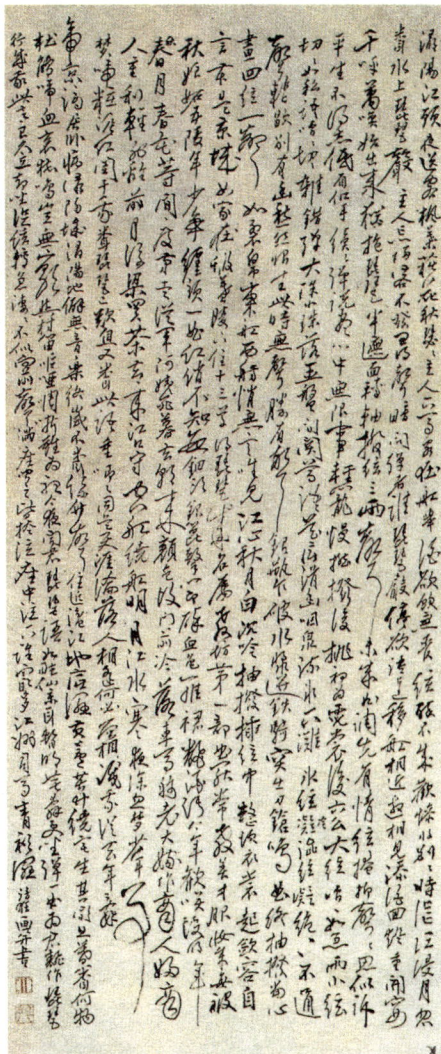

《琵琶行》诗
这是明代画家郭诩《琵琶行图轴》的诗文部分。该诗为行草体书写，极富变化，与诗歌的起伏变化形成了很好的呼应。

水问题。在西湖上筑了一道长堤，蓄水灌田，并写了一篇通俗易懂的《钱塘湖石记》，刻在石上。告诉人们蓄水泄水的方法，认为只要"堤防如法，蓄泄及时"，就不会受旱灾之苦了。后人为了纪念他，就把这道长堤叫作"白堤"。而他在离开苏州时，人们泣涕相送，依依不舍。就是在他隐居于洛阳龙门的时候，还出钱疏浚航道。当时洛阳附近的伊河（黄河的支流之一）冬季水浅，船民需在寒冬腊月涉水背纤拉船过险滩，十分辛苦。白居易决心"誓开险路

贵妃出浴图
白居易的《长恨歌》对后世文学艺术有着很大的影响。此画即取"春寒赐浴华清池，温泉水滑洗凝脂。侍儿扶起娇无力，始是亲承恩泽时"诗意。

作通津"，带头出钱，疏浚、开凿了龙门潭以南的八节滩和九峭石。使得航道大为改观，当地民众异常感激。

但仕途的坎坷确实对他产生了很大的影响。他的诗歌虽仍有讥讽之作，如在杭州刺史任上所写的《代卖薪女赠诸妓》："乱蓬为鬓布为巾，晓踏寒山自负薪。一种钱塘江上女，著红骑马是何人？"卖柴妇女头发零乱，用粗布头巾扎着，每天都到山中去背柴。同样是住在钱塘江畔的女性，为什么另一些不务生产的妓女却能穿红戴绿、骑着高头大马，过着舒坦的日子？但在江南任上的诗作中，白居易更多的是描绘江南美丽风光的诗作。如《暮江吟》："一道残阳铺水中，半江瑟瑟半江红。可怜九月初三夜，露似真珠月似弓。"如《大林寺桃花》："人间四月芳菲尽，山寺桃花始盛开。长恨春归无觅处，不知转入此中来。"还有《钱塘湖春行》："孤山寺北贾亭西，水面初平云脚低。几处早莺争暖树，谁家新燕啄春泥。乱花渐欲迷人眼，浅草才能没马蹄。最爱湖东行不足，绿杨阴里白沙堤。"这些诗篇都广为传诵。

值得一提的是，白居易是最早写词的诗人之一，著名的《忆江南》就是一例。白居易青年时期，曾漫游江南，旅居苏杭，后来又在江南担任官职多年，江南在他的心目中留有深刻印象。因此当他因病回到洛阳之后，也就是六十七岁时，写下了三首《忆江南》，可见江南胜景仍然在他心中栩栩如生。其中最有名的一首就是"江南好，风景旧曾谙。日出江花红胜火，春来江水绿如蓝。能不忆江南？"

江南之大之美，对于一般人而言，实乃一言难尽，白居易却用十几个字表达出来。他没有从描写江南惯用的"花""莺"着手，而是别出心裁地从"江"下笔，又通过"红胜火"和"绿如蓝"，展现了光彩夺目的江南春景。

事实上白居易在被贬江州之初，曾将自己的诗分为四类，即讽谕诗、感伤诗、闲适诗和杂律诗。前期多讽谕诗，后期多其他三类；前期比较注意作品的题材和内容，后期更多着眼于艺术。但就诗歌艺术本身而言，作为新乐府运动重要代表人物的白居易，其感伤诗的成就要超过讽谕诗。代表白居易诗歌最高艺术成就的《琵琶行》和《长恨歌》都是感伤诗。但白居易的绝大多数诗歌都是语言平易浅切、文意自然流畅，颇合新乐府运动之意。例如他在三十多岁时所作的《长恨歌》。唐玄宗与杨贵妃的爱情故事以及安史之乱是唐朝历史上的大事，但白居易却把事件简到不能再简，只用一个中心事件和两三个主要人物来结构全篇。诸如颇具戏剧性的马嵬事变，作者仅用"六军不发无奈何，宛转蛾眉马前死。花钿委地无人收，翠翘金雀玉搔头。君王掩面救不得，回看血泪相和流"寥寥数笔即将之带过。而这也是《长恨歌》取得极大成功的重要原因。

白居易诗名很大，在外国例如日本也有很大的影响。他去世后，唐宣宗曾写诗悼念："缀玉连珠六十年，谁教冥路作诗仙？浮云不系名居易，造化无为字乐天。童子解吟《长恨》曲，胡儿能唱《琵琶》篇。文章已满行人耳。一度思卿一怆然。"

帝国的夕阳

821 年，唐宪宗去世，唐王朝的危机进一步加深。特别是在 835 年，李训引诱宦官参观所谓的"甘露"，企图将其一举铲除。但举事不密，反而导致宦官大肆屠杀朝官，史称"甘露之变"。唐诗风貌也由中唐进入晚唐，再次出现了明显的转变。正如李商隐的"夕阳无限好，只是近黄昏"句所展示的那样，晚唐诗坛笼罩着浓重的感伤气息。另外冰冻三尺非一日之寒，一些中唐的诗人也敏锐地感觉到国家的衰落，诗风颇为沉郁。

在晚唐阶段，中央层面是宦官专权，地方层面则是藩镇割据。而许多出身寒微、拙于钻营的有才之士，在考场上长期受困，甚至终生不第。少数士人即使幸而中举，也很难像中唐的韩愈、白居易等人那样，凭借他们的文才进入政治机构上层。面对王朝末世的景象和自身暗淡的前途，士人心理状态发生了很大的变化。其中有些人开始思索国家的前途与命运，情调悲伤的怀古咏史诗大增。

横跨中晚唐的刘禹锡有诗《西塞山怀古》："王濬楼船下益州，金陵王气黯然收。千寻铁锁沉江底，一片降幡出石头。人世几回伤往事，山形依旧枕寒流。今逢四海为家日，故垒萧萧芦荻秋。"在这首诗中，刘禹锡表达了对唐王朝结束藩镇割据的期望之情以及对国家统一的坚定信心。

而杜牧则在《江南春》中写道："千里莺啼绿映红，水村山郭酒旗风。

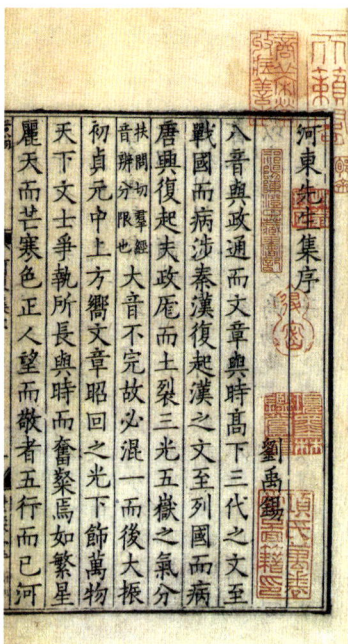

文人间的友谊

虽然人生道路多坎坷，但唐朝文人之间的友谊还是很深厚的。杜甫与李白如此，后来的刘禹锡与柳宗元也是如此。刘禹锡就曾为柳宗元的文集作序，该图为其书影。杜牧也曾为李贺的诗集作序。

南朝四百八十寺，多少楼台烟雨中。"这首《江南春》千百年来素负盛誉。短短的四句诗，既写出了江南春景的丰富多彩，又抒发了南朝大兴佛教而速亡的历史感慨。这对于当时统治者一心热衷佛教、广建佛寺不能不说是一个提醒。他还写有《泊秦淮》一诗："烟笼寒水月笼沙，夜泊秦淮近酒家。商女不知亡国恨，隔江犹唱《后庭花》。"《后庭花》是指陈后主创作的《玉树后庭花》，向来被人们看作是亡国之音。当时的唐王朝已是千疮百孔，藩镇拥兵自重，社会危机四伏，边患频繁，而那些醉生梦死的统治者不汲取历史教训，仍在纵情享乐。杜牧通过此诗表达了对国家命运的无比关怀和深切忧虑。

无独有偶，李商隐也提到了《玉树后庭花》，通过《隋宫》表达了对唐帝国可能走向覆灭的担心："地下若逢陈后主，岂宜重问《后庭花》？"陈后主（陈叔宝）是个荒淫误国的皇帝，与当时尚为隋朝皇子的杨广有过交往。相传杨广当皇帝后，曾在梦中与死去的陈后主相遇，并让陈后主的宠妃张丽华舞了一番《玉树后庭花》。在李商隐看来，隋炀帝死后到九泉之下遇到陈后主，应该感到惭愧，因为他自己也步了陈后主的后尘。

对于个人的境遇，杜牧则有《赤壁》诗："折戟沉沙铁未销，自将磨洗认前朝。东风不与周郎便，铜雀春深锁二乔。"杜牧感叹周瑜因有东风之便取得成功，有抒发自己怀才不遇的心情之意。不过相对于李商隐而言，杜牧还是比较幸运的，他虽然不能力挽狂澜，但仕途生活还是比较顺利，个人生活也相当闲适。他曾在扬州度过了一段放纵的生活，流连于青楼歌榭间，并有若干诗作传世。如《赠别》："多情却是总无情，唯觉尊前笑不成。蜡烛有心还惜别，替人垂泪到天明。"据说当时他的上司牛僧孺怕他出事，特意派兵卒三十人换了便装暗地保护他。后来杜牧被提拔为监察御史，牛僧孺为杜牧饯行，提醒他"节俭风月情怀"，要注意身体，更要注意为官形象。杜牧起初还力图表明自己的清白和洁身自好，结果牛僧孺命人当场拿出一只书签来，里面都是暗中保护他的兵卒写的密报，尽是"某夕，杜书记过某家，无恙"之类，竟有近千篇之多。但纵是如此，杜牧还是对扬州的生活充满了怀念之情，他在《寄扬州韩绰判官》一诗中写道："青山隐隐水迢迢，秋尽江南草未凋。二十四桥明月夜，玉人何处教吹箫？"

与他合称"小李杜"的李商隐就没有这样的闲情逸致。他出身并不高贵，自己在少年时期曾"佣书贩舂",即为别人抄书挣钱,贴补家用。面对出身贫寒之士在社会上的困顿,他不由地发出感叹:"宣室求贤访逐臣,贾生才调更无伦。可怜夜半虚前席,不问苍生问鬼神。"

李商隐和妻子的关系极好,"君问归期未有期,巴山夜雨涨秋池。何当共剪西窗烛,却话巴山夜雨时"。与白居易不同,他对唐玄宗进行了无情的嘲讽:"海外徒闻更九州,他生未卜此生休。空闻虎旅传宵柝,无复鸡人报晓筹。此日六军同驻马,当时七夕笑牵牛。如何四纪为天子,不及卢家有莫愁。"但就是因为他的婚姻,使他身不由已地卷入了牛李党争中,不能脱身。

坎坷的人生促使李商隐一系列《无题》诗(多为七言近体)的诞生。诗以"无题"命篇,是李商隐的创造。这类诗作其内容或因不便明言,或因难用一个恰当的题目表现,所以命为"无题",其寓意至今还没有明确的结论。不过《无题·相见时难别亦难》:"相见时难别亦难,东风无力百花残。春蚕到死丝方尽,蜡炬成灰泪始干。晓镜但愁云鬓改,夜吟应觉月光寒。蓬山此去无多路,青鸟殷勤为探看。"人们一般将其视为抒写爱情的名作。

而李商隐诗集的第一篇《锦瑟》也往往被看作无题诗,其文为:"锦瑟无端五十弦,一弦一柱思华年。庄生晓梦迷蝴蝶,望帝春心托杜鹃。沧海月明珠有泪,蓝田日暖玉生烟。此情可待成追忆,只是当时已惘然。"千百年来,历代诗论家颇多揣测,莫衷一是。然而这正是李商隐的诗歌吸引人们的地方之一。

如果说杜牧、李商隐还是比较关心时政的话,那么孟郊、贾岛由于种种原因,则是另外一种风格,后人遂称他们为"郊寒岛瘦"。孟郊比贾岛大二十多岁,是贾岛的前辈诗人。但他们都是遭际不遇,官职卑微,一生穷困,一生苦吟。

孟郊早年贫困,屡试不第。四十多岁始中进士,六十多岁时贫病而死,中年还曾丧子。他的诗歌主要是表达了中下层文士对穷愁困苦的不平情绪。但他的很多诗歌也反映了更广阔的社会生活,其中有些针砭了社会上人际关系中的丑恶现象,有的则尖锐地揭露了贫富之间的不平等现象。

有意思的是,孟郊专写古诗,现存诗五百多首。有的诗反映了亲情,如《游子吟》:"慈母手中线,游子身上衣。临行密密缝,意恐迟迟归。谁言寸草心,报得三春晖。"如《结爱》:"心心复心心,结爱务在深。一度欲离别,千回结衣襟。结妾独守志,结君早归意。始知结衣裳,不如结心肠。坐结行亦结,结尽百年月。"

孟郊对于人际关系的看法则在《赠崔纯亮》一诗中得到较为全面的体现:"食荠肠亦苦,强歌声无欢。出门即有碍,谁谓天地宽。有碍非遐方,长安大道旁。小人智虚险,平地生太行。镜破不改光,兰死不改香。始知君子心，交久道益彰。君心与我怀，离别俱回遑。譬如浸檗泉，流苦已日长。忍泣目易衰，忍忧形易伤。项籍非不壮，贾生非不良。当其失意时，涕泗各沾裳。古人劝加飡，此飡难自强。一饭九祝噎，一嗟十断肠。况是儿女怨，怨气凌彼苍。彼苍昔有知，白日下清霜。今朝始惊叹，碧落空茫茫。""出门即有碍，谁谓天地宽"确是当时不少文人的心声。

而孟郊的《寒地百姓吟》则表达了他对于社会上的人们贫富不均的愤怒。诗中有言："无火炙地眠，半夜皆立号。冷箭何处来，棘针风骚劳。霜吹破四壁，苦痛不可逃。高堂捶钟饮，到晓闻烹炮。寒者愿为蛾，烧死彼华膏。华膏隔仙罗，虚绕千万遭。到头落地死，踏地为游遨。游遨者是谁，君子为郁陶。""寒者愿为蛾，烧死彼华膏"绝不是孟郊的一时愤懑之语，而是当时基层民众面对贫富悬殊的社会现实而发出的怨怒之词。

这种精神在孟郊的童年就有所体现。相传有一年冬天，孟郊的家乡闹灾。皇帝派遣钦差大人来了解灾情，县令大摆宴席，为钦差接风。正当县令端起酒杯说"请"，身穿破绿衣裳的小孟郊走了进来。县太爷一见，眼珠子一瞪说："哪来的小叫花子，去去去！"小孟郊本来对他们不顾百姓灾情大吃大喝就很气愤，于是顶了一句："家贫人不平，离地三尺有神仙！"

钦差则对小孟郊很是轻视："唷，小叫花子，你不要卖弄文才，我倒要好好考考你。我出个上联，你若是对得出，就让在这里吃饭；若对不出，哼，就判你私闯公堂，打断你的狗腿！"小孟郊毫不畏惧地说："请吧！"

钦差大人看到小孟郊所穿的破破烂烂的绿衣裳，摇头晃脑地说："小小青蛙穿绿衣。"小孟郊扫了一眼酒桌上的螃蟹，又注意到钦差穿着红衣，不慌不忙地对道："大大螃蟹着红袍。"

钦差大人一听，气得浑身发抖，但有话在先，不好发作。三杯酒入肚后，他认为才思来了，又神气活现起来。他斜着眼看了看小孟郊，说道："小小猫儿寻食吃。"小孟郊则看着馋狗啃骨头似的钦差，看着溜须拍马的县令，不动声色地回道："大大老鼠偷皇粮。"钦差、县令不听则罢，一听则目瞪口呆，再也说不出话来。原来小孟郊说得很对，他们吃的正是救灾的银子。

与孟郊的批判精神不同，贾岛的诗歌题材较为狭窄。有科场不得意的失意和怨愤，有窘迫困顿生活的哀叹，有对于清寂之境和禅家境界的体验，以及与僧人、隐士的交往。大多不出个人生活范围，不离琴、棋、鹤、茶、竹、石等物，很少反映社会问题。

不过题材虽然狭窄，但在苦吟方面，贾岛还是很下功夫的。贾岛有一句很有名的诗，叫作"独行潭底影，数息树边身"。就是这样两句诗，贾岛竟然花了三年的时间："二句三年得，一吟双泪流。知音如不赏，归卧故山秋。"

在唐朝的诗人中，讲究诗句的锤炼乃是经常之事，如杜甫曾"为人性僻

骑驴图

此图画一老者稳坐驴背，悠然自得的情景。在古代驴子与诗人有着不解之缘，在唐朝即有李白华阴骑驴、杜甫骑驴三十载、贾岛骑驴赋诗等故事。据说驴子走起路来慢条斯理，蹄声抑扬顿挫，骑在它的背上能感受到诗的节奏和韵味。

耽佳句，语不惊人死不休"，孟郊"一生空吟诗，不觉成白头"，卢延让有"吟安一个字，拈断数茎须"之诗句。但在这其中，最为出名的是以推敲典故而闻名的贾岛。

贾岛作诗时，非常讲究铸字炼句，反复苦吟思索，为此流传下来一个生动的故事。据说有一次他访问隐居的友人李凝，正好友人外出未归。

一天他骑在驴子身上想到一首诗，描绘李凝隐居地的幽静景色，大意是自己来访不遇，以后如果再来，就一同隐居。但贾岛觉得这首诗的三四句"鸟宿池边树，僧推月下门"的"推"字似乎应该改一改，他一直在考虑究竟是用"推"字好呢？还是改为"敲"字好？贾岛在驴背上反复思索，总是犹豫不决，不知不觉间用手做出推和敲的姿势，想把这个字确定下来。这样一直走到长安城里，他还是做着手势不断苦吟。正值任京兆尹的韩愈出行办事，由于贾岛太专心了，一头撞进韩愈的仪仗队。已经冲进了第三节队伍，但他还在苦吟，仍要继续向前闯。仪仗队的兵士便把他抓了起来，推到韩愈面前。韩愈便盘问贾岛，为什么无缘无故冲撞他的仪仗？贾岛这时才回过神来，连忙说明是由于自己在驴背上作诗，完全没有注意到外界的缘故，并非有意冲撞。韩愈也对贾岛的诗句产生了很大的兴趣，不但没责备他，反而立马想了很久，然后说："用'敲'字好！"贾岛想来想去，改为了"敲"字。这一字之改可以反衬出李凝的隐居之处在万籁俱寂之中更显得幽静，也就是响中寓静，这比在万籁俱寂中无声无息地推门要好。于是这两句就最后确定了下来，变成"鸟宿池边树，僧敲月下门"。从此韩愈和贾岛便成了好友，"推敲"也成为中国文学史的一段佳话。

诗僧寒山与拾得

贾岛虽为著名诗人，但也曾经在佛寺中居住过很长时间，还出家当过和尚，后来在韩愈的劝说下才还俗。此例说明了有唐一代诗歌与僧人的密切关系。事实上唐朝也出现了不少能吟诗作文的僧人。寒山与拾得就是很典型的例子。唐朝诗人张继有诗《枫桥夜泊》："月落乌啼霜满天，江枫渔火对愁眠。姑苏城外寒山寺，夜半钟声到客船。"而寒山寺的称呼就源自著名诗僧寒山的名字。

寒山是唐代首都长安人，出身于官宦人家，多次投考不第，后来出家。三十岁后隐居于浙东天台山，享年一百多岁。据说寒山是隋皇室后裔杨瓒之子杨温，后来由于种种复杂原因遁入空门。

寒山作为中国唐代少有的几位白话诗人之一，对于诗歌创作有着自己的理论。他在一首诗中写道："有人笑我诗，我诗合典雅。不烦郑氏笺，岂用毛公解。不恨会人稀，只为知音寡。若遣趁宫商，余病莫能罢。"

他的诗歌题材广泛，特别是关注农村生活，从农业生产、社会道德到婚姻家庭、子女教育，几乎触及到了农村生活的各个方面。这些朴素清新的诗歌在绮靡软媚的初唐诗风以及高亢激昂的盛唐诗歌中都显得别具一格，具有独到的价值。

拾得的经历也颇为传奇。国清寺丰干禅师一日外出，听到山道旁有一名小孩的啼哭声，寻声一看，原来是一个被人丢弃小孩子。问遍附近村庄的人家，没有人知道这是谁家的孩子，丰干禅师就只好把这个男孩带回国清寺，等待人家来认领。因他是丰干禅师捡回来的，所以大家都叫他"拾得"。

拾得长大以后，结交了不少朋友，其中就有寒山。相传当时寒山贫困，而拾得在厨房做杂务，就常把残食盛放竹筒里，让寒山带回去充饥。两人经常诗歌唱酬，后来就流传下来《寒山拾得忍耐歌》，其文如下：

"昔日寒山问拾得曰：'世间谤我、欺我、辱我、笑我、轻我、贱我、恶我、骗我，如何处治乎？'

"拾得云：'只是忍他、让他、由他、避他、耐他、敬他、不要理他，再待几年你且看他。'

"寒山云：'还有甚诀可以躲得？'

诗僧寒山、拾得
寒山、拾得在文学界有着很高的名声，后来也成为了神话人物。此图为明人所作《四仙拱寿图》局部，右为寒山，左为拾得。

　　"拾得云：'我曾看过弥勒菩萨偈，你且听我念偈曰：老拙穿衲袄，淡饭腹中饱。补破好遮寒，万事随缘了。有人骂老拙，老拙只说好。有人打老拙，老拙自睡倒。涕唾在面上，随他自干了。我也省力气，他也无烦恼。这样波罗蜜，便是妙中宝。若知这消息，何愁道不了。人弱心不弱，人贫道不贫。一心要修行，常在道中办。世人爱荣华，我却不待见。名利总成空，我心无足厌。堆金积如山，难买无常限。子贡他能言，周公有神算。孔明大智谋，樊哙救主难。韩信功劳大，临死只一剑。古今多少人，那个活几千。这个逞英雄，那个做好汉。看看两鬓白，年年容颜变。日月穿梭织，光阴如射箭。不久病来侵，低头暗嗟叹。自想年少时，不把修行办。得病想回头，阎王无转限。三寸气断了，拿只那个办。也不论是非，也不把家办。也不争人我，也不做好汉。骂着也不言，问着如哑汉，打着也不理，推着浑身转。也不怕人笑，也不做脸面。儿女哭啼啼，再也不得见。好个争名利，须把荒郊伴。我看世上人，都是精扯谈。劝君即回头，单把修行干。做个大丈夫，一刀截两断，跳出红火坑，做个清凉汉。悟得长生理，日月为邻伴。'"

　　寒山、拾得二僧不为世事缠缚，洒脱自在，清朝雍正皇帝赐封寒山为"和圣"，拾得为"合圣"，合称"和合二圣"。民间也将其奉为"和合二仙"，在民间的画像上，其典型形象总是满面春风，拍掌而笑。

女性诗人

有唐一代，诗歌极度繁荣，当时的女性虽然不能漫游全国，但也有不少诗歌传世。在这其中，较为出名的女诗人当属薛涛与鱼玄机。

薛涛的父亲薛郧本是京城长安一名小吏，安史之乱后移居成都。薛涛幼时即显出其过人的天赋，八岁能诗。相传其父曾以"咏梧桐"为题，吟了两句诗"庭除一古桐，耸干入云中"，薛涛应声即对"枝迎南北鸟，叶送往来风"。但这两句诗似乎预示了她一生的命运。据说她父亲当时沉默了好久，既惊奇小女聪慧过人，又预感到她人生坎坷而惆怅。而在她十几岁的时候，薛郧逝世，薛涛与母亲裴氏相依为命。迫于生计，薛涛开始在欢乐场上侍酒赋诗、弹唱娱客，被称为"诗伎"。并且凭着自己过人的美貌及精诗文、通音律的才情，与唐朝的诸多名士文人都有交往，其中包括元稹、白居易等著名诗人。

在一开始，朝廷拜中书令韦皋为剑南节度使，经略西南，以防吐蕃。韦皋是一位能诗善文的儒雅官员，他听说薛涛诗才出众，而且还是官宦之后，就破格将时为乐伎身份的薛涛召到府中侍宴。在古代官员是士籍，普通民众是民籍，商人为商籍，乐伎则是乐籍，入了乐籍之后就很难改变自己的身份。

薛涛刚一到，韦皋就命她即席赋诗以试其才情，薛涛思索片刻之后，题下《谒巫山庙》一诗："乱猿啼处访高唐，一路烟霞草木香。山色未能忘宋玉，水声尤是哭襄王。朝朝夜夜阳台下，为雨为云楚国亡。惆怅庙前多少柳，春来空斗画眉长。"此诗清丽凄婉，且有愁旧怅古的深意，韦皋大为赞赏，众宾客也都叹服称绝。从此之后，府中每有盛宴，韦皋必定召薛涛前来侍宴赋诗，她也被人们看成是蜀中的重大交际场合上不可缺少的人物。值得一提的是，她对时事也颇为关心，《罚赴边有怀上韦令公》诗的第一首就说："闻说边城苦，而今到始知。羞将门下曲，唱与陇头儿。"

韦皋离任之后，薛涛又遇到了武元衡。武元衡对她极为照顾，还因为爱慕她的才华，曾向朝廷上书要提拔她为校书郎。校书郎归唐代秘书省管辖，负责整理典籍等文字工作。虽然说是个小官，但毕竟属于官吏阶层，其社会地位是乐伎所不能比拟的。虽然武元衡的请求没有得到应允，但此举也让薛涛感动万分，因为武元衡当时以宰相身份任西川节度使，身为宰相却为一个曾为歌伎的女子上奏请官，实属罕见。不过薛涛确实在武元衡幕府内从事过校书一类的工作，因此薛涛又有"女校书""薛校书"之称。薛涛病逝后，时任剑南西川节度使的段文昌亲自撰写的墓碑就是"西川女校书薛洪度墓"（薛涛字洪度）。

薛涛为世人所知的还有"薛涛笺"。当时她在闲暇之余，常把乐山特产的胭脂木浸泡捣拌成浆，再加上各种原料，制成粉红色的纸张，同时纸面上会呈现出不规则的松花纹路。她常用这种纸来誊写自己作的诗作，有时也送些

元机诗意图
元机即玄机，清代为避康熙皇帝的名讳改
称为元机。对于这样一个复杂的人物，画
家只是让她静坐在榻上，神态静穆，其内
心在想着什么就留给读者去思考了。

诗笺给友人，人们就称这种纸笺为"松花笺"或"薛涛笺"。

与享有美誉的薛涛相比，鱼玄机则充满了争议。鱼玄机，原名鱼幼薇，
字慧兰，玄机是她出家后的道号。她出生于长安城郊一位落魄的士人之家。
鱼父饱读诗书，却一生功名未成。鱼玄机在父亲的栽培下，五岁便能背诵数
百首诗章，七岁开始学习作诗，十一二岁时，她的习作就已在长安文人中传
诵开来，成为人人称道的诗童。

在她十几岁的时候，鱼玄机到城南风光秀丽的崇贞观中游览，正碰到一群
新科进士争相在观壁上题诗留名。鱼玄机很是感慨，她空有雄才大志，却因自
己生为女儿身，满腹才情无用武之地，无法与男子一争长短。于是她题下一首
七绝："云峰满月放春晴，历历银钩指下生。自恨罗衣掩诗句，举头空羡榜中
名。"而这首诗被贵公子李亿看到，对她大有好感。李亿这次赴京是为了出任
因祖荫而荣获的左补阙官职。在温庭筠的撮合下，终纳鱼玄机为妾。但是李亿
的原配夫人裴氏并不赞同此事。李亿最后只好写下一纸休书，将鱼玄机扫地出
门。鱼玄机被迫到道观里栖身。在数年之后，鱼玄机知道李亿不可能再来接她
入门，就与四方文士交往。结果她与侍女发生矛盾，盛怒之下误杀了侍女，最
后被人发觉，官府遂将其处死，结束了她年仅二十多岁的生命。

鱼玄机曾写下"易求无价宝，难得有情郎"的诗句，但终因感情受挫，
走上了不归路。但她的才气还是为后人所称道。其存诗五十首，后人辑有
《唐女郎鱼玄机诗集》。

古文运动与传奇小说

唐代除了诗歌这一最具代表意义的文学样式之外，还有散文、传奇。散文是相对于南北朝时期骈体文而言的，中唐的韩愈、柳宗元发起了一场古文运动，解放了文体。而传奇则是小说的一种发展，他们都具有高度的文学魅力。

古文运动

唐朝时兴起的古文运动，是相对骈文而言的。先秦和汉朝的散文，特点是质朴自由，以散行单句为主，不受格式拘束。自南北朝以来，文坛上盛行骈文，流于对偶、声律、典故、词藻等形式，华而不实。隋文帝时曾下诏禁止"文表华艳"，但并没有扭转颓风。唐朝初期的文坛，骈文仍然占据着主要的地位。唐太宗为文也尚浮华，因此史学家刘知几曾在《史通》中提出"言必近真"、"不尚雕彩"的主张。诗人王勃曾提议改革文弊，但他自己的作品却仍然使用骈体。直到唐玄宗天宝年间至中唐前期，萧颖士、李华、元结、独孤及、梁肃、柳冕等人先后提出用散体作文，成为古文运动的先驱。韩愈、柳宗元进一步提出了一套完整的古文理论，并写出了相当数量的优秀古文作品，终于在文坛上形成了颇有声势的古文运动，把散文的发展推向了一个新的阶段。

韩愈字退之，河阳（今河南孟州）人，因祖籍河北昌黎，世称韩昌黎。韩愈主张学习先秦两汉的散文语言，破骈为散，扩大文言文的表达功能，强调文以载道，文道合一，以道为主，从词汇和语法两方面来建立新型古文的标准。韩愈准备创造一种融合了古人词汇语法，同时又适合反映现实表达思想的文学语言，创造出一种自由流畅、直言散行的新形式，这就是韩愈文体改革的主要内容。

韩愈本人就是一位杰出的文学家，他的散文内容丰富，形式多样，语言鲜明简炼，新颖生动，为古文运动树立了典范。而且把新型古文广泛地用于政论、书信、赐序、杂说、碑铭等各种体裁中，创造出了很多优秀的作品。

柳宗元字子厚，因祖籍河东（今山西永济），世称柳河东。因与韩愈共同倡导古文运动，二人并称韩柳。柳宗元出身于官宦家庭，少有才名，早有大志。早年为考进士，文风辞采华丽。永贞革新失败后，柳宗元被贬任永州（今湖南永州）司马。在永州生活了十年后，调任柳州刺史。这两个地方都是边远地区，荒僻贫苦。柳宗元怀着郁愤之情，最后孤独地死在了柳州，年仅四十七岁。

在被贬期间，柳宗元写了大量的散文。他的文章论说性强，笔锋犀利，讽刺辛辣，富于战斗性，游记写景状物，多所寄托。柳宗元的散文也很重视

药师净土变相图局部

此图发现于敦煌藏经洞，现藏于大英博物馆，是以《药师经》为依据所作的经变画，大致绘于中晚唐时期。所选部分绘一只水鸟刚从莲池上到岸边，正在展开双翼，抖落身上的水珠。用笔简洁，造型生动、准确自然。

文章的内容，主张文以明道，认为"道"应于国于民有利，切实可行。他注重文学的社会功能，强调文章须有益于世，提倡思想内容与艺术形式的完美结合，指出写作必须持认真严肃的态度，强调作家道德修养的重要性。

在柳宗元的诸多作品中，以《捕蛇者说》最为著名。当时在永州的山野间生长着一种奇异的蛇，黑色的身子而有着白色的花纹。据说这种蛇碰到草木，草木都要枯死。如果咬了人，就没有办法救治。但捉到它之后，晾干蛇肉，制成药丸，就可以用来治疗手足痉挛、颈肿、毒疮等疾病，还能去掉腐烂的肌肉，杀死人体内的各种寄生虫。太医奉皇帝的命令来征集这种蛇，每年征收两次，招募能够捕捉蛇的人，用蛇顶替他们应该缴纳的租税。于是永州地方的人都争先恐后地去捕捉这种蛇。

有一户姓蒋的人家，享有捕蛇而不纳税的好处已经三代了。他的祖父、父亲都死在了这件事情上，而他也是好几次几乎丧命于此。柳宗元怜悯他，准备告诉主管收税的官吏，更换他的差事。而那位男子则告诉他老百姓的无奈："自从我家三代居住此乡，累计至今已有六十多年了，而乡邻们的生活一天比一天窘迫。先前和我祖父同时居住在此地的，现在十户还剩下不到一户了；和我父亲同时居住在此地的，现在十家还剩下不到两三家了；和我本人在此地同住了十二年的，现在十户人家也剩下不到四五家了。他们不是死了，就是搬走了，而我却因为捕蛇留了下来。凶横的差吏一来到乡里，就从东头闹到西头，从南边闯到北边，吓得人们乱嚷乱叫，连鸡狗也不得安宁。而我一年里头冒生命危险的只有两次，其余时间便怡然自得，哪像乡邻们天天有这种危险呢！现在即使死在这上头，比起乡邻们的死已经是很幸运的了，又怎么敢怨恨呢？"

《捕蛇者说》这篇文章通过对以捕蛇为业的蒋氏一家三代悲惨遭遇的描述，尖锐地揭露了从唐玄宗天宝后期至作者被贬官永州时约六十年间百姓生活的悲惨状况。在苛重赋税的压榨下，基层民众纷纷走上逃窜死亡的道路，孔子的"苛政猛于虎"诚非虚言。该文具有很强烈的感染力，同时也是古文运动的重要篇章。

韩愈和柳宗元领导的古文运动，在中国文学史上是散文发展的重要转折点。华丽空洞的骈文，开始走上了衰亡的道路。文体开始从骈俪的桎梏中解放出来，变成了充实流畅的散文，扭转了过去三百年来的文风。

传奇小说

无论是诗歌还是散文，唐朝的文学都空前繁荣。由于当时佛教的广泛传播，佛教僧侣在对普通人进行宣讲时，往往把经文通俗化、故事化，有的还边说边唱，增强感染力。这种讲唱形式，称作俗讲，俗讲的话本，称为变文，并逐渐发展为传奇小说，同样为唐朝的文学画上了浓墨重彩的一笔。

传奇小说从最初的讲唱佛经故事，发展到包括历史故事、民间传说和当代人物传记等社会生活的内容。传奇小说其实早在魏晋南北朝时就出现了，不过那时故事中的主人公多是神鬼。唐朝如此繁华的世界，人们可以到处旅行，接触到不同肤色的人，了解到广大世界的奇闻，鬼神自然站不住脚了，现实生活中的人逐渐成为了主角。蒋防的《霍小玉传》、元稹的《莺莺传》等，都风靡一时，令无数唐人为之心动神摇。

另一方面，伴随着科举制度的推行，社会上出现了一种新的风俗，就是"行卷"和"温卷"。当时的应试文人为了获得主考官的赏识，往往在考前送上自己的文章，叫作"行卷"，考后再送则叫"温卷"，这两种文章经常就是考生写的小说。因为小说"文备众体，可见史才、诗笔、议论"。正是这种风气的盛行，刺激了小说的发展。

唐朝小说流传至今的不下百篇，其中较为著名的有四十多篇。第一类是讽谕小说，例如沈既济的《枕中记》。讲述了唐开元年间，卢生郁郁不得志，骑着青驹穿着短衣进京赶考，结果功名不就，垂头丧气。一天旅途中经过邯郸，在客店里遇见了得神仙术的道士吕翁。卢生自叹贫困，道士吕翁便拿出一个瓷枕头让他枕上。卢生倚枕而卧，一入梦乡便娶了美丽温柔的妻子，还

柳毅传书

《柳毅传书》当时在社会上影响很大。早在宋代,苏州就有了柳毅井、柳毅桥等地名。

中了进士,升为陕州牧、京兆尹,最后荣升为户部尚书兼御史大夫、中书令,封为燕国公。他的五个孩子也高官厚禄,嫁娶高门。卢生儿孙满堂,享尽荣华富贵。八十岁时,生病久治不愈,终于死亡。断气时,卢生一惊而醒,转身坐起,左右一看,一切如故,吕翁仍坐在旁边,店主人蒸的黄粱饭还没熟哩! 这也是成语"黄粱一梦"的由来。作者以几十分钟的时间来衬托几十年的光阴,诉说了人间的万般荣华富贵,不过如梦境一样,刹那便会消失。李公佐的《南柯太守传》表达的也是这种意思。

第二类是侠义小说,多描写一些身怀绝技、神出鬼没的英雄人物,以袁郊的《红线传》和裴铏的《聂隐娘》最有代表性。

第三类是爱情小说,如白行简的《李娃传》。讲述了荥阳公子赴京应试,与名妓李娃相爱,结果几乎被其父鞭挞至死。后流落街头,得李娃救护督促,发愤用功,应试得中。其父回心转意,认李娃为儿媳。全篇情节波澜起伏,结构完整。后世多改编为戏曲。

第四类是历史、政治小说,如陈鸿的《东城父老传》。写贾昌幼年以斗鸡得宠,后遭安史之乱,身经沧桑,尽悟前非,遂出家为僧的故事,真实地反映了唐朝天宝年间的历史情况。还有皇甫枚的《三水小牍》,记载了晚唐的异闻轶事。著名的篇章如《飞烟传》，故事悲惨动人；其他如《王知古》，从一个侧面描写了藩镇武将张直方的骄横残暴；《却要》写了女奴的机智泼辣和贵家子弟的荒淫无耻；《鱼玄机》写了女道士鱼玄机的凶悍狂暴，人物颇具个性。文中偶尔穿插一些诗歌骈语，文辞华丽，在晚唐小说中很有特色。

第五类是神话故事，李朝威的《柳毅传》堪称经典。故事讲述书生柳毅在前往长安赴考途中，在泾阳遇到一位女子，在冰天雪地下牧羊。多次打听之下，才知道原来对方是洞庭湖的龙宫三公主，远嫁给泾水龙王十太子，但受其夫泾阳君与公婆虐待。书生柳毅感其不幸，就为其将家书带至洞庭龙宫。其叔父钱塘君将龙女营救出来，回归洞庭，钱塘君就提议柳毅与龙女成婚。柳毅因传信乃急人之难，本无私心，且不满钱塘君之蛮横，故严辞拒绝而去。但龙女对柳毅已生爱慕之心，自誓不嫁他人，后来二人终成眷属。因《柳毅传》富于想象，情节曲折，结构严谨，人物性格鲜明，故李朝威也被后来的一些学者誉之为传奇小说的开山鼻祖。

唐朝的传奇小说对后世文学影响很大，为后世小说提供了广泛的题材。元朝王实甫的《西厢记》就源自元稹的《莺莺传》，明朝的《绣襦记》取材于《李娃传》，清朝洪昇的《长生殿》则来自唐人的《长恨歌传》。至于"三言"、"二拍"及《聊斋志异》等书，受唐朝小说的影响更加明显。

绚丽多彩的艺术

唐朝之所以被称为盛世，除了强大的政治、经济、军事实力以外，还有它灿烂的文化艺术，开放的社会风气，使这一时期的艺术也表现得多姿多彩。

兴盛的书法

宋人欧阳修曾有言："书之盛，莫盛于唐。"事实上也是如此，褚遂良、欧阳询、虞世南、怀素、颜真卿、柳公权、张旭，无一不是在中国书法史上占据显赫地位的大书法家，楷书、行书、草书都有极大的发展。而之所以出现这种局面，则是有多方面的原因在其中的。

唐朝结束了隋末的战乱之后，在政治、经济和军事上都达到了鼎盛时期。国力强盛，中外文化大交流、大融合，旧的框框被打破。国家的强大成为士人昂扬的精神支柱，频繁的文化交流也开阔了文人的视野，唐人的书法创作也由此被注入了强大的活力。

唐朝特别重视书法教育，无论是学校教育、科举考试，都和书法有密切的关系。长安专门设立了六种学馆，书学属于六种学馆之一，专门培养书法

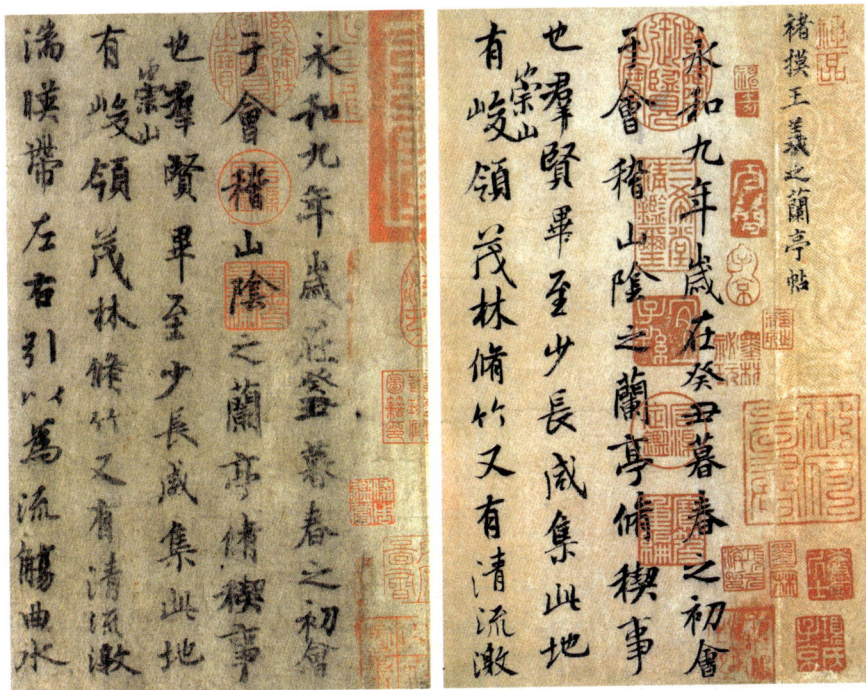

《兰亭序》的两个摹本局部
《兰亭序》真迹已不知去处，但冯承素、褚遂良、虞世南等人曾有摹本，并流传于世。

人才。而当时的皇帝本身也对书法的兴盛起到很大的推动作用，如唐太宗、高宗、睿宗、玄宗等皇帝都十分爱好和提倡书法。加上他们都具有相当的书法造诣，上行下效，使得书学之风鼎盛。特别是唐太宗李世民，他曾以重金募天下所存王羲之书法真迹，开唐代尊崇二王（王羲之和他的儿子王献之）书法的风气。李世民曾下诏京师五品以上的官员必须到弘文馆学习书法，并委任当时的大书法家虞世南、欧阳询、褚遂良等为弘文馆书学博士，教授书法。而在民间，碑刻之风十分盛行，造像刻石、墓志墓表不可胜数，这就对书法有着广阔的需求。

　　而在当时的科举考试中，进士、明经及第以后，不能立即当官，必须经过吏部的考试，考试内容包括身、言、书、判。在具体考试之前，要求应试者必须是"楷书遒美"，先考书判，书判合格后，再考察身、言。这就要求参加考试的士人必须写得一手好字，方得授官职，这也推动了书法的发展。

　　初唐时期最为著名的四名书法家为虞世南、欧阳询、褚遂良、薛稷，号称"初唐四大书家"。其中欧阳询是这四人中最为年长的。他生于557年，祖父曾任陈朝大司空。他最初仿效王羲之，后独辟蹊径，自成一家。

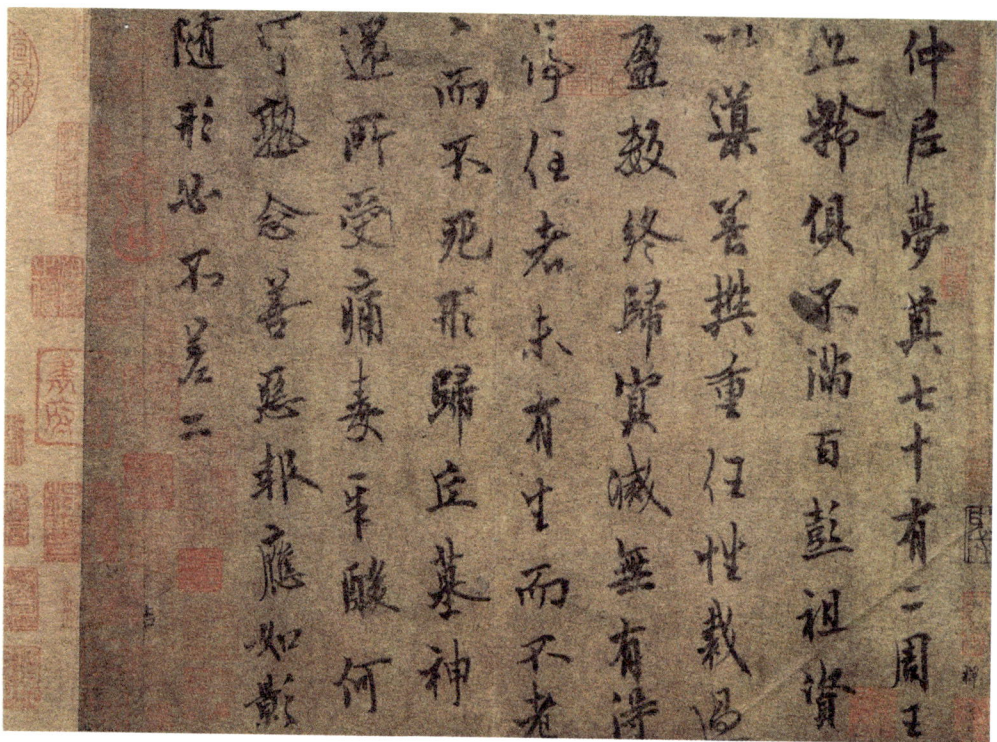

欧阳询《梦奠帖》

《梦奠帖》全称《仲尼梦奠帖》，七十八字。史载孔子在快去世的时候，曾说："予畴昔之夜，梦坐奠于两楹之间。"后人就以"梦奠"来代指死亡。

　　欧阳询的书法早在隋朝就已声名鹊起，远扬海外。但欧阳询自己却并不满足于已经取得的成就，依然读碑临帖，精益求精。据说有一次欧阳询外出游览，偶然在路边看到晋代书法名家索靖所写的石碑。他骑在马上仔细观看了一阵才离开，但刚走几步又忍不住折回来观赏，赞叹不已，久久不愿离去，便干脆铺上毡子坐下反复揣摩。最后竟在碑旁一连待了三天，直到领悟到索靖书法用笔的精神所在，方才离去。他的书法也更为精进，人们都争着想得到他的手迹，一旦得到就视作瑰宝，作为习字的范本。

　　欧阳询的形貌很丑陋，但他的书法却誉满海内外。唐高祖年间，高句丽特地派使者来长安求取欧阳询的书法。唐高祖李渊感叹地说："没想到欧阳询的名声竟大到连远方的夷狄都知道。他们看到欧阳询的笔迹，一定以为他是位形貌魁梧的人物吧？"

　　与"初唐四大书家"的书法作品迥然不同的则是张旭的草书。张旭是一位具有传奇性的人物。他在诗歌方面也颇有造诣，如《桃花溪》："隐隐飞桥隔野烟，石矶西畔问渔船，桃花尽日随流水，洞在清溪何处边？"而《山中留客》更是脍炙人口："山光物态弄春晖，莫为轻阴便拟归。纵使晴明无雨色，入云深处亦沾衣。"

张旭特别爱喝酒，被杜甫列入酒中八仙，并有诗云："张旭三杯草圣传，脱帽露顶王公前，挥毫落纸如云烟。"他常常喝得酩酊大醉，然后就呼叫狂走，然后落笔成书，甚至以头发蘸墨书写，故又有"张颠"的称号。"草圣"也由此流传开来。如今在他曾担任县尉的常熟还有一条"醉尉街"。旧时城内还曾建有"草圣祠"，祠内的一副楹联是这样写的："书道入神，落纸云烟，今古竞传八法；洒狂称草圣，满堂风雨，岁时宜奠三杯。"

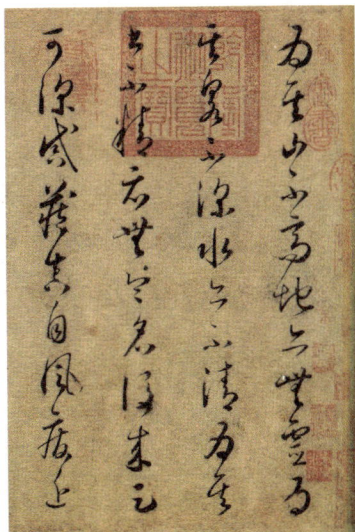

怀素《论书帖》局部
《论书帖》与怀素的其他作品不同，笔法稳健。

他精工楷书、草书，尤以草书著称。他的书法始化于张芝、二王一路，以草书成就最高。史称"草圣"。他一方面继承了二王的传统，后人曾有评论："其名本以颠草，而至于小楷行草又不减草字之妙。其草字虽然奇怪百出，而求其源流，无一点画不该规矩者。"另一方面又效法张芝之艺，创造出潇洒磊落、变幻莫测的狂草来。

张旭的书法在当时就极受欢迎。相传张旭以前的一个邻居，家境贫困，听说张旭性情慷慨大方，就写信给张旭，希望能得到他的资助。张旭非常同情他，便在回信中说，您只要说这信是张旭写的，要价就可以上百金。邻人将信照着他的话上街售卖，果然马上就以高价售出。而唐文宗时也曾下诏宣布张旭草书、李白诗歌、斐旻剑舞并称"三绝"。

唐人曾记载过一则张旭任常熟县尉时从一老翁处获得教益的故事。张旭到常熟才任县尉十多天，就有一个老翁为了一件小事到县衙内告状，张旭给他写了判决书。不料过了几天，这个老翁又来到县衙。张旭很不高兴，责备这个老翁道："你怎么为一件小事屡次告状呢？"这个老翁的回答则非常有意思："我不是为了再来告状，而是因为看到你判决书上的笔法奇妙，想多得一些作为墨宝珍藏起来。"后来张旭得知这老翁家藏有不少遗墨精品时，就请求他拿来观摩。张旭看到老翁先父的墨迹时，惊呼"天下工书者也"，然后就反复揣摩学习，书法又得以长进。

社会上的普通事物在张旭眼中往往蕴含着书法的真谛。韩愈曾这样称赞他："喜怒、窘穷、忧悲、愉佚、怨恨、思慕、酣醉、无聊、不平，有动于心，必于草书焉发之。观于物，见山水崖谷、鸟兽虫鱼、草木之花实、日月列星、风雨水火、雷霆霹雳、歌舞战斗、天地事物之变，可喜可愕，一寓于书。故旭之书，变动犹鬼神，不可端倪，以此终其身而名后世。"相传他曾经看到公主与担夫在羊肠小路上争道，各不相让，但又闪避行进得法，从而领悟到书法应进退参差有致、张弛迎让有情。而根据杜甫的说法，张旭在河南邺县时经常前去观看公孙大娘舞剑，并因此而得草书之神。张旭的书法纵逸豪放，正是盛唐气象的鲜明体现。

怀素是继张旭之后的又一草书大家。他虽为僧人，但却好饮酒，每当饮酒兴起，不分墙壁、衣物、器皿，任意挥写，时人谓之"醉僧"，有"颠张醉素"之称。

怀素小时候家里很穷，年少时就出家当了和尚。他对练书法很感兴趣，但因买不起纸张，就在寺院附近的一块荒地，种植了一万多株芭蕉树。芭蕉长大之后，他摘下芭蕉叶，铺在桌上，临帖挥毫。由于住处触目皆是蕉林，因此他风趣地把住所称为"绿天庵"。他又用漆盘、漆板代纸，勤学精研，盘、板都写穿了，写坏了的笔头也很多，埋在一起，名为"笔冢"。

唐中后期的大书法家有颜真卿、柳公权等。颜真卿把篆、隶、行、楷四种笔法结合起来，创造了方正敦厚、沉着雄浑的新书体，称为颜体，对后世影响极大。他的代表作有《多宝塔碑》《祭侄文稿》等。唐后期的名书法家柳公权以楷书见长，融诸家笔法，自成一体，世称柳体。代表作有《李晟碑》《玄秘塔碑》《神策军碑》等。

多样化绘画

有唐一代，绘画艺术也取得了很大的成就。初唐绘画以宗教佛像和贵族人物画为主，名家有阎立德、阎立本兄弟等，现存的《太宗步辇图》和《历代帝王图》就是阎立本的杰作。

盛唐以后，人物画开始以世俗生活为内容，山水画也日益兴盛起来。最有成就的画家是吴道子，有"画圣"之称。现存的《天王送子图》据说就是他的作品。

唐朝还有许多长于画花鸟禽兽的画家，如薛稷善于画鹤，曹霸、韩幹善于画马，韩滉善于画牛。韩滉的《五牛图》是一幅纸本设色画，是我国现存的最早用纸作画的作品。画中五只不同形态的牛，表现了牛的生活形态和习性，结构标准，造型生动，形貌真切。那时韩幹以画马著称，韩滉以画牛著称，后人因此称为"牛马二韩"。

寺院、石窟和陵墓中的壁画，是唐朝绘画艺术的一个重要方面。敦煌千佛洞的壁画数量之多，内容之丰富，极为罕见。敦煌的唐代壁画规模相当大，总面积有五万多平方米，且内容丰富，有佛像画、佛经故事画、民族传统神

斗牛图

该图作者戴嵩是韩滉的弟子。此图绘两牛相斗的场面，风趣新颖。双牛均用水墨绘出，以浓墨绘蹄、角，点眼目，绘鬃毛，传神生动地画出了斗牛的肌肉张力、逃者喘息逃避的憨态、击者蛮不可挡的气势。

话故事画、经变画等。虽然这些壁画以佛教内容为主，但也反映了敦煌一带的社会经济生活。在石窟中保存有敦煌地区农业生产的画面，如二牛抬扛、曲辕犁播种、割麦、打场、扬场等全部农业生产过程。同时保留了捕野羊、杀野猪、追黄羊的场面，非常生动。

在唐代的敦煌壁画中，人们对"飞天"都盛赞不已。她们婀娜多姿的体态，飘逸动感的姿态都给人们留下了美好的印象。"飞天"在梵文中叫作犍达婆，又叫香音神，在佛经中称为"天人"。据说她们身体裸露，吃的是香品，声音非常悦耳。在佛行事或说法的时候，她们就在佛的周围飞翔，或护持佛赴会，或听候佛的差遣。

飞天的形象主要来源于古代希腊和古罗马神话中的天使、印度犍陀罗艺术和笈多王朝的佛教艺术。我国汉代壁画上她们最早出现的时候，肩上还长着一双翅膀。唐朝时期，飞天的双翅没有了，取而代之的是飞舞的飘带来表示飞翔。飞天的造型到唐代比往日更加成熟。她们个个体态丰腴，一副典型的唐代美女风度，身披的飘带挥舞自如，好像从天上蜿蜒而下。飞天身旁用流云落花衬托，增强了动感。绘画用笔粗壮而又活泼流畅，色彩金碧辉煌。因为飞天是自由、快乐、吉祥、幸福的象征，形象又是如此的优美动人，所以古代画家们最喜欢画她们。不仅把飞天画在佛像的周围，而且还画在龛楣的上端、龛顶的转角处，只要有空余的地方就画上她们。因此这就是敦煌"无壁不飞天"之说法的来源。

反弹琵琶图

此图为莫高窟 112 窟《伎乐图》中一部分。伎乐天手持琵琶，身披裾带，翩然翻飞，施出反弹琵琶的绝技，有一番清韵。人物造型饱满，神态悠闲雍容，线条流畅飞动，画面典雅妩媚。

除了飞天，反弹琵琶也是唐代敦煌壁画中多次出现的。劲健而舒展，迅疾而和谐。反弹琵琶实际上是又奏乐又跳舞，把高超的弹奏技艺、绝妙的舞蹈本领、优雅迷人的姿态集中在舞者的肩上。反弹琵琶是大唐文化一个永恒的符号——"反手拨弦自在弹，盛唐流韵袅千年"。

作为宗教艺术说来，佛像画是敦煌壁画中的主要内容。这里有三世佛、七世佛、释迦牟尼佛、天王、阿修罗等佛。隋唐时期，由于大乘佛教思想的流行，敦煌的佛像画有了新的发展，出现了佛、文殊、普贤、观世音、大势至、四大天王、地藏菩萨等单独形象。

佛经故事画也是壁画的主题，早期壁画中占主要地位的是小乘教的《文度集经》《贤愚经》和《佛说修行本起经》等，内容是佛的本生故事、因缘故事和佛传故事。唐朝时还出现了完整的佛传连环画。例如莫高窟第二十九窟，有一幅长达二十多米的连环画，从摩耶夫人夜梦神人乘象入胎有孕开始，用了六十九个不同情节的画面，一直画到释迦牟尼出家，在菩提树下苦修为止。

敦煌壁画中的图案，多用变形的植物纹、动物纹、天象纹、几何纹，各种纹样大部分具有一定的象征意义。例如莲花在佛经中叫"法花"，象征纯洁、净化、净土，龙、凤、麒麟象征祥瑞，石榴象征多子多孙，忍冬象征坚忍不拔。唐朝时期因为中外交流频繁，受西域、印度的影响，波斯纹样也开始流行于敦煌壁画中。

敦煌雕塑

唐朝的雕塑艺术，以石雕和泥塑最为多彩。如洛阳龙门、永靖炳灵寺等石窟中，有许多唐代的石雕造像，或造型雄伟，或刻画细腻，都具有很高的艺术价值。在陵墓石雕中，昭陵（唐太宗之陵墓）的石刻六骏，刻画了六匹骏马的不同姿态、性格和神情，十分生动逼真。

莫高窟的敦煌艺术是中国文化的瑰宝，而在所有洞窟中，唐朝的内容是最丰富的，手法也是最高超的。雕塑也不例外。如在雕塑方面，著名的敦煌千佛洞，唐窟达二百多个，其中的立体泥塑佛像形态各异，栩栩如生，放射出健美的光彩。它们常常与壁画和谐地结合在一起，显示出雕塑艺人的高度智慧和才能。

由于"神"的身份不同，又分别采取不同手法来表现。主体塑像多为圆塑，侍从的菩萨多是浮雕，而附属的供养菩萨、飞天、千佛等，则采用影塑或浮雕。圆塑的内容主要是佛、菩萨、罗汉、天王等，多是丰圆而略带微笑的面容，还有健壮的体魄，具有西域民族的特点。头上的三珠冠，垂肩的发绺，胸前的缨络，以及交脚面坐的姿势，带有一定的印度、中亚、波斯色彩。而唐朝时期的天王、力士塑像，更是表现了浑身充满力量的神态，这种力量不是虚张声势，而是一种内在力量的显露，具有极其豪放的风度。

诗化的音乐

唐朝的音乐吸收了少数民族和外国音乐的精华，形成了坐部伎和立部伎。坐部伎规模较小，演奏者只有三至十二人，在堂上表演。立部伎在堂下演奏，参加的有数十人。坐部伎主要用龟兹曲，乐器以琵琶为主。立部伎多用大鼓，杂以龟兹曲。

然而唐朝音乐非常突出的一点就是与诗歌的高度结合。白居易的《琵琶行》即是一例，岑参的《白雪歌送武判官归京》也有大量音乐的场面。李颀虽然没有他们知名，但却因音乐诗而闻名，如《古意》一诗有言："辽东小妇年十五，惯弹琵琶能歌舞。今为羌笛出塞声，使我三军泪如雨。"

如果说《古意》还是从侧面来描写音乐，那么《听安万善吹觱篥歌》就对乐器的原料、曲子的来历等作了较为系统的交代，并用生动的语言描绘了

乐舞图

该图绘于 745 年，描绘了胡腾舞者两侧的乐队。左乐舞图立者两人，一吹排箫，一为乐队指挥。跽坐着三人，分竖笛、七弦琴和箜篌。右乐舞图立者三人，一指挥，一横笛，一击拍板。坐者三人分持琵琶、笙和钹。

音乐的美妙："南山截竹为觱篥，此乐本自龟兹出。流传汉地曲转奇，凉州胡人为我吹。旁邻闻者多叹息，远客思乡皆泪垂。世人解听不解赏，长飙风中自来往。枯桑老柏寒飕飗，九雏鸣凤乱啾啾。龙吟虎啸一时发，万籁百泉相与秋。忽然更作渔阳掺，黄云萧条白日暗。变调如闻杨柳春，上林繁花照眼新。岁夜高堂列明烛，美酒一杯声一曲。"

李颀的《听董大弹胡笳兼寄语弄房给事》则是描写唐朝著名乐师董大的胡笳表演："蔡女昔造胡笳声，一弹一十有八拍。胡人落泪沾边草，汉使断肠对归客。古戍苍苍烽火寒，大荒阴沉飞雪白。先拂商弦后角羽，四郊秋叶惊摵摵。董夫子，通神明，深山窃听来妖精。言迟更速皆应手，将往复旋如有情。空山百鸟散还合，万里浮云阴且晴。嘶酸雏雁失群夜，断绝胡儿恋母声。川为静其波，鸟亦罢其鸣。乌珠部落家乡远，逻娑沙尘哀怨生。幽音变调忽飘洒，长风吹林雨堕瓦。迸泉飒飒飞木末，野鹿呦呦走堂下。长安城连东掖垣，凤凰池对青琐门。高才脱略名与利，日夕望君抱琴至。"

诗人感于乐师的演奏，创作了大量的诗歌。而当时的艺人往往也会吟唱诗人的作品。旗亭宴饮即是一例。

相传有一次，诗人王昌龄、高适、王之涣一起到一家名为旗亭的酒楼喝酒，忽然有掌管乐曲的官员率十余名子弟登楼宴饮。三位诗人就加以回避，坐在角落里，围着小火炉，且看他们表演节目。一会儿又有四位美丽的梨园女子登上楼来。随即乐曲奏起，演奏的都是当时流行的曲子。王昌龄三人就约定："我们三个在诗坛上都是知名人物，可是一直未能分出个高低。今天算是有个机会，我们悄悄地听这些歌女们唱歌，谁的诗被唱得最多，谁就最优秀。"

歌女首先唱道："寒雨连江夜入吴，平明送客楚山孤。洛阳亲友如相问，一片冰心在玉壶。"王昌龄就用手指在墙壁上画了一道说："我的一首绝句。"接着一歌女唱道："开箧泪沾臆，见君前日书。夜台何寂寞，犹是子云居。"高适伸手画壁说："我的一首绝句。"又一歌女出场："奉帚平明金殿开，强将团扇共徘徊。玉颜不及寒鸦色，犹带昭阳日影来。"王昌龄非常高兴，又伸手画壁说道："两首绝句。"

大圣遗音
此琴为桐木所制。背面有"大圣遗音"四字，并刻有"巨璧迎秋，寒江印月。万籁悠悠，孤桐飒裂"十六字。

王之涣虽然出名很久，可是歌女们竟然没有唱他的诗作，有点不甘心，就对高适和王昌龄说："刚才这几个唱曲的，都是不出名的歌女，所唱不过是下里巴人之类不入流的歌曲。那阳春白雪之类的高雅之曲，哪里是她们唱得了的呢！"于是用手指着最漂亮的那位歌女说："到这个姑娘唱的时候，如果不是我的诗，我这辈子就再也不和你们争高下了。如果是我的诗的话，你们二位就拜倒在座前，尊我为师好了。"高适和王昌龄也就答应了。

过了一阵，那个最漂亮的姑娘开始唱了，她唱道："黄河远上白云间，一片孤城万仞山。羌笛何须怨杨柳，春风不度玉门关。"王之涣得意至极，揶揄王昌龄和高适说："怎么样，土包子，我说的没错吧！"三位诗人开怀大笑。

那些歌手听到笑声，不知道发生了什么事情，都站了起来问道："请问几位大人，你们在笑什么呢？"王昌龄他们就把比诗的缘由告诉了这些歌女们。歌女们施礼下拜说："请原谅我们俗眼不识神仙，请各位赏光。"三位诗人接受了她们的邀请，欢宴一天。

这种诗歌与音乐结合的现象也与词的出现有相当的关联。唐朝著名词人张志和具有超凡的艺术天赋，"凡歌词、书画、击鼓、吹笛，无不精工"。相传他在颜真卿的一次宴会上，曾赋《渔歌子》词："西塞山前白鹭飞，桃花流水鳜鱼肥。青箬笠，绿蓑衣，斜风细雨不须归。""子"即是"曲子"的简称。词牌《渔歌子》即始于张志和写的《渔歌子》而得名。在场的颜真卿、陆羽、

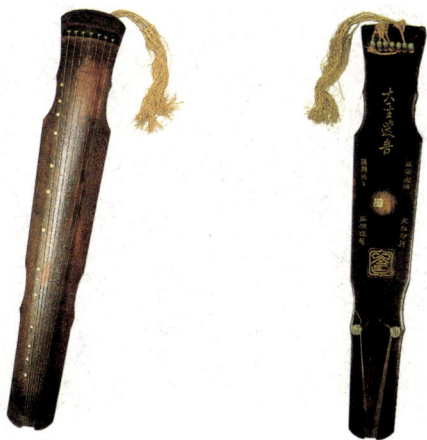

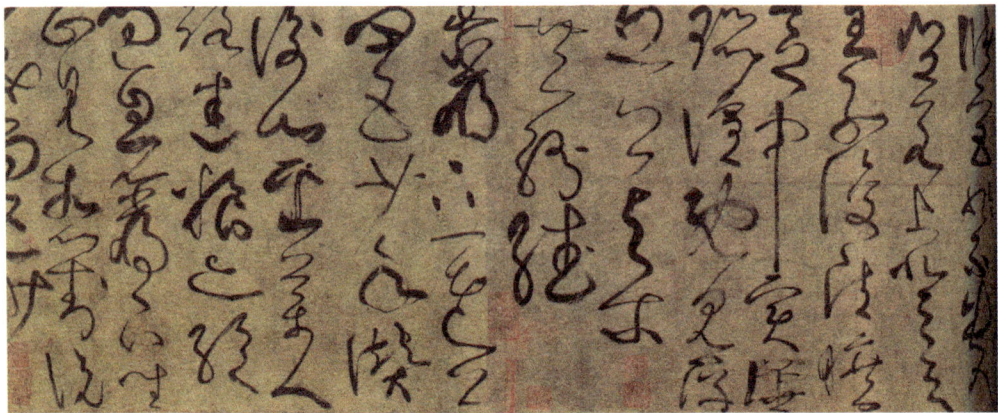

张旭与舞剑

据说历史上著名的草书家张旭在当时观看了公孙大娘的舞蹈之后，从中悟出了书法的道理，从此所写的狂草进入了更高的境界。此事在当时成为了美谈，杜甫还特意把此事写入《观公孙大娘弟子舞剑器行》的序中。

徐士衡、李成矩等人共和了二十五首。张志和就根据这些诗歌画了不少风景图，实为一时盛事。

霓裳羽衣

舞蹈在唐朝也有了很大的发展，并取得了不凡的成就，就包括皇帝后妃们也不例外。李世民曾亲制《破阵舞图》，唐玄宗也擅长音乐舞蹈，曾亲自主持过培养艺人的梨园。

620 年，秦王李世民破刘武周部，军中用旧曲填唱新词，庆祝胜利，这是《秦王破阵》之曲流传于世的开始。唐高宗时的《神功破阵乐》、唐玄宗时的《小破阵乐》，皆出于《秦王破阵乐》。

在演奏时，一百多名乐工披甲持戟，并擂大鼓，声震百里，气壮山河。凡是朝廷设宴招待三品以上的官员及"蛮夷酋长"，都要在玄武门外演奏此一舞曲。此舞以其浓厚的战阵气息和雄壮的气势，令观者"凛然震竦"，也是大唐之风的生动体现。也正因为如此，当年唐三藏玄奘游天竺时，印度历史上著名的戒日王就对这首由"少而灵鉴，长而神武"的"秦王天子"创制的舞曲赞叹不已。

而精于音乐舞蹈的唐玄宗则创制了《霓裳羽衣舞》。唐玄宗精于音律，乐师的演奏一旦出现失误，他就能马上察觉。至于《霓裳羽衣舞》，则有多种说法。

第一种说法认为，一次唐玄宗梦游月宫，遇到仙女舞蹈，歌声玄妙优美，舞姿翩翩轻扬。他醒来之后，对梦中的情景还记得清清楚楚，便很想把梦中的舞曲记录下来。但无论如何回忆，就是谱不全这首舞曲。后来唐玄宗来到三乡驿（驿站名），幻觉中望见了女儿山（传说中的仙山），顿时把在梦中看到的舞曲全想起来了，于是立即记录下来，命令乐工排练《霓裳羽衣舞》。刘禹锡就有"三乡陌上望仙山，归作霓裳羽衣曲"的诗句。

第二种说法则出自《唐会要》的记载，754 年，唐玄宗以太常刻石方式，更改了一些西域传入的舞曲。此曲就是根据河西节度使杨敬述进献的印度《婆罗门曲》改编而成。

第三种则综合了前两种说法，认为此舞曲前半部分（散序）是玄宗幻觉中看到了传说中的女儿山后悠然神往，回宫后根据幻想而作；后半部分（歌和破）则是吸收《婆罗门曲》的音调而成。

《霓裳羽衣舞》是唐歌舞的集大成之作，但在安史之乱后失传。相传该舞曲描绘的是唐玄宗向往神仙而去月宫见到仙女的故事，着力突出虚无缥缈的仙境和舞姿婆娑的仙女形象。舞者穿五色羽服，蝉纱薄饰，宛如仙女下凡。按照白居易的说法，该舞曲共分三十六段，分散序（六段）、中序（十八段）和曲破（十二段）三部分。

唐朝诗人对此多有记载，如元稹《法曲》就有这样的诗句："明皇度曲多新态，宛转侵淫易沈着。赤白桃李取花名，宽裳羽衣号天落。"白居易在《霓裳羽衣歌》中也有表述："千歌百舞不可数，就中最爱霓裳舞。舞时寒食春风天，玉钩栏下香案前。案前舞者颜如玉，不着人家俗衣服。虹裳霞帔步摇冠，钿璎累累佩珊珊。"

需要指出的是，如果按照《唐会要》的说法，该舞曲谱成后的第二年，作为唐朝由盛转衰的安史之乱就爆发了。包括发动安史之乱的安禄山得宠的一个重要原因就是他善跳胡旋舞，但这并不是舞蹈的错。安史之乱的爆发有多方面的原因，至少就唐玄宗而言，还是刘禹锡说得中肯："开元天子万事足，唯惜当时光景促。"是唐玄宗的贪图享乐而不是舞蹈导致了唐王朝的衰落。

值得一提的是，唐朝的舞蹈还有软舞、健舞之分。软舞动作抒情优美，节奏比较舒缓。健舞动作矫健有力，节奏明快。

著名的胡旋舞就属于健舞，以快速轻捷的旋转动作为主要表现内容。舞起来左旋右转，变化多姿，岑参曾有诗"回裾转袖若飞雪，左铤右铤生旋风"。白居易也曾经对胡旋舞作了详细的描述："胡旋女，出康居，徒劳东来万里余。中原自有胡旋者，斗妙争能尔不如。"胡旋女的舞艺高超："胡旋女，胡旋女，心应弦，手应鼓。弦鼓一声双袖举，回雪飘摇转蓬舞。左旋右转不知疲，千匝万周无已时。人间物类无可比，奔车轮缓旋风迟。"

而唐朝最出名的健舞则莫过于舞剑。杜甫曾在《观公孙大娘弟子舞剑器行》中有生动的描述："昔有佳人公孙氏，一舞剑器动四方。观者如山色沮

宋国夫人出行图局部

此图绘张议潮之妻宋国夫人（这是朝廷的封号）出行的壮观场面。她的出行仪仗以歌舞百戏为前导，四人婆娑起舞，乐队六人伴舞。其中还有精彩的载竿表演，一力士顶竿，伸出两手平衡身体，竿上两童子上演惊险动作。这种恢弘的气度乃是唐人的重要特点。

丧，天地为之久低昂。煜如羿射九日落，矫如群帝骖龙翔。来如雷霆收震怒，罢如江海凝清光。绛唇珠袖两寂寞，晚有弟子传芬芳。临颍美人在白帝，妙舞此曲神扬扬。与余问答既有以，感时抚事增惋伤。先帝侍女八千人，公孙剑器初第一。五十年间似反掌，风尘澒洞昏王室。梨园弟子散如烟，女乐余姿映寒日。金粟堆南木已拱，瞿唐石城草萧瑟。玳筵急管曲复终，乐极哀来月东出。老夫不知其所往，足茧荒山转愁疾。"

唐人风流

唐朝之所以被认为是盛世，并不仅是由于其当时高居世界之首的生产力水平，更重要的是其进取、开放、昂扬的精神面貌。"仰天大笑出门去，我辈岂是蓬蒿人"，这是多么的豪迈自信！唐朝正是因为其先进的文化和高昂的民族精神，而成为中国人永久的财富。

《玉川茶歌》诗意图
此图以《玉川茶歌》中的"日高丈五睡正浓，军将打门惊周公"诗意入画。

饮茶

　　唐朝是中国的盛世，许多文化在唐朝或诞生萌芽或发扬光大。饮茶也概莫能外。在这其中，被后人誉为"茶圣"的陆羽对唐人的饮茶习俗起到了极大的推动作用。

　　陆羽生于733年，因相貌丑陋而在三岁时成为弃儿，被竟陵（今湖北天门）龙盖寺住持僧智积禅师收养。对于陆羽的名字，则有两种说法，一种是智积禅师为给孩子取名，占得"渐"卦，卦辞曰："鸿渐于陆，其羽可用为仪。"意思是鸿雁飞于天上，四方皆可通达，两羽翩翩而动，动作队伍整齐有序，可供效法。这就是陆羽姓"陆"名"羽"字"鸿渐"的来历。另外一种说法则是陆羽长大之后自己占卦所得。

　　不管是哪一种说法，仿佛都预示着陆羽这位传奇人物"本为凡贱，实为天骄。来自父母，竟如天降"。陆羽从小就与众不同，他身在佛寺，但不愿皈依佛法，削发为僧。相传在他九岁时，智积禅师让他学习经文，陆羽却问："我既无兄弟，又无后代。剃去头发，身穿僧衣，号称和尚，这能算孝吗？我想要学习孔圣人的文章，可以吗？"智积禅师颇为恼怒，就派他"扫寺地，洁僧厕，践泥污墙，负瓦施屋，牧牛一百二十蹄"，以迫使他悔悟回头。

　　陆羽并不因此而屈服，求知欲望反而更为强烈。一次他偶尔得到东汉大

《论语》玉烛

酒令在唐朝已开始流行。这具"《论语》玉烛"应是这样使用的，酒宴开始后，先由令官饮一杯令酒，然后从圆筒中抽取一支上面刻有来自《论语》的酒令辞句的酒筹，再根据指定由某人来劝酒或罚酒。劝、罚过后就有了抽筹的资格，从而依次劝罚下去。

文学家张衡的《南都赋》，虽然不认识上面的字，只能在放牧的地方端正地坐着，展开书卷，嘴巴动动模仿读书的动作而已。但是智积禅师知道之后，还是把他禁闭于寺中，并派年长者看管。

陆羽不能忍受这种生活，并慨叹："时间一天天过去，我怎么能不知诗书呢？"于是就在十二岁的时候乘人不备，逃出龙盖寺，到了一个戏班子里做了优伶。他虽然长得很丑，又有些口吃，但却非常幽默，演丑角极为成功，后来还编写了名为《谑谈》三卷有关笑话的书籍。

746年，李齐物被贬至竟陵来当太守，县令为其接尘，并让戏班子来演出。李齐物对年仅十四岁的陆羽很是赏识，于是赠他以诗书，并介绍他到隐居于天门西北火门山的邹夫子那里去读书。读书之余，陆羽也常为邹夫子煮茶烹茗。

752年，礼部郎中崔国辅被贬为竟陵司马。该年陆羽告别邹夫子下山，并与崔国辅相识交好，两人常一起出游，品茶鉴水，谈诗论文。后来陆羽就为考察茶事，漫游江南一带。他常常独行野中，评茶品水。不少茶叶由于陆羽的推荐而在社会上名声鹊起。即使同一江中之水，陆羽也能区分出不同水段的品质。他还对所品尝的江河泉水，排为高下二十等，对后世的茶道影响很大。

相传湖州刺史李季卿曾与陆羽相逢。李季卿一向很倾慕陆羽，便很高兴地说："陆君善于品茶，天下闻名。这里的南零水又特别好，二妙相遇，千载难逢。"（南零水又称中泠水，位于江苏镇江金山，唐宋时金山矗立长江中心）他就命令一名士兵前去取水。

过了一阵，水送到了。陆羽用勺舀了些水，便说："这水倒是长江水，但不是南零水，好像是临岸之水"。那位士兵说："我乘舟深入南零，有许多人看见，万不敢虚报。"陆羽一言不发，将水倒去一半，又用勺舀了一些水，然后说："这才是南零水。"那位士兵大惊，急忙认罪："我取水回来，快到岸边时由于船身晃荡，水洒出了半瓶。我害怕不够用，便用岸边之水加满，不想你鉴水的本领如此神通。"李季卿与来宾数十人都十分震惊。

陆羽的这些成果在《茶经》得到了全面的展现。《茶经》是中国乃至世界现存最早、最完整、最全面介绍茶的专著。全书分上、中、下三卷，共十个部分：一之源，二之具，三之造，四之器，五之煮，六之饮，七之事，八之出，九之就，十之图。在该书中，茶叶生产的历史、源流、现状、生产技术以及饮茶技艺、茶道原理都得到相当详尽的论述，赋予茶事以浓郁的文化色彩，对中国乃至整个东亚地区都产生了深远的影响。

而在唐朝，同陆羽《茶经》齐名的还有卢仝的《玉川茶歌》，该诗原名《走笔谢孟谏议寄新茶》。因卢仝自号玉川子，故后人有此称。又因此歌中有饮茶七碗之说，故也被称为《七碗茶歌》。

据说卢仝是初唐诗人卢照邻的后代，但不爱功名，因其《玉川茶歌》脍炙人口，后被人们称为"茶仙"。《玉川茶歌》中有言："一碗喉吻润。二碗破孤闷。三碗搜枯肠，唯有文字五千卷。四碗发轻汗，平生不平事尽向毛孔散。五碗肌骨清。六碗通仙灵。七碗吃不得也，唯觉两腋习习清风生。"卢仝的这首诗歌挥洒自如，虽有夸张，却又恰到好处，对饮茶的普及和茶文化的传播起到很大的推动作用，成为了人们吟诵茶叶的典故。

醉吟

唐朝以前，统治者多把酒看成"伤德败性"之物，汉代"三人以上无故群饮酒，罚金四两"，非遇重大庆典或皇帝特赐，百姓不可聚饮。而唐代统治者则把百姓饮酒看成是政和民乐的表现，故不加禁止。在这种情况下，上至皇室贵族，下至市民村人，都多有饮酒的习惯。当时长安城中酒肆很多，以致有不少胡女在酒肆里充当服务员。李白的《少年行二首》就提到："五陵年少金市东，银鞍白马度春风。落花踏尽游何处，笑入胡姬酒肆中。"更有富豪为标榜自己好客乐善，"每大雪，自坊口扫雪，立于坊前，迎宾就家，具酒暖寒。"

文人对酒更是爱好。李白自称"醉圣"，白居易自称"醉尹"，皮日休自称"醉士"，皆以酒醉自诩，汝阳王李琎干脆自称"酿王"。杜甫的《饮中八仙歌》则生动地描述了当时几名酷爱饮酒的名人："知章骑马似乘船，眼花落

内人双陆图局部

除了围棋以外，双陆也是一种在唐朝颇为流行的游戏。双陆是一种从国外传入的古代棋类游戏，与象棋略为类似，后失传。该图就描绘了贵族妇女们以棋艺消遣的娱乐生活。二女子对弈，左右有人观棋。

井水底眠。汝阳三斗始朝天，道逢曲车口流涎，恨不移封向酒泉。左相日兴费万钱，饮如长鲸吸百川，衔杯乐圣称避贤。宗之潇洒美少年，举觞白眼望青天，皎如玉树临风前。苏晋长斋绣佛前，醉中往往爱逃禅。李白一斗诗百篇，长安市上酒家眠，天子呼来不上船，自称臣是酒中仙。张旭三杯草圣传，脱帽露顶王公前，挥毫落纸如云烟。焦遂五斗方卓然，高谈雄辩惊四筵。"

唐代不少诗人还极为颂扬饮酒的好处。李白认为"古来圣贤皆寂寞，唯有饮者留其名"。而王绩则在《醉乡记》中说："每甚醉，便觉神明安和，血脉通利。既无忤于物，而有乐于身，故纵心以自适也。"在他眼中，饮酒有莫大的好处。而对于白居易，曾有人这样评论："白乐天多乐诗，两千八百首中，饮酒者八百首。"在白居易的笔下，饮酒成为友谊的见证，如《问刘十九》一诗中就说："绿蚁新醅酒，红泥小火炉。晚来天欲雪，能饮一杯无？"据说白居易家有一可泛舟的池塘，若他在船上宴请宾客，就命人在船旁吊百余只装有美酒佳肴的皮囊，随船而行，要吃喝时就先拉起一只，直至吃喝完为止。而在他死后，前来拜墓的人们都用酒来祭奠，曾有一段时间墓前的土地常是湿漉漉的，没有干的时候。

对弈

围棋在唐朝得到了长足发展。晚唐著名诗人皮日休还在《原弈》中对于围棋的起源进行了探讨。而当时的一般人也对围棋的性质有了相当的了解。唐朝著名大臣李泌七岁时曾参加唐玄宗的神童选拔考试，当时唐玄宗正与燕公张说对弈，便想用围棋来考试李泌的才学。张说先作了一首诗："方若棋盘，圆若棋子，动若棋生，静若棋死。"李泌稍假思索即道出："方若行义，圆若用智，动若骋材，静若得意。"句句不离棋而无棋字，玄宗料定他将来必成栋梁之才，嘱咐李泌父母悉心教导。

围棋的流行与皇室的推动有着莫大的关系。唐高祖李渊在任太原留守时，经常与裴寂下围棋，"通宵连日，情忘厌倦"。而李世民也多与臣下对弈，一次吏部尚书唐俭毫不相让，结果惹恼了他，遂被贬到地方。唐玄宗更是特设"棋待诏"一职，以陪皇帝下棋。根据传说，唐僖宗一开始并不会下棋，但一次"梦人以《棋经》三卷，焚而使吞之。及觉，命棋待诏观棋，凡所指画皆出人意"。在这种情况下，围棋就得到广泛的流行。唐人张籍曾有《美人宫棋》一诗："红烛台前出翠娥，海沙铺局巧相和。趁行移手巡收尽，数数看谁得最多？"不过这时候的围棋已由过去的侧重军事价值而转向用来陶冶情操、愉悦身心、增长智慧。弈棋与弹琴、写诗、绘画开始被人们视为风雅之事，成为社会上流行的游艺娱乐项目。

初唐四杰之一的王勃，经常边下棋边作诗，"率下四子成一首诗"。杜甫也很喜欢围棋，虽然当时条件艰苦，仍"老妻画纸为棋局"，不忘围棋。元稹常约友人在自己家中举行棋会。在一次棋会上，老丞相段文昌也应邀前来，大家从掌灯时分一直下到次日天亮，分手时还约定对弈再战的日期，元稹由此写下《酬段丞与诸棋流会宿弊居见赠二十四韵》。

自然也有因为酷爱下棋而差点误了前程的。唐宣宗时期，宰相令狐绹推荐李远为杭州刺史，宣宗却加以驳斥："我听说他有'青山不厌千杯酒，白日惟销一局棋'诗句。放纵如此，怎么能为官一方，治理百姓呢？"令狐绹急忙替他辩解，说这是他在诗歌中使用了夸张的手法，实际上他挺勤政爱民的。宣宗这才勉强同意让他就职。

整体而言，唐朝围棋还是颇为兴盛的，并影响到朝鲜半岛以及日本等地。而在851年，日本国还派遣善于围棋的王子出使长安与人对弈，唐宣宗就命围棋国手顾师言出战。而根据唐人的笔记小说记载，双方落子都十分谨慎，"王子至三十三下，师言惧辱君命，而汗手凝思，方敢落指"。而该位王子冥思苦想许久，仍然举棋不定，毫无解法，"瞪目缩臂，以伏不胜"。他就问唐朝的鸿胪（唐朝负责外交的官员），顾师言棋品可列第几。那位官员骗他说："第三。"实际上顾师言是下得最好的。王子请求与第一会面，鸿胪就谎称："按照我们大唐的规矩，胜了第三方能见第二，胜了第二方能见第一。你不能胜第三，怎么能见第一呢？"日本王子听了之后，便用双手掩住棋盘，叹了口气说："小国的第一，竟然还比不上大国的第三，确实如此啊。"

曲江宴

唐人酷爱出游，或打猎，或赏山玩水。王维曾有诗云："风劲角弓鸣，将军猎渭城。草枯鹰眼疾，雪尽马蹄轻。忽过新丰市，还归细柳营。回看射雕处，千里暮云平。"但对当时的长安人来说，到曲江游览以及进行宴会则是一大盛事。

唐朝的曲江池位于长安城东南。在秦、汉时期，这里是上林苑中的"宜春苑"之所在。因有曲折多姿的水域，故名曲江。隋文帝在曲江辟建了一所专供帝王游赏饮宴的园林，取名"芙蓉园"。而在唐玄宗年间，在芙蓉园的基础上，对曲江园林进行了大规模的修葺营造，池中广植莲花，池四周遍种奇花异草，以曲柳为主，并修建了不少庭台楼阁及寺院，将之变成了半开放式的园林。曲江池也由此成为长安人的游玩胜地。唐人曾有这样的诗句："曲江水满花千树，东马争先尽此来。"

农历三月初三是我国古代的传统节日上巳节，按照习俗，这天人们都要到水边清洗尘垢，除去不祥。到了唐朝，上巳节仍然是一个全国性的重要节日，但已演变成以游春踏青为中心活动的节日。由于唐代开放的社会风气，

游骑图局部

《游骑图》绘一行人马出游的场面，该图为其局部。一骑怀抱马球杖，一骑正在纵马提缰，奋力追赶前面的人。人与马造型雍容大方，神态各异。

许多妇女也前来游玩。杜甫在《丽人行》中写道："三月三日天气新，长安水边多丽人。"一时间曲江一带游人盛集，盛况空前。刘驾《上巳日》写道："上巳曲江滨，喧于市朝路。相寻不见者，此地皆相逢。"

曲江也是皇帝举行宴会的重要场所。自唐中宗开始，每年三月时分，朝廷在曲江为新科进士举行一次盛大的宴会，以示祝贺。曲江宴设于曲江边的杏园，所以又称杏园宴。杏园因此地多栽杏树而得名。每到春天，杏花开放，灿若云霞，又兼草长莺飞的春天景色，是曲江风景最佳处。而唐时进士极为难考，考中进士往往被读书人视为最高荣耀。在那一天，新科进士个个鲜衣怒马，由鼓乐彩旗引路，吹吹打打前往曲江。所经之处万人空巷，连闺阁千金也要卷起帘子，争睹其仪容风采，"十二街前楼阁上，卷帘谁不看神仙"。皇帝也会亲临曲江池边的紫云楼观看，赐予御用水果糕点。长安的行市（百业商店）大半临时迁往曲江，罗列于江岸。长安市民也成千上万俱往曲江看热闹，致使"长安几于半空"。

在曲江盛宴上，新科进士筹觥交错，欢声笑语。宴席上的节日很多，其中一个是歌《诗经·小雅》中的"鹿鸣"诗，因此该宴会又名"鹿鸣宴"。而最出名的还是"探花"，探花在那时只是一项活动名。"探花"的任务由以往

簪花仕女图

唐人极为喜爱鲜花。《簪花仕女图》原是画幅独立的五张屏风画，后改裱为长卷。该图描绘了数位贵族妇女簪花、赏花等情节，从中可以窥见唐人对鲜花的喜爱之一斑。

的进士中两名年轻俊美的人充任的"两街探花使"，骑马遍游长安各处名园，采摘各种早春的鲜花。当时长安官宦人家私宅花园很多，都极乐意开放供"探花使"采摘，可谓"春风得意马蹄疾，一日看尽长安花"。以采到牡丹、芍药为最有运气，但如果有别的人更早一步采得牡丹、芍药等鲜花回来，"探花使"就要受罚。

而贵族子弟、巨商豪贾也竞相设宴曲江边。每逢春日，他们就成群结队，在曲江池畔设帐排宴，享受美好春光。特别值得一提的是多为女子参加的"探春宴"及"裙幄宴"。这使平时蛰居闺门的女子们有了外出游玩的机会，而在这些宴会上，女子们可以聚集饮酒，这也反映了唐人社会风气对女性的开放程度。

"探春宴"在农历正月十五后的"立春"与"雨水"二节气之间举行。达官贵人家的女子们纷纷相约做伴到郊外游宴，仆人或家人还会用马车运去帐幕、餐具及食品。她们先在野外踏青，观赏秀丽山水，然后再搭起帐幕，摆设酒肴，庆祝春天来临。同时还要围绕"春"这个主题进行吟诗联句等娱乐活动，一直玩到傍晚才回去。

"裙幄宴"则是在三月初三进行。唐朝的女子们趁着明媚的春光，带着丰盛的酒肴，来到曲江池边，以草地为席，周围插上竹竿，挂起红裙布作宴幄，

故曰"裙幄宴"。女子们在里边举行饮宴，自得其乐。

　　而在举行"裙幄宴"之前，青年女子往往会举行"斗花"，也就是在游园时比赛谁佩戴的鲜花更名贵更美丽。她们一个个身穿华丽的服装，手持柳枝，头插花朵，"争攀柳丝千千手，间插红花万万头"。当时这项活动非一般民众所能承受。而富家女子为了在斗花中显胜，不惜重金争购各种名贵花卉。而这也吸引了大量民众人群前往观看，成群结队地穿梭于曲江园林间。

女子英气

　　"探春宴"及"裙幄宴"只是唐朝开放社会风气的一个侧面。相对其他朝代而言，女子有了相对高的社会自由与社会地位。这首先体现在婚姻方面。

　　有唐一代，男子在离婚方面还是占据着主导的地位，妻子的命运多系于丈夫和公婆的喜怒之间。白居易有诗云："人生莫作妇人身，百年苦乐由他人。"步非烟更因偷情而被丈夫活活打死。

　　步非烟原是唐朝官吏武公业的小妾，通音律，有文采。武公业虽然对她极为宠爱，但因其为人粗鄙，双方并没有什么共同语言。而邻家的青年男子赵象在一次偶然机会看到容貌纤丽的步非烟，就非常思慕。赵象就用重金买通武家的守门人，托其转达仰慕之情。守门人让自己的妻子去试探步非烟的口风，而步非烟却笑而不答。赵象就用了薛涛笺写了一首诗："一睹倾城貌，尘心只自猜。不随萧史去，拟学阿兰来。""阿兰"是指东汉仙女杜兰香，相传是仙女，却降于人间，嫁凡人为妻。赵象的意思是他对步非烟一见倾心，

捣练图

唐朝的妇女对社会做出了很大贡献，就是宫中妇女也得参加各种劳动。此图就描绘了唐代宫中妇女制作丝绢的劳动场面。图画顺序为自右向左，开始是四个妇女用木杵在捣练，中间是两个人，一个坐在地毡上理丝，另一个坐在凳子上缝纫。最后几个妇女正把练拉直，并将之弄平，其中一个小孩还跑到绢下观看。

希望像"仙女一样高贵"的步非烟能够眷顾他。步非烟也回了口信："我亦曾窥见赵郎，大好才貌，此生薄福，不得当之。"并有诗曰："绿惨双娥不自持，只缘幽恨在新诗。郎心应似琴心怨，脉脉春情更拟谁？"步非烟的意思是因赵象送来的新诗，让她双眉长敛，更增愁苦。他的心意可以说就像是司马相如打动卓文君心房的琴声一样，但是她的心事又能向谁诉说呢？

随着双方的诗文来往，二人的感情日益加深，遂乘武公业因公事繁忙而常不在家之际，赵象就爬过后墙与步非烟私会。过了一段时间，因步非烟曾经以小过错鞭打过某婢女，婢女将私情告诉了武公业。武公业就在该值班的一天找了个借口向上司请假，潜回家中，伏于墙下，本来想抓住赵象，被其挣脱，只扯下一片衣角。武公业就将步非烟绑在柱子上，用马鞭抽打得她流血不止。步非烟始终不开口求饶，并说："生得相亲，死亦何恨！"最后连武公业都打累了，休息了一阵准备再打，这时步非烟已经丧命。武公业以暴疾而亡的名义埋葬了她。而赵象则隐名埋姓，远遁他乡。

步非烟固然有错，但命运也相当悲惨。不过纵观整个封建社会，唐朝在婚姻方面还是比较开放的。公主再嫁者就有多人，三嫁者也不乏其例。在法律层面，男女双方可以自愿离婚，"夫妻不相安谐而和离者，不坐"。而如果女子为舅姑服丧三年，或男方娶时后来富贵者，或女子被休后无家可归，即使女子有不事舅姑、无子、淫、妒、恶疾、哆言、窃盗等情况，男方也不能

休掉女方。而只要男方对女方家族犯有殴杀罪、谋害等罪，女方也可以向官府提出申请，强制离婚。

在女子地位有所提高的情况下，一些女子就在唐朝的政治舞台上扮演了重要的角色。除了武则天，李渊的女儿平阳公主也是唐朝历史上著名的女性人物之一，据说娘子军一词就直接与她相关。当时李渊起兵反隋时，长安的隋朝官员立即下令拘捕李渊的家人，其中就有李渊的女儿平阳公主和她的丈夫柴绍。柴绍听到捉拿他的命令，就对平阳公主说："你父亲起兵，我想去和他会合。我们一起跑肯定跑不掉，把你留下我又怕有危险，你说应该怎么办？"平阳公主极为镇定地说："你一个人走吧，我作为妇道人家，躲起来很容易，到时候我自有办法。"于是柴绍就独自逃走了。

然而平阳公主确实是不一般。在柴绍离开之后，她立刻动身回到鄠县（今陕西西安西南）的李氏庄园，将产业变卖，公开招兵买马。当时的长安虽然还掌握在隋室手中，但周围的州县到处都是各种反叛武装。其中人数最多的一股的首领是胡商何潘仁，手下有几万人。平阳公主就派家僮马三宝前去游说何潘仁，将其纳入旗下。之后她又连续收编了李仲文、向善志、丘师利等人，势力大增。在平阳公主的组织和指挥下，这些乌合之众不但屡次打败隋军的进攻，还夺取了武功、周至、始平等县，队伍也扩大到了七万多人，号称"娘子军"。后来"娘子军"一词被用来指称由女子组成的队伍。等到李渊的主力渡过黄河进入关中时，平阳公主已经在关中站稳了脚跟。丈夫柴绍属于李世民的部下，夫妻二人各领一军，都有自己的指挥部（幕府）。

平阳公主在 623 年去世，她的葬礼有前后部羽葆鼓吹、大辂、麾幢、班

胡服美人图

此系新疆在阿斯塔那墓的绢画残片，应作于704年左右。该歌伎面颊丰腴，身穿胡服。这一形象反映了社会上关于女性的审美标准及妇女服装的流行时尚。

剑四十人、虎贲甲卒。有官员认为女性下葬用鼓吹与古礼制不合，李渊则加以反驳道："鼓吹乃是军乐。公主参谋军务，亲临战阵，古时候有这样的女子吗？以军礼来埋葬她，又有什么不可以的呢？"于是就以军礼下葬平阳公主，并谥平阳公主为"昭"，乃"有德有功"之义。

而唐朝女子给人最深刻的印象就是以胖为美。整体而言，唐人绘画、雕塑、陶俑及各类艺术作品所表现的女性形象，多为"丰肥浓丽"。据说武则天就是额头宽、脸颊丰、颈部圆浑而重叠，极其富态，但这并没有妨碍她夺得最高权力。作为中国古代四大美人之一的杨玉环，更是家喻户晓、流传千古的胖美人典范。白居易有诗曰："春寒赐浴华清池，温泉水滑洗凝脂。侍儿扶起娇无力，始是新承恩泽时。"苏轼则在《孙莘老求墨妙亭诗》中表明了态度："杜陵评书贵瘦硬，此论未公吾不凭。短长肥瘦各有态，玉环飞燕谁敢憎。"

中国人对于女性的审美观并非一成不变，而是经历了复杂的变迁过程。在远古时代，有利于生殖和生产的标准就是女性美的标准。当时生产力水平较低，极度依赖手工劳动，频繁的战争也需要大量的人口，因此能否繁衍更多的后代直接关系到一个群体的兴衰，所以古人极为看重女性的旺盛的繁殖能力和哺育能力。而这只有丰满的女性才能够承担此任。这在国外也不例外。意大利的格里玛狄雕像、沙威格诺雕像、法国洛赛尔洞穴的《持角杯的女像》、奥地利维林多夫雕像等，都是臀部膨大，乳腹部极为丰满和突出。

在中国古代，这种审美取向在基层民众中有着强大的影响。由于中国古代的文化传统极为重视传宗接代，甚至认为"不孝有三，无后为大"，这样较为肥胖的女子就比瘦弱型的女子要更受欢迎。另外在古人看来，太瘦是一种病态的表现，因此"瘦"与"病"多联系在一起。事实上如果女子过瘦的确会引发很多疾病。所以在有些地方，就是到了20世纪，媒人的报酬与女方的体重直接挂钩，女方越重，媒人的报酬就越多。

但对于社会上层而言，他们对女性的生育功能并不如基层民众那么看重，但也有着复杂的变迁过程。

在春秋时期，被后人认为是"千古颂美人者无出其右，是为绝唱"的《诗经·硕人》，其标题的意思就是高大白胖的女子，可见当时的人们还是喜欢高大丰满、皮肤白皙的美女。而到了春秋末期，则出现了一个"楚王好细腰，宫中多饿死"的楚灵王。有人曾这样描述他："楚灵王有一癖性，偏好细腰，不问男女，凡腰围粗大者，一见便如眼中之钉。既成章华之宫，选美人腰细者居之，以此又名曰细腰宫。宫人求媚于王，减食忍饿，以求腰细，甚有饿死而不悔者。国人化之，皆以腰粗为丑，不敢饱食。虽百官入朝，皆用软带紧束其腰，以免王之憎恶。"这种以瘦为美的审美观一直延续至汉代，如赵飞燕就极其纤瘦，以身轻如燕而闻名。应该说唐人不是一开始就以胖为美的。至少就女俑而言，从唐高祖到唐高宗前期，女俑的造型还是身材修长居多。到了唐高宗后期至睿宗时期，女俑服饰开始宽大。直到唐玄宗时期，造型丰满的女俑开始大量出现。

需要指出的是，当时崇尚的"丰肥浓丽"绝不单纯是女性体态上的胖瘦，而是一种全方位的审美理念，所体现的是唐人力量型的、开放兼容的文化视野。唐朝国力强盛，"稻米流脂粟米白，公私仓廪俱丰实"，文明发达，唐人充满了高度的自信，因此崇尚并醉心力量和开张的美。唐人喜爱的牡丹雍容华贵，花型高贵丰满。唐代影响最大的颜体书法也是肥硕浑厚。

五代十国的兴衰

907年朱温篡唐，中原陷入了分裂割据的局面，直到960年北宋建立后才逐渐结束了这种割据局面。在这短短的五十四年间，中原相继出现了后梁、后唐、后晋、后汉、后周五个朝代。而在这五代之外，全国各地还相继出现了前蜀、后蜀、吴、南唐、吴越、闽、楚、南汉、南平和北汉十个割据政权，这就是中国历史上的"五代十国"。

自秦至唐的一千多年中，中国的经济文化重心一直在北方。但经过唐末藩镇割据以及连年战乱和气候环境的变迁，北方社会经济遭到了毁灭性的破坏，人口锐减。而在五代十国时期，中国的南方却相继崛起了一批割据者，他们也进行过混战，但是战争的规模远没有北方大。而且统治者一般都比较注意经济建设，能够推行一些有利于恢复和发展生产的政策，因此在五代十国时期，南方的经济超过了北方。

五代菩萨头像

此菩萨头像脸形已有从唐朝丰满肥硕转向北宋清俊娟秀的趋势。当时军阀混战，民众遭受到极大的苦难，遂将希望寄托在佛教身上，使佛教得到了很大的发展。

后唐的李克用父子

李克用堪称一代枭雄，他因有大功于唐朝而被封为晋王。因与朱温结仇，李克用集团与朱温集团展开了长期的斗争。后来李克用的儿子李存勖消灭后梁建立了后唐，但后唐政权也没能维持多久。

结仇朱温

李克用本姓朱邪氏，祖先是唐朝时西北的沙陀人，因对唐王室有功，因此被唐王朝赐姓李。李克用出生时便有一只眼睛失明，从小就爱骑马射箭。他十五岁那年，庞勋领导桂林戍卒起义，声势浩大，纵横山东、江苏、安徽等地。唐廷十分震惊，急召沙陀骑兵驰援。李克用随父出征，军中称为"飞虎子"，因镇压起义有功，被授为云中牙将。而在黄巢攻占长安城时，唐僖宗急忙下诏，命李克用勤王救援。李克用大破黄巢军，也因功被授河东节度使，地位日益显赫，河东以晋阳（今山西太原）为中心的广大地区也成了李克用的大本营。

李克用当时名声很大，占据淮南的杨行密却常常因为不知其相貌而苦恼，就派了几个画工扮成商人，去河东偷画李克用的像。画工到河东后没多久就暴露了身份，被李克用抓住。李克用一开始很生气，后来又对左右说："我瞎一只眼这是实情，不妨召他们来画一画，看看他们怎么画我。"等画工到了，

蛤蟆仙人图

刘海曾在刘守光手下担任官职，因好黄老之学，再加上欲躲避战乱，就弃官隐居，传说后来成仙而去。因相传他曾收服了一只能口吐金钱的蛤蟆，故又称蛤蟆仙人。

李克用告诉他们："杨行密派你们来给我画像，那你们就画吧。如果今天画不好，这里就是你们的葬身之地！"当时正值盛夏季节，李克用手执扇子驱热，画工便以他拿扇子的样子入画，挡住他的那只瞎眼睛。李克用却大怒道："你这是在谄媚讨好我！"另外一个画工则很聪明，将李克用画成了搭弓射箭的样子，而且微闭一只眼观察箭的曲直，这样他的瞎眼就不会在画中被人看出来了。李克用看后大喜，重赏了那位画工。这段趣事经过后人的加工，变成李克用瘸一条腿，然后单腿跪下做射箭姿势，再闭一只眼拈箭拉弓。

在一次宴会上，年轻气盛、恃才自傲的李克用喝了些酒后，说了一些对朱温很不恭敬的话。朱温怀恨在心，也为了使自己在将来少一个对手，就起了杀心。宴会结束之后，李克用喝得醉醺醺的，回去倒头便睡。朱温遂命部将杨彦洪围住李克用的住所。尽管外面的喊杀声震天动地，李克用却一无所知。他的亲兵薛志勤等人奋起格斗，暂时挡住了朱温手下的进攻。侍从郭景铢吹灭蜡烛，扶着沉醉不醒的李克用躲到了床底下，然后用冷水浇脸才把李克用唤醒。朱温见情形混乱，下令放火，盘算着就算杀不死李克用，烧也烧死他了。但这时正是夏历五月中旬的夜晚，天气突变，一时雷雨大作，竟然压制了火势。薛志勤趁机扶着李克用越墙而出，杀回了营寨。杨彦洪见李克用突出重围，飞马去追。此时朱温也赶到了，误将杨彦洪当作李克用，一箭射死了杨彦洪。

李克用回到自己的根据地之后，立刻集合人马，准备找朱温报仇。他的夫人刘氏就劝他："朱温无道，自当向朝廷申诉，如果擅自举兵相攻，天下人就无法分辨是非曲直了。"李克用也冷静了下来，就没有出兵，只写了一封信质问朱温。朱温却答道："前夜之变，我事先一点都不知情，这都是杨彦洪搞的阴谋。杨彦洪今已自取灭亡，望公鉴察。"朱温把责任推在了死人身上。这件公案唐朝政府没法处理，只好不了了之。不过从此以后，朱温与李克用势成水火。

李克用的三支箭

李克用不善于处理内部矛盾，因此内乱频生，最后还是没有完全打败朱温。临终时李克用下令薄葬，发丧之后二十七天便可除去丧服。如果按照当时的社会风俗，儿子为父亲服丧要满三年，最短也不能少于三个月。李克用要求缩短丧期，就是要长子李存勖以大局为重。为了鼓励儿子，李克用还交给李存勖三支箭："一支箭先讨伐刘仁恭，他是我一手扶植起来的，最后却背叛了我；一支箭北击契丹，当初契丹和我盟誓结为兄弟，相约兴复唐朝社稷，后来他却背信弃义，你一定要讨伐他；最后一支箭去灭朱温。你如能完成这三项心愿，我死而无憾了。"

刘仁恭原是幽州（今北京）节度使李匡威的部下，李匡威兄弟内讧之时，刘仁恭趁机围攻幽州。但到了居庸关时，却被打败了，只好逃往晋阳，投奔李克用，说自己可以拿下幽州城。李克用想都没想就答应了，并派兵协助刘仁恭。刘仁恭虽然口气不小，但能力却不大，也不懂军事，几次都没有攻下幽州。李克用为了早日得到幽州，便亲率重兵围攻，终于得手。得到幽州后，李克用竟然将幽州交给了刘仁恭管理。

刘仁恭借李克用之手如愿以偿地得到幽州，开始一步一步地扩大自己的势力，同时日益远离李克用。在李克用和朱温争夺魏博镇时，李克用向幽州征兵，刘仁恭却借口防备契丹，不给一兵一卒。不久之后，朱温攻下了兖州（今山东兖州）、郓州（今山东东平）地区，李克用再次向刘仁恭借兵，刘仁恭不但不发兵相助，还用重金诱降河东将领。李克用亲自领兵讨伐刘仁恭，轻敌加上醉酒，反而被刘仁恭打败了。

李存勖小名亚子，幼时体貌出众，而且忠厚沉稳，十来岁时便跟随李克用出征作战。在一次战斗得胜后，李存勖随父亲进见唐昭宗，昭宗非常惊讶，夸奖道："这孩子的长相真是出奇！"然后轻抚着他的背说："你日后必定是国家的栋梁之才，不要忘了为我大唐尽忠尽孝啊！"因为昭宗还说了一句"此子可亚其父"，意思是说会使他的父亲成为亚军，也就是超过其父，因而李存勖又名"亚子"。

他继承父位后，首先对军队进行了整顿。为了提高战斗力，他制定了严格的军律，下令战斗部署已定时，必须保持严整的队形和阵式，以防发生混乱，给敌人以可乘之机。分路进军时，到达集结地的时间不得延迟，违者即以斩首。李存勖还利用自己的音乐才能，制作了不少军歌，让将士在作战时

参军戏俑

中国很早就有滑稽戏的表演。秦汉之时就有俳优，到了唐朝则发展出参军戏。此戏为两个角色合演，一个机智，称参军，一个愚鲁，称苍鹘，与相声有点类似。这种表演形式在五代、北宋时仍有出现。李存勖与李继岌合作演出的这出戏就有滑稽戏的成分。

一起放声高唱。这次改革收到了极大的效果，军队战斗力得到很大的提高。

李存勖将三支箭供奉在家庙里，每临出征就派人取来，带着上阵，打了胜仗，又送回家庙，表示完成了任务。914年，李存勖攻破幽州，擒获刘仁恭、刘守光父子。数年之后，他又大破契丹兵，将耶律阿保机赶回北方。923年，李存勖攻灭后梁，统一了北方，基本上完成了李克用的遗愿。

李存勖称帝

黄巢起义之后，唐王朝的统治摇摇欲坠，每当有人挟持唐朝皇帝，李克用便以救驾灭贼为名，联合各方势力讨伐。这样既能趁势扩张自己的势力，又能收买人心。李茂贞劫持唐昭宗、朱温迫使唐昭宗迁往洛阳，这些都给了李克用极好的讨伐借口。朱温称帝后，李克用却拒绝了手下称帝的建议，以唐王朝忠臣的身份进行讨伐，在与后梁的对抗中逐渐占据了上风。

一些仍忠于唐朝的人员就投靠了李克用。如宦官张承业尽心辅佐李克用、李存勖，就是为了灭掉后梁，复兴唐朝。而李存勖在灭亡后梁后，有了称帝之意。张承业顾不得身体有病，让人抬着他去劝说李存勖："大王父子血战三十余年，都是为国报仇，复兴唐室，现在万万不能称帝。"李存勖见张承业态度如此坚决，也不好说是自己想要登基，只说这是众将的意思。张承业劝说了半天，李存勖还是没有改变主意，毕竟帝位的诱惑力太大了。绝望的张承业最后对李存勖说："主将血战是为了李唐王朝，现在我王自取之，误老奴矣！"之后他忧郁成疾，不久便病死了。

李存勖在 923 年宣称他是唐王朝帝位的合法继承人，自称皇帝，史称后唐，是为后唐庄宗。坐上龙椅的李存勖兴高采烈，自夸道："吾于十指上得天下！"后唐之所以能够夺得天下，靠的是战略得当，将士用命，文武百官各司其职，但李存勖却认为天下是靠他一个人赤手空拳打下来的。统治者目中无人到了如此程度，他离败亡也就不远了。

宠幸伶人

称帝之后，李存勖的全部心思就不再是天下了，而是唱曲演戏。在战场上，在称帝前，李存勖冒死陷阵，英勇有为。但在政治上，在登基后，李存勖却是盲人瞎马，愚蠢妄为。

后唐庄宗李存勖不但喜欢戏曲，而且懂音律，能谱曲。直到宋朝，山西一带的人们往往还能唱他谱的曲子。他很喜欢看戏、演戏。李存勖还常常面涂粉墨，穿上戏装，进入"戏班子"之中，和艺人们一起耍笑。他宠幸一位刘夫人，为了博得刘夫人的欢心，他什么都敢演，什么都敢说，卖呆出丑无以复加。和那些艺人一样，李存勖也要有个"艺名"，于是他给自己取名为"李天下"。这样每日里朝廷宫阙上下，艺人们来来往往，不管什么样的人都张口闭口"李天下"的胡叫。李存勖却听之任之。有一天他上台演戏演到兴头上，连呼了两声"李天下"。敬新磨走上前来，啪地打了他一个大嘴巴。李存勖本人也目瞪口呆，侍从都大惊失色。其他伶人就把敬新磨抓了起来，质问他："你怎么敢打天子的耳光？"他却嬉笑着解释道："理（李）天下的只有你一个人，你连叫两声，那个理（李）天下的是什么人呢？"周围的人都笑了起来，李存勖竟然很高兴，还赏赐了敬新磨。

根据史书记载，还有一次，敬新磨在殿中奏事，而当时殿里面养有很多狗。敬新磨离开的时候，有只狗起来追他，敬新磨就靠着一根柱子边，向李存勖大声喊道："陛下，不要放纵你的儿女们来咬人！"李存勖是来自北方少数民族，忌讳狗字，因此敬新磨以此来讥讽他。李存勖大怒，立即张弓搭箭，准备射死敬新磨。敬新磨急忙说道："陛下不要杀我啊，我与你是一体的，杀了很不吉祥！"李存勖感觉很吃惊，问其原因。敬新磨回答道："陛下开国，改元同光。天下都称你为同光帝。'同'就是铜，杀了敬新磨，那铜就没有光了啊！"（铜器如果不磨的话，极易生锈）李存勖顿时大笑，就把敬新磨放了。李存勖的皇后名叫刘乐，她的父亲刘叟原来以卖药占卜为生，号刘

正史史料

忧劳可以兴国，逸豫可以亡身，自然之理也。故方其盛也，举天下之豪杰莫能与之争；及其衰也，数十伶人困之，而身死国灭，为天下笑。夫祸患常积于忽微，而智勇多困于所溺，岂独伶人也哉！

——欧阳修《新五代史·伶官传序》

山人。刘皇后的性格非常凶悍，正与其他姬妾争宠，常常为自己的出身感到自卑，因而非常忌讳说到自己的出身。当时中原大乱，他父亲曾携带她逃难，但被李存勖的将领袁建丰掠走。刘山人为了保护她，被乱兵打翻在地，血流如注。后来她当上了皇后，他的父亲得知消息后，就赶快来找自己的女儿。李存勖特意将袁建丰找来核实，确认了他的身份。李存勖本来想以隆重之礼接待刘山人，但是刘皇后却死活不肯认自己的父亲，还说："臣妾小时候被带走时，还有一点记忆在。臣妾的父亲不幸被乱兵杀死，臣妾还伏在父亲的尸首上痛哭过。臣妾的父亲既然已经死了，那现在这名老翁分明是贪图荣华富贵而冒名顶替臣妾的父亲的。"说完后刘皇后就命人将亲生父亲刘山人打了几十大板。但李存勖却仿做了刘叟的衣服，背上药篓子和药书，让他的儿子李继岌提着破帽子跟在后面，一块跑到刘皇后的卧室里说："刘山人来看女儿了。"刘皇后大怒，打了李继岌一顿，并把李存勖赶了出去。这事在宫中被传为笑谈。

事实上李存勖不但沉溺于戏剧，而且那些唱歌跳舞演杂戏的艺人们也得到他的垂青，广泛地参与到朝廷政治生活中，这也成为李存勖败亡的重要原因之一。

李存勖喜欢打猎，但常常踏坏庄稼，把洛阳附近的农田糟蹋得不像样子。洛阳令就潜伏在草丛中等候李存勖，拦住李存勖的马劝说道："陛下还没有统一天下，战争也没有停息，因而征收繁重的赋税以及劳役老百姓以供应军队的粮饷。现在田里的庄稼快熟了，但您为什么却放纵游猎，毁坏众多的庄稼呢？这样老百姓如何缴纳租赋，官员如何监督老百姓努力耕作呢？陛下如果不听我的劝告，请赐我死于你的马前，这样后世就知道这是陛下的过失了。"李存勖没有想到自己会有这样忠心尽职的地方官吏，于是暂时停止了游猎。但过了一段时间后，仍旧继续四处打猎。

自然伶人中也不乏忠直之辈，敬新磨就是其中之一。有一次李存勖跑到中牟（今河南中牟）打猎，践踏了农民的田地，中牟县令也拦住马头，为民请命。李存勖大怒，呵斥他离开，并且准备杀掉他。敬新磨知道这样不好，就带领诸位伶人追上县令，把他带到李存勖的马前，斥责他："你作为县令，难道就不知道皇帝喜欢打猎吗？为什么为了给朝廷缴纳税赋而放任农民种庄稼呢？为什么不让你们县的农民挨饿，空出此地以让皇帝驰骋呢？你应该被处死。"说完就请求李存勖赶快把他处死，其他伶人也纷纷附和。李存勖大笑，县令才得免一死。

但像敬新磨这样的伶人毕竟是少数，就是敬新磨的受宠也是朝政混乱的重要表现。尽职尽责的朝廷命官的谏言和性命竟然还不如这些伶人的逗笑管用。李存勖与后梁多次作战，他宠爱的伶人周匝被后梁军队俘获。等到李存勖后来灭掉了后梁，进入大梁城，周匝就跑到他马前来谒见。李存勖非常高兴，赐给他财物，并慰劳他。周匝则告诉李存勖说，他之所以被后梁军队俘获而不死，是因为后梁主管伶人事宜的陈俊以及储德源的帮助，希望能够给两个州来报答他们。李存勖则许诺把他们两个都任命为刺史。郭崇韬劝说道："与陛下一起打下天下的人，都是英勇忠义的壮士。现在大功绩刚刚完成，还没有给那些壮士封官赏赐，反而先任命伶人做刺史，这会失去天下的人心，不可以啊！"李存勖听从了他的劝诫。但在第二年，周匝又多次提起此事，李存勖就对郭崇韬说："我已经答应了周匝了，如果食言，让我不好意思见他们三人。你的话虽然很对，但还是为我委屈一下，答应他们吧。"最后还是任命陈俊为景州刺史、储德源为宪州刺史。

在这种混乱的朝政下，伶人们得到皇上的宠幸，为所欲为，而那些文臣武将们却倒了霉。不少伶人拨弄是非，造谣生事，专门说朝臣们的坏话。李存勖也偏听偏信，滥施惩罚。李存勖还派出伶人去刺探臣僚们的言行。群臣愤嫉于内，诸将怨惧于外。但众人气愤之余又不敢向李存勖告状，有的人甚至反过来巴结伶人，以保富贵，就连手握重兵的节度使们也被迫争相用重金去贿赂伶人。

另外李存勖无视唐朝宦官祸害之烈，还起用唐朝遗留下的宦官，视他们为心腹，担任宫中各执事和诸镇的监军，他身边的宦官多达近千人。唐末宦官大批被杀，侥幸逃生的宦官多藏匿于民间，这下又神气起来了。将领们受到宦官的监视、侮辱，"由是藩镇皆愤怒"。

李存勖只信任伶人和宦官，每天只是在宫中忙着看戏，刘皇后则加剧了局势的恶化。当时中原连年大旱，那些血战数十年的将士缺乏粮食，其父母妻儿不得不到郊外挖掘草根充饥，就在挖掘草根时，往往倒地饿死。可是李存勖毫不在意，游猎享乐如故。有官员建议暂时借用皇宫里堆积如山的金银绸缎，发给将士养家救死，等到国库充足时，再如数归还。李存勖是答应了，

掐丝团花金杯

此杯是何家庄窖藏坑的二百多件金银器的一件。相传一位唐朝贵族在安史之乱时因财宝太多，一时难以带走，就埋了起来。后来因经办人死于战乱，从此无人知道这宗地下宝藏的具体地点。当时的唐朝"朱门酒肉臭，路有冻死骨"，遂成为安史之乱的重要诱因。李存勖也因皇后贪财而丧失了军心民心。

但刘皇后却对这个建议大发雷霆，她派人送出两个银盆和三位皇子，告诉宰相说："宫里只剩下这点东西，请你卖掉以充军饷吧！"官员们目瞪口呆，敢怒不敢言。后来救济兵士之事也就不了了之。民众生活痛苦不堪，她却花费大量钱财去供养佛寺。

925 年，郭崇韬灭掉了前蜀，但却在次年因为不能满足宦官们的索取，被诬陷谋反。本来郭崇韬因为李存勖重用伶人，曾多次进谏，这使李存勖非常不快，加上伶人又对他多加诋毁，使李存勖对他猜疑更深。此后李存勖又听信伶人的逸言，冤杀了功臣朱友谦一家。这样大臣及将领们都惶恐不安，戍卒皇甫晖作乱，而前去镇压的军队也多发生兵变。大将李嗣源被叛军所拥戴，在邺都（今河北大名）起兵反对李存勖。李存勖前去平叛，士兵大多溃散。李存勖声称即行颁发赏赐，但将士们直率地回答说："我们的父母妻儿已经饿死了，还要这些干什么？赏赐再多，也不能救回他们的生命，我们并不感激。"李存勖见众叛亲离，唯有流泪不已。

李存勖只好退守洛阳，结果又有伶人作乱，李存勖带领侍卫亲兵抵挡。纷乱中一箭飞来，正中李存勖的面门。宦官将他扶入宫内殿廊下，拔出箭矢，血流如注。不过刘皇后并没有前去看望他的伤势，而是让宦官送去一碗酪浆。据说拔箭之后，喝水还有存活的希望，喝酪浆是非死不可。李存勖饮下之后，倒地而死。宫人们怕他的尸体被叛军肢解，于是把众多的乐器堆在他的身上，点火将尸体焚烧。而刘皇后则携带着价值连城的珍宝，从洛阳骑马逃到晋阳（今山西太原），躲进尼姑庵为尼，但新继位的皇帝李嗣源还是将其处死了。

后唐灭亡与儿皇帝

李存勖死后，李嗣源当上了后唐皇帝，称帝后改名李亶，是为后唐明宗。后来皇位经过后唐闵帝李从厚，传到了末帝李从珂手中。936 年，李从珂下令调他的姐夫河东节度使石敬瑭到郓州（今山东东平）任天平节度使。石敬瑭拒不接受命令，起兵叛变，并向塞北的契丹请求援助，应许割让幽云十六州的土地作为报酬。契丹皇帝耶律德光异常兴奋，御驾亲征，击溃了后唐军队。李从珂见大势已去，带着全家登楼，放火自焚。李从珂的皇后想把宫殿全部烧毁，儿子李重美劝阻说："新皇帝来了，还要用的，烧了又要花多少民力重造。死了还要惹人怨，这是何苦呢？"皇后于是放弃了这个主意。石敬瑭的岳母曹太后也在其中，有人劝她不必死，她却说："子孙弄到这样下场，我何忍独生！"

不过李从珂在自杀的同时，也拉上耶律倍陪葬。耶律倍又名李赞华，是耶律阿保机的长子，也就是耶律德光的哥哥。他曾在916年被立为太子，后被封为东丹王，后来因为兄弟矛盾被迫流亡到后唐。耶律倍拒绝前去，李从珂立刻派人赶到耶律倍的住处杀死了他。

石敬瑭击败李从珂之后，建立了后晋，是为后晋高祖。他一当上皇帝，马上就在938年把幽云十六州割让给契丹。幽云十六州分别是幽州（今北京）、顺州（今北京顺义）、儒州（今北京延庆）、檀州（今北京密云）、蓟州（今天津蓟州区）、涿州（今河北涿州）、瀛州（今河北河间）、莫州（今河北任丘北）、新州（今河北涿鹿）、妫州（今河北怀来）、武州（今河北张家口东南）、蔚州（今河北蔚县）、应州（今山西应县）、寰州（今山西朔州东）、朔州（今山西朔州）、云州（今山西大同）。契丹得到广大的农耕地区，开始从单纯的游牧经济转向游牧与农耕相结合混合经济，实力大增。在古代，游牧民族固然拥有强大的武力，但也是非常脆弱的，一场大雪就能让草原的牲畜死亡大半。强大一时的东突厥就是因为一场大雪而元气大伤，再加上唐朝将领千里奔袭，击破东突厥的王廷，东突厥就此瓦解。而农耕地区的生产则比较稳定。拥有幽云十六州的契丹后来支援北汉，一次就能给粮数万石。

除了割地，石敬瑭还尊称辽太宗耶律德光为"父"，自称为"儿"。事实上那一年耶律德光才三十七岁，而石敬瑭年已四十七岁，石敬瑭因此成了中国历史上有名的"儿皇帝"。

吴越

在南方十国中，钱镠建立的吴越国是比较安定的地区。吴越定都杭州，盛时拥有十三州之地，疆域大致分布在今天的浙江全省、江苏西南部、福建东北部。

钱镠其人

钱镠年少时因为家贫，靠贩卖私盐为生，后来从军，曾任浙西镇将董昌的部将。黄巢起义军攻至浙东一带时，钱镠用很少的兵力保住了杭州。唐王朝遂封他为都指挥使，后来又提拔为节度使。

东丹王出行图

此幅画为耶律倍的作品，走在队伍最后面的即为耶律倍。他因在皇位之争中被迫流亡。虽然被后唐接纳，但辽国又与后唐发生了冲突。此种尴尬处境在他忧郁的表情中体现得尤为明显。

在混乱动荡的环境里，钱镠小心自保，在位期间始终不称皇帝，并发明了"警枕"。他用一段滚圆的木头做枕头，叫作"警枕"，困了就斜靠着它休息。如果睡熟了，头从枕上滑落下来，人也就会醒过来了。他卧室里放有粉盘，夜里若想起什么事，就立刻在粉盘上记下来，免得白天遗忘。

钱镠不但严于律己，而且对待部下也很严格。一天晚上，在他住所周围值更的兵士坐在墙脚打起盹来。忽然几颗铜弹子飞到兵士身边，兵士顿时被惊醒。原来这些铜弹子是钱镠从墙里打过来的，从此那些士兵在值更的时候就再也不敢打盹了。还有一天夜里，钱镠穿了便服外出，回来的时候城的北门已经关闭了。钱镠在城外高喊开门，管门的官员不理睬他。钱镠就谎称："大王派我出去办事，现在我要急着回城。"那位官员说："晚上看人看不清楚，别说是大王派的人，就是大王自己过来，也不能开门。"钱镠无奈，只好从南门进了城。第二天他就把管北门的那位官员找来，称赞他办事认真，并重重地赏赐了他。

修筑海堤

在相对和平的环境下，吴越境内的农业生产获得了进一步的发展，手工业方面丝织、造纸，特别是陶瓷，都在唐代基础上有了更大的进步，其秘色青瓷制作精美，闻名于世。

　　隋代杭州只有一万多户，吴越盛时已达十余万家。其中很重要的一个因素就是钱镠解决了民众的饮水问题。他命人引西湖水入城，又开凿九十多眼水井，以解决居民的供水问题。值得一提的是，在907年时，有人向钱王献策，说如填西湖更建新城，国运可至千年。钱镠不以为然，说百姓靠湖水为生，无水即无民，再说哪有千年国运，有国百年就基本满意了。

　　吴越在水利工程方面的成就更为人称道。吴越重点整治了钱塘江流域和太湖流域。浙江武义的长安堰，溉田十多万亩。鄞县东钱湖的石塘，湖水溉田五十余万亩。越州的大鉴湖，溉田十多万亩。吴越之地开始变成了鱼米之乡。

　　钱镠最为世人称道的，莫过于他修建海堤。杭州钱塘江沿岸潮水极大，往往会冲坍堤岸，毁坏农田。钱镠便下令改进修建技术，有人就提出了一种办法，即用巨竹编成大竹笼，内装石块，投入水中，再用许多巨木，一层层地竖在滩上，构成坚实的基础。910年，钱镠征调数十万军民，筑起一道长达千里的捍海石塘，并设立水闸，防止海水倒灌，彻底根治了杭州城的潮侵之患。钱镠采用了这个方法，造成钱塘江捍海石塘，还征发民工修筑钱塘江的石堤和沿江的水闸，防止海水倒灌。他又命人凿平江里的大礁石，以方便船只来往。因为他在兴修水利方面的贡献，所以民间称他为"海龙王"，并留下了"钱王射潮"的美丽传说。相传钱镠为了解决潮侵之患，决心修建捍海石塘，但均因钱塘江潮头水太高，潮水冲击的力量又猛，因此钱塘江两岸的堤坝，总是日修夜坍。因此有民谣说："黄河日修一斗金，钱江日修一斗银。"手下的人告诉他："大王，这海堤还是不要修了，是不会修好的。因为钱塘江里面有个跟龙王住在一起的潮神总是跟我们作对，每当海堤修得差不多的时候，他就会兴风作浪，鼓起潮头，冲坍海堤。"钱镠就作表申告于天，到潮神祠祭祀，并将"传语龙王并水府，钱塘借与筑钱城"诗句投入水中。结果海塘还是被潮水冲毁了。

钱镠于是大怒道："潮神如果有灵的话，应该照顾当地的老百姓。我修筑堤塘，都是为了老百姓的利益，怎么能屡次毁坏我的工程。这样的潮神，我一定要用弓箭射他，以示惩罚。"然后他就精选了一万名弓箭手，在农历八月十八即潮神生日那天，强弩齐发，将潮水射退，遂修成捍海石塘。

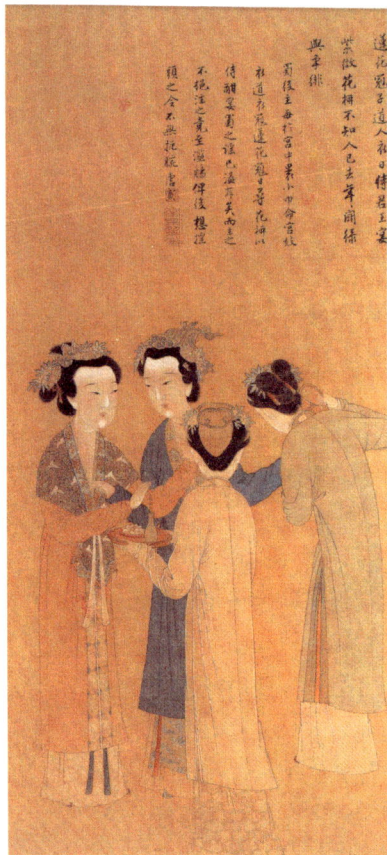

孟蜀宫妓图

此图为明人唐伯虎所绘。图中宫妓四人，衣着华贵，云髻高耸，头戴花冠，似在交谈，宫廷富贵的生活气息呼之欲出，作者借此揭露孟蜀政权糜烂奢侈的生活，其讽喻之意见于画外。

前蜀后蜀

前蜀是王建所建，都城成都，盛时疆域约包括今天的四川大部、甘肃东南部、陕西南部、湖北西部地区。前蜀仅仅两代就被后唐所灭，节度使孟知祥又建立了后蜀政权，但后蜀政权同样也是仅传承了两代即亡国。

两代而亡

前蜀的建立者王建打下江山并不容易。他曾经在唐僖宗逃亡过程中立有大功。当时山中的栈道几乎被烧断，浓烟中路也看不清楚，王建奋不顾身，冲在前面开路。而在休息的时候，唐僖宗累得枕着王建的腿就睡着了。唐僖宗醒来后，见王建为保护自己一直没有休息，感动得热泪盈眶。

王建建立政权之后，下诏劝课农桑，发展生产，命令官吏不得侵扰百姓，以使他们能安居乐业，并能听取臣下的谏议，政治相对清明。一次有个和尚挖出自己的一只眼珠子献给王建。王建非常感动，就下令由官府供给一万名僧人的饭食。有大臣提出不同意见："此人无故自残，不追究他的罪过已经是宽恕了，不应该再这样重赏饭食，以免不良风俗泛滥。"王建听了醒悟过来，马上收回了成命。

王建晚年，前蜀的国力减衰。一天王建偶然听见太子王衍和诸王斗鸡、打球喧呼的声音，不由地感叹道："我身经百战，才开创了这个局面，他能守得住吗！"王衍虽然相貌俊伟，才思敏捷，且颇有才学，但只是喜欢吃喝玩乐，根本不是治国安邦的材料。一次王衍见一民女貌美，也不管人家已经订婚，就强夺过来，女子的未婚夫气得恸哭而死。

后唐的李严出使前蜀时，看到王衍的荒淫无度，回去就建议攻打前蜀。925 年，王衍出游秦州（今甘肃天水西北），大臣蒲禹卿上表劝谏。王衍宠信的韩昭见了大怒，骂道："等皇上归来后，当使狱吏好好问你的罪！"但没等王衍走到秦州，后唐的大军就杀了过来，只用了七十天时间就灭了前蜀，王衍献城投降，后来被杀。

后主丧国

925 年，后唐灭掉前蜀，以孟知祥为西川节度史。等到李嗣源一死，后唐陷入了混战，李从珂起兵争夺皇位，没有精力顾及蜀中之地。孟知祥就听从他人的劝告，在成都正式称帝，建国号蜀，史称后蜀。

孟知祥在位期间，减轻了百姓的负担，废除了一些苛捐杂税，并组织修缮水利设施，以促进农业生产。他还整顿地方吏治，派遣清廉官员上任，以收揽民心，巩固统治，但他在皇帝的宝座上只待了半年就因病而死。他死之后，十六岁的儿子孟昶继位。因纨绮子弟王昭远善于逢迎，孟昶便加以重用，一切政务都委托王昭远办理，自己则纵情享乐。

他挑选民间美女充实后宫，宫人竟有数千人之多。有一名姓费的女子，因风姿秀逸，且精工音律，孟昶就将其选入宫中，宠爱异常。因前蜀王建有妾号为花蕊夫人，孟昶也就袭其名称，封费氏为花蕊夫人。孟昶天天沉溺在脂粉堆里，一有闲暇，便和花蕊夫人一道将后宫召来，亲自点选。选出资容俊秀之人，轮流奉侍，并加以封号，其品秩比于公卿士大夫。

孟昶还下令成都"城头尽种芙蓉，秋间盛开，蔚若锦绣"。成都之别号"蓉城"自此而始。以至后来的宋朝军队兵临城下时，遥望成都城墙上仿佛兵甲旌旗林立，近看却是一片绿荫，这一度让宋军大惑不解。事实上就在孟昶纵情享乐的时候，赵匡胤已经开始了南征北伐。有人劝孟昶做好防备，但他却认为蜀地山川险阻，不足为虑。结果宋兵一到，后蜀旋即灭亡。

亡于李后主的南唐

南唐为李昇在 937 年所建，共历经三代，最盛时幅员包括三十五个州，大约地跨今江西全省及安徽、江苏、福建、湖北和湖南等省的一部分。总体

勘书图

在南唐一朝，文人极受重视。该图就描绘了当时文士勘书之暇挑耳自娱的情景。画中文士袒胸赤足，一手扶椅，一手挑耳，微闭左目，复翘脚趾，颇为悠闲自得。

而言，南唐经济较为发达，使得江淮地区在五代乱世中"比年丰稔，兵食有余"，为中国南方的经济开发做出了重大贡献，文化也出现了繁荣局面。

李昪的统治

李昪极为重视农业，在称帝之前就采纳了大臣宋齐丘"虚抬时价，以折绢及蠲课调"的建议。当时绢的市价每匹五百文，绸六百文，绵（丝绵）每两十五文。宋齐丘建议将绢每匹价格定为一千七百文，绸两千四百文，绵每两四十文。如果实施这一建议，官府会受到很大的损失。但李昪极为赞赏，认为是"劝农上策"，就采纳了这一政策。不到十年，江淮地区便呈现出"野无闲田，桑无隙地"的繁荣富裕景象。

李昪称帝之后，规定三年内栽种桑树达三千株的，赏帛五十匹；每丁垦田达到八十亩的，赏钱两万。桑田和农田免租税五年。同时他还极为注意招来移民，宣布凡是避乱移入南唐的，一律计口给食，并分给土地，而且免除三年田赋劳役。

在经济发展的同时，李昪的生活却很节俭，他常常脚穿草鞋，左右服侍的只是几个老丑的宫人。李昪也不轻开边衅，因此在他统治时期，南唐的经济得到较快的发展，人们殷富充实，政府的财力也很充足。

李昇的"息兵安民"政策，造就了江淮地区和平安定的社会环境，促进了南唐经济文化的繁荣与发展。安定、富强的南唐，成为饱经战乱沧桑的文人士大夫理想的栖身之所，"北土士人闻风至者无虚日"，江北士人如韩熙载等人多流落至此。宋齐丘、冯延巳等大批文人也被招来至李昇门下。李昇并设太学，兴科举，广建书院、画院，在文学、美术、书法、音乐等诸方面都取得了卓越的成就。南唐的社会文化之盛，在五代十国诸政权中是绝无仅有的。

边佛子与边和尚

951 年，湖南的楚国发生了兵变，南唐趁机发兵，一举灭掉了楚国。南唐君臣得此成功，元宗李璟甚至以为"天下一家"指日可待了，于是命边镐镇守湖南。

边镐早先因不虐待俘虏，被人叫作"边佛子"。他进入潭州（今湖南长沙）时军纪严明，街上店铺都能照常营业。当时湖南饥荒，他就用官家仓粮救济饥民，所以潭州人都叫他"边菩萨"。可是不久，南唐就开始对湖南采取掠夺的政策，把金帛、珍宝都搬到金陵去了，还在湖南征收沉重的赋税，因此大失人心。而边镐自从得了"边菩萨"这个称号后，开始沉溺于佛教，潭州人大失所望，都改口叫他"边和尚"。不久楚国的旧将发动叛乱，将南唐的军队又赶出了湖南。李璟懊丧已极，不想再用兵打仗了。

可这时后周在郭威、柴荣的治理下已经强大起来，南唐不可避免要遭到志在统一全国的后周世宗柴荣的攻打。从 955 年开始，后周发动了对南唐的三次战争。而在 955 年十二月至 956 年三月间，柴荣御驾亲征，攻占了南唐的泗、濠、楚等州，南唐军队一溃千里，淮河水军全军覆没。958 年，李璟在屡战屡败的形势下，放弃长江以北的土地，废除帝号，改称"国主"。

自从败于后周以后，南唐每年都要向中原政权缴纳高额的贡奉。南唐原先南北之间的经济具有互补性，如江南缺盐，而江北产盐。在失去了长江以北的领土后，南唐不仅失去了重要的食盐产地，还要花费巨资向中原政权买盐。南唐政权不得不加重赋税，连鹅生双子、柳树结絮都要课税，以致怨声载道，国势日益衰败。

李后主亡国

南唐最后的一个国主李煜，史称李后主，是一个著名的词人，对诗词、音乐、书画都十分精通，但是却不懂得如何治国理政。李煜也实施过一些仁政，如减轻赋税，放宽刑罚等。但面对日益强大的后周，南唐的小修小补根本无济于事。

李煜工书法，善绘画，精音律，尤以词的成就最高，但"性骄侈，好声

宵娘舞莲图

这幅刺绣"宵娘舞莲"图表现了南唐后主李煜的宫嫔宵娘用白帛裹足，身轻如燕，在高六尺的金莲花上起舞的情形。

色，又喜浮图。为高谈，不恤政事"。李煜虔诚信佛，有钟山隐士、钟峰隐者、钟峰白莲居士等名号。白莲指代佛教中的莲社、莲宗。居士也有居住在家的佛教徒之义。

李煜虽然以佛教徒自居，但却贪图享乐。据说小脚的流行就与他的妃子宵娘有关。缠足这一现象在五代前已有之，白居易曾有"小头鞋履窄衣裳"的诗句，描写的可能就是缠足的女性。杜牧"细尺裁量约四分，纤纤玉笋裹轻云"则应是刻画妇女用布带缠足的情况。但是五代以前，缠足并不流行。宵娘算是有明确记载的缠足第一人。

宵娘据说是混血儿，双目深凹，所以得名"宵娘"（宵就是眼睛深陷的意思）。她十六岁时被选入宫。宵娘用白帛裹足，把两只脚都缠的很小，善跳金莲舞。李煜就诏令筑金莲台，饰以珍宝。宵娘跳舞时身轻如燕，好像莲花凌波，回旋有凌云之态，因此很受李煜的宠爱。而窅娘也便常用白绫紧裹双足，久而久之，便把脚裹成了"新月型"。

励精图治的后周

后周为郭威所建，因郭威自称是周朝虢叔的后代，故建国号为周，史称后周，他就是后周太祖。盛时疆域约为今天的山东、河南两省，陕西、安徽、江苏的大部，河北南部、湖北北部以及内蒙古、宁夏、甘肃、山西的部分地区。虽然这个王朝存在的时间不长，但它使中原的政治、经济、军事都显露出一番崭新的气象，经济社会有了很大的发展，为后来的北宋统一中原地区奠定了基础。

郭雀儿立国

郭威的童年颇为不幸。一种说法认为，他本来姓常，但由于母亲改嫁顺州（今北京顺义）刺史郭简因此就改姓郭。郭简在战乱中被杀，其母不久也死去。幸亏郭威的姨母怜惜这个可怜的孩子，将他带回山西收养。十八岁时候成为潞州（今山西长治一带）李继韬的部下。因他脖子上刺了一只飞雀，所以人们又叫他郭雀儿。

郭威勇武有力，豪爽负气，因此李继韬非常欣赏他。郭威的驻地附近有一个屠户欺行霸市，非常跋扈。郭威有一次酒后，就故意找茬开骂。那个屠户知道郭威不好惹，起初忍气吞声，但最后终于忍不住了，就扯开衣服，指着肚子说："有胆量你就照这儿捅一刀！"不想郭威真的抄起刀子就捅进了他的肚子。因此郭威被抓进了监狱，但是李继韬出于对他的关爱，又将他放了。

从那时开始，郭威方才认识到知识的重要性，明白单靠武力是解决不了问题的。他开始找书看，并在朋友的推荐下，读了不少兵书。后来李继韬被李存勖发兵灭掉，其部众悉数被其收编。因郭威略通文墨、书算，升为军史。

在此期间，郭威迎娶了柴守玉，她就是后来继承郭威皇位的柴荣的姑姑。柴守玉本为李存勖选入宫中的嫔御，但入宫后还没见到过李存勖，李存勖就被叛军所杀。之后后唐明宗李嗣源将大批宫人遣散归家，柴守玉也在其中。行至黄河岸边，其父母来迎，为大风雨所阻，只好暂时住于旅舍。正好郭威因公事出差，也停留在此地。柴守玉见他虽然衣服破旧，不能蔽体，但却身躯魁伟高大，面容果敢刚毅，目光如炬，便想此人日后必成大事。又加上数日的接触，柴守玉对他有了更多的了解，便想嫁给他。在一开始，她的想法遭到家人的反对："你曾是皇帝左右之人，归家后当嫁给大官，为什么却要嫁

历史细读

枢密使最早为唐代宗设立，以宦官充任，掌中枢机密，传达皇帝的诏旨。唐昭宗时杀尽宦官，改以士人充任。后唐时期，枢密使与中书令同掌国务，文事出中书，武事出枢密。

与此贫贱之人呢？"但柴守玉仍然坚持自己的意见，最后双方就在旅舍之中定亲，很快就举行了婚礼。

郭威成亲之后，改掉了身上的不少毛病，并凭着自己的才干以及判断力，逐渐做到了后汉的副枢密使，并成为刘知远的托孤大臣。后汉隐帝刘承祐继位之后，进封郭威为枢密使。郭威屡立战功，因此遭到猜忌。隐帝遂派人诛杀郭威，不料事情泄露，郭威就在 950 年打出"清君侧"大旗，很快进入开封城。隐帝在逃亡途中被杀。

郭威并没有立即称帝，而是先让李太后主持大事，以此来安定人心。他又严禁士兵掠夺骚扰京城，恢复了京城的治安秩序。郭威派人迎接刘知远的弟弟刘崇的儿子来继位，以此来稳定刘氏宗室。当时的很多人都认为郭威要夺位称帝，此举不过是稳住刘崇不要起兵的缓兵之计，绝非郭威本意。但刘崇却被骗住了。郭威还对刘崇的使者说："我出身低贱，脖子上还黥了飞雀，自古哪有雕青天子？请你家将军不要怀疑我。"

当时有官员李骧劝谏刘崇说："我看郭威终究会有称帝的野心，决不会屈居人下，甘为人臣，更不会立刘氏后代当皇帝。我们不如马上出兵，出太行进据孟津，这样郭威就会有所忌惮。等到公子顺利即位后，我们再罢兵也不为晚。"糊涂的刘崇却大骂李骧道："你这腐儒，竟敢离间我们的父子关系。"遂命人把李骧拉出去杀掉，并派使者把此事告诉了郭威，以示坦诚。

谁知道没过多长时间，郭威等局势稳定下来之后，就让手下将领发了假情报，说契丹要南下进犯，然后就奉太后之命领兵出城。到了澶州（今河南濮阳南），数千名将士发生兵变，仓促之间，没有办法制备黄袍，就撕裂黄旗披在郭威的身上权充黄袍加身，拥立郭威为帝。951 年，后周建立。刘崇至此方才醒悟过来，深悔没有听信李骧之言。然而这时大势已去，郭威遂于太原称帝，建立后周，是为后周太祖。

汴梁图

五代政权内部充满了斗争。据说国丈苏凤吉欲加害后汉隐帝刘承祐，就让其女西宫苏熙英求隐帝去太师府赴宴，意图以伏兵加害。但正宫柳瑞莲有所察觉，做好了准备，就挫败了他们的阴谋。苏熙英就以身怀六甲为由哀泣求恕，该图就反映了这一情节。

后周的改革

郭威在位三年就病死了，将皇位传给了内侄柴荣，是为后周世宗。柴荣延续了郭威的政策，令后周有了很大的发展。

在治理国家方面，郭威颇有才干，他以行动改变了从后梁以来军人政权专横跋扈的形象，重任有才德的文臣。他对大臣们说："我是军人出身，没读多少书，也不精通治国安邦的大计。你们如果有利国利民的好计策就赶快上书言事，千万不要只说一些粉饰太平的废话。"

郭威刚即位，就下令废除后汉窃盗一钱以上处死的苛法，规定除谋反叛逆以外，不得屠戮亲族。后周以前，各地每年依例进奉的特产名目繁多，郭威规定以后谁都不准再行进贡。他对大臣们说："朕出身微寒，尝尽人间疾苦。现在有机会当了皇帝，怎么能为了自己的享乐而拖累天下百姓呢？"他不仅不让进奉宝物入宫，还让人将宫中的珠宝玉器、金银装饰的豪华床凳、金银做的饮食用具一共几十件，当众打碎在大殿之上。他对侍臣严肃地说："凡为帝王，安用此！"

郭威虽贵为天子，但却持薄葬观念。954年，郭威便嘱咐养子晋王柴荣说："陵墓务必从简，别去惊动、扰害百姓，不要用许多工匠，也用不着在陵墓前立上石人石兽。只要用瓦棺做椁就可以了，免得浪费人力物力。陵墓前替我立一块石碑，在上面刻上'周天子平生俭约，遗命用纸衣瓦棺，嗣天子不敢违也'就行了。安葬以后，可以免除陵墓附近三十户百姓的徭役，让他们守护陵墓，不要派宫人专门守陵。每年的寒食节不忙时，你们派几个人到陵上祭奠一下就行了。如果没有时间去，只须遥祭即可。"

郭威还不放心，又告诫柴荣说："我从前西征时，见到唐朝皇帝的陵墓被人发掘、破坏，这都是由于陵墓里藏着太多金银财宝的缘故。而汉文帝因为一贯节俭，简单地安葬在灞陵原上，过了数百年陵墓还完好无损。你一定要记住这话。"

郭威和柴荣为了促进农业生产，屡次下令减免租税。同时期的多数称帝称王者无不横征暴敛，还放纵文臣武将强取豪夺，为所欲为，但郭威、柴荣却不一样。有一项叫作"牛租"的税，是朱温统治时开始征收的。当初朱温在淮南抢到大批耕牛，便把牛发给河南一带的农民使用，但每年须缴纳牛租。事情过了几十年，牛早已死了，可牛租却每年都要照缴不误。直到郭威做了皇帝，才把这项租税取消。

后周以前，各州府有分派民户当"散从亲事官"的制度，实际上就是责令当差的民户无偿提供政府和官员需索的物资。郭威认为这种制度使"贫乏者困于供须"，而豪富的人充当了，倒可以逃避赋役，并把负担转嫁到穷人身上去，因此废止了这项制度。规定从节度副使以下官吏"差定当直"（为官吏当差）的百姓人数，从七人到十五人不等，不准超过。

盐和牛皮是五代时期控制极严的两种物资。从中唐以来，盐税一直是政府收入的重要来源，官煮官卖，禁令森严。后晋以前，犯禁的还分斤两多少定罪，后晋改为不分多少，一律处死。郭威恢复了分斤两多少定罪的办法，减轻了刑罚的处置。牛皮在后周以前也是不准民间买卖的，都是由政府收买。后唐明宗时收牛皮只给盐，不给钱。到了后晋连盐也不给，干脆没收。后汉法律规定，私贩牛皮一寸的，就处以死刑。郭威把应缴总数减去三分之二，其余一分，按田地分派，每十顷田地捐一张牛皮，其余归百姓自用，不禁买卖，比过去有了很大的进步。

唐末以来，有一种"营田务"的制度，就是把官有土地交给佃户耕种。这些佃户的户籍不属州县，由户部另外设官管辖。郭威取消了营田务，把户籍划归州县管辖，房屋、田地、农具、耕牛则归佃户所有。实施的当年，划归地方管辖的农民就有三万多户。这些农民有了自己的土地之后，生产积极性大大提高，农业得到了很大的发展。当时有人建议将一些好的无主土地卖掉而不是分给百姓，就能得到数十万贯钱来充实国库，郭威却说："让百姓得利，就像国家得利一样，朕要这些钱干什么呢？"

郭威还大力实行招来流民的政策。有一年契丹的幽州发生饥荒，很多人

开封的河运
这是宋人《清明上河图》的局部。宋朝开封的发达与繁荣的水运是分不开的，而这些与后周世宗柴荣打下的基础有着莫大的关系。

民逃荒来到后周的沧州地区。郭威就给他们分发口粮，又分配无主荒地给他们耕种，让他们定居下来，从事农业生产。郭威又命令沿边州县对流民要妥加安置，所以四方流民纷纷来归，前后共达数十万人。这样做既壮大了自己的实力，也削弱了对手。

而在958年，柴荣下诏均定田赋，就是按照实际的田亩数字收税。自中唐以来，地方官只知道必须收满当地租税的总额。因此那些有钱有势的人家就隐匿土地，交通官府，广有田地而不纳租税。这部分土地的租税没有着落，官府就把它转嫁到农民身上去。农民自有的土地，有时卖掉了，或者被河水冲坏了，有地变成无地，租税仍然得照缴。周世宗柴荣就派出大批人员到各地均田，查出了许多官僚地主隐匿的土地。禁止地方官吏和豪绅将赋税转嫁到百姓身上，极大地减轻了农民的负担。

郭威和柴荣都能毫不留情地严惩贪污的官吏，对政治风气起到了良好的影响。莱州刺史叶仁鲁是后周太祖郭威的老部下，因贪赃枉法被判处了死刑。郭威派人告诉他说："你触犯了国法，我也没有办法救你，只能抚恤你的母亲。"柴荣执政时，左羽林大将军孟汉卿主管收税，因场官在正额之外多收了耗余，也被处死。有人说孟汉卿罪不至死，柴荣说："我也知道，但不能不以此来告诫别人。"在重修永福殿时，柴荣亲自视察工地，见内供奉官孙延常克扣工食，虐待役夫，有的役夫还用瓦盛饭吃，不禁大怒，当场将孙延常斩首。其他贪财的、滥杀投降将士的人也被毫不留情地处死。

建设开封城

在进行政治和经济改革的同时，柴荣也开始建设开封城，从而为北宋开封的繁华奠定了基础。开封城本来城郭不大，街道狭隘，由于后梁、后晋、后汉、后周四朝都以此为都城，因此官衙商旅越来越多，便显得格外狭小，还经常引发火灾。955年，柴荣决定建筑外城，先立下标志，等冬天农闲时兴筑，农忙停工，秋后再继续进行。相传柴荣曾命手下大将赵匡胤绕着旧城飞奔，直到马力竭尽跑出五十里。于是柴荣就以马跑的范围扩建城池，修建了气势宏伟的东京外城。

在这座新城里，政府先划定了官衙、仓库、街道的范围，其余则让人民自由建造房屋。城中许多旧街道本来并不宽广，又被居民建造房屋时占用了一部分，以致能通行大车的不多。改建时都拉直加宽。在拓宽街道的同时，柴荣也规定凡是街道宽度在五十步以上者，准许居民各在门前五步以内种树挖井，修盖凉棚；宽度在二十五步以上至三十步以下的街道，则是门前三步以内的地方；街道宽度二十五步以下者，根据宽窄划与居民适当空地。

这个改建的工程前后进行了三年，完工以后，面貌完全改观。一个叫周景的官员，请周世宗柴荣准许人民沿汴渠种植榆柳，兴建楼阁，以壮观瞻，柴荣答应了。周景首先在渠口附近，造起了十二间高楼。后来各地商船来得多了，周家的楼房正对着停泊的地点，客商留宿，堆放货物，都极方便，因而获得了巨大的利益。

这个开封城与隋唐的长安城是两个不同的历史时期的产物。隋唐的长安城，坊市衙署各有固定的位置，商业区域限于东西两市，坊和市都是封闭性的，住宅和商店的门都在坊、市里面，没有向大街开的。唐中叶以后，情况逐渐有了改变，比如南方扬州等城市，市容繁盛，已经看不出封闭性的特点。开封作为首都，对民居不加限制，也是中国历史上的首例。

而在这其中，最重要的就是兴修水利，恢复以开封为中心的水路交通网。开封在古代以河湖遍布而闻名。但在五代时期，由于藩镇割据，战火连绵，

五台山图局部

《五台山图》原图高三米多，宽十多米，是莫高窟中规模最大的绘画之一。图中绘有大量的寺庙建筑，既是五代时期佛教繁盛的重要表现，也为后人研究五代佛教留下了宝贵的文物资料。

流经开封的大运河已不能通航，黄河水患不断。柴荣先后派宰相李谷巡视黄河堤防，调用六万民工修固河堤，调发民工两万人到原武（今河南原阳）堵塞黄河决口，减少了水患。在此基础上，柴荣命人分别疏浚汴河、五丈河，修复了从黄河到长江的水道，"导河流达于淮，于是江淮舟楫始通"，使山东和江淮的粮食、货物都可由水道直达京城，使开封恢复了水路交通枢纽的地位，并成为当时全国规模最大、设施最完备、经济最繁荣的城市。

周世宗灭佛

后周世宗柴荣在中国历史上留下重重一笔的就是其治理佛教的行动。由于此次行动对佛教造成了沉重的打击，所以又称之为世宗灭佛或者法难。

五代十国时期，连年争战，土地荒芜，水利失修，直至"人烟断绝，荆榛蔽野"，众多百姓遁入佛门，致使佛教迅速发展，不事稼穑的佛门弟子越来越多，甚至有的盗匪以及罪犯也选择了出家以逃脱惩罚。同时免租税的田地日益增多，这就大大地影响了国家的赋税收入和兵役征集，国家政权与佛教产生了尖锐的矛盾。五代十国时期，北方政权都先后采取过一些禁佛的措施，其中周世宗灭佛则是比较大的一次，影响也较为深远。自此之后，佛教已不复往日的兴盛。

955 年五月，早有限佛禁佛志向的后周世宗柴荣诏告天下，正式拉开了"灭佛"的序幕。柴荣在诏书中，虽然肯定佛教的济世之益，"释氏贞宗，圣人妙道，助世劝善，其利甚优"。但"前代以来，累有条贯，近年已降，颇紊规绳"，特别是一些违法犯罪之人，也躲进寺院以逃避惩罚。鉴于这种情况，凡是国家批准的可以存在，但要严格限制数量。对于没有经过国家批准的，一律禁止。对于朝廷官员，严禁"奏请创造寺院及请开置戒坛"。而对于出家人而言，柴荣也制定了严格的规定。首先要家长同意，还要会"念经文"，并有明确的数量要求。男子凡十五岁以上能背诵经文五百页者，女子凡十三岁以上能背诵经文三百页者，方可剃度出家。对于那些"舍身、烧臂、炼指、钉截手足、带铃挂灯"等损伤身体的行为以及"戏弄道具、符禁左道、妄称变现还魂坐化、圣水圣灯妖幻之类"，将被视为"聚众眩惑流俗"，一律禁止。对于违反这些规定的，依照法律，或判处监禁或流放等等。此条规定颁布之后，柴荣废除了三万多所寺庙，还俗的僧尼有六万多人，从而壮大了后周的实力。

955 年九月，柴荣又下诏"悉毁天下铜佛像以铸钱"。当时佛教盛行，民间百姓则纷纷销毁铜钱，以铸造器皿及佛像，结果政府没有铜可以用来铸钱。针对这一情况，柴荣规定除去寺庙道观的钟磬、钹镲、铃铎之类准许保留外，民间的铜铸佛像，都必须限时送官，政府会给以适当补偿。如果超过期限而隐匿不送，私藏五斤者，即可判处死罪，一斤以下则判处监禁两年的刑罚。

柴荣此举遭到众多大臣的反对，柴荣则坚持己见。他说："我听说佛在世间原本在于救人，即使是自己真身的脑袋眼睛也会毫不吝惜地拿来布施于人，更何况是塑像呢？倘若我的身体可以赈济天下万民，我也是不会吝惜的。"大臣们都不敢多言。

柴荣不但是说了，还是实实在在地做了。一次洛阳官员报告说，当地寺院有一极为灵验的"大悲佛"。民间传说，谁敢毁此铜佛，必有报应，会遭天谴。有大臣就提议网开一面，柴荣则加以驳斥道："作为天子，一言九鼎，岂能因为一个佛像而改变呢，我要亲自过去看看。"柴荣后来就亲临该寺，督促毁佛。就是这样，士兵们仍不敢下手。于是柴荣就亲自拿起斧头破佛面胸，人们都为他而担心。完事之后，柴荣还对百姓进行现身说法："你们都说大悲佛灵验，我现在把佛像毁了，不还是毫发未损、安然无恙吗？"

经历了这件事情之后，柴荣"灭佛"和"铜禁"工作得以顺利进行。佛

辽人出行图
该图是对一名辽国官员生活的描绘，中间融合了汉族以及契丹的生活习俗。四位侍者各持马鞭、风帽、茶水碗具等，正在等候主人上马出行，似要去野外踏青赏景。事实上辽国的南部已是定居生活，因此后周与辽国的战争就变成了对城池的争夺。

教寺院被大量裁撤关闭，五代后周王朝之前的铜制佛像，几乎绝迹，留下的多是泥塑彩绘的佛像。

柴荣南征北战

经过一系列的改革，后周的经济实力大为增强，从而为其开展统一全国的战争打下了坚实的基础。刚继位时，柴荣曾立下三十年的宏志："以十年开拓天下，十年养百姓，十年致太平。"虽然五年之后他英年早逝，但他的政绩却是非常显著的。

柴荣曾经命近臣各撰一篇《安边策》，征询大家有关统一全国的方略。有大臣献"先易后难"之策，即先平定南方诸国，积蓄人力财力，然后再北伐强大的辽国，收复幽云失地，从而完成统一全国的大业。但是柴荣并没有采纳这个策略，而是制定了首先碰契丹这个硬钉子，收复幽云失地，然后再席卷南方诸国，可以称得上是"先难后易"之策。

在此方针的指导下，柴荣首先对后蜀用兵。955年，收复了秦、凤、阶、成四州之地，然后答应后蜀的求和请求，罢兵归朝。此战的目的并不是要灭亡后蜀，而在于夺取战略要地，迫使后蜀不敢轻启战端，威胁后周的西部边境。接着柴荣从955年冬天开始到958年，多次亲征南唐，完全占据了淮南十四州，夺取了淮南富庶之地。此战巩固了后周的南部边境，增强了后周的经济实力，削弱了南唐。南唐被迫俯首称臣，不敢轻易向北用兵。

经过这一系列的战争，使后周的军事与经济实力不断壮大，柴荣就开始了对辽国大举用兵。959 年，柴荣亲率大军自开封出发，直抵沧州，然后统步骑数万直入辽国境内。仅仅用了四十天的时间，就一举占领了契丹把守的三关，即瓦桥关（今河北雄县西南）、益津关（今河北霸州）和淤口关（今河北霸州东）。还有宁州（今天津静海区）、瀛州（今河北河间）和莫州（今河北任丘北）三州，总计有十七个县，是五代时期和辽国交战取得的最大胜利。柴荣还想继续进军，夺取幽州，但不幸身染重病，只好在派将固守各州之后退兵南归。回到开封之后不久，便病逝于宫中，年仅三十九岁。可惜大志未酬，英年早逝，三十年的宏愿无法实现。

柴荣虽然没有完成统一大业，但其所表现出来的英雄气概和制定的正确策略，却让后人赞叹不已。他暂不贪图富庶的南方地区，利用这一时期辽国因君主昏庸而导致政局混乱之机，毅然北伐，结果取得了巨大的胜利。而后来的赵匡胤则采取了"先易后难"的策略，没有利用好辽国政局动荡的时机，结果宋朝屡败于辽国。中原政权也无险可守，抵不住游牧民族铁骑的突击，始终处于被动挨打的地位。

赵匡胤像

与郭威从黄旗上撕掉一块黄布充作龙袍相比，宋太祖赵匡胤的兵变则准备得更为充分，他的同谋者甚至在事前已经准备好了黄袍。

遗留后患

后周世宗柴荣虽然对国家进行了很有成效的改革，但他的改革以经济为主，政治上却没有多少值得称道的地方。因为对北汉的战争没有取得胜利，柴荣痛感百官无能，因此政事无论大小，都由自己亲自决定，百官只能奉命行事而已。当时有官员看到了问题，上书劝谏，请求选拔能够识别人才、为人公正的人做宰相，说国家应该让这些人来治理，而皇帝只要根据群臣的功过，给以赏罚即可，这才是为政之本。可柴荣根本听不进去，依然我行我素。

在这种情况下，就出现了一系列充满争议的官员，周行逢就是其中一例。周行逢曾任武平节度使，负责武安、静江等地的军事。周行逢到任之后，矫正前人的弊端，关心民事，全部废除了以前肆意征收的苛捐杂税，严厉惩治祸害百姓的贪官污吏，慎重选择廉洁公正的官吏担任地方官员。他的女婿唐德向他要求小吏的职位，周行逢说："你的才能胜任不了吏职，我现在私下照顾你还可以，但是如果你当官没有一点政绩，我是不敢枉法来宽容你的，那么亲戚之间的情谊也就断绝了。"于是送给他耕牛、农具，打发他回去了。

当时的军队将领大都骄横跋扈，周行逢一律依法惩处，绝不宽容姑息，众人既怨恨又害怕他。有位将领与他的十几个同伙密谋作乱，周行逢了解到情况之后，就设宴把所有将领都请来，在座位上逮捕了谋反的将领，当众数落说："我穿布衣，吃粗粮，充实国库，正是为了你们这些人，你们为何忘恩负义要谋反呢！今日的宴会，就是你的忌日。"说完后当场诛杀了他。在座的诸位将领都吓得两腿发抖。周行逢生性多疑残忍，常常分别派遣人去秘密刺探各州的情况，将领士兵凡有谋反和叛逃的，周行逢都能事先察觉，抓住杀掉，他的部下都很敬畏他。他派遣到邵州（今湖南邵阳）的人，没有什么事可以汇报，只是说刺史刘光委经常设宴饮酒。周行逢说："他多次聚众饮酒，是想谋反吗？"就立即把刘光委召来杀了。

他的妻子邓氏看不惯他的行为，就规劝周行逢说，用法太严就不会有人亲近依附了。周行逢非常愤怒道："你一个妇道人家懂得什么！"邓氏很不高兴，就到乡下去看守田园，不再回到周行逢的府第来了。周行逢多次派人去接她，都被她拒绝了。有一次邓氏带人来交税，周行逢借机去看她说："我身为节度使，夫人为何如此自找苦吃呢？"邓氏说："税是朝廷的财富。你身为节度使，不带头交税，怎么能够统率百姓！难道你就不记得你当乡里小官时代人交税以免受拷挞的时候了吗？"周行逢想邀她回府，被邓氏严辞拒绝，并说："因为你诛杀太过分，我经常担心突然发生变乱，我在乡间草舍则容易逃避躲藏。"周行逢听了又羞又怒。

而更致命的则在军事方面，柴荣改变了中央和地方实力的对比，但是并没有解除方镇的兵权。他加强了中央的禁军，但是没有认真考虑禁军将领可能争夺帝位的问题。柴荣死时，皇子只有七岁，根本没有控制局势的能力。于是他一手提拔起来的殿前都点检赵匡胤，很快就演出了一场"黄袍加身"的闹剧，把皇帝的宝座抢去了。

其他政权

当时在中国境内还存在过其他的割据政权：如在沙州（今甘肃敦煌）有归义军曹氏政权；在甘州（今甘肃张掖）、西州（今新疆吐鲁番）有回鹘可汗，史称甘州回鹘、西州回鹘；新疆地区则有于阗等国；青海、西藏一带有陷于分裂状态的吐蕃政权；南诏国在937年崩溃以后，云南地区先后出现了大长和、大天兴、大义宁、大理国等政权。在这些政权中，最为强大的还是辽国。在唐朝灭亡的907年，耶律阿保机统一了契丹各部，成为中原政权不容忽视的强大势力。

归义军曹氏政权

张议潮病逝之后，其侄子张淮深主持归义军军政事务，保持了归义军辖区在相当长一段时期内的安定。但不幸的是，归义军内部接连发生变乱。先是张淮深及其家人被杀，继而是索勋篡权，两年后嫁给李明振的张议潮第十四女又与诸子合力除掉了索勋。最后是索氏家族被清除，张议潮之孙张承奉重任归义军节度使。

而这个时候，归义军的内乱给活动在其周边和辖区内的少数民族提供了可乘之机，甘州被回鹘攻占，肃州也不再听从归义军的号令。凉州因有甘、肃二州相隔，实际上也脱离了归义军的控制。到9世纪末10世纪初时，归义军实际控制的的地区仅有瓜、沙二州了。

张承奉在唐朝灭亡之后，对后梁采取了不予承认的态度，故一直使用旧年号。张承奉随后在910年自称白衣天子，建立了西汉金山国。"西"乃指其国所居之方位，它是以中原为坐标的；"汉"乃是言其国民族之属性。"西汉"连用，意为西部汉人之国。"金山"又名金鞍山，在敦煌西南，即今甘、青、新三省交界处之阿尔金山。他不甘坐守瓜沙，想用武力恢复归义军兴盛时的旧有疆域。但在回鹘军队的攻打之下，被迫降格为敦煌国。

914年，沙州地区的另一个大族曹氏家族中的曹仁贵（后改名为议金）取代了张承奉，恢复了归义军的称号。曹氏归义军政权努力改善与周边各个少数民族政权的关系，通过联姻等办法与甘州回鹘、西州回鹘、于阗等少数民族政权建立了相对友好的关系。同时积极利用唐朝在少数民族中的声威，以求在西北各民族中树立自己的正统地位。归义军政权与西域各绿洲王国间的友好往来，以及由此带来的相对安定的政治环境，还为密切中原王朝与这些地区的联系和中西交流起到了桥梁作用。

但到了曹氏归义军政权的晚期，再度与甘州回鹘发生战争，引起了民众的不满。1002年，归义军内部发生兵变，当时的首领曹延禄与其弟曹延瑞被迫自杀。虽然曹延禄的族子曹宗寿在众人的推举下掌握了归义军政权，但战争和内乱已使曹氏归义军政权迅速衰落。而沙州地区的回鹘势力在这一时期却得到了迅速发展，到了11世纪的30年代，曹氏政权遂被沙州回鹘所取代。

甘州回鹘

9世纪时，回鹘瓦解，一部分向西迁徙。先前他们投奔吐蕃，被吐蕃分散安排在各地。位于凉州（今甘肃武威）、甘州（今甘肃张掖）、肃州（今甘肃酒泉）的是甘州回鹘。因为甘州是河西回鹘的中心，故河西回鹘又称甘州回鹘。

酒肆

七人坐于酒肆内，都注目于室外。室外大树之下，一老人左手握拳，右手甩袖，做舞蹈状。说明当时沙州地区的酒肆中已有舞蹈艺人。

　　回鹘西迁河西后不久，吐蕃发生了内乱，急剧衰落。851年，张议潮打败吐蕃守将，收复了沙州。而当唐朝皇帝为了表彰其收复之功而派遣的使臣东返之时，张议潮即与甘州回鹘发生了冲突。不过双方虽然冲突不断，但最后也互相承认，使者往来不绝。

　　但在唐朝灭亡和张承奉自立金山国白衣天子以后，双方关系很快恶化。归义军坚决反对篡唐的后梁，而甘州回鹘则与后梁交好。910年，西汉金山国战败，被迫与甘州回鹘缔结城下之盟，结为"父子之国"，降天子称号为王，改用后梁年号。这样张氏沙州归义军政权便成为了甘州回鹘的附庸。而曹氏掌握归义军政权后，则依附于甘州回鹘一起向后唐朝贡。曹氏又世代与回鹘通婚，其后裔曹贤顺甚至认为自己是回鹘人。

　　甘州回鹘之所以在与沙州汉人政权的较量中处于优势地位，是由于甘州回鹘的地理位置重要，能够有效地切断沙州与中原王朝的联系。而甘州回鹘立国之初就与中原王朝交好，特别是趁张承奉称西汉金山国期间，得到了中原王朝的大力支持。

　　甘州回鹘继承回鹘同唐朝友好的传统，仍与中原王朝保持着良好的关系。

翟奉达等供养像

翟奉达是曹氏政权中的著名文人。该图中七位身穿官服的男供养人，分别代表翟奉达的父亲、兄长、本人、弟弟、宗叔、孙子、儿子等。

因唐朝曾嫁公主给回鹘，所以甘州回鹘"当五代之际，有居甘州、西州者尝见中国。而甘州回鹘数至，犹呼中国为舅，中国答以诏书，亦呼为甥"。

根据史书的记载，甘州回鹘至少向后梁、后唐、后晋、后汉、后周五朝遣使朝贡三十余次。911 年，甘州回鹘向后梁遣使朝贡，后梁太祖朱温亲自接见来使，并赐给官职。924 年，李存勖册封河西回鹘可汗仁美为英义可汗。928 年，甘州回鹘遣使来后唐，入贡者达一百多人，明宗李嗣源册封仁裕为顺化可汗。939 年，后晋册封当时的回鹘可汗为奉化可汗。940 年甘州回鹘遣使来后晋。

于阗国

五代十国以来，中原战乱不断，朝廷频繁更替，无暇西顾。912 年，尉迟婆跋继位于于阗王，他自称"唐之宗属"，以唐朝国姓李氏为姓，并主动与内地联系，明确表示归属中央的意愿。这位于阗国王就是历史上著名的李圣

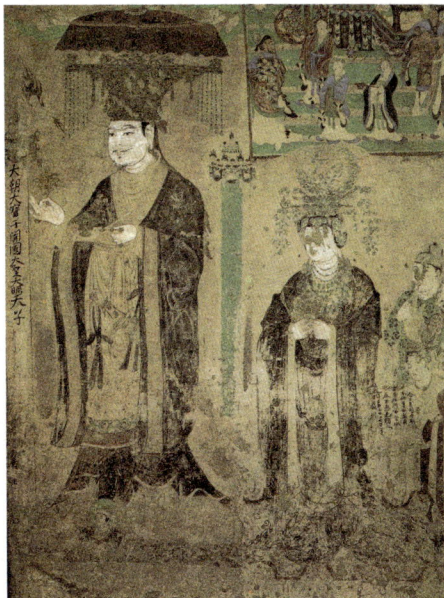

于阗国王与皇后

图中的国王即为李圣天，名号为"大朝大宝于阗国大圣大明天子"。而皇后则是归义军首领曹议金的次女，名号为"大朝大于阗国大政大明天册全封至孝皇帝天皇后曹氏"。"大朝"就是李圣天对唐朝的称呼。

天。自李圣天以李氏为姓后，于阗政权就被人们称为"李氏王朝"。

李圣天在长达半个世纪的统治中，按照中原朝廷的惯例，采用了内地通行的年号。在行政制度方面则模仿唐朝，境内分为十州，都城称安军州（在今新疆和田境内），这些做法被后来李氏王朝的统治者所效法。而在李圣天统治期间，于阗国经济繁荣，农业、手工业、商业都较发达，"西南抵葱岭与婆罗门接，相去三千里。南接吐蕃，西至疏勒两千余里"。

李圣天延续了于阗国历来与中原王朝的密切关系。唐末以来，其与中原的交通一度断绝之后，于阗国就与沙州政权开展了频繁的交往。早在唐代，于阗就已与沙州结盟，在张议潮举兵打败吐蕃在敦煌建立张氏政权时，得到了于阗的支持和拥戴。唐末五代，于阗王在与张议潮之侄张淮深的通信中，自称"大于阗汉天子"，称沙州张氏为舅。而在曹氏统治敦煌期间，两者的关系更加密切，使者、僧侣来往不断。曹议金还把次女嫁给于阗王李圣天为后，这样于阗国与沙州政权在血统上就结成了亲缘关系。

值得一提的是，在 938 年，于阗国王李圣天派遣使团，抵达后晋都城开封，向国主石敬瑭进贡，奉上了玉石、郁金香、牦牛尾等名贵土特产品，以示归顺。后晋对于阗国主动归属十分赞赏，封给使团官员以官职，并于同年指派官员出使于阗，并册封李圣天为大宝于阗国王。

五代十国时期的文化

五代十国时期虽是乱世，但文化的发展仍有可观之处。此时期，各地区的经济发展有很大的不平衡性。江南（吴、南唐、吴越）和巴蜀（前后蜀）两个地区富庶安定，对文化的发展非常有利。中原虽屡经丧乱，但也不乏短期的安定时光，因此在文化上不致完全黯然失色。

另外五代十国时期各地区之间的联系并没有完全中断。不仅是各地割据政权和中原政权常有政治上的联系，各地经济上也有紧密的联系，因此也促进了文化的交流发展。加上唐末的许多文人学士，在丧乱之际，或隐遁山谷，或流亡到比较安定的地方，保存并散布了文化的种子。

战乱中的士人

在唐末五代丧乱中，许多文人学士流散四方，希望能寻觅一片容身之地。他们历尽沧桑，饱经忧患，因而从立身处世到吟诗作文，无不透露出沉痛的气息。

司空图

司空图字表圣，河中虞乡（今山西永济）人，少有文才，但不见称于乡里，后来以文章为绛州刺史王凝的赏识。司空图于三十三岁擢进士上第，受到王凝的赞许，名声益振。

黄巢起义军攻入长安时，司空图的弟弟有个奴仆叫段章，参加了黄巢起义军，曾热情地向他宣传起义军的各种善举，劝他往迎起义军，司空图不肯。便回到了故乡河中。后来听说唐僖宗逃到成都，他想去追随僖宗，可惜晚了一步，只得自行返回家乡。从这时起直到他去世的二十多年时间，司空图基本上是过着一种消极的隐居生活，他的大部分诗歌和诗论也是在这一时期写成的。

904 年，朱温迁都洛阳，召司空图为礼部尚书，他佯装老朽不任事，被放还。不久朱温篡唐，司空图绝食呕血而死，终年七十二岁。

司空图留给后世的诗作，大多是抒发山水隐逸的闲情逸致，内容非常单薄。他还写诗表白道："诗中有虑犹须戒，莫向诗中着不平。"而在文学史上，司空图主要是以诗论著称，他的《诗品》是唐诗艺术高度发展在理论上的一种反映，是当时诗歌纯艺术论的一部集大成的著作。《诗品》把诗歌的艺术表现手法分为雄浑、含蓄、清奇、自然、洗炼等二十四种风格，每格一品，每品用十二句形象化的四言韵语来比喻说明。但他的诗论缺乏严密的系统性，特别是片面强调所谓"韵外之致""味外之旨"，宣扬了一种远离现实生活体验的超脱意境。

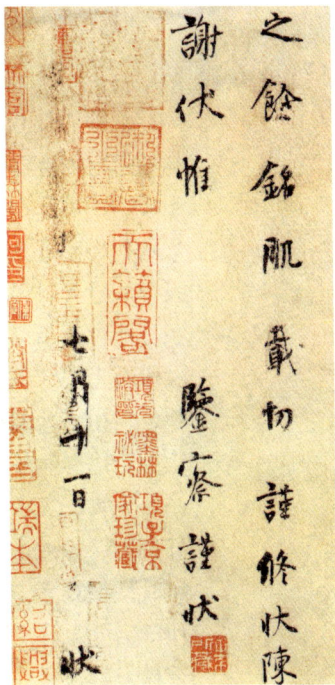

唐末五代杨凝式《韭花帖》局部

该帖记述杨凝式午睡醒来，腹中甚饥之时，恰逢有人馈赠韭花，感觉非常可口，就写下此帖以表示谢意。对于当时的文人而言，能够过上安定的生活就是一种幸福。

罗隐

罗隐小时候便在乡里以才学著名。罗隐才华出众，被当时的人所推崇，

历史细读

据说罗隐之所以屡试不中，他的长相也是个很重要的原因。宰相郑畋的女儿非常喜欢罗隐的诗文，但在有一次罗隐去拜访她父亲时，她忍不住偷着看了看这位才子，结果见他相貌丑陋，衣服还穿得窝窝囊囊，大失所望，从此再也不看罗隐的诗文了。

当初认他为叔叔的罗绍威，就很喜欢罗隐的诗歌。割据青州的王师范经常派人送信送财物给罗隐，求他赠诗。等得到他的诗后，大喜不已，爱不释手。有个朋友中了进士，罗隐写诗祝贺，朋友的父亲却说："儿子及第我并不高兴，高兴的是得到罗公诗文一篇。"可见罗隐在当时的名气之大，但这名气也成了他及第的最大障碍。

他曾想借助科举考试踏入仕途，一展宏图。但罗隐虽然名声很大，却数次没有考中。事实上罗隐的才学确实出众，当时的宰相郑畋和李蔚都很欣赏他，但由于他的试卷里讽刺意味太强，人也很狂妄。一次乘船，罗隐巧遇大臣韦贻范，他并不知是谁，便向船夫询问。船夫哪里知道是谁，只是说："是一个大官，文章写得好。"罗隐不屑地说："我用脚指缝夹着笔，都比他写得好！"这句话让韦贻范忌恨在心，罗隐的狂妄之名也因此传遍了朝廷，再应试时就很难考中了。有一次唐昭宗又想起罗隐，想把他录用在甲科，有大臣便举出罗隐的《华清宫诗》加以劝阻。他的诗中写道："也知道德胜尧舜，争奈杨妃解笑何！"在称赞唐玄宗的同时还不忘讽刺，见罗隐竟敢讽刺自己的先祖，唐昭宗便打消了起用他的念头。

罗隐乃自编其文为《谗书》，在序言中自嘲道："我来到京城数年，饥寒交迫，几乎不像一个正常人了。我拿这本书来骂自己：'他人用书得荣誉，你却拿它自取其辱；他人用书取富贵，你却因此得贫困。'所以我的书不过是自己谗媚自己罢了，就叫《谗书》吧。"但此书一出，罗隐更为权贵所憎恶。

罗隐在考场上屡战屡败，他被迫离开长安到别处暂且谋生。恰好他碰上一个名叫罗尊者的人，这人为他看了相后对他说："你志在考场及第，但做官仅能做很低级的小官。如果能放弃科举，向东漫游，则必定有大富贵。"后来他就去投奔钱镠。

在一开始，他怕钱镠不收留自己，就将自己的一首诗送给钱镠。其中有两句"一个祢衡容不得，思量黄祖漫英雄"，意思是说钱镠度量大，容得下贤

悠闲的韩熙载
与杜荀鹤的郁郁不得志相比，韩熙载倒是身居高位，春风得意。虽然他也有诸多烦恼，但与很多文人相比，生活已相当悠闲舒适。

士。钱镠遂对之加以重用。当时西湖的渔家每天都得送几斤鲜鱼给钱镠，鱼也得名为"使宅鱼"。碰巧钱镠请罗隐为一幅垂钓图题诗，罗隐便借此进谏道："吕望当年展庙谟，直钩钓国更何如？若教生在西湖上，也是须供使宅鱼。"钱镠看了，马上下令不让再送鱼了。

罗隐著述甚丰，但散佚严重，今存诗歌约五百首，有诗集《甲乙集》传世，散文名著《谗书》五卷六十篇（残缺两篇），哲学名著《两同书》两卷十篇，小说《广陵妖乱志》《中元传》等，另有书启碑记等杂著约四十篇传世。在他的诗歌中，一些精警通俗的诗句流传甚广，成为经典名言。如"时来天地皆同力，运去英雄不自由"，"家财不为子孙谋"，"得即高歌失即休，多愁多恨亦悠悠。今朝有酒今朝醉，明日愁来明日愁"，"任是无情也动人"等等。又如讽刺小诗《雪》："尽道丰年瑞，丰年事若何？长安有贫者，为瑞不宜多！"罗隐的咏史诗《西施》一首也写得比较好："家国兴亡自有时，吴人何苦怨西施。西施若解倾吴国，越国亡来又是谁？"《孟浩然墓》则批判了当时社会对书生的冷遇："数步荒榛接旧蹊，寒郊漠漠雨凄凄。鹿门黄土无多少，恰到书生冢便低。"

杜荀鹤

与罗隐齐名的杜荀鹤，字彦之，号九华山人，池州石埭（今安徽石台）

韩熙载夜宴图

此画所描绘的就是韩府里一次夜宴的场景。从场景来看，全卷大致分为听乐、观舞、歇息、横吹、送别五个场景。图中所绘人物衣着、器具等都无不细致入微，人物面部及双手勾染，现出凹凸之感，是一幅工笔人物画的经典之作。

人，相传为杜牧出妾之子。杜荀鹤数次上长安应考，不第还山。黄巢起义军席卷山东、河南一带时，他又从长安回家。从此"一入烟萝十五年"，过着"文章甘世薄，耕种喜山肥"的生活。

后来杜荀鹤游大梁（今河南开封），献《时世行》十首给朱温，希望他省徭役、薄赋敛，朱温连正眼也没看他一下，对他不理不睬。不久后杜荀鹤再次隐居山中。杜荀鹤才华横溢，却仕途坎坷，只能在诗坛享有盛名。他善长宫词，以语言通俗著名。因长期居住在九华山，所以吟咏九华山面貌的诗篇甚多，是晚唐著名的现实主义诗人。他提倡诗歌要继承风雅传统，反对浮华，其诗作平易自然，朴实明畅，清新秀逸。

杜光庭

杜光庭字宾圣，号东瀛子，处州缙云（今属浙江）人。杜光庭少年习儒，因为九经考试落第，入天台山修道。唐末为避战乱，来到了成都，曾事蜀王建父子，官居谏议大夫。后来辞官不就，隐居青城山白云溪。据说他擅长武术技击，四川青城武术中的仙鹤拳、白鹤单刀都为杜光庭等所初创。

杜光庭对《道德经》的研究颇有成就，还将之前注解诠释《道德经》的六十余家意见进行比较、分析。他努力调和儒、道二家的思想，认为老子的思想主旨，"非谓绝仁、义、圣、智，在乎抑狡诈聪明。将使君君、臣臣、父父、子子，见素抱朴，泯和于太和，体道复元，自臻于忠孝"，把孔孟之道与老君之道统一起来。

在诗歌创作方面，他的宝塔诗《论古今》有相当的名气："古，今。感事，伤心。惊得丧，叹浮沈。风驱寒暑，川注光阴。始炫朱颜丽，俄悲白发侵。嗟四豪之不返，痛七贵以难寻。夸父兴怀于落照，田文起怨于鸣琴。雁足凄凉兮传恨绪，凤台寂寞兮有遗音。朔漠幽囚兮天长地久，潇湘隔别兮水阔烟深。谁能绝圣韬贤餐芝饵术，谁能含光遁世炼石烧金。君不见屈大夫纫兰而发谏，君不见贾太傅忌鹏而愁吟。君不见四皓避秦峨峨恋商岭，君不见二疏辞汉飘飘归故林。胡为乎冒进贪名践危途与倾辙，胡为乎怙权恃宠顾华饰与雕簪。吾所以思抗迹忘机用虚无为师范，吾所以思去奢灭欲保道德为规箴。"

韩熙载

韩熙载自幼勤学苦读，后隐居于中岳嵩山读书，二十来岁时游学于洛阳，并且参加了科举考试，一举考中进士，此时他还不到二十五岁。可是不久之后，因为其家族卷入了一场兵变，其父亲被杀，韩熙载不得不逃离中原。

相传韩熙载在逃到南方的吴国之前，与好友李谷宴别，两人举杯痛饮，畅谈理想。韩熙载对李谷说："如果有人将来用我为宰相，我必将长驱以定中原。"李谷也毫不示弱："中原如果用我为相，我取南方如同探囊取物。"后来周世宗柴荣用李谷为相，采用其谋夺取了南唐的淮南之地，而韩熙载在南唐却无所作为。

当时在吴国掌握实际大权的是徐知诰，也就是后来的南唐烈祖李昪。韩熙载想要得到重用，必须要首先得到他的赏识。当时中原之士南迁的很多，大都得到擢用，但李昪却认为他性格孤傲、不拘小节，所以就没有重用他。

当时有一名大臣自以为文采很好，非常喜欢给人撰写碑志，而韩熙载因为字写得很漂亮，所以每逢此类事，都由那位大臣起草文字，而由韩熙载进行缮写。韩熙载每次做这事时，都会塞住自己的鼻孔。有人询问其原因，韩熙载就回答说："文辞秽且臭。"这也引起了那位大臣的愤慨。

南唐元宗李璟即位后，韩熙载因为是东宫的旧僚，终于受到了重视。韩熙载章疏不断，对于朝中大事，或驳正失礼之处，或指摘批评弊端，但也因此引起了朝中权要特别是宋齐丘、冯延巳等人的忌恨与不满。他们就诬告韩熙载嗜酒猖狂。李璟不得已，只好将韩熙载贬到了外地。后主李煜即位后，再一次起用韩熙载。可他仍不改其狂傲的性格。他在政界受挫后，纵情于清歌艳舞之中。

词的发展

五代十国时期是词的一个重要发展阶段。其实从唐朝中叶开始，诗人白居易、刘禹锡等人已经开始写词了，只不过还不普及。到了五代十国时期，词的作家才纷纷出现，开始同古近体诗分庭抗礼。

词在民间早已有之，原是供歌妓乐工吟唱之用的，某些民间杂曲也可以纳入词的范畴。随着商品经济的发展，城市的繁荣，歌妓乐工越来越活跃。这样词的创作逐渐繁荣起来，文人学士从最初的只是写来娱乐，慢慢把它发展成为一种新的文学体裁。不过由于词在晚唐、五代、宋初多是酒席宴前娱宾遣兴之作，故有"词为小道、艳科""诗庄词媚"之说。

词很重要一个特点就是有词牌，即曲调。词牌名称的由来，只有少数可考，例如《雨霖铃》，这是唐玄宗在马嵬驿之变以后，逃往四川的途中，正赶上连日霖雨，栈道途中闻铃声，因追悼杨贵妃，命采其声为调，制词牌《雨霖铃》以寄恨。

词有很多分类方法。根据词的结构，不分阕的为单调，分二阕的为双调，分三阕的称三叠。而依其字数的多少，又有"小令""中调""长调"之分，一般认为，五十八字以内为小令，五十九至九十字中为中调，九十字以上则为长调。最长的词牌《莺啼序》共有二百四十个字。

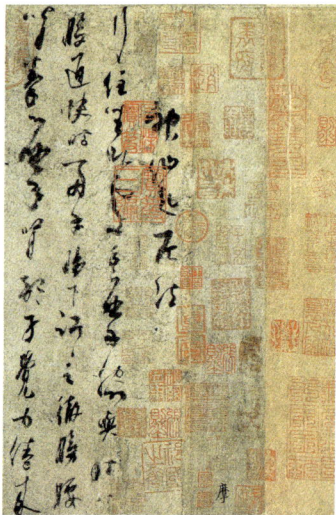

神仙起居法帖局部
面对战乱以及动荡不安的局面，很多文人不问政事，只是关注自己的个人世界。杨凝式只是大谈健身养生的《神仙起居法帖》即是一例。

词在五代初年，还被看作是一种不登大雅之堂的作品，但当时却很受人欢迎，好的词往往会流传很广。和凝在后唐、后晋、后周都做过大官，他年轻时非常喜欢写词，不过后来做了宰相，就很少作词了。但契丹人进开封时，还是因为他作词才知道他的。可见当时的词流传之广。

蜀地花间词

自从唐末以来，从关中流亡入蜀的文人是最多的，其中文学家韦庄名望最高。韦庄本是唐玄宗时期著名宰相韦见素之后，自幼才敏过人，长大后疏旷不拘，任性自用。黄巢起义时，韦庄和家人失散，避乱江南。后来唐朝灭亡，他力劝王建称帝。王建做前蜀皇帝后，就任命他为宰相，参与国事。

韦庄的诗词语言清丽，多写闺情离愁和游乐生活，是花间派的重要词人。蜀人赵崇祚搜罗包括他在内的十八家词五百首，编了一部《花间集》，这是中国最早的词选集。在这十八位词人中，除温庭筠、皇甫松、和凝三位与蜀无涉外，其余十五位皆活跃于西蜀，或生于蜀中，或宦旅蜀中，他们是韦庄、薛昭蕴、牛峤、张泌、毛文锡、顾敻、牛希济、欧阳炯、孙光宪、魏承班、鹿虔扆、阎选、尹鹗、毛熙震、李珣。他们的作品词风艳丽香软，以描绘闺中妇女日常生活情态为特点，如"一只横钗坠髻丛，静眠珍簟起来信，绣罗红嫩抹酥胸。羞敛细蛾魂暗断，困迷无语思犹浓，小屏香霭碧山重"诗句，后人遂称之为"花间词派"。

而统治者的爱好也推动了词的发展。五代十国时期，前蜀王氏、后蜀孟氏割据蜀中，数十年间，沉湎于歌舞伎乐，词也因之盛行。

前蜀开国皇帝高祖王建的淑妃徐氏还有一位姐姐，两姊妹皆为国色天香，并且受到过很好的文学熏陶。王建立国之后，徐氏姐妹皆被纳入后宫，称为大、小徐妃。小徐妃在宫中号为花蕊夫人，意思是"花不足以拟其色，蕊差堪状其容"。她颇有才情，著有百首《宫词》。所谓"宫词"，乃是我国古代文学一种独特的文体，起于唐朝诗人王建，是以七言绝句的形式，专门表现宫廷禁苑中宫女的生活。

花蕊夫人的《宫词》以白描手法记述了蜀宫的生活场景，如"龙池九曲远相通，杨柳丝牵两岸风。长似江南好风景，画船往来碧波中"，还有"殿前宫女总纤腰，初学乘骑怯又娇。上得马来才似走，几回抛鞍把鞍桥"。对于宫女的心理状态她也有相当生动的描述："秋晓红妆傍水行，竟将衣袖扑蜻蜓。回头瞥见宫中唤，几度藏身入画屏"。花蕊夫人是中国历史上首位创制"宫词"的女性，在后世赢得了一大批模仿者。

当时姐妹二人皆受宠幸，大徐妃之子王衍本排行十一，但却由于母亲和花蕊夫人的关系被立为皇太子。王建当上皇帝后不久就因病死亡而王衍即位之后荒嬉无度，对吃喝玩乐十分在行，天天陪着母亲和花蕊夫人玩乐。他还创作了一首词："这边走，那边走，只是寻花柳；那边走，这边走，莫厌金杯酒。"但最后由于王衍荒淫头政，后蜀很快就被后唐灭掉了，他和他的母亲以及花蕊夫人也被李存勖所杀。

南唐二主词

南唐是与西蜀（前后蜀）并驾齐驱的五代时期的两个文化中心。虽然西蜀由于有《花间集》一书，所以流传后世的作者较多。而南唐虽没有人做结集的工作，但南唐的两位君王即元宗李璟和后主李煜，却在中国文学史上占有非常重要的地位。

李璟传世的词只有五首，感情真挚，风格清新，语言不事雕琢，对南唐词坛产生过极大的影响。因此历代论者对其评价都相当高，其中"小楼吹彻玉笙寒"更是流芳千古的名句。据说当时南唐的大臣冯延巳也是一位有名的词人，他的一首《谒金门》曾广为传唱。《谒金门》中有这样一句："风乍起，吹皱一池春水。"李璟很欣赏这句词，但还是调侃道："吹皱一池春水，干卿何事？"冯延巳机敏地回答道："未若陛下'小楼吹彻玉笙寒'也。"

到了后主李煜时，词得到了进一步发展。王国维说："词至李后主而眼界始大，感慨遂深，遂变伶工之词而为士大夫之词。"词本来是供歌唱用的歌词，作者往往是一写出来就交给乐工歌姬去唱，因而内容多以相思、享乐为主。优秀的词人逐渐增入抒情的成分，词的格局才有了提高。李后主的词是第一流的抒情诗，他因此也成为历史上最杰出的词人之一。

李煜前期的词风格绮丽柔靡，不脱"花间"习气，多描写富丽堂皇的宫廷生活和风花雪月的男女情事。后期则由于成为了亡国之君，词作凄凉悲壮，意境深远，语言自然、精炼而又富有表现力。

绘画艺术

五代十国在中国绘画史上是一个生气勃勃的时期。前后蜀和南唐的画院是高手云集的地方，而一些不求闻达的艺术家则专心从事艺术创造，也有很高的造诣。五代绘画艺术的发展在人物画、花鸟画和山水各方面都有不俗的表现。

花鸟画

五代十国时期的花鸟画的主要部分是描写与贵族生活有联系的花卉禽鸟。进入五代十国，花鸟画开始突破唐代只是作为装饰艺术的地位，成为中国绘画艺术中有独特地位的一种样式。

五代黄筌写生珍禽图

此图描绘了麻雀、鸠、腊嘴、龟、蚱蜢、蝉等二十多种鸟类和昆虫，虽然不是一幅完整的构图，却是一幅珍贵的写生作品。

著名的花鸟画家黄筌是成都人。他幼好绘画，聪明有奇能，曾入蜀随刁光胤学画竹石花雀，又学孙位画人物、龙水、松石、墨竹，山水师郑虔、李升，鹤师薛稷。诸家之长，皆能曲尽其妙，成一家之法。与江南的徐熙并称"黄徐"。与南唐的徐熙多写汀花水鸟不同，黄筌多画宫中异卉珍禽，故有"黄家富贵，徐熙野逸"之谚。黄筌格调富丽的画风遂成为北宋初年翰林图画院优劣取舍的标准，被称为"院体"。

黄筌所画之物均用勾勒法作画，即以细淡的墨线勾画出所画鸟的轮廓，然后填以色彩，以着色为主，给人以富丽工巧的感觉，真正地体现了黄筌一派"用笔新细，轻色晕染"的特点，代表着五代十国时期花鸟画走向成熟的标志。相传他在墙壁上画了六只鹤，活鹤见了当是真的，想和它们站在一起。后来他又在墙壁上画了野鸡，猎鹰见了当作活物，要飞上去捕食。

人物画

五代十国期间涌现出了一大批写真名手，如蜀地的常重胤、宋艺、阮知晦、贯休和尚等，南唐的周文矩、顾闳中等。著名的人物画家贯休和尚，俗姓姜，字德隐，号禅月大师，很受前蜀王建的礼待。他工于诗画，所画十六罗汉的骨相都突兀古怪，流露出玩世不恭的神态。

南唐画院中，人物画家有顾闳中、周文矩等。顾闳中传世的作品有《韩熙载夜宴图》，这是一件不朽之作，将韩熙载置酒高会、观赏舞乐的生活描绘得极为生动。韩熙载和宾客、婢女的一举一动，乃至神情态度，都被精妙地刻画出来。就连杯盘的颜色和形状，都让人一目了然的看出是出自何窑。周文矩在后主李煜时任翰林待诏，工画人物，尤擅仕女。传世作品有《明皇会棋图》卷，描绘李璟与兄弟们在屏风前对弈的场景。

《韩熙载夜宴图》还与这两位大画家有着相关的一段趣事。相传当时南唐国势衰弱，北方强大的后周对南唐构成了严重的威胁。后主李煜总担心那些在南唐做官的北方人会存有二心，出身北方望族的韩熙载就是其中之一。一日有人向李煜报告说，今晚又有一些朝中官员要去韩熙载家聚会。后主为掌握情况，于是派顾闳中和周文矩深夜潜入韩宅，看他到底有什么意图。

五代关仝关山行旅图
画中峰峦叠嶂、气势雄伟，山谷深处隐藏一古寺，近处则有草桥茅屋，来往客商穿流其中。此画洋溢着浓郁的生活气息。

顾闳中和周文矩到了韩府之后，发现宾客中有当年的新科状元郎粲、太常博士陈雍、紫薇郎朱铣等官员和教坊副使李嘉明，还有当时一些走红的歌女和舞女。夜宴的气氛异常热烈，宾客们一个个陶醉于欢乐之中。在夜宴进行当中，还有歌女唱歌、奏乐和舞女跳舞助兴。回去之后，顾闳中和周文矩根据自己的目识心记，各自绘制了一幅《韩熙载夜宴图》送给李煜。李煜看了画以后，明白韩熙载这种沉湎声色来消磨时光的做法实际上想借此来表明自己对权力没有兴趣，他对韩熙载的戒心顿时减少了许多。但周文矩所作的一幅今已失传，现在只能见到顾闳中的作品。

山水画

五代十国时期，山水画的成就非常突出，对宋代画风也有很大的影响。也正是在五代十国时期，山水画作为中国绘画艺术的一种有独特意义的形式出现在中国艺术史上。

知名的山水画家有荆浩、关仝、董源等人，他们描写的是在一定季节天气起状况下的山河大地的面貌，并密切结合自然环境的特点。构图上多以雄伟的巨峰为主，再布置人物的活动（旅行、待渡等）和人工建筑物（寺庙、栈道、山居、水亭等），以通过山水来寄托情怀。

荆浩字浩然，沁水（今属山西）人。后梁时期因躲避战乱，曾隐居于山西太行山之洪谷，故自号"洪谷子"。他开创了以描绘高山峻岭为特色的北方山水画派，是唐末五代最具深远影响的山水画家之一。据说他曾写生数万本，笔法圆熟丰厚，继承盛唐以来画家的长处而有所发展，可称之为继往开来的人物。荆浩著有《笔法记》，为中国第一部山水画论著作，阐述了自己的艺术见解，很有见地。他认为绘画不能满足于"似"，即形式上的相似，而是要追求"真"，也就是形神俱备。荆浩对笔和墨下了不同的定义，说"笔"是线条勾勒，"墨"指的是明暗深淡。画山水必须两者配合，才能画出好的作品。其典型作品有《匡庐图》。

荆浩的典型代表作品有《匡庐图》。匡庐即庐山，又名匡山，传说殷周时期匡裕结庐隐居于此。朝廷征召不应，后派使者访之，仅存一空庐。此《匡庐图》为荆浩想象庐山山水之作。

荆浩的学生关仝，长安（今陕西西安）人，所画山水颇能表现出关陕一带山川的特点和雄伟气势，而且在立意造境上能对荆浩的格局有所突破，显露出自己独具的风貌，被称之为关家山水。他的画风朴素，形象鲜明突出，简括动人，被誉为"笔愈简而气愈壮，景愈少而意愈长"。关仝喜作秋山、寒林、村居、野渡、幽人逸士、渔村山驿，具有强烈的艺术感染力，往往能使观者如身临其境。